21世纪高等院校专业课系列教材·【管理学类】

U0737912

现代企业管理

Modern Enterprise Management

第2版

周荣辅 王玖河 主 编

王 平 苏艳林 副主编

尤振来 马 丽 李小青 参 编

机械工业出版社

CHINA MACHINE PRESS

全书共分八章，第 1 章介绍了有关企业的基本知识，包括企业与企业家精神、企业环境、企业类型、公司治理、商业伦理与社会责任、小微企业的创办与管理、企业国际化面临的挑战；第 2 章介绍了有关管理的基本理论，包括计划与决策、组织、领导与激励、控制；第 3 章人力资源管理，介绍了人力资源获取前的准备、人力资源招聘和甄选、绩效考核、培训与开发、薪酬管理；第 4 章生产运作管理，包括生产运作系统的设计、新产品开发的组织管理、生产计划管理、现场 5S 管理、精益生产、绿色制造、敏捷制造、大规模定制等多种先进生产方式；第 5 章企业营销管理，包括营销环境分析、消费者市场分析、目标市场营销策略、市场营销组合策略；第 6 章质量管理，包括质量管理的方法、ISO 质量体系及质量认证、六西格玛管理；第 7 章企业物流管理，包括物流管理的原则，采购与供应物流管理、销售物流管理、物流成本的降低途径等；第 8 章财务管理，包括筹资管理、投资管理、流动资产管理、利润管理、财务分析方法。

本书适合非经济管理类专业学生学习，同时也可以作为企业工程技术人员、各级管理人员的参考用书。

图书在版编目（CIP）数据

现代企业管理／周荣辅，王玖河主编 . —2 版 . —北京：机械工业出版社，2012. 9
（2023. 7 重印）
（21 世纪高等院校专业课系列教材·管理学类）

ISBN 978-7-111-39908-7

Ⅰ . 现… Ⅱ . ①周… ②王… Ⅲ . 企业管理 – 高等学校 – 教材 Ⅳ. F270

中国版本图书馆 CIP 数据核字（2012）第 226924 号

机械工业出版社（北京市西城区百万庄大街 22 号 邮政编码 100037）
责任编辑：王金强 版式设计：刘永青
北京捷迅佳彩印刷有限公司印刷
2023 年 7 月第 2 版第 11 次印刷
185mm×260mm·18. 75 印张
标准书号：ISBN 978-7-111-39908-7
定价：35. 00 元

客服电话：（010）88361066 68326294

前言

现代社会中，管理可以说无时不在、无处不在。不管人们从事何种职业，都在参与管理：或管理国家，或管理家庭，或管理业务，或管理子女。国家的兴衰、企业的成败、家庭的贫富，无不与管理是否得当有关。管理关系着我们每个人。学习管理有助于你的职业生涯，无论你所学的专业是什么、将来的职业是什么。只要步入社会，你要么是管理者，要么是被管理者。对于希望自己将来成为管理者的同学而言，学习管理、理解管理过程将构成你管理技能的基础；对不想成为管理者的同学来说，你仍然要和管理、管理者打交道，并有可能承担某些管理责任。经验表明，通过学习管理，你能够对你上司的行为有更多的认识，对你所在单位的工作有更深刻的洞察。对企业管理知识的掌握程度决定了你的管理素养，企业的管理水平是它持续获得竞争优势的源泉。

为提高大学毕业生的就业竞争力，各高校都将复合型人才作为在校大学生的培养目标，而加强企业管理的普及教育是其中的重要部分。对于非经济管理类专业，特别是工科各专业的大学生而言，不仅要懂专业技术，还应掌握企业管理的基础知识。在就业形势日益严峻的今天，不少学生选择了自主创业，他们对企业管理理论与方法的需求更是紧迫。基于以上考虑，我们组建了以教授为主的教材编写团队，编写了《现代企业管理》一书。本书是对燕山大学教材建设项目《新编现代企业管理》一书的修订，我们删除了一些不适用的章节，在结构和内容上进行了全面更新。

为了使本书内容更具针对性、理念更具引领性、问题更具导向性、论述更具现实性，我们对往届非经济管理类专业的毕业生进行了广泛而深入的调查，充分了解了他们对企业管理知识的需求。在此基础上，编写组成员经过多次讨论，确定了本书的编写大纲。

本书力求理论性与可读性相结合、基础理论和应用技能相结合、知识体系完整性与针对性相结合。党的二十大报告强调，"我们要增强问题意识，聚焦实践遇到的新问题"，本书从问题出发，帮助学生开展发现问题、分析问题的思辨式学习，集成了企业管理实用理论和践行的典型案例。每章开篇首先明确"学习目标"，然后以"引导案例"做理论知识的前行铺垫，正文适度贯穿"阅读材料"和"经典案例"、"相关链接"，章后辅以"本章小结"对章节内容进行概括提升，用"关键术语"确定学习的基本点；最后通过"阅读指南与课外学习"为学生进一步在该领域深入学习在参考资料和网络资源上提供支持，部分章后增加了"案例分析"来深化管理思考；在附录A中，我们回顾了过去百年管理领域理论的发展与演进，这也是章节中各个不同领域管理理论在时间脉络上的汇整。随着高校教育改革中"创新与特长教育"的学分设定，全国各大高校学生参加"学校—省—全国"不同层次的创业计划大赛的热情被充分调动了起来。在附录B中，我们结合多年的指导经验，从专业评审的角度，从十个方面进行了问题式分析和论述。可以说，撰写一份高水平的创业计划书，也是对学生学习本书成果的最好检验。

我们期望这是一本内容体系新颖、管理知识比较全面，既能反映企业管理理论的基本知识及最新发展，又注重实践性与可读性，既便于教学，又可以用以自学的书籍。通过本教材，我们更希望帮助老师培养学生的国际视野、社会责任、天下情怀和专业精神。

本书共八章及两个附录。周荣辅、王玖河对本书整体内容体系和篇章结构进行了设计。具体分工如下：第1章由王平编写；第2章由尤振来编写；第3章由马丽编写；第4章由周荣辅编写；第5章由苏艳林编写；第6、7章和附录A、B由王玖河编写；第8章由李小青编写；全书由周荣辅、王玖河负责审阅、统稿和校对。

在编写本书的过程中，我们参考了国内外众多的教材、专著和研究论文及部分网络资料等诸多文献资料，汲取和借鉴了这些文献中的思想精华与研究成果。在此，谨对国内外同行们的贡献表示深深的敬意和感谢！本书能够顺利出版，要感谢很多朋友的帮助。感谢对本书编写提供了宝贵的建议和部分案例素材的同事们：博士生导师宋之杰教授、博士生导师张亚明教授、博士生导师李春玲教授；燕山大学管理科学与工程博士后流动站的赵玉忠博士、朱晓霞博士和崔冬初博士；燕山大学工商管理系的博士生导师赫连志巍教授、张敬伟博士、李富明博士、孙微博士、吴敏华博士、许良博士、陈红梅博士以及MBA中心的毛清华博士和多位MBA学员，在此一并表示衷心感谢。

本书主要是面向高等院校非经济管理类专业学生的企业管理通用普及型读本，也可作为经济管理类专业师生的学习参考书，还可以作为企事业单位进行经济管理人才培训的实用教材。

企业管理理论和管理实践发展很快，可谓常学常新、常教常新。由于各种原因，本书难免有不足之处，恳请专家同行和广大读者提出宝贵意见，以便今后更正。

周荣辅　王玖河

目 录

前言

第1章 什么是企业 …………… 1

1.1 企业与企业家精神 …………… 1

1.2 企业环境 …………………… 3

1.3 企业类型 …………………… 5

1.4 公司治理、商业伦理与社会
　　责任 ………………………… 8

1.5 小微企业的创办与管理 ……… 11

1.6 企业国际化面临的挑战 ……… 14

本章小结 …………………………… 17

关键术语 …………………………… 17

阅读指南与课外学习 ……………… 17

复习思考题 ………………………… 17

第2章 管理的基础与职能 ……… 18

引导案例　缔造传奇的张瑞敏 …… 18

2.1 管理的基础知识 ……………… 20

2.2 决策 ………………………… 22

2.3 计划 ………………………… 27

2.4 组织 ………………………… 33

2.5 领导 ………………………… 42

2.6 激励理论 …………………… 46

2.7 控制 ………………………… 52

本章小结 …………………………… 57

关键术语 …………………………… 57

阅读指南与课外学习 ……………… 57

复习思考题 ………………………… 57

第3章 人力资源管理 …………… 58

引导案例　海尔的人力资源管理 … 58

3.1 人力资源管理概述 …………… 61

3.2 人力资源获取前的准备 ……… 65

3.3 人力资源招聘和甄选 ………… 72

3.4 绩效考核 …………………… 78

3.5 培训与开发 ………………… 83

3.6 薪酬管理 …………………… 88

本章小结 …………………………… 94

关键术语 …………………………… 95

阅读指南与课外学习 ……………… 95

复习思考题 ………………………… 95

案例分析　HRD 的职责与职权 …… 95

第4章 生产运作管理 …………… 98

引导案例　大连新星公司的生产
　　　　　组织管理 ……………… 98

4.1 概述 ………………………… 99

4.2 生产运作系统的设计 ………… 101

4.3 新产品开发的组织管理 ……… 104

4.4 生产计划管理 ………………… 106

4.5 现场 5S 管理 ………………… 113

4.6 各种先进生产方式 …………… 115

本章小结 …………………………… 126

关键术语 …………………………… 126

阅读指南与课外学习 …………… 126

复习思考题 ……………………… 127

扩展阅读 云制造模式 …………… 127

第5章 企业营销管理 ………… 132

引导案例 "荒岛"市场的开发 …… 132

5.1 营销管理概述 ……………… 133

5.2 营销环境分析 ……………… 136

5.3 消费者行为分析 …………… 144

5.4 目标市场营销策略 ………… 146

5.5 市场营销组合策略 ………… 151

本章小结 ………………………… 173

关键术语 ………………………… 173

阅读指南与课外学习 …………… 173

复习思考题 ……………………… 173

训练项目 营销策划方案 ………… 174

第6章 质量管理 ……………… 175

引导案例 为了生存 ……………… 175

6.1 质量及质量管理 …………… 176

6.2 质量管理方法 ……………… 182

6.3 ISO 9000 与质量认证 ……… 191

6.4 质量成本 …………………… 199

6.5 六西格玛管理 ……………… 202

本章小结 ………………………… 206

关键术语 ………………………… 206

阅读指南与课外学习 …………… 206

复习思考题 ……………………… 206

第7章 物流管理 ……………… 207

引导案例 海尔的过站式物流 …… 207

7.1 物流的基本内涵 …………… 209

7.2 物流管理的内容 …………… 217

7.3 采购与供应物流管理 ……… 221

7.4 销售物流 …………………… 226

7.5 企业物流成本 ……………… 237

本章小结 ………………………… 240

关键术语 ………………………… 240

阅读指南与课外学习 …………… 240

复习思考题 ……………………… 241

案例分析一 一汽大众汽车有限公司的
生产物流 ………………………… 241

案例分析二 沃尔玛成功的秘密 …… 242

第8章 企业财务管理 ………… 246

引导案例 荣事达的财务管理 …… 246

8.1 筹资管理 …………………… 248

8.2 投资管理 …………………… 254

8.3 流动资产管理 ……………… 259

8.4 利润管理 …………………… 267

8.5 财务分析 …………………… 269

本章小结 ………………………… 273

关键术语 ………………………… 273

复习思考题 ……………………… 273

扩展阅读 一家小企业的财务管理之道 … 274

附录A 管理理论的百年回眸 …… 276

附录B 如何撰写创业计划书 …… 288

参考文献 ……………………… 291

什么是企业

通过学习本章，使学生掌握企业的概念和特征，理解企业家精神的含义，了解企业环境对企业经营的影响，掌握按不同标准划分的企业类型，掌握公司治理结构的含义、组成，理解商业伦理的含义和作用，掌握社会责任的含义及具体表现。

阿里巴巴的成功在于找到了一种在互联网时代背景下，能为客户带来价值、为投资人带来收益的商业模式。在今天的中国社会里，有无数杰出的企业家和优秀的企业。本书将带你深入领略当代企业面临的机会和挑战，为未来的职业生涯做好准备。在这一章，我们首先介绍企业和企业家的概念；接下来描述企业经营的环境以及它们对于企业的影响；我们还将介绍企业的类型及企业的治理结构和社会责任；并介绍小微企业的特点及创办程序、管理重点；最后分析中国企业国际化面临的挑战和应对措施。

1.1 企业与企业家精神

1.1.1 企业的概念与特征

什么是企业？企业是从事生产、流通、服务等经济活动，以产品或服务满足社会需要，实行自主经营、独立核算、依法设立的一种营利性的经济组织。

不同的企业，都有反映各自特殊性的特征，但作为企业，又具有反映其共性的一般特征。企业主要是指独立的营利性组织，基本特征如下。

（1）经济性。企业作为一种社会组织，以生产经营产品或提供商业性服务等经济活动为中心，实行全面的经济核算，追求并致力于不断提高经济效益；而且，它不同于政府和国际组织对宏观经济活动进行调控监管的机构，它是直接从事经济活动的实体，和消费者同属于微观经济单位。

（2）营利性。企业作为一种经济组织，不同于政府部门、事业单位和公益组织，也不同于非营利性经济单位，它是以谋取利润为直接、基本目的，以生产、经营某种商品或提供服务为手段，通过资本运营，追求资本增值和利润最大化。

（3）独立性。企业是独立从事生产经营活动的经济组织，在国家法律、政策允许的范围内，企业的生产经营活动不受其他主体的干预。企业不是国家行政机构的附属物，而是自主经营、自负盈亏的独立主体，在发展过程中，以自负盈亏来制约自主经营，以企业财产承担责任与义务。

（4）社会性。企业不仅是经济组织，也是社会组织，企业的生存和发展离不开社会的支持与帮助，同时企业也肩负着社会责任。企业不仅要满足消费者的需要，也要满足出资者、债权人、职工、政府、社区以及一切与之相关的社会团体的需要。同时，企业还负有为社会提供就业、防止环境污染、维护生态平衡、节约资源等责任。

企业除具有上述特征外，还必须具备以下条件：依法定程序设立，有一定的组织机构和资源（人、财、物、信息、技术等），有固定的生产经营场所等。

1.1.2　企业家精神

企业活动为社会创造了巨大的物质财富和精神财富，但是企业和企业活动的发生需要具备各种条件，包括自然资源、技术水平、社会制度、企业家的能力，等等。如果要对这些条件进行重要性的比较，那么，企业家精神可以称得上是企业经营活动的灵魂，是推动企业创立、成长的根本力量。

新技术、新发明不会自动变成产品，自然资源、市场需求本身也不会自动带来创造财富的经济活动。无论多了不起的创意，只要没有投入市场，就不会创造任何新的价值。只有将资源、发现、思考和机会在市场中结合起来，才会有我们所看到的生机勃勃的市场经济。这就是企业家精神的价值所在。那么到底什么是企业家精神呢？

1. 企业家精神的含义

理解企业家精神，首先要理解什么是企业家，奥地利经济学家熊彼特在《经济发展理论》中率先提出：企业家（entrepreneur）对社会的重要意义，在于对资源进行新的组合来实现创新。

企业家与一般厂长、经理等经营者不同，与资本家、实业家也不同，主要表现就在于企业家敢于冒险、善于创新，以社会责任为己任。企业家代表一种素质、一种精神，而不是一种职务。

企业家精神是对企业家在市场上发现和利用机会，并以创新的形式承担风险并获取利润的综合特质的表述方式，它是一种重要而特殊的无形生产要素。

从"企业家精神"这个术语的内涵上分析，企业家精神表明了企业家这个特殊群体所具有的共同特征，是对他们所具有的独特的个人素质、价值取向以及思维模式的抽象表达。人们常以此为标尺来识别、挑选和任用企业家。

2. 企业家精神的基本内容

（1）创新精神。企业家精神同创新联系在一起，这也是企业家与一般经营者的主要区别。企业家的创新精神体现为一个成熟的企业家能够发现一般人无法发现的机会，能够运用一般人不能运用的资源，能够找到一般人无法想象的办法。创新是企业家活动的典型特征，从产品创新到技术创新、市场创新、组织创新等。所以，具有创新精神的企业家更像一名充满激情的艺术家。

（2）冒险精神。没有甘冒风险和承担风险的魄力，就不可能成为企业家。企业创新，要么成功，要么失败，没有第三条道路。在美国3M公司，有一个很有价值的口号："为了发现王子，你必须和无数个青蛙接吻。""与青蛙接吻"常常意味着冒险与失败，但是，如果你不想犯错误，那么什么也别干。同样，对美国的惠普、中国的联想和海尔等众多企业而言，虽然其创始人的创业机缘各不相同，但无一例外都是在条件极不成熟和环境极不明晰的情况下，他们敢为人先，敢冒风险。

（3）创业精神。创业精神指创业者具有的开创性的思想、观念、个性、意志、品质和行为模式等。具有创业精神的企业家主动寻求变化、对变化做出反应并将变化视为机会，克服艰辛与挫折，主动去创造具有更多价值的新事物；锐意进取，追求社会贡献与个人满足。这种创业精神是在各类社会中刺激经济增长和创造就业机会的一个必要因素。

（4）宽容精神。企业家的宽容精神是指企业家具有宽容心，愿意与人友好相处，愿意与他人合作。它主要体现在：尊重同行和下属；尊重人才；善于使用人才，敢于起用人才；虚怀若谷，善于听取别人意见，尤其是批评自己的意见；发扬民主精神，避免独断专行。

企业家精神需要培养。一个社会，无论制度多么合理、资源多么丰富、劳动力供应多么充足，如果不鼓励培养主动性和承受风险的意识，也很难产生企业家精神。

1.2　企业环境

通用汽车公司的凯迪拉克部发现其忠诚顾客的头发已经花白了，新车购买者的平均年龄超过了 60 岁，为了减弱这种顾客老龄化的趋势，公司正千方百计地吸引年轻一代的购买者。

2008 年，由美国次级债引发的全球金融危机，是自 1929 年以来的最大危机，它严重影响了各家公司的融资能力，生机勃勃的股票市场因而遭受了严重的现实打击。由于全球股市暴跌，一些公司甚至取消了首次公开募股（IPO）。

上述两个例子表明，环境中存在某些力量，这些力量在很大程度上影响着企业的决策及经营效果。

1.2.1　企业环境的含义

企业环境是指一些相互依存、相互制约、不断变化的各种因素组成的系统，是影响企业管理决策和生产经营活动的现实各因素的集合。

企业环境，既不专指企业的外部环境，也不专指企业的内部环境或内部环境的某些方面，而是指一个环境系统。企业自身就是一个开放系统，它从环境中获取投入（资源：人、财、物、信息、技术等），通过自身的生产经营系统转换为产出（目标：产品或服务、财务结果等），这种产出被分配到环境中。企业对环境是开放的，并与环境发生着持续的相互作用。

1.2.2　企业环境的组成

有关环境因素的具体分析我们将在本书第 5 章中详细讲解，在此我们简单介绍环境因素的构成及影响机制。

企业环境包括企业外部环境和内部环境，如图 1-1 所示。

1. 外部环境

外部环境包括宏观环境和微观环境。

宏观环境的影响可以理解为整个国家乃至全球环境对企业所处行业的影响。如果企业所处行业不景气，公司在正常情况下一般也会不景气；如果企业所处行业发展势头良好，那么企业一般只需要维持正常经营就可以获得可观的增长率。宏观环境以微观环境（行业环境）为媒介间接作用于企业。

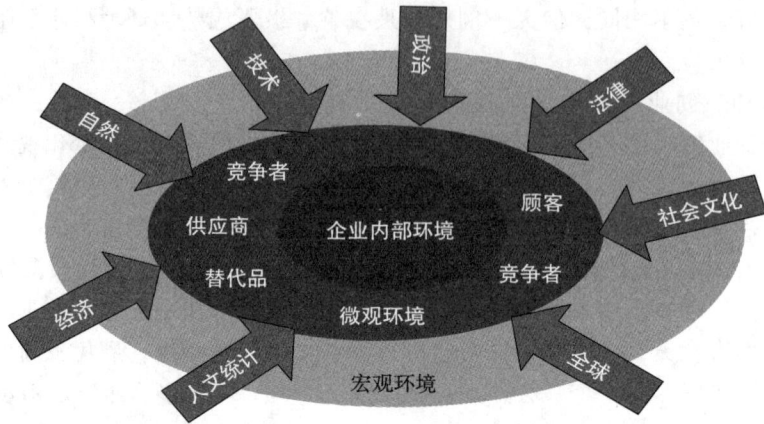

图1-1　企业环境示意图

微观环境的影响可以理解为与该企业有具体接触的其他企业、政府或者个人对该企业的影响。比如说供应商、分销商、外包商、客户等都有可能对企业产生影响。例如，长期合作的供应商破产，导致企业需要更多成本去寻找和建立另一个具有战略合作伙伴意义的供应商。

企业通过分析外部环境，可以了解环境中存在哪些机会和威胁，做到知彼。

2. 内部环境

内部环境主要指企业自身条件，如资源丰富程度、经营管理水平、组织结构、企业文化等。企业通过分析内部环境，可以了解自身的优势、劣势，做到知己。

1.2.3　环境对企业的影响

了解环境的各种构成要素是什么对管理者来说固然重要，但是，理解环境如何影响企业活动更为重要。环境通过其不确定性、不可控性及企业自身的条件、企业与外部利益相关者的各种关系，对企业施加影响。

环境的不确定性指在没有获得足够的、有关环境因素信息的情况下必须做出决策，而决策人很难估计外部环境变化。环境不确定增加了企业各种战略失败的风险，使企业很难计算各种战略方案的成败概率和有关成本。

美国学者邓肯认为，应该从两个维度来确定企业所面临的环境不确定性：一是企业所面临环境的复杂性，二是企业所面临环境的动态性。

（1）环境的复杂性。环境的复杂性指环境中那些与企业经营有关的要素的数量和不相同性。在一些复杂的环境情况下，许多种类不同的外部因素对企业产生牵制和影响。复杂程度可能来自企业面临的环境因素的多样性（例如在不同国家经营的跨国公司），也可能来自处理环境影响所需的知识多寡（例如对一家航天公司的要求）。

（2）环境的动态性（稳定与不稳程度）。环境的动态性指外部环境变化的速度和频率。某些企业外部环境因素变化速度明显超过其他企业。比如计算机公司处在极不稳定或称多变的环境中。

以上两个维度各分为两种程度，形成了一个评估环境不确定性的四种环境状况框架，如图1-2所示。企业实践证明，在稳定简单的环境中，管理者对企业成果的影响力大，而在动态复杂的环境中管理者的影响力小。

变化程度			
		稳定	动态
复杂程度	简单	稳定简单的环境	动态简单的环境
	复杂	稳定复杂的环境	动态复杂的环境

图 1-2　环境不确定性矩阵

如今大多数企业面临着动态的环境，在此过程中，企业自身条件有无竞争优势对企业的决策主动性有着重要影响。此外，管理者也需要投入更多前瞻性的努力来管理利益相关者的关系，因为企业并不能自给自足，良好的外部关系可以使环境的不确定性限制最小化，使企业优势发挥最大化。

1.3　企业类型

现代经济生活非常丰富，作为社会基本经济单位的企业也有多种类型。企业的类型可以从不同角度，用不同标准进行划分。

1. 根据资产构成和法律形式的不同，可将企业分为自然人企业和法人企业

自然人企业是指具有民事权利能力和民事行为能力的公民依法投资建立的企业。其民事主体是作为投资者的自然人，而不是企业。个人独资企业和合伙制企业是典型的自然人企业。法人企业是指具有法人资格的企业。其典型代表是公司制企业，它是市场经济中现代企业的主要组织形式。

（1）个人独资企业。个人独资企业是依法在中国境内设立，由一个自然人投资，财产为投资人个人所有，投资人以其个人财产对企业债务承担无限责任的经营实体。其优点是：设立、转让、关闭容易；出资人拥有绝对决策权；管理灵活。其缺点是：负无限责任，风险大；受资金和个人管理能力的限制，规模有限。它是适合小型企业的组织形式。

（2）合伙制企业。合伙制企业是指由两个或两个以上个人共同出资、共同经营、共享收益和共担风险的企业。其优点是：由于可以由众多合伙人共同筹资，因而可以扩大规模；也由于合伙人共负偿债的无限责任，减少了贷款者的风险；比较容易成长和扩展。其缺点是：属无限责任企业，合伙人对经营结果有连带责任，风险大；合伙人皆能代表公司，权力分散，多头领导，意见易产生分歧，决策缓慢。

（3）公司制企业。根据我国 2006 年 1 月 1 日起实施的《中华人民共和国公司法》（以下简称《公司法》），公司制企业分为有限责任公司、股份有限公司和一人有限责任公司。公司制企业是独立法人。

1）有限责任公司。有限责任公司又称有限公司，是指由 2 个以上 50 个以下的股东共同出资设立，每个股东以其认缴的出资额为限对公司债务承担责任，公司以其全部资产为限对公司债务承担责任的企业法人。其特征：一是股东人数有法定限额；二是全部资本不化成等额股份，不对外公开发行股票，股权证书是股东的出资及权益凭证，这种凭证不能自由流通；三是股东出资后转让，要优先转让给公司其他股东，向股东以外的人转让，必须经全体股东过半数同意；四是股东及公司都对公司债务承担有限责任；五是财务不必公开。有限责任公司一般适合于中小企业的组织形式。

2）股份有限公司。股份有限公司又称股份公司，是指全部资本化成等额股份，并通过发行股票（或股权证）筹集资本，股东以其认购股份为限对公司债务承担责任，公司以其全部资产对公司债务承担有限责任的企业法人。其特征：一是股东人数和股本不得少于法定最低限额；二是资本划分为等额股份并体现为股票形式，公司通过公开出售股票募集资本；三是股票可依法自由转让，但不能退股；四是股东及公司对公司债务承担有限责任；五是公司财务公开。股份有限公司是适合大中型企业的组织形式。

3）一人有限责任公司。一人有限责任公司简称一人公司或独资公司，是指由一名股东（自然人或法人）持有公司全部出资的有限责任公司。其特征：一是股东为一人，既可以是自然人，也可以是法人；二是股东对公司债务承担有限责任；三是组织机构简化，不设股东会，也可以不设立董事会、监事会。此外一人公司还必须符合相关限制性法律规定。自然人出资的一人公司一般适合于小型企业的组织形式。

|相|关|链|接| 个人独资企业、个体工商户和一人有限责任公司的区别

就个人投资而言，主要是个体工商户、个人独资企业和一人有限责任公司这三种形式，三种投资形式主要有如下区别。

第一，适用法律不同，法律地位不同。

根据我国法律，民事法律关系的主体可分为自然人和法人。

个体工商户：个体工商户是从事工商业经营的自然人或家庭，是我国特有的公民参与生产经营活动的形式。它的法律依据是《民法通则》、《城乡个体工商户管理暂行条例》。个体工商户是个体经济的一种法律形式，其民事主体是自然人或家庭，它不属于企业，更不具有法人资格。我们生活中最熟悉、最常接触的就是这类经济形式。冷饮小吃店、批发市场、农贸市场中的经营户、个体书店、自行车摊、裁缝铺以及遍及城乡的各种摊贩往往都是个体工商户。

个人独资企业：个人独资企业依据《个人独资企业法》调整，属于自然人企业范畴，不具有独立的法人资格，虽然可以起字号，但不可以带"公司"字样。

一人有限责任公司：现行《公司法》规定，一人有限责任公司是具有完全法人资格的经济实体。

第二，投资主体不同，注册资本限额不同。

个体工商户：可以由一个自然人投资设立，也可以由家庭共同投资设立。没有注册资本限额。

个人独资企业：投资人只能是一个自然人。没有注册资本限额。

一人有限责任公司：可以由一名自然人股东或一名法人股东投资设立。注册资本最低限额为人民币10万元，且股东应当一次足额缴纳公司章程规定的出资额。

第三，承担责任的财产范围不同。

个体工商户：对所负债务承担无限清偿责任，即不以投入经营的财产为限，而应以其所有的全部财产承担责任。是个人经营的，以个人财产承担；是家庭经营的，以家庭财产承担。

个人独资企业：出资人在一般情况下仅以其个人财产对企业债务承担无限责任。

一人有限责任公司：股东仅以其投资为限对公司债务承担有限责任。这也是一人公司作为独立法人实体的一个突出表现。

第四，税收征缴规定不同。

首先从税收管理上看，税务局对个体工商户和个人独资企业的税收管理相对宽松，对建账要求较低，在税款征收方式上主要采用定额或定率征收；而对于一人有限责任公司，要求则严格得多，在税款征收方式上主要采用定率或查账征收。

其次是涉及的所得税不同。自2000年1月1日起，个体工商户或个人独资企业只需缴纳个人所得税，不用缴纳企业所得税；而一人有

限责任公司必须缴纳企业所得税，对股东进行利润分配时还要缴纳个人所得税。从这个 | 角度讲，个体工商户和个人独资企业比"一人公司"更有利。

2. 根据经营方向和使用技术基础的不同，即所属行业和部门的不同，可将企业分为农业企业、工业企业、建筑安装企业、运输仓储企业、邮政和电信企业、商业企业、旅游企业、金融企业、住宿餐饮企业等

（1）农业企业。农业企业是指从事农、林、牧、渔、采集等生产经营活动的企业。

（2）工业企业。工业企业是指从事工业性产品生产、经营和劳务活动的企业，包括采掘工业、加工制造业、电力、燃气及水的生产和供应业。

（3）建筑安装企业。建筑安装企业是主要从事土木建筑和设备安装工程的企业，如建筑公司、安装公司或建筑安装公司。

（4）运输仓储企业。运输仓储企业是指利用运输仓储工具专门从事运输、储存或直接为运输储存服务的企业。

（5）邮政和电信企业。邮政和电信企业原来统称邮电企业，是指通过邮政和电信传递信息、办理通信业务的企业。

（6）商业企业。商业企业是指社会再生产过程中专门从事商品交换活动的企业。商业企业通过商品买卖活动，把商品从生产领域送到消费领域，满足社会生产和人民生活的需要并获得盈利。

（7）旅游企业。旅游企业是指凭借旅游资源，以服务设施为条件，通过组织旅行游览活动向游客出售劳务的服务性企业。

（8）金融企业。金融企业是指专门经营货币和信用业务的企业。金融企业的类型很多，如银行、证券公司、保险公司等。

另外，还有住宿餐饮企业、其他服务企业等。

| 相 | 关 | 链 | 接 | **三大产业划分的规定**

根据《国民经济行业分类》（GB/T 4754—2002），三次产业划分范围如下。

第一产业是指农、林、牧、渔业。

第二产业是指采矿业，制造业，电力、燃气及水的生产和供应业，建筑业。

第三产业是指除第一、二产业以外的其他行业。第三产业包括：交通运输、仓储和邮政业，信息传输、计算机服务和软件业，

批发和零售业，住宿和餐饮业，金融业，房地产业，租赁和商务服务业，科学研究、技术服务和地质勘查业，水利、环境和公共设施管理业，居民服务和其他服务业，教育，卫生、社会保障和社会福利业，文化、体育和娱乐业，公共管理和社会组织，国际组织。

资料来源：国统字［2003］14号文《三次产业划分规定》。

---

3. 根据企业经济活动方式的不同，可将企业分为制造型企业、流通型企业和服务型企业

制造型企业也称生产型企业，主要指从事生产制造的工业企业、农业企业和建筑安装企业；流通型企业主要指交通运输企业、商业企业、邮政电信企业等；服务型企业主要指金融、旅游、住宿餐饮、咨询、信息服务等企业。

4. 根据企业规模不同，可将企业分为大型企业、中型企业、小型企业

衡量企业规模的主要指标包括企业的固定资产原值、从业人员数、销售额、生产能力等几

个方面。各项指标的具体衡量标准，会因时间、行业的不同而异，也会随着生产社会化程度和科学技术水平的不断提高而调整。具体参见《统计上大中小型企业划分办法》（国统字[2011003]3317号）和《部分非工企业大中小型划分补充标准》。

5. 根据生产要素密集程度的不同，可将企业分为劳动密集型企业、资本密集型企业和技术密集型企业

（1）劳动密集型企业。劳动密集型企业指进行生产主要依靠大量使用劳动力进行生产，而对技术和设备的依赖程度低的企业。我国目前劳动密集型企业主要涉及纺织、服装、玩具、皮革、家具等制造企业。

（2）资本密集型企业。资本密集型企业指在单位产品所需投资较多，技术装备程度较高、用人较少的企业。当前，资本密集型企业主要指钢铁业、汽车制造业、石油化工、重型机械等行业的企业。

（3）技术密集型企业。技术密集型企业指在生产过程中，对技术和智力要素依赖大大超过对其他生产要素依赖的企业。目前技术密集型企业包括微电子与信息产品制造企业、航空航天企业、生物工程企业等。

6. 在我国，还可以按照经济类型的不同，将企业划分为全民所有制企业、集体所有制企业、私营企业、外商投资企业、港澳台投资企业

（1）全民所有制企业。全民所有制企业的生产资料和资金归全国人民所有，由代表全国人民的国家通过各级行政、经济组织进行投资，因此又称为国有企业。

（2）集体所有制企业。集体所有制企业是指一定范围内的劳动群众出资举办的企业。

（3）私营企业。私营企业是指企业的资产属于私人所有，有法定数额以上的雇工的营利性经济组织。

（4）外商投资企业。外商投资企业包括中外合资经营企业、中外合作经营企业、外资独资企业，即俗称的"三资企业"。

（5）港澳台投资企业。港澳台投资企业是指港澳台投资者依照中华人民共和国有关涉外经济法律、法规的规定，以合资、合作或独资形式在内地举办的企业。

1.4 公司治理、商业伦理和社会责任

1.4.1 公司治理

1. 公司治理的含义

公司治理（corporate governance，又译为**公司治理结构、法人治理结构**）是一种对公司进行管理和控制的体系。公司治理结构规定了公司的各个参与者的责任和权利分布，而且明确了决策公司事务时所应遵循的规则和程序，是现代公司制度的核心及最重要的组织架构。

现代企业区别于传统企业的根本点在于所有权与经营权的分离，而公司治理结构的核心是在所有权和经营权分离的条件下，由于所有者和经营者的利益不一致而产生的委托—代理关系。公司治理的目标是降低代理成本，在所有者不干预公司日常经营的条件下，保证经营者既能以股东的利益和公司的利润最大化为目标，又能兼顾其他利益相关者的权利。

2. 公司治理结构的组成

根据我国现行《公司法》的规定，公司治理结构由以下四个部分组成：

（1）股东大会。股东大会由公司全体股东组成。股东依其职权在股东大会中表达自己的意愿，公司的权利发端于此，也就是公司的意思表示机构。从理论上讲，它是公司的最高权力机构，体现的是所有者对公司的最终所有权。它不是公司的常设机构。

（2）董事会。董事会由公司股东大会或职工代表大会选举出的董事组成。董事会作为股东大会闭会期间的办事机构，接受股东大会委托，执行股东大会议决事项，对公司的发展目标和重大经营活动做出决策，维护股东权益。它是公司的战略决策机构。

（3）监事会。监事和监事会对公司的财务和董事、经营者的行为进行监督，以保证股东意志的贯彻实施，是公司的监督机构。监事会成员一般要求有比较突出的专业特长，丰富的管理经验，良好的道德品质。需要注意的是，董事、经理和财务负责人不能兼任公司监事。

（4）经理层。经理层由公司的高层经理人员组成，负责贯彻执行董事会的决策，并负责日常的经营管理，是公司的执行机构。其中总经理由董事会聘任，副总经理由总经理聘任。

公司治理结构的四个组成部分都要依法设置。它们的产生和组成、行使的职权、行事的规则等，在《公司法》中有具体规定，所以说，公司治理结构是以法制为基础，按照公司本质属性的要求设立的，它形成了一个决策、执行、监督三权分立的框架结构。

1.4.2　商业伦理

说到商业伦理，像"无商不奸"，"唯利是图"，"君子爱财，取之有道"等这些相反相成的评价就会浮现在我们的脑海。事实上，企业如果只为顾客着想，就赚不了钱，甚至会亏本；可是如果不为顾客着想，就做不大，赚不了大钱。那么企业应该如何理解商业伦理？如何处理伦理两难的问题呢？

1. 商业伦理的内涵

人性既有善的一面，如仁爱和自律，又有恶的一面，如自私和贪婪。因此，人们为了相互协调，共同生产和生活，就必须有共同遵守的行为规范，这就是伦理。伦理道德往往代表着社会的正面价值取向，起着判断行为正当与否的作用。

商业伦理（business ethics）也称**企业伦理**，是指蕴含在企业生产、经营、管理及活动中的伦理规范。商业伦理给出了企业在其经营活动中涉及内外关系时所必须遵循的行为准则和道德规范，是社会经济关系的道德体现。它主要涉及那些为社会所期望的、尚未形成法律条文的活动和做法，包括公平、公正、诚实、不违反社会公德等。

2007 年广受关注的山西洪洞县"黑煤窑"事件、2008 年揭露出来的三鹿奶粉三聚氰胺事件以及同年引发全球金融风暴的次贷危机和麦道夫诈骗案等无数事例，都无可辩驳地说明，任凭人性的自私和贪婪无节制发展，将会造成严重的后果。企业在追求利润时，除了必须遵守法律规范外，也必须在功利主义与伦理道德间做出正确抉择，虽然这从来都不是一件容易的事。

2. 商业伦理建设

商业伦理的选择和建设是一项具有战略意义的工作，企业需要精心谋划，扎实推进。

首先，思想上高度重视，制度上严格规范；其次，伦理取向要突出社会责任；再次，要重视领导的表率作用；最后，伦理建设要求同存异，加强沟通。

1.4.3　企业的社会责任

企业的社会责任是指企业除承担法律义务和经济义务之外，还承担有利于社会长远目标实现的义务。承担社会责任是企业管理道德的要求，强调企业在经营过程中对人的价值的关注，对利益相关者、对环境、对社会的贡献。

2005年10月我国《公司法》修订时，增加了公司负有社会责任的条款，所以公司的社会责任是商业伦理在现代市场经济背景下，进入法律领域时在《公司法》上的体现。然而，法律的规定不但没有消除学术界和企业界对该问题的争论，现实中反而呈现出在更广范围、更深程度上的讨论现象。

有关企业社会责任的对象及内容，长期以来备受争议。传统经济学的观点认为：为股东实现利润最大化是企业的天职，否则，就不称其为企业，增进和保护社会福利是政府和非营利组织的责任；而社会经济学的观点则认为：企业不只是对股东负责的经济实体，它们产生于社会，得到了社会公众的支持，应该对社会负责，因此，企业的责任不只是为股东创造利润，还应该保护和增进社会福利。

企业作为社会的基本经济细胞，当然是一个经济实体，但除此之外，企业同时也是一个伦理实体，因而具有伦理属性。企业在经营过程中，除了考虑自身的财务和经营状况外，也应力所能及地加入其对社会和自然环境所造成的影响的考量。具体来讲，企业的社会责任体现在以下几个方面：

（1）所有者。企业对所有者承担的基本责任是保护所有者的投资并使其增值，通常表现为利润和发展。所有者都希望能得到合理的投资报酬、都希望企业发展壮大，因为企业的发展壮大，能开辟更广阔的市场，提供更多的产品和劳务，随之而来的是利润的增加及其带来的循环发展。

（2）顾客。每一家企业的成败，归根结底取决于顾客和用户。企业要使顾客始终满意，就必须随时注意他们需求的变化，根据不同的需要，不断提供他们满意的产品或劳务。

（3）债权人。这里的债权人是指向企业出借资金的人或组织。企业对债权人的责任就是及时偿还债务，如果做不到这一点，企业的信用就会受到影响。同时，对债权人的经营活动也会产生影响，甚至形成连锁反应，危害社会，如美国的次贷危机引发全球金融风暴。

（4）职工。职工为企业生产产品和劳务以供其出售。企业应对职工提供合理的报酬、良好的工作条件、职业保证以及定期的培训等。这些因素也是变化的，企业要注意随着环境的变化不断满足职工的需要，树立依靠职工办企业的观念，重视对职工应承担的责任。

（5）政府。企业在生产经营过程中，要在遵守国家法律法规、按时足额纳税、接受政府指导和管理、对各级政府号召和政策的支持等方面承担责任。

（6）社会。使社会成为公民更好的生活场所也是企业的责任，因此企业要同社会共同设法解决面临的社会问题。比如首先是对本社区，提供就业、再就业机会和良好的社区环境，其次是参与本地区慈善事业活动，保持环境清洁，不受污染。总之，企业对社会有经济产出，还要有社会产出，或者叫物质文明和精神文明一起抓，以推动社会进步。

另外，对供应商要保证付款的时间，对竞争者要做到公平竞争，对贸易和行业协会各种活动的支持，对特殊人群（残疾人、妇女等）提供平等的就业机会等，这些都是企业在为促进社会和谐和可持续发展时应考虑的因素。

|相|关|链|接|　　　　万科积极践行社会责任

2008年5月12日，四川汶川地区发生里氏8级地震。地震发生当日，万科立即决定将股东大会授权额度剩余的220万元全部捐出。为寻找对灾区最有价值的努力方向，董事会主席王石、总裁郁亮等多名公司管理人员、技术骨干及外聘专家先后赴救灾现场了解情况，并迅速启动了在灾区的现场援助工作。6月5日，股东大会以99.8%的高票

通过在净支出额度 1 亿元以内参与四川地震灾区灾后安置及恢复重建工作的议案。自该议案通过至 2008 年 12 月 31 日为止,在临时股东大会授权的范围内,万科就开展灾后安置、修复和重建工作,共发生费用 6 749.7 万元。

房地产业在中国仅有不足 30 年的历史,万科集团作为其中一家年轻的企业,通过自身的努力,积极践行社会责任,虽然减少了公司短期收益,却赢得了社会的尊重与信任,逐渐发展成为中国房地产业的龙头。

1.5 小微企业的创办与管理

假设你拥有一个绝佳的创业点子,培养了企业家的特质,已经准备全心投入经营自己的事业,并且为了稳妥初步设想创办一个规模不大的企业,那么你将如何创办这个企业呢?会涉及多少文书工作?如何运作管理?下面我们对此进行讨论。

1.5.1 小微企业的概念及其重要性

在本章 1.3 节我们已经讲过,根据企业规模不同,企业可分为大型企业、中型企业、小型企业,其中,中小企业又可以具体划分为中型企业、小型企业、微型企业三种类型。小微企业是小型企业、微型企业、家庭作坊式企业、个体工商户的统称,是由经济学家郎咸平教授提出的。它是相对于大中型企业而言的概念,一般是指劳动力、劳动手段或劳动对象在企业中集中程度较低,或者生产和交易数量较小的企业。具体标准根据企业从业人员、营业收入、资产总额等指标,结合行业特点制定。

2011 年 11 月,财政部与国家发展和改革委员会发出通知,决定在未来 3 年免征小型企业、微型企业 22 项行政事业性收费,以减轻小型企业、微型企业负担。

小微企业的重要性,在数字方面大家是公认的。在我国,中小型企业、微型企业创造的 GDP、进出口额、税收分别占总量的 60%、70%、50% 以上;就业比例 75% 以上是靠中型企业、小型企业或微型企业,实际上主要是小微企业。所以小微企业在创造就业和稳定经济发展方面的重要性毋庸置疑。此外,小微企业也是技术创新的重要源泉,对活跃市场、促进市场竞争、发展市场经济有着重要的推动作用;同时小微企业也是培育企业家的摇篮。

1.5.2 小微企业的特征

为了更好地促进小微企业的发展,世界各国都根据本国的经济发展实际情况,对小微企业的范围和特征做出了明确的规定。其界定因地域、行业和时间的不同而有所区别。与大中型企业相比,小微企业有其独特之处,主要表现如下:

(1) 企业数量众多,分布面广。据统计,到 2010 年 8 月,我国中小企业数量占企业总数的 99%,其中 300 人以下的小微企业占 95.8%。小微企业的经营范围很广,除了技术、资本密集度极高和国家专控的特殊行业外,几乎所有的竞争性行业和领域都有小微企业的经营活动,尤其是服务业、零售业、批发业、制造业、物流运输业、建筑业等这些初始投资要求不高的行业,是吸引小微企业的重要领域。

(2) 体制灵活,组织精干。小微企业较多采取个人独资或合伙制组织形式,部分选择有限责任公司形式，决策过程简单。同时，小微企业组织结构简单，管理层次少，经营手段灵活，应变能力强。

（3）管理水平相对较低。大部分小微企业缺乏有效的、完整的内部管理制度，经营也不够规范。所有者或经理人素质的高低、能力的大小，在很大程度上决定着企业的兴衰与成败。

（4）产出规模小，竞争力较弱。小微企业一般资本总量较小，生产设备相对落后，技术含量和附加值较小，产业规模小。这些劣势使其劳动生产率比较低，缺乏竞争力。相对大型企业来讲，其平均寿命较短，容易倒闭破产。

（5）"家族"色彩浓。目前，占小微企业主导地位的是"家族"企业，大多数企业投资者、经营者、管理者有一定的"亲缘"关系，父子、兄弟、姐妹、亲戚、朋友、同学等成员担任着企业关键部门的职位，不利于重要职位引进管理人才，提升管理水平。

1.5.3　小微企业的创办

除了准备好开办企业必需的创意、资金、设备、人员、经营场所等，企业还必须依据一定的创立程序到相关部门提出设立申请，并予以核准登记后才可以依法自主经营。事实上，小微企业与大中型企业的创立程序基本相同，差别之处在于，小微企业创立之初的法律形式基本上是个人独资企业、合伙制企业或者有限责任公司的形式，不会涉及股份有限公司，因此在申请设立过程中要求具备的条件、提交的资料会有些差别。

小微企业的创立程序包括企业登记注册、银行开户与结算、税务登记与纳税，简要概括如下。

（1）企业登记注册。企业登记注册包括设立登记与企业变更登记。小企业的设立登记程序如下：

1）申请开办。开办私营企业，应当由申请人向企业所在地的工商行政管理局提出申请，办理登记注册，并应如实填报开办申请书。

2）申请开业登记。申请开办获准后，即可申请开业登记。根据国家工商局《工商企业登记管理条例施行细则》之规定，应在获准后 30 日内，向登记主管部门（即工商行政管理局）提出开业申请，并如实填写"开业申请登记表"。主管部门应在受理申请后 30 日内，给予答复。

3）领取营业执照。

（2）银行开户与结算。企业一旦开始运营，就必须动用资金。只有掌握了银行的基本功能，才能利用其发达的信用制度，为企业有效地利用与运转资金服务。开立银行账户的程序如下：

1）提交开户证明：营业执照等相关文件。

2）填写开户申请表：企业名称、企业负责人、企业性质、企业地址、经营范围和开户理由等。

3）填写印鉴卡片：印鉴卡片是银行或信用社审查结算凭证合法性的依据。印鉴卡片应注明开户企业名称、开户账号、企业地址、负责人和财会人员。另外，还要盖上鉴证人的私章和企业公章。

4）银行编发账户：账户是由银行根据单位的行政隶属关系、资金性质，指定使用相应的科目，加上开户单位的顺序号组成。

货币结算。货币结算又分为现金结算和转账结算两种。在国家《现金管理结算条例》规定的现金使用范围外的，必须转账结算。

（3）税务登记与纳税。税务登记包括开业登记、变更登记、重新登记和注销登记。小企业创立时要办理开业登记。

1）开业登记。纳税人领取营业执照后，应在规定期限内办理开业税务登记。我国《税收征收管理法》规定，应依法纳税的各企事业单位，在领取营业执照之日起 30 日内，持有关证件，到税务机关申报办理国税、地税税务登记。

2）纳税申报。税法规定，纳税人无论有无应税收入和所得，扣缴义务人无论有无代扣代缴、代收代缴税款，都必须在税法、行政法规规定的期限内，到当地主管税务机关办理纳税申报，报送有关资料，比如纳税登记表，财务会计报表，代扣代缴、代收代缴税款报告表等。

1.5.4　小微企业的管理

或许，你认为管理一家小微企业比大型跨国企业要容易，不过这两种企业的基本管理原则其实是相通的。慈善机构、政府机关、事业单位的管理原则很大程度上与大小企业的管理也是一样的。所有的企业都需要好的构思、资本、计划、组织、营销、协调的员工关系和全面的管理技巧等。在本书后续章节，我们将深入探讨这些议题。在此，我们主要针对小微企业规模小、筹资难、人才不足、核心竞争优势不突出等自身特点，就其管理时应注意避免的方面提供一些建议。

1. 切忌过于依赖经验，要与时俱进

在市场中积累的经验与直觉是非常珍贵、有价值的，在市场中具有很强的指导性，但若不能与时俱进，结合现代市场经济中的科学手段，进行客观科学的决策，在复杂多变的市场中，仅靠经验与直觉难免失误。

2. 切忌短视行为

小微企业多是依靠船小好掉头，机动灵活而获取利润。但随着企业越做越大，这样以投机的心态做企业，必然要面临企业发展的瓶颈，没有长期的战略规划企业必然无法做大做强。但着眼长远，就要割舍一些眼前的利益，放弃一些机会，这对于靠机会起家的小企业来说无疑是很痛苦的，但没有宏图大志、长远规划，小企业将永远在小企业阵营中徘徊。

3. 注重组织规模扩大后管理能力的提升

小微企业多是由几个人合伙或家族式经营起家的，企业成长壮大后，这些开国元勋多任要职，但这些人因为多是在市场一线出身，科学管理能力较弱，原有模式管理力不从心，导致企业混乱，阻碍了企业发展及市场竞争力提高，而一些家族企业任人唯亲、弄权挡贤更是企业成长的大患。

4. 慎重选择多元化发展战略

很多小微企业在本行业地位还没有稳固就开始觊觎一些高利润的行业，急于将企业所谓的做大，而高昂的经验成本与资源不足的风险往往让盲目扩张的企业付出沉重的代价。企业首先要做强，之后才可能做大做强。比如联想集团，在当年的多元化发展之路上也付出过惨痛的代价。

另外，老板事必躬亲、不注意企业文化建设等都是小微企业常遇到的一些问题。其解决方法除了与时俱进，顺应时代发展，提高企业主自身修养与能力之外，还可以多向企业家或创业者学习。目前我们在网络、在各类书籍中可以见到无数企业家、创业者方面的资料，而学习如何经营小企业的一种好方法就是与有此经验的经营者交谈。他们会告诉你"选址是至关重要的"，他们会警告你"资本不能过少"——也就是如果没有足够资金不要尝试，他们会提醒你"如何寻找并留住优秀员工"等问题。这些免费建议是非常宝贵的。

|创|业|者|自|测|题| **创业者性格测试**

创办一家成功的企业需要付出极大的精力，还必须具备一些特定的性格特征。阅读下面对个人性格的描述并按照 1～10 的程度标出你的得分。

性 格	描 述	你的得分（从低到高：1 2 3 4 5 6 7 8 9 10）	性 格	描 述	你的得分（从低到高：1 2 3 4 5 6 7 8 9 10）
激励	追求成功的决心		诚信	可信度	
热情	全心全意		适应性	能够适应新的形势	
风险承担	愿意争取机会		自我约束	遵守计划或时间表	
信心	对自己能力的信心		独立	相信自己	
竞争性	渴望获胜		目的性	不会盲目行动	
坚韧	拒绝半途而废		目标导向	不达目的不罢休	
创造力	想象思考的能力		问题解决	提出解决问题的方案	
组织性	整理秩序的能力		驱动力	愿意努力工作	
愿景/领导力	清楚自己的方向		乐观	积极的态度	
信服力	说服他人的能力				

测验时间：_____ 总得分：_____

企业家倾向：_____

得分 160～190：你有很强烈的企业家性格，对你来说，创业是一种你所追求的、令人激动和充实的生活方式。

得分 120～159：中等程度的企业家性格。

你会觉得创业是值得追求和刺激的，但你还需要经过培训才能获得企业家的能力。

得分 120 以下：创业并不令人向往，困难重重。通过为他人工作你更有可能取得成功，并在此过程中培养自己的创业能力，而在决心自己创业时不要轻易放弃。

1.6　企业国际化面临的挑战

改革开放 30 多年的历史就是中国新一轮国际化的历史，我们今天的生产、服务、消费、商业行为和生活习惯在很大程度上已经成为国际化的产物。企业希望通过国际化经营获得更大利润、提升竞争力。

1.6.1　企业国际化的含义

企业国际化即国际化经营，是指企业为实现经营目标，有计划、有组织地追逐国际市场的行为体现，它既包括产品的国际流动，也包括生产要素的国际流动。

国际化是一个相对于本土化的概念，在企业层面上，国际化主要体现在其产品（服务）、资产在本土之外的扩展程度，以及资本、商品和信息的跨国/地区交流程度。

随着企业实力的不断壮大以及国内市场的逐渐饱和，中国有远见的企业家开始把目光投向本土以外的全球海外市场。但是，在企业国际化进程中，有两点必须引起我们足够重视：一是企业面临的环境不同。国际化经营面临与本国不同的环境，这一点是国际化经营的特色。它决定着国际化经营在很多方面和在国内经营不同，因此需要企业具有国际化观念，制定恰当的经营战略。二是国际化是本国总公司为实现经营目标，经营资源的基本流动而进行的有计划、有组织的活动。也就是说，在国际化经营过程中，很多子公司、分公司等分支机构都在国外经营，需要因地制宜，但是，它们首先应该遵循总公司的战略，这一点非常重要，也具有很大的挑战性。

1.6.2　企业国际化的方式

企业应该在外部环境评估和内部条件分析的基础上，首先考虑如何进行国际经营。国际化经营的进入方式主要包括出口或进口、非股权安排（合同安排）、国外直接投资，这往往也是企业在国际化进程中发展的三个阶段。每一个相继的阶段要求更多的海外投资，因而也会承担更多的风险。

1. 出口或进口

企业进入国际市场的初级阶段，表现方式往往是将产品出口到其他国家，即在国内制造产品，并将产品销往国外。这是走向国际化的传统的、基本的方式。此外，一个企业最初也可能采用进口产品的方式走向国际，也就是说把海外制造的产品销往国内。出口和进口都是成为国际化企业的萌芽阶段，所涉及的投资和风险都是最小的。大多数企业都是这样开始国际业务的，尤其是小企业。我国华为公司的国际化模式主要就是通过自主知识产权的自有品牌出口，最终逐渐发展成为全球第二大电信产品供应商的。

|经|典|案|例|　　　　华为自主知识产权的自有品牌出口

2004 年是华为国际化战略大获全胜的一年，多年持续的投入终于开始结出丰盛的果实。这种胜利不仅体现在与 IT 巨头思科的官司最终得以和解，还表现在华为的产品开始突破欧洲和美国市场，海外产品收入首次超过国内收入，同时击败众多国际巨头，成功地成为英国电信的优先供应商，角逐总额达 1 500 亿元的电信产品大单。中国的高科技企业终于获得世界的认可，华为开始改变世界的眼光。

华为一直专注于通信技术的进步，每年把不低于销售额 10% 的经费投入到研发领域，按照华为 2004 年销售额近 500 亿元的数字计算，华为 2005 年投入到研发领域的费用接近 50 亿元，对中国企业来说，这是一个天文数字。华为国际化战略也对外直接投资，但主要是建立研究机构和销售网络。在产品方面，华为一直坚持自主品牌的出口方式。

与国内市场相似，华为的国际化战略也走了一条"农村包围城市"的模式：先从发展中国家市场入手，进而抢占发达国家市场。自主的知识产权和低价战略，使得华为开始获得一些国外订单，只是市场做得非常艰苦。但华为扩张的态势开始让一些国际巨头坐立不安，思科公司在数据产品领域起诉了华为。这场初期来势汹汹，最后以和解方式解决的国际官司收到了意外的效果，本来国际知名度不高的华为在国际上声名鹊起。有人曾经戏言，即使华为拿出 10 亿美元做广告，也未必起到这样的效果。

---

2. 非股权安排

非股权安排又称合同安排，是企业国际经营的第二个阶段。该种方式的主要特征是不以股权控制为目的，并且涉及的财务风险较小。主要有通过特许经营/许可证贸易、管理合同等主动到国外销售自己的产品，或者同国外公司签订制造合同，来制造自己的产品。这种方式，企业不会向国外派驻长期管理人员，通常是定期派遣公司雇员到国外与客户会面，或者是雇用外国的代理商或中间商来代理企业的产品。

3. 国外直接投资

国外直接投资是指以股权控制为目的的国际资本流动，它主要包括合资进入、独资进入、并购进入、战略联盟等多种形式。如海尔通过海外投资建厂实现生产本地化，成功避免了美国贸易保护主义对出口的限制；2004 年联想收购国际电脑巨人 IBM 的 PC（个人电脑）业务，成为了全球第三大电脑生产商，同时也获得了原 IBM 的技术和市场。相比之下，中国电视制造商 TCL 并没有联想那么幸运。同样是在 2004 年，TCL 收购了法国的汤姆森公司，不过，事实很快证明了这是一起失败的收购案例，TCL 因此背负了沉重的债务包袱。国外直接投资是企业积极寻求全球市场的表现，需要投资多，风险大，需要投资者格外慎重。

1.6.3　国际化的挑战与应对措施

纵观企业的国际化道路，的确有很多优秀企业迅速地成长起来，然而却有更多的企业被这个世界市场无情地请出场。机遇存在，挑战与威胁也绝对不容忽视。目前中国企业面临的国际化挑战主要有以下几个方面。

1. 不同文化与价值观的冲击

在市场全球化的经济背景中，首当其冲的挑战就是文化与价值观的挑战。企业想要迈出国际化的步子，首先遭遇到的是各个国家或地区多种多样的文化与价值观的碰撞。双方文化与价值观的不同，很容易导致双方的沟通发生障碍。而在一个合作项目的促成中沟通是必要的，只有良性的沟通才能达成良好的合作。在这其中，中国企业必须要解决两个方面的问题。一方面是如何将中国与西方的沟通方式和文化准则结合起来，另一方面则是树立并完善企业内部文化。对于很多中国企业而言，这将是实现国际化整合的最大障碍之一。

2. 国际型人才的缺失

当文化与价值观得到有效解决之后，接下来的问题就是国际型人才的缺失。一个没有人才的企业是无法成长的，当今的企业竞争，说到底就是人才的竞争。人才在企业与企业的合作或竞争中起到关键性作用。"人才是企业的核心竞争力"，企业只有形成这一认识才能真正走出国际化的第一步。目前国内有许多企业认为高学历就是高素质人才，而形成只重学历不重能力的人才误区，导致一些有经验、有能力却唯独缺乏高学历的人才得不到应有的重用。

3. 团队合作意识薄弱

当一个企业懂得了如何识别并运用人才之后，一个同质问题就浮现出来了，那就是人才间如何形成相互了解、交流、合作意识，即所谓的团队意识。在我们的日常生活中明显地感觉到团队合作的重要性。但是，在大多数企业当中面对工作中的种种竞争与困境，有的人只看到了个人的发展与晋升，而忽略了与同事的和谐相处，更别说是共同合作、共同发展。团队意识十分薄弱。解决这一问题的主要途径：一是加强企业与员工团队合作重要性的意识，二是建立促进团队合作的组织机制。

4. 缺少过硬的技术保障

当企业达到良性沟通、人才具备以及形成了良好的团队合作氛围之后，过硬的技术保障就显得尤为重要。起步初期，我国大部分企业都是劳动密集型企业，少有所谓的"自主知识产权"，直到如今制造业仍是中国的代表。廉价的劳动力，高消耗、高污染的确成就了一批企业，但在国际环境下，这条路已经快走不通了。企业必须要尽快转型成拥有自己的核心技术、自主知识产权的高效率技术创新型企业，以技术来带动企业发展，而不能单单只依靠一些低端产业来带动自身发展。企业转型进行产业升级是中国企业不得不面对的长期挑战。

5. 缺乏有序的市场秩序

当中国企业已经初步具备一个国际化企业所应具备的一切时，一个良好有序的市场大环境的重要地位就凸现出来了。相对于西方发达国家已经相对完善健全的市场机制，我国市场机制的不足之处就显得尤为严峻。法律的漏洞、市场秩序的混乱以及恶性竞争，极大地拖累了中国企业走向世界的脚步。这就需要政府的力量来进行有效干预。这项浩大的工程，绝不是一朝一夕能完成的。企业也不能将一切希望都托付在政府身上，毕竟外部环境只是起到推动作用，根本的发展还是要靠企业自身的力量。

在诸多因素的综合影响下，中国企业的步伐在走向国际化的进程中显得格外沉重。

▌本章小结

本章主要介绍了企业的基本知识，主要包括企业的概念与特征、企业家精神的含义与基本内容，企业环境的构成及环境对企业的影响，企业类型、公司治理结构、商业伦理及企业的社会责任，小微企业的概念、特征、创立程序及管理中应注意的几个问题。最后，介绍了企业国际化的方式及国际化进程中面临的主要挑战。

▌关键术语

企业	营利性组织	有限责任公司	股份有限公司
企业家精神	无形生产要素	公司治理	股东大会
开放系统	宏观环境	董事会	监事会
微观环境	环境的不确定性	经理层	商业伦理
环境的动态性	环境的复杂性	伦理规范	社会责任
企业法律形式	自然人企业	利益相关者	小微企业
法人企业	个人独资企业	企业国际化	出口或进口
合伙制企业	公司制企业	非股权安排	国外直接投资

▌阅读指南与课外学习

1. 阅读指南

要了解更多有关什么是企业的有关知识，请阅读以下书籍：

（1）梅爱冰，管灵芳. 现代企业管理［M］. 北京：对外经济贸易大学出版社，2009.

（2）吴何. 现代企业管理激励. 绩效与价值创造［M］. 北京：中国市场出版社，2010.

2. 网上资源

（1）登录 http：//www. chinavalue. net（价值中国网），浏览有关与本课程相关的知识。

（2）登录 http：//www. ceccec. net（中国企业建设网），了解促进企业建设及管理的有关政策与企业案例。

▌复习思考题

1. 什么是企业？企业具有哪些特征？

2. 企业家精神的基本内容包括哪些？

3. 按照企业的资产组织形式不同，企业可分为哪些类型？

4. 有限责任公司、股份有限公司有何异同？

5. 公司治理的含义及组成是什么？

6. 企业的社会责任及其体现有哪些？

7. 小企业的管理应注意避免哪些方面？

8. 企业国际化的含义与方式是什么？

9. 我国企业国际化面临的挑战与应对措施是什么？

第2章

管理的基础与职能

▌ 学习目标

通过学习本章，使学生熟悉管理的内涵及管理的基本职能，了解管理者需要的基本技能；熟悉决策的内涵，了解决策的过程；熟悉计划的内涵，了解计划制订的过程；熟悉组织的基本类型，了解不同组织结构的特点；熟悉领导权力的来源，了解领导的基本理论；熟悉激励的内涵及激励的基本理论；熟悉控制的类型，了解控制的基本过程。

▌ 引导案例

缔造传奇的张瑞敏

2011 年的张瑞敏已步入花甲，而由他一手缔造的海尔集团正向而立之年迈进。在过去的 30 多年里，张瑞敏带领海尔集团经历了中国改革开放以来的诸多机遇，将一个集体小厂发展成为全球知名品牌。"一个国家没有世界名牌，就很难跻身世界民族之林，海尔愿做一个先行者。"张瑞敏如是说。

1984 年的新厂长

1984 年，张瑞敏成为当年海尔冰箱厂的第四位由上级派遣的新厂长。

与当年许多带有国有或集体性质企业，突然被上级组织派来一位担起"改革企业、扭转困局"重任的年轻人一样，张瑞敏当年进入海尔冰箱厂时，对企业未来发展到底能走多远并不清楚，800 多名冰箱厂的员工们对这位时年 34 岁的年轻人也充满不信任。

"他来了之后，话并不多，整天就在工厂里面到处看，时不时还会拿出笔记点儿什么东西。不到一个月，张厂长就颁布了工厂 13 条规定，甚至还包括禁止随地大小便。"一位年过七旬的老员工至今向《中国企业报》记者回忆起张瑞敏来，还印象深刻。他指出，张瑞敏当年推出那些规定并不是从书本上抄来的，而是工厂普遍存在、亟待改变的细节，可以改进和落实的空间很大。

故事的高潮并非 13 条规定，而是在一年之后，张瑞敏在逐步掌握了对工厂的熟悉度和控制权后，无意间开创了中国企业管理史上的第一个"神话"——大锤砸冰箱。

当年，张瑞敏的一位朋友要买冰箱，在工厂里去挑，找了很多台都有毛病，最后勉强拉走

1 台。朋友走后，张瑞敏立即派人把库房里的 400 多台冰箱全部检查了一遍，发现共有 76 台存在各种各样的缺陷冰箱。随后，张瑞敏将工厂的所有职工叫到车间，问大家怎么办？多数人提出，也不影响使用，便宜点儿处理给职工算了。张瑞敏当时的反应是："要是将这 76 台冰箱卖了，就等于允许你们明天再生产 760 台这样的冰箱。"随后，张瑞敏宣布这些冰箱要全部砸掉，并抡起大锤亲手砸下第一锤。

此后的一个多月里，张瑞敏发动和召开了一个又一个会议，讨论的主题非常集中："如何从我做起，提高产品质量。"3 年以后，海尔人捧回了我国冰箱行业的第一块国家质量金奖。20 年后的 2004 年，海尔从一个亏空 147 万元的集体小厂成为中国家电业首个销售规模突破千亿元的集团军企业。

海尔式管理

当年的"砸冰箱"举动，标志着张瑞敏作为中国本土企业管理大师和企业品牌传播策划大师的能量与睿智，这也随即在中国企业界拉开了一场以张瑞敏为主角的企业管理创新和实践。

从"日事日毕、日清日高"的 OEC 管理模式，到每个人都面向市场的"市场链"管理，再到"人单合一"的发展模式，张瑞敏将中国传统文化精髓与西方现代管理思想融会贯通，"兼收并蓄、创新发展、自成一家"，创造了富有中国特色、充满竞争力的海尔文化。互联网时代，为了快速响应用户需求，海尔在探索人单合一的双赢文化。为此，张瑞敏将海尔组织结构由传统的"正三角"颠覆为"倒三角"，组建自主经营体，以此为支点，创新虚实网结合的零库存下的即需即供的商业模式，为用户不断创新。

从当前全球最热门的两家美国公司谷歌和 Facebook 的发展轨迹中，张瑞敏甚至还找出了"谷歌代表的是一种满足需求的商业模式，而 Facebook 代表的则是一种创造需求的商业模式。未来企业的发展，不能停留于满足需求而是创造需求"。无疑，张瑞敏的这一理论对于正处在产业升级结构调整关键时期的中国经济和中国企业群体来说，都开启了一条以管理创新推动企业创新的创新发展通道。

多年来，正是在这些商业模式的不断创新和升级中，成就了张瑞敏和海尔的辉煌。海尔"人单合一"商业模式的提出以及引发中国家电业大震动的"去制造化"概念，都被认为是张瑞敏在打造具有中国文化内涵的现代化企业管理机制的探索和创新。

真正的中国制造

在中国改革开放的浪潮中，张瑞敏是一个合格的弄潮儿；在中国企业管理探索中，张瑞敏是一个探路者；在全球家电市场上，张瑞敏则是海尔传奇的缔造者。

张瑞敏的目标是使海尔成为世界名牌，而非世界产品。在他看来，这才是真正的中国制造。

从最初的开启海尔名牌战略阶段，到以"吃休克鱼"的方式进行资本运营，以无形资产盘活有形资产，在最短的时间里以最低的成本把规模做大，把企业做强。自 2006 年开始，张瑞敏再度提出，海尔进入全球化品牌战略阶段，实现从以中国为基地，向全世界辐射到在每一个国家的市场创造本土化的海尔品牌。

"海尔所在的行业是充分竞争的行业，利润像刀片一样薄，要想有利润只有一条，品牌。所以我在海尔这么多年，一直潜心打造一个让中国人骄傲，为中国人争光的世界名牌。我的多年体会是没有品牌不行，但真要打造一个品牌很难。"张瑞敏如是说。

张瑞敏清晰地记得，有一年，中国家电代表团到美国世界级的电器企业参观访问。当时的代表团名单里有两个海尔公司的人，对方看了名单以后说这两个人可以从名单里去掉。这件事让张瑞敏至今仍不胜唏嘘："人家连参观都不允许去。品牌是活的文化，你要得到文化，必须有更强势的文化。所以说品牌必须靠自己创造，世界不会恩赐给你，只有靠自己创造。"

将海尔打造成为世界名牌，是张瑞敏多年来的一个梦想，不过这并非遥不可及的梦想，也不是一蹴而就的坦途，最重要的是一定要心静，实实在在地创一个世界名牌——这正是张瑞敏真实的心路历程。

管理是人类各种活动中最重要的活动之一。自从人类开始组成群体来实现个人无法完成的目标以来，管理工作就成为协调个体努力必不可少的因素。由于人类社会越来越多地依靠集体的努力以及越来越多的、有组织的群体规模的扩大，管理人员的任务也越发重要。

2.1 管理的基础知识

2.1.1 管理的内涵

管理的概念多种多样，中外的管理学家从不同的角度给出了管理的定义。

科学管理之父泰勒认为，管理就是"确切地知道你要别人去干什么，并使他用最好的方法去干"。在泰勒的名著《科学管理原理》⊖中主要讨论了两个问题：一是员工如何能寻找和掌握最好的方法以提高效率，二是管理者如何激励员工努力工作以获得最大的业绩。

福列特也曾经给管理下了一个经典的定义，管理是"通过他人完成工作的艺术"，她把管理视为艺术，强调了管理者在管理中的重要作用。

诺贝尔经济学奖获得者赫伯特·西蒙教授对管理的概念曾经有一句名言，管理即制定决策，在西蒙看来，管理者所做的一切工作归根结底是在面对现实和未来、面对环境与员工时不断做出各种决策，直到获取满意的结果，实现令人满意的目标。

罗宾斯和库尔塔认为"管理这一术语是指和他人一起并且通过他人来有效完成工作的过程"。这一管理的定义将管理视作一个过程，既强调了人的因素，又强调了管理的双重目标；既要完成工作，又要讲求效率。

普伦基特和阿特纳在将管理者定义为"对资源的使用进行分配和监督的人员"的基础上，将管理定义为"一个或多个管理者单独或集体通过行使相关职能（计划、组织、人员配备、领导和控制）和利用各种资源（信息、原材料、货币和人员）来制定实现目标的活动"。

周三多等认为，管理是指组织为了达到个人无法实现的目标，通过各项职能活动，合理地分配、协调相关资源的过程，并进一步认为管理的载体是组织，管理的本质是协调资源的过程，管理的对象是相关资源，管理的职能是信息、决策、计划、组织、领导、控制和创新，管理的目的是实现既定的目标。

杨文士和张雁认为，管理是指"组织中的管理者通过实施计划、组织、人员配备、指导和领导、控制等职能来协调他人的活动，使他人同自己一起实现既定目标的过程"。

我们认为，对管理比较系统的理解应该是：管理是管理者或管理机构，在一定范围内，通过计划、组织、控制、领导等工作，对组织所拥有的资源（包括人、财、物、时间、信息）进行合理配置和有效使用，以实现组织预定目标的过程。这一定义有三层含义：第一，管理是一个过程；第二，管理的核心是达到目标；第三，管理达到目标的手段是运用组织拥有的各种资源。

⊖ 本书中文版已由机械工业出版社出版。

2.1.2 管理的职能

20 世纪初，法国工业学家法约尔在其著作《工业管理与一般管理》[⊖]中提出，所有的管理者都行使着五种管理职能：计划、组织、指挥、协调和控制。到 50 年代中期，美国加州大学洛杉矶分校两位教授孔茨和奥唐内尔在其编著的畅销管理学教材中，将管理的职能划分为计划、组织、人员配备、指导和控制，并且全书的结构安排就是基于这一结构划分。其后的学者也大都沿用这一体系，只不过一般将管理的职能进一步压缩为计划、组织、领导和控制。下面，我们沿用法约尔的管理职能划分对管理的各项职能进行逐一的解释。

1. 计划

计划（planning）是指为了实现决策所确定的目标，预先进行的行动安排。这项行动安排工作包括在时间和空间两个维度上进一步分解任务和目标，选择任务和目标的实现方式、规定任务、检查和控制行动结果等。计划指导着一个组织系统循序渐进地实现组织的目标，而计划的目的就是要使组织适应变化中的环境，并使组织占据更有利的环境地位，甚至进入一个完全不同的环境。计划在组织中可以成为一个体系，并且有明确的层级。

2. 组织

组织（organizing）在汉语中有两个意思，动词的组织是指将组织内的各种资源按照比例和程序的要求有序地进行安置，名词的组织是指一群人为了实现特定的目的，按照一定的规则组成的团体或实体。作为管理的职能，组织职能自然是指前一种定义，这种含义的组织事实上也是一种降低不确定性的手段。试想，如果没有能将无序的资源按照配比及程序的要求使资源在整合之初和整合的过程中达到有序化，有效地配置资源就成为一句空话，而这样的一种有序化行为也就是在降低预定成果或业绩获取的不确定性。

3. 指挥

指挥（conducting）是指领导指示组织内的所有人同心协力去执行组织的计划，实现组织的目标。指挥涉及四个方面的职能。

一是及时根据外部环境的变化，指示在组织内所有人与资源配合去适应环境，采取适当的行为；二是调动组织内成员的积极性，激励他们奋发努力，给他们创造发展的机会；三是有效地协调组织内的人际关系，使组织内有一个良好的工作氛围，从而降低内耗；四是督促组织成员尽自己的努力，按照既定的目标与计划做好自己专职范围内的工作。

4. 协调

协调（coordinating）是指将资源按照规则和配比安排的一种活动，也是将专业化分工条件下各自的工作行为成果有序统一的活动。专业化分工后，由于一个人只拥有从事这类活动的专门技能，所以便于加强知识的积累，使工作效率得以提高。然而，专业化分工本身也会带来风险和不确定性，这种分工之后的合作不在一个工作主体之间进行而是在多个工作主体间进行的状态，直接导致了不同工作主体之间配合的问题。如果配合不好，则可能使整体工作效率下降，甚至产生负效用。为了防范这种状况的出现，就需要协调行为，没有协调就不会有合力，由于分工产生的不确定性就无法消除。

5. 控制

控制（controlling）是指根据既定目标，不断跟踪和修正所采取的行为，使之朝着既定目标方向运动，从而实现预定的成果和业绩。由于现实行为是在不确定性因素的作用下发生的，

⊖ 本书中文版已由机械工业出版社出版。

故每一种行为都有可能偏离预定的要求，导致既定目标难以达成，显然这是组织不愿意看到的。为了防范这种状况的发生，控制这一类行为就非常必要。通过控制这种行为，可以降低工作行为及其结果与既定要求和目标的不一致性。

2.1.3 管理者的类型

我们可以从多个角度对管理者进行分类，其中，最常见的是按照管理者的层次将管理分为高层管理者、中层管理者和基层管理者。

（1）高层管理者。高层管理者人数较少，负责组织的全面管理。他们的头衔可能是总裁、副总裁和首席执行官（CEO）。高层管理者为组织确定目标、整体战略和运营政策。他们是组织在外部环境中的官方代表，代表公司同政府官员或其他组织中的经理等交往。高层管理者的工作往往是复杂多变的。高层管理者制定的决策包括收购其他公司、投资于研发、进入或放弃某一市场、建造新的工厂或办公设施。他们的工作时间通常很长，要花很多时间在会议和电话上。不过，在绝大多数情况下，高层管理者的收入比较可观。

（2）中层管理者。在绝大多数组织中，中层管理者可能是管理层中人数最多的一个群体。常见的中层管理者的头衔如工厂经理、运营经理和分部主任。中层管理者主要负责高层管理者制定的政策和计划，监督和协调基层管理者的活动。例如，工厂经理负责存货管理、质量控制、设备维护和较小的工会问题等。他们还负责协调工厂中班组长的工作。

（3）基层管理者。基层管理者负责监督和协调进行实际操作的员工的工作。基层管理者的头衔通常是主管、协调人和办公室经理。这些头衔通常是员工进入管理层之后首先获得的。以秦皇岛港务局为例，各分公司职能部门科长、办公室主任等属于基层管理者。各职能科科长负责本部门员工的日常工作安排、向上级管理部门汇报本部门的工作等。一般而言，基层管理者同高层和中层管理者最大的不同在于他们要花大量的时间用于监督下属的工作。

2.1.4 管理者的技能

根据罗伯特·卡茨的研究，管理者要具备三种技能，即技术技能、人际技能和概念技能。

（1）技术技能。技术技能是指管理者掌握与熟悉特定专业领域中的过程、惯例、技术和工具的能力，如会计监督人员必须要懂会计。

（2）人际技能。人际技能是指成功地与别人打交道并与别人沟通的能力。管理者的人际技能包括对下属的领导能力和处理各种关系的能力。

（3）概念技能。概念技能是指产生新的想法并加以处理，以及将关系抽象化的思维能力。具有概念技能的管理者往往把组织视作一个整体，并且了解组织各个部分的相互关系。

对于不同层次的管理者来说，三种技能的作用是不同的，概念技能对高层管理者更重要，对中层管理者次之，对基层管理者最不重要。技术技能正好相反，而人际技能对高层、中层和基层管理者同样重要。

2.2   决策

2.2.1   决策的内涵

学者们对决策的认识非常不统一，有人认为决策仅仅是管理过程中的一项职能，也有人认为决策是计划职能的一个组成部分，但诺贝尔经济学奖获得者赫伯特·西蒙认为，管理就是决策，决策贯穿于管理的整个过程。

本书认同西蒙对决策的看法，认为决策是管理的首要职能，决策贯穿于管理的整个过程，存在于组织的各个层级和部门。

1. 决策的定义

至于决策的定义，不同的学者有不同的看法。一种简单的定义是，"从两个以上的备选方案中选择一个的过程就是决策"（杨洪兰，1996）。一种较具体的定义是，"所谓决策，是组织或个人为了实现某种目标而对未来一定时期内有关活动的方向、内容及方式的选择或调整过程"（周三多等，1999）。

在本书中，我们采用刘易斯、古德曼和范特的做法，将决策定义为"管理者识别并解决问题以及利用机会的过程"。对于这一定义，可做如下理解：第一，决策的主体是管理者（既可以是单个的管理者，也可以是多个管理者组成的集体或小组）；第二，决策的本质是一个过程，这一过程由多个步骤组成；第三，决策的目的是解决问题或利用机会，这就是说，决策不仅仅是为了解决问题，有时也是为了利用机会。

2. 决策的原则

决策遵循的原则是满意原则，而不是最优原则。对决策者来说，要想使决策达到最优，必须：容易获得与决策相关的全部信息；真实了解全部信息的价值所在，并据此制订所有可能的方案；准确预期到每个方案在未来的执行结果。

但在现实中，上述这些条件往往得不到满足。具体来说，①组织内外存在的一切对组织的现在和未来都会直接或间接地产生某种程度的影响，但决策者很难收集到反映这一切情况的信息；②对收集到的有限信息，决策者的利用能力也是有限的，从而决策者只能制订数量有限的方案；③任何方案都要在未来实施，而人们对未来的认识是不全面的，对未来的影响也是有限的，从而决策时所预测的未来状况可能与实际的未来状况有出入。

现实中的上述状况决定了决策者难以做出最优决策，只能做出相对满意的决策。

3. 决策的依据

管理者在决策时离不开信息。信息的数量和质量直接影响决策水平。这要求管理者在决策之前以及决策过程中尽可能地通过多种渠道收集信息，作为决策的依据，但这并不是说管理者要不计成本地收集各方面的信息。管理者在决定收集什么样的信息、收集多少信息以及从何处收集信息等问题时，要进行成本—收益分析。只有在收集的信息所带来的收益（因决策水平提高而给组织带来的利益）超过因此而付出的成本时，才应该收集信息。

所以我们说，适量的信息是决策的依据，信息量过大固然有助于决策水平的提高，但对组织而言可能不经济，而信息量过少则使管理者无从决策或导致决策收不到应有的效果。

2.2.2 决策的类型

1. 长期决策与短期决策

从决策影响的时间看，可把决策分为长期决策与短期决策。

长期决策是指有关组织今后发展方向的长远性、全局性的重大决策，又称长期战略决策，如投资方向的选择、人力资源的开发和组织规模的确定等。

短期决策是为实现长期战略目标而采取的短期策略手段，又称短期战术决策，如企业日常营销、物资储备以及生产中资源配置等问题的决策都属于短期决策。

2. 战略决策、战术决策与业务决策

从决策的重要性看，可把决策分为战略决策、战术决策与业务决策。

战略决策对组织最重要，通常包括组织目标、方针的确定，组织结构的调整，企业产品的更新换代，技术改造等，这些决策牵涉组织的方方面面，具有长期性和方向性。

战术决策又称管理决策，是在组织内贯彻的决策，属于战略决策执行过程中的具体决策。战术决策旨在实现组织中各环节的高度协调和资源的合理使用，如企业生产计划和销售计划的制订、设备的更新、新产品的定价以及资金的筹措等都属于战术决策的范畴。

业务决策又称执行性决策，是日常工作中为提高生产效率、工作效率而做出的决策，牵涉范围较窄，只对组织产生局部影响。属于业务决策范畴的主要有：工作任务的日常分配和检查、工作日程（生产进度）的安排和监督、岗位责任制的制订和执行、库存的控制以及材料的采购等。

3. 集体决策与个人决策

从决策的主体看，可把决策分为集体决策与个人决策。

集体决策是指多个人一起做出的决策，个人决策则是指单个人做出的决策。相对于个人决策，集体决策有一些优点：能更大范围地汇总信息；能拟订更多的备选方案；能得到更多的认同；能更好地沟通；能做出更好的决策等。但集体决策也有一些缺点，如花费较多的时间、产生"从众现象"（group thinking）以及责任不明等。

4. 初始决策与追踪决策

从决策的起点看，可把决策分为初始决策与追踪决策。

初始决策是零起点决策，它是在有关活动尚未进行从而环境未受到影响的情况下进行的。随着初始决策的实施，组织环境发生变化，这种情况下所进行的决策就是追踪决策。因此，追踪决策是非零起点决策。

5. 程序化决策与非程序化决策

赫伯特·西蒙根据问题的性质，把决策分为程序化决策与非程序化决策。程序化决策涉及的是例行问题，而非程序化决策涉及的是例外问题。例行问题是指那些重复出现的、日常的管理问题，如管理者日常遇到的产品质量、设备故障、现金短缺、供货单位未按时履行合同等问题；例外问题则是指那些偶然发生的、新颖的、性质和结构不明的、具有重大影响的问题，如组织结构变化、重大投资、开发新产品或开拓新市场、长期存在的产品质量隐患、重要的人事任免以及重大政策的制定等问题。

6. 确定型决策、风险型决策与不确定型决策

从环境因素的可控程度看，可把决策分为确定型决策、风险型决策与不确定型决策。

确定型决策是指在稳定（可控）条件下进行的决策。在确定型决策中，决策者确切知道自然状态的发生，每个方案只有一个确定的结果，最终选择哪个方案取决于对各个方案结果的直接比较。

风险型决策也称随机决策，在这类决策中，自然状态不止一种，决策者不能知道哪种自然状态会发生，但能知道有多少种自然状态以及每种自然状态发生的概率。

不确定型决策是指在不稳定条件下进行的决策。在不确定型决策中，决策者可能不知道有多少种自然状态。即便知道，也不能知道每种自然状态发生的概率。

2.2.3　决策的过程

1. 识别机会或诊断问题

决策者必须知道哪里需要行动，从而决策过程的第一步是识别机会或诊断问题。管理者通常密切关注与其责任范围有关的数据，这些数据包括外部的信息和报告以及组织内的信息。实际状况和所想要状况的偏差提醒管理者潜在机会或问题的存在。识别机会和问题并不总是简单的，因为要考虑组织中人的行为。有些时候，问题可能植根于个人的过去经验、组织的复杂结构或个人和组织因素的某种混合。因此，管理者必须特别注意要尽可能精确地评估问题和机会。另一些时候，问题可能简单明了，只要稍加观察就能识别出来。

评估机会和问题的精确程度有赖于信息的精确程度，所以管理者要尽力获取精确的可信赖的信息。低质量的或不精确的信息使时间白白浪费掉，并使管理者无从发现导致某种情况出现的潜在原因。

即使收集到的信息是高质量的，在解释的过程中，也可能发生扭曲。有时，随着信息持续地被误解或有问题的事件一直未被发现，信息的扭曲程度会加重。大多数重大灾难或事故都有一个较长的潜伏期，在这一时期，有关征兆被错误地理解或不被重视，从而未能及时采取行动，导致灾难或事故的发生。

更糟的是，即使管理者拥有精确的信息并正确地解释它，处在他们控制之外的因素也会对机会和问题的识别产生影响。但是，管理者只要坚持获取高质量的信息并仔细地解释它，就会提高做出正确决策的可能性。

2. 确立目标

目标体现的是组织想要获得的结果。所想要结果的数量和质量都要明确下来，因为目标的这两个方面都最终指导决策者选择合适的行动路线。

目标的衡量方法有很多种，如我们通常用货币单位来衡量利润或成本目标，用每人时的产出数量来衡量生产率目标，用次品率或废品率来衡量质量目标。

根据时间的长短，可把目标分为长期目标、中期目标和短期目标。长期目标通常用来指导组织的战略决策，中期目标通常用来指导组织的战术决策，短期目标通常用来指导组织的业务决策。无论时间的长短，目标总指导着随后的决策过程。

3. 拟订备选方案

一旦机会或问题被正确地识别出来，管理者就要提出达到目标和解决问题的各种方案。这一步骤需要创造力和想象力，在提出备选方案时，管理者必须把其试图达到的目标牢记在心，而且要提出尽可能多的方案。管理者常常借助其个人经验、经历和对有关情况的把握来提出方案。为了提出更多、更好的方案，需要从多种角度审视问题，这意味着管理者要善于征询他人的意见。

备选方案可以是标准的和显明的，也可以是独特的和富有创造性的，标准方案通常是指组织以前采用过的方案。通过头脑风暴法、名义小组技术和德尔菲法等，可以提出富有创造性的方案。

4. 评估备选方案

决策过程的第四步是确定所拟订的各种方案的价值或恰当性，即确定满意的方案。为此，管理者起码要具备评价每种方案的价值或相对优势/劣势的能力。在评估过程中，要使用预定的决策标准（如所想要的质量）以及每种方案的预期成本、收益、不确定性和风险。最后对各种方案进行排序。例如，管理者会提出以下的问题：该方案会有助于我们质量目标的实现吗？该方案的预期成本是多少？与该方案有关的不确定性和风险有多大？

5. 做出决定

在决策过程中，管理者通常要做出最后选择。但做出决定仅是决策过程中的一个步骤。尽管选择一个方案看起来很简单——只需要考虑全部可行方案并从中挑选一个能最好解决问题的方案，但实际上，做出选择是很困难的。由于最好的决定通常建立在仔细判断的基础上，所以管理者要想做出一个好的决定，必须仔细考察全部事实、确定是否可以获取足够的信息并最终选择最好方案。

6. 选择实施战略

方案的实施是决策过程中至关重要的一步。在方案选定以后，管理者就要制订实施方案的具体措施和步骤。实施过程中通常要注意做好以下工作：制订相应的具体措施，保证方案的正确实施；确保与方案有关的各种指令能被所有有关人员充分接受和彻底了解；应用目标管理方法把决策目标层层分解，落实到每一个执行单位和个人；建立重要的工作报告制度，以便及时了解方案进展情况，及时进行调整。

7. 监督和评估

一个方案可能涉及较长的时间，在这段时间，形势可能发生变化，而初步分析建立在对问题或机会的初步估计上。因此，管理者要不断对方案进行修改和完善，以适应变化了的形势。同时，连续性活动因涉及多阶段控制而需要定期的分析。

由于组织内部条件和外部环境的不断变化，管理者要不断修正方案来减少或消除不确定性，定义新的情况，建立新的分析程序。具体来说，职能部门应对各层次、各岗位履行职责情况进行检查和监督，及时掌握执行进度，检查有无偏离目标，及时将信息反馈给决策者。决策者则根据职能部门反馈的信息，及时追踪方案实施情况，对与既定目标发生部分偏离的，应采取有效措施，以确保既定目标的顺利实现；对客观情况发生重大变化，原先目标确实无法实现的，则要重新寻找问题或机会，确定新的目标，重新拟订可行的方案，并进行评估、选择和实施。

需要说明的是，管理者在以上各个步骤中都要受到个性、态度和行为，伦理和价值，以及文化等诸多因素的影响。

2.2.4　决策的方法

决策的方法很多，从总体上看，基本上可分为两大类；一类是定性决策法；另一类是定量决策法。定性决策法是依靠决策者的智慧和经验进行经营决策的方法。此类方法注重发挥人的智慧和主观能动性，比较简单灵活。其基本原理是运用心理学及其分支学科的知识，探索创造性思维过程的规律性，通过"专家创造技术"的方法，激发个人和集体的智慧对企业经营中的问题做出满意的、创造性的决策。定量决策的方法是以数学工具为基础的决策方法。其核心是把决策问题中的变量与变量、变量与目标之间的关系用模型表示出来，然后利用各种现代化手段，比如电子计算机进行计量和比较，择优决策。

定性决策方法是指难以量化或难以作精确数量分析的决策，可根据管理者和专家经验、知识、判断能力及胆略，通过定性判断，寻求解决问题的最佳方案的决策方法。应用于程序化决策时，常采用借鉴法，即借鉴以往处理这类问题的惯例；用于非程序化决策时，常用德尔菲法、头脑风暴法、电子会议法、哥顿法、淘汰法和环比法等。

定量决策是指既可以量化决策的结果，又可以对决策方案作数学分析的决策，如企业生产决策、组织的财务决策等。较复杂的定量决策通过采用线性规划、非线性规划、统筹法等建立数学模型，借助计算机运算，求得最优方案。一般的定量决策方法采用简单的计算就可以解决，如确定型决策、不确定型决策、风险型决策。

|经|典|案|例|　　　　　**直 觉 决 策**

一位满脑子是方法的教授有一次告诉我，"决策制定很容易，只是确定适当的模型、定义变量，代入数字并求出答案"。这种管理决策的方法于 20 世纪 80 年代中期达到了登峰造极的地步。当时几乎每一种主要的 MBA 的培养计划，都集中于向学生教授大量的决策模型。推动这一方法的指导原则似乎是："如果不能使之定量化，它就不存在。"

这一理性决策方法的缺陷是显而易见的。例如，桂格麦片公司应用先进的理性决策模型试图取得宠物食品市场上的领先地位。然而桂格麦片公司的模型，对竞争对手投资侵占低利润市场的野蛮的、近乎不理性的做法是不起作用的。结果，在 20 世纪 90 年代初，桂格麦片公司的利润大幅度下降。

理性模型的本质在于用系统性的逻辑取代直觉。但是由于有了桂格麦片公司的经历后，直觉决策正在赢得商学院和管理人员中新的追随者的青睐。专家不再不加分析地假定直觉的运用是制定决策的一种非理性的或无效的方法了。越来越多的人认为，理性分析被强调得过了头，并且在某些情况下，决策制定能够通过决策者的直觉来改善。故直觉不是要被理性分析所取代，而是这两种方法是相辅相成的。

管理者何时最有可能使用直觉决策的方法呢？有以下八种情况：① 存在高度不确定性时；② 极少有先例存在时；③ 变化难以科学地预测时；④ "事实"有限时；⑤ 事实不足以明确指明前进道路时；⑥ 分析性数据用途不大时；⑦ 当需要从存在的几个可行方案中选择一个，而每一个的评价都良好时；⑧ 时间有限，并且存在提出正确决策的压力时。

在运用直觉时，存在一个管理者可遵循的标准模型吗？他们似乎遵从两种方法之一：或是在决策过程之初使用直觉；或是在决策过程结尾使用直觉。

在决策开始时使用直觉，决策者努力避免系统分析问题。他让直觉自由发挥，努力产生不寻常的可能性事件，以及形成从过去资料分析和传统行事方式中一般产生不出的新方案。而决策制定结尾的直觉运用，有赖于确定决策标准及其权重的理性分析，以及制订和评价方案的理性分析。但这一切做完后，决策者便停止了这一过程，目的是为了筛选和消化信息。这种方法被形象地描述为"睡眠决策"，一两天后再做出最后的选择。

资料来源：斯蒂芬 P 罗宾斯. 管理学［M］. 北京：中国人民大学出版社，2009：128.

2.3　计划

凡事预则立，不预则废。计划是管理活动的起点，为了使企业的整体活动卓有成效，就必须首先明确企业所追求的目标，明确为了完成这些目标必须通过什么途径，采取什么方案，这些活动便是管理的计划职能。本节主要阐述计划与计划体系、计划流程、计划编制方法。

2.3.1　计划的内涵

管理学家罗宾斯认为：计划包括定义企业的目标，制定全局战略以实现这些目标，开发一个全面的分层计划体系以综合和协调各种活动。因此，计划包括目标和达到目标的方法。

也有学者认为，计划是组织根据环境的需要和自身的特点，确定组织在一定时期内的目标，并通过计划的编制、执行和监督来协调组织的各类资源以顺利达到目标的过程。

总之，计划包括两个方面的决策：一是确定组织目标的过程，二是确定实现目标的方案的过程。其中，组织目标是组织根据其宗旨提出的在一定时期内要达到的水平，是一个组织各项管理活动所指向的终点，也是计划最高层次的内容。可以说，没有一个明确的目标，计划工作职能是盲目和没有成效的。而实现目标的方案既包括组织的战略，也包括更深层次具体的计划体系。战略是指为了实现目标，对其资源的使用方向做出的规划；具体的计划体系是指为了实现目标进行的各层次的具体活动安排，是计划最基础的内容。应该说，经过分解的计划体系越具体，组织的目标越容易实现。

2.3.2　计划的性质

（1）目的性。任何企业或个人制订计划都是为了有效地达到某种目标。目标是计划工作的核心，没有目标的计划是盲目的。无论目标是什么样的表达结果，是物质的或是精神的，是有形的或是无形的，都是制订计划的落脚点。

（2）首要性。计划处于管理职能的首要地位，这主要是由于管理的企业、控制、领导等职能都是为了支持、保证目标的实现，因此，这些职能只有在计划确定了目标之后才能进行。其次，有些情况，计划职能是唯一需要完成的管理工作，计划工作的最终结果可能导致一种结论，即没有必要采取进一步的行动。例如，一项新的技术是否需要对其进行深入的研究，有无开发价值？在计划工作的调研阶段，如果得出的结论是无深入研究开发的价值，也就不存在随后的企业以及领导、控制等管理职能了。此外，计划工作影响和贯穿于企业工作、人员配备、指挥和领导、控制工作中。主管人员通过制订计划，可进一步明确需要什么样的企业关系和人员素质，按照什么方针去领导下属工作人员，以及采取什么样的控制。

（3）普遍性。企业的任何管理活动都需要进行计划，一个严密的企业和部门是不允许无计划的活动的，而且计划活动是各级管理人员的一个共同职能，任何管理者或多或少都有某些制订计划的权力和责任。区别在于，高层管理人员负责制定战略性计划，中基层管理人员负责制订战术性计划或生产作业计划。

（4）效率性。计划的效率是指以实现计划目标所带来的利益，扣除执行计划所支出的费用，以及各种非预期的代价等因素后的总额来衡量的。如果一个计划能够达到目标，但在计划的实现过程中付出了较高的代价或者不必要的代价，那么这个计划的效率就是很低的；如果某项计划按合理的代价实现了目标，这样的计划就是有效率的。在衡量代价时，不仅要考虑时间、资金的投入，还要考虑个人和集体的满意程度。如果一项计划是可行的，但在实施过程中，由于方法不当，引起人们的不满情绪，这样的计划效率也是很低的。所以，在制订计划时，要时时考虑计划的效率，不但要考虑经济方面的利益，而且要考虑非经济方面的利益和损耗。

（5）创造性。计划工作总是针对需要解决的新问题和可能发生的新变化、新机会而做出决定的，计划工作不确定因素较多，因而它是一个创造性的管理过程。计划工作有些类似于新产品的设计，它是对管理活动的设计，正如一种新产品的成功依赖创新思维一样，成功的计划也依赖于创新。

（6）前瞻性。计划与未来有关，它不是过去的总结，也不是现状的描述，而是要面向未来，考虑未来的机遇和可能遇到的问题，指导企业未来的活动，为实现未来的目标做出安排。

2.3.3　计划的作用

为什么企业的任何管理活动都需要进行计划？这是因为计划在管理中有以下重要作用：

（1）计划是一种协调过程。尽管企业置身于复杂多变、充满不确定因素的环境中，计划始终把其主要的注意力集中在一定目标上，给管理者和非管理者指明方向，使企业所有的行动保持同一方向。

（2）计划是管理者指挥的依据。管理者可以根据计划来调配企业人员，分配任务，使企业的各项工作得到落实，保证企业目标的实现。

（3）计划是应对不确定性，降低风险的手段。计划的前瞻性，使企业能够较早地预见未来的变化，早作准备，从而降低乃至消除不确定性，把风险减少到最低限度。

（4）减少浪费，提高效益。计划是从多条实现目标的途径中，通过技术经济论证和可行性分析，选择最适当的方案，从而减少浪费，以最低的费用或最高的效率实现既定的目标。此外，计划能使企业未来的各项活动均衡发展，使企业中各成员的努力形成一种合力，从而大大提高工作效率并带来经济效益。

（5）提供控制标准。计划所确定的目标和指标都是控制的依据。

2.3.4　计划的分类

计划的种类很多，分类标准不同，分类结果也不同。但各种类型的计划不是彼此分立的，而是由分别适用于不同条件下的计划组成一个计划体系。

1. 按计划内容的表现形式分类

按计划内容表现形式的不同，可将计划分为宗旨、目标、战略、政策、程序、规则、规划和预算等几种类型。

（1）宗旨。宗旨反映了一个企业存在的理由或价值，是社会对该企业的基本要求，它回答了企业是做什么的和应该做什么的问题。例如，工商企业的基本宗旨是提供有价值的商品和服务，科学研究院的宗旨是向社会提供科研成果，高等院校的宗旨是培养人才等。宗旨是企业发展的基础，大凡有作为的知名企业都有一个明确的宗旨。例如，著名的日本索尼公司的宗旨是："索尼是开拓者，永远向着那未知世界探索。"正是立足此宗旨，索尼公司最大限度地发掘人才、信任人才、鼓励人才，它把不断前进视为自己的目标，从而在世界上最早发明出家用录像机，发明出 3.5 英寸的电子计算机软盘等，取得巨大的成就。可见，对于企业而言，明确的宗旨加上持之以恒地为实现宗旨所做出的奋斗，就有希望获得成功。

（2）目标。目标是企业及其各个部门的管理活动在一定时期内要达到的具体成果。目标不仅是计划工作的终点，而且是企业工作、人员配备、指导与领导工作、控制活动所要达到的结果。

目标和宗旨的区别：①目标是在宗旨的指导下制定的，是为宗旨的实现服务的；宗旨是制定目标的依据；②目标是具体的，可操作的；宗旨是宏观的，是一个企业在其发展壮大的过程中努力要达到的最高境界；③目标是一个体系，总目标是由若干个派生目标形成的"目标树"；而对宗旨而言，无论再复杂的企业，其宗旨只有一个。

（3）战略。战略实际上是一种复合性的计划形式。一项战略往往是目标/政策和各种规划的综合体；是为实现企业长远目标所选择的发展方向，所确定的行动方针，以及资源分配方针和资源分配方案的一个总纲，并不具体地说明企业如何实现目标。对于社会中的一个企业来说，制定战略的根本目的，是使自身企业尽可能有效地比竞争对手占有更多且持久的优势。

战略存在于社会的各个层面，一个企业、一个城市、一个国家都需要有发展战略。因为，除了长期竞争需要战略外，那些涉及长远目标、全局部署的管理活动也需要制定战略。从实现长远目标的要求来看，选择方向，确定资源分配的优先次序的战略确定比具体的管理活动更重要。

（4）政策。政策是企业在决策时或处理问题时，用来指导和沟通思想与行动方针的明文规定。政策是管理人员决策的指南，指明了企业活动的方向和范围、鼓励什么和限制什么，以保证行动同目标一致。在正常情况下，各级组织都有政策，从公司的重大政策，部门的主要政策，到适用于最小部门企业的最小政策。一般的政策，通常列入计划之中，而一项重大的政策，则往往单独发布，制定政策有利于事先决定问题，不需要每次重复分析相同的情况，从而使主管人员能够高效地控制全局。制定政策还有助于主管人员把职权授予下级。政策具有导向作用，鼓励什么、抑制什么、提倡什么、反对什么，都是制定政策的背景。

政策要保持一贯性和完整性，这样才能使政策深入人心，形成一种持久作用的机制，否则政策多变，前后不连贯，则容易使员工感到无所适从，影响主动性的发挥，进而对整个企业的利益产生影响。

（5）程序。程序规定了如何处理那些重复发生的问题的方法、步骤。通俗地讲，程序就是办事手续，就是对所要进行的行动规定时间顺序。程序是行动的指南，而不是思想的指南。通过对例行活动制定程序，有利于管理人员将注意力集中于例外事实上。管理程序的水平是管理水平的重要标志，制定和贯彻各项管理工作程序是企业的一项基础工作。

（6）规则。规则是对具体场合和具体情况下，允许或不允许采取某种特定行动的规定。规则与政策的区别在于，规则在应用中不具有自由处置权，只能按规则办事，否则不行。政策的目的是要指导决策，并给管理人员留有酌情处理的权力。规则与程序的区别在于：规则指导行动，而不说明时间顺序；而程序可以看作一系列规则的总和。规则和程序，就其实质而言，均是抑制思考，按章办事。

（7）规划。规划是为了实施既定方针所必需的目标，政策、程序、规则、任务分配、执行步骤、使用的资源等而制订的综合性计划。规划有大有小，大的如国家科学技术发展规划，小的如一个企业中质量管理小组的活动规划；规划有长期的和近期的，长期的如我国国民经济发展的五年规划，近期的如企业的员工培训规划。规划一般是粗线条的、纲要的，大的规划往往派生有许多小的规划，总规划对派生规划起引导作用，派生规划为总规划的实现起促进作用，它们互相依赖、互相影响。科学的规划需要最严谨地应用系统思想和系统方法，要在深入调研的基础上，运用科学的方法，全方位考虑问题，才能把规划建立在科学之上，确实起到规划对企业未来活动的指导作用。通常情况下，规划需要预算的支持。

（8）预算。预算是用数字来表示预期结果的一种计划，又称为数字化的计划，财务收支预算是其主要形式。预算可以帮助企业的各级管理部门的主管人员，从资金和现金收支的角度，全面、细致地了解本企业管理活动的规模、重点和预期成果。一般财务收支预算包括利税计划、流动资金计划、财务收支计划、成本计划等。

预算同时也是一种有效的控制手段，但制定预算显然属于计划活动的内容，倘若预算不是建立在其他计划工作的基础上形成的，它就不能作为切合实际的控制标准。一般地，我们可以将计划看作一个由上至下的层次结构体系。

2. 按计划的期限分类

按计划期限的不同，可将计划分为长期计划、中期计划、短期计划。

（1）长期计划。长期计划一般是指三年以上至五年的计划，它规定企业在较长时间的目标以及为实现目标所应采取的措施和步骤。"人无远虑，必有近忧"，有了长期计划，可以更合理地规划出中期、短期如何走，进而科学地安排好各项工作。长期计划不同于规划。尽管二者都是计划企业发展的未来，但规划是粗浅的，是纲领性的，而长期计划则是依据规划做出的相当具体的安排。

（2）中期计划。中期计划一般指一年以上至三年的计划，与长期计划相比，中期计划的内容要具体一些，操作性更强。

（3）短期计划。短期计划一般指一年或一年以下的计划。它是对长期、中期计划的具体落实，短期计划不但有目标，而且有具体的计划实施步骤、方法及措施。

需要指出的是，长、中、短期计划的时间划分并没有绝对的标准。在现实情况中，往往对长期计划、短期计划较为重视。

3. 按计划制订者的层次分类

按计划制订者层次的不同，可将计划分为战略计划、施政计划、作业计划。

（1）战略计划。战略计划是由高层管理者制订的，其作用是决定或变动一个企业的基本目标以及基本政策。战略计划的特点有：长期性、复杂性、风险性。因此，战略计划一般有较大的弹性，对施政计划和作业计划具有指导作用。

（2）施政计划。施政计划由中层管理者制订的，它将战略计划中具有广泛性的目标和政策，转变为确定的目标和政策，并且规定了达到各种目标的确切时间。战略计划一般以问题为中心，而施政计划则以时间为中心，通常施政计划按年度分别拟定。

（3）作业计划。作业计划是由基层管理者制订的。作业计划根据施政计划，确定计划期间的预算、利润、销售量、产量以及其他更为具体的目标，确定工作流程，划分合理的工作单位，分派任务和资源，以及确定权力和责任。

4. 按计划对象分类

按计划对象的不同，可将计划分为综合计划、局部计划和项目计划。

（1）综合计划。综合计划是指对企业活动所做的整体安排，是具有多个目标和多方面内容的计划。

（2）局部计划。局部计划包括单个部门的业务，是在综合计划的基础上制订的，内容专一性强，是综合计划的一个子计划。

（3）项目计划。项目计划为完成某种特定任务而制订的计划，如新产品试制计划等。

5. 按企业的管理职能分类

因各个企业的结构体系不同，所以并没有一个统一的职能计划类型。例如，企业的管理职能计划一般分为销售计划、生产计划、供应计划、新产品开发计划、财务计划、人事计划、后勤保障计划等。这些职能计划通常是由企业的职能部门编制和执行的计划，所以，这些计划通常是与企业中按职能划分管理部门的企业结构体系相对应的。

6. 按对计划执行者的约束力分类

按对计划执行者约束力的不同，可将计划分为指令性计划、指导性计划。

（1）指令性计划。指令性计划是由上级主管部门下达的具有行政约束力的计划，通常是关系到国计民生的全局性的问题。指令性计划一经下达，各级计划执行单位必须遵照执行，而且要尽一切努力完成。

（2）指导性计划。指导性计划是由上级主管部门下达的，只具有参考作用的计划，执行单位可根据自己的实际情况，决定是否按指导性计划工作。

2.3.5　计划的流程

1. 估量机会

估量机会应在编制实际计划之前进行，严格地说不属于编制计划工作的一个组成部分，却是计划工作的一个真正起点。其内容包括：对未来可能出现的变化、机会进行初步分析，形成判断；根据自己的长处和短处，搞清自己所处的位置，了解自己利用机会的能力，列举主要的不确定因素，分析其发生的可能性和影响程度。

2. 确定目标

这一阶段计划工作的实质就是决策。目标是组织行动的出发点和归宿。组织的整体目标具有支配组织内所有计划的性质。在估量机会的基础上，为组织及其所属的下级单位确定计划工作的目标。目标应包括基本方针和要达到的基本目标，说明制定战略、政策，规划和预算的任务等，找出工作的重点。确定目标阶段要注意解决三个问题：①选择目标的内容和顺序；③选择适当的目标时间；③目标要有明确的科学指标和价值。

3. 认清前提

确定一些关键性的计划前提条件，即计划实施时的预期环境。但环境是复杂的，影响因素很多，有完全可以控制的，有不能控制的。我们所说的认清前提，并不是对将来环境的每一个细节都给予预测，而仅是对计划有重大影响的主要项目做出预测。

4. 拟订可供选择的方案

管理界有个说法："若某事物只有一种方法，则此方法大半是错误的方法。"只有发掘了各种可行的方案，才有可能从中选出最佳方案。要发掘出多种可行方案，必须发扬民主；群策群力；开阔思路，大胆创新。如果发掘出的可行方案很多，就要对其进行筛选，选出最有希望的若干方案作为备选方案，没有必要对全部可行方案进行彻底的评估，否则会事倍功半。

5. 评估各种方案

根据预测前提和目标，权衡各种方案，有的方案可能获利能力大，但投资大，回收期也长，风险大；有的方案获利小，风险也小；而有的方案更适合于企业长远目标的要求。评价备选方案的工作往往是非常复杂的，除了依靠管理者的经验和判断外，还需要借助于运筹学、数学方法和计算技术等各种手段来进行方案评价。

6. 确定方案

从诸多可行方案中选择一个最优方案，选择通常是在经验、实验和研究分析的基础上进行的。选择时，有时会发现两个可取的方案，在这种情况下，必须确定出首先采用哪个方案，将另一个方案也进行细化，作为后备方案。

7. 编制派生计划

选定一个基本的计划方案后，还必须围绕基本计划来制定一系列派生计划，来辅助基本计划的实施。当一家航空公司决定需要一批新飞机时，这个决策制定后还要制定以下派生计划，如雇用和培训人员的计划，采购和安置零部件的计划，制订飞行时刻表的计划以及广告、筹集资金和办理保险的计划。派生计划是由各个职能部门和下属单位制订的，在这一阶段要注意以下问题：

（1）务必使有关人员了解企业总体计划的目标、计划前提，掌握总体计划的指导思想和内容。

（2）协调各派生计划，使其方向一致，以支持总体计划，防止仅追求本单位目标而妨碍总体目标。

（3）协调各派生计划的工作时间顺序，如制造与采购、加工与装配的时间配合。

（4）组织每一个重要部门制定预算，协调资金的使用，保证计划目标的实现。

8. 编制预算

将计划转化为预算，使之数字化，以大体反映整个计划，预算实质上是资源的分配。如果预算编得好，预算既是汇总各种计划的一种手段，又是衡量计划进度的重要标准。

2.4 组织

一个组织的目标、计划制定出来以后，一个重要的问题就是如何使它们变成现实。这就要求管理者按照组织目标和计划所提出的要求，设计出合理、高效且能够顺利实现组织目标的结构和体制，合理配置组织的各种资源，以保证计划和组织目标的顺利实现。

2.4.1 组织的内涵

名词意义的组织是人们为某一目的而形成的群体，是确保人们社会活动正常协调进行、顺利达到预期目标的体系。从这个意义上讲，组织具有以下特征：一是能够进行信息交流的人，二是这些人愿意做出贡献，三是要实现一个共同的目的。

动词意义的组织是指组织工作，是配置组织活动和资源的最优决策。管理者拥有多种结构选择的方案，他们还可以采用各种不同的方法来提高组织的竞争力。作为管理职能的组织是指组织工作，一般来讲组织工作包括三个方面的内容，即组织设计、组织运行和组织变革。组织设计是指为组织设计出清晰的组织结构，具体包括工作设计、组织结构设计两个方面的内容。组织运行的目的是将静态的组织结构动态化，是在设计出组织结构的基础上，合理配置组织资源的过程，具体包括组织制度、集权分权和组织协调。组织变革是为了适应环境的变化，对现有组织进行革新的过程。

2.4.2 组织结构设计的基础

1. 组织设计的原则

在组织设计的过程中，还应该遵循一些最基本的原则，这些原则都是在长期管理实践中的经验积累，应该为组织设计者所重视。

（1）统一指挥原则。统一指挥原则就是要求每位下属应该有一个并且仅有一个上级，要求在上下级之间形成一条清晰的指挥链。如果下属有多个上级，就会因为上级可能下达彼此不同甚至相互冲突的命令而无所适从，虽然有时在例外场合必须打破统一指挥原则，但是为了避免多头领导和多头指挥，组织的各项活动应该有明确的区分，并且应该明确上下级的职权、职责以及沟通联系的具体方式。

（2）控制幅度原则。控制幅度原则是指一个上级直接领导与指挥下属的人数应该有一定的限度，并且应该是有效的。法国的管理学者格拉丘纳斯（V. A. Graicunas）曾提出一套数学公式说明了当上级的控制幅度超过 7 人时，其和下级之间的关系会越来越复杂，以至于最后使他无法驾驭。

（3）权责对等原则。组织中的每个部门和部门中的每个人员都有责任按照工作目标的要求保质保量地完成工作任务，同时，组织也必须委之以自主完成任务所必需的权力。职权与职责要对等，如果有责无权，或者权力范围过于狭小，责任方就有可能会因缺乏主动性、积极性而导致无法履行责任，甚至无法完成任务；如果有权无责，或者权力不明确，权力人就有可能不负责任地滥用权力，甚至助长官僚主义的习气，这势必会影响到整个组织系统的健康运行。

（4）柔性经济原则。所谓组织的柔性，是指组织的各个部门、各个人员都是可以根据组织内外环境的变化而进行灵活调整和变动的。组织的结构应当保持一定的柔性以减小组织变革所造成的冲击和震荡。组织的经济是指组织的管理层次与幅度、人员结构以及部门工作流程必须设计合理，以达到管理的高效率。组织的柔性与经济是相辅相成的，一个柔性的组织必须符合经济的原则，而一个经济的组织又必须使组织保持柔性。只有这样，才能保证组织结构既精简又高效，避免形式主义和官僚主义作风的滋长和蔓延。

2. 管理幅度和组织层级

所谓管理幅度，也称组织幅度，是指组织中上级主管能够直接有效地指挥和领导下属的数量。这些下属的任务是分担上级主管的管理工作，并将组织任务进行层层分解，然后付诸实施。显然，组织幅度应该是有限的，因为一定幅度的下属数量固然能够减少上级必须直接从事的业务工作量，但同时也增加了上级协调这些人之间关系的工作量。

由于组织任务存在递减性，从最高层的直接主管到最低的基层具体工作人员之间就形成了一定的层次，这种层次便称为组织层级。组织层级受到组织规模和组织幅度的影响，它与组织规模呈正比，组织规模越大，包括的人员越多，组织工作也越复杂，则层级也就越多；在组织规模已确定的条件下，组织层级与组织幅度呈反比，即上级直接领导的下属越多，组织层级就越少，反之则越多。

组织层级与组织幅度的反比关系决定了两种基本的组织结构形态：一种是扁平式组织结构形态；另一种是锥形组织结构形态。图 2-1 显示了这两种组织结构在幅度与层级上的差别。

扁平式组织结构的优点是：由于管理的层级比较少，信息的沟通和传递速度比较快，信息失真度比较低；同时，上级主管对下属的控制也不会太呆板，这有利于发挥下属人员的积极性和创造性。其缺点是：过大的管理幅度增加了主管对下属的监督和协调控制的难度，同时，下属也缺少了更多的提升机会。

锥形组织结构的优点是：由于管理的层级比较多，管理幅度比较小，每一管理层级上的主管都能对下属进行及时

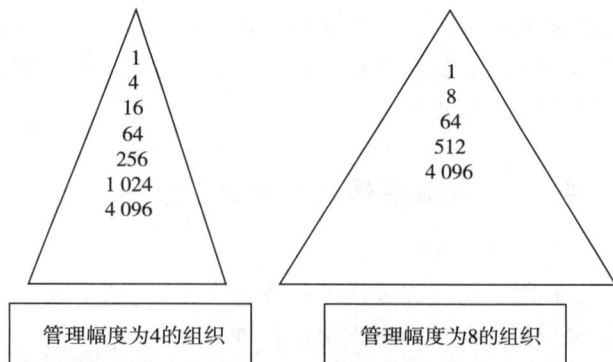

图 2-1　管理幅度与管理层级的关系

的指导和控制；另外，层级之间的关系比较紧密，这有利于工作任务的衔接，同时也为下属提供了更多的提升机会。其缺点是：过多的管理层级往往会影响信息的传递速度，信息失真度可能会比较大，这又会增加高层主管与基层之间的沟通和协调成本，增加管理工作的复杂性。

3．管理幅度的影响因素

在某一特定的情况下，管理幅度多大才合适主要取决于以下几个因素：

（1）管理者的能力。管理者的综合能力、理解能力、表达能力强，就可以迅速地把握问题的关键，就下属的请示提出恰当的指导建议，并使下属明确理解，从而缩短与每一位下属接触所需的时间，管理幅度就可以大一些，反之则小。

（2）下属的成熟程度。下级具有符合要求的能力，训练有素，则无须管理者事事指点，从而减少向上司请示的频率，管理者的管理幅度就可加大，反之则小。

（3）工作的标准化程度。若下属的工作基本类同，指导就方便；若下属的工作性质差异很大，就需要个别指导，管理幅度就小。

（4）工作条件。助手的配备情况、信息手段的配备情况等都会影响到管理者从事管理工作所需的时间，若配备有助手、信息手段先进、工作地点相近，则管理幅度可大些。

（5）工作环境。组织环境稳定与否会影响组织活动的内容和政策的调整频率与幅度。环境变化越快，变化程度越大，组织中遇到的新问题就越多，下属向上级的请示就越有必要、越经常，而上级能用于指导下属的时间与精力却越少，因为他要花时间去关注环境的变化，考虑应变的措施。因此，环境越不稳定，管理人员的管理幅度就越小。

2.4.3　基本的组织结构类型

1．直线制组织结构

直线制组织结构是人类社会各种组织存在的最基本形式，如图 2-2 所示。其特点是：组织的各级管理者都按垂直系统对下级进行管理，指挥和管理职能由各级主管领导直接行使，不设专门的职能管理部门，层次分明；命令的传送和信息的沟通只有一条直线渠道，完全符合命令的统一原则。但这种组织结构形式缺少较细的专业分工，管理者负担较重，且一旦决策失误就会造成较大损失。所以这种组织结构一般适合于产品单一、工艺技术比较简单、业务规模较小的企业。

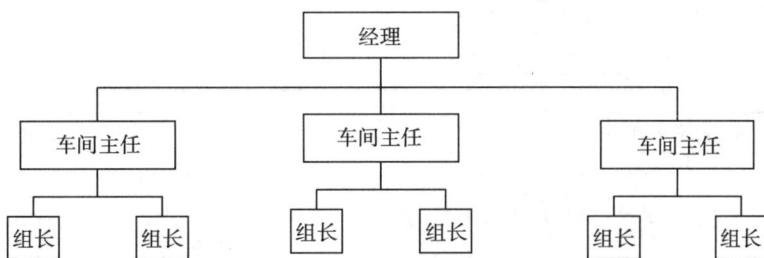

图 2-2　直线制组织结构

2．直线职能制组织结构

这种组织结构以直线制为基础，既设置了直线主管领导，又在各级主管人员之下设置了相应的职能部门，分别从事职责范围内的专业管理。如图 2-3 所示，在这种组织结构中，两类人员的职权必须是十分清楚的。一类是直线主管领导人员，他们拥有对下级的指挥和命令的权力，承担着实现所管理部门的业务目标的任务；另一类是职能部门的职能管理人员，他们只能起参谋和助理的作用，对下级机构可以进行业务指导，提出建议，但无权向下属机构及其管理人员发布命令。

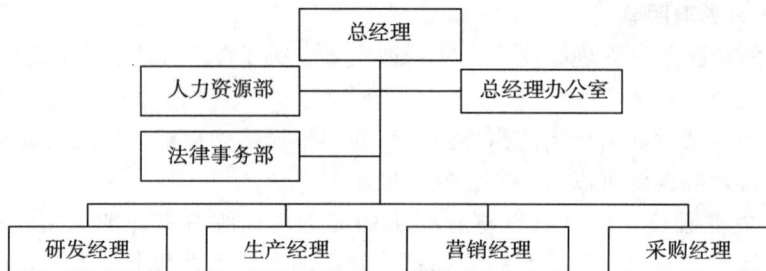

图 2-3　直线职能制组织结构

直线职能制组织结构的优点是：整个组织既保证了命令的统一又发挥了职能专家的作用，有利于优化行政管理者的决策。因此，它在企业组织中被广泛采用。这种组织结构形式的主要缺点是：实际生活中，各职能部门在面临共同问题时，往往容易从本位出发，从而导致意见和建议的不一致甚至冲突，加大了上级管理者对各职能部门之间的协调负担；同时职能部门的作用受到了较大的限制，一些下级业务部门经常忽视职能部门的指导性意见和建议。

为了克服缺点，可以有限制地扩大职能部门的权力。如可以授予职能部门强制性磋商权，要求直线行政指挥人员在一些重大的决策问题上必须与职能部门讨论和商量，并把这个过程确定为必有的决策环节。或者是，为了进一步加强职能部门专家的作用，上级管理者要求直线主管人员就一些专业问题必须征求职能专家的意见，并在获得他们的同意后才能作最后的决定。

3. 事业部制组织结构

事业部制实质上是直线职能制形式的发展扩大，被国内外大型企业普遍采用。如图 2-4 所示，其特点是把企业的生产经营活动，按产品或地区加以划分，成立各个经营业部。每个事业部在财务上向总公司负责，内部实行独立核算、自负盈亏，每个事业部都是一个利润中心，并拥有相应的独立经营自主权。

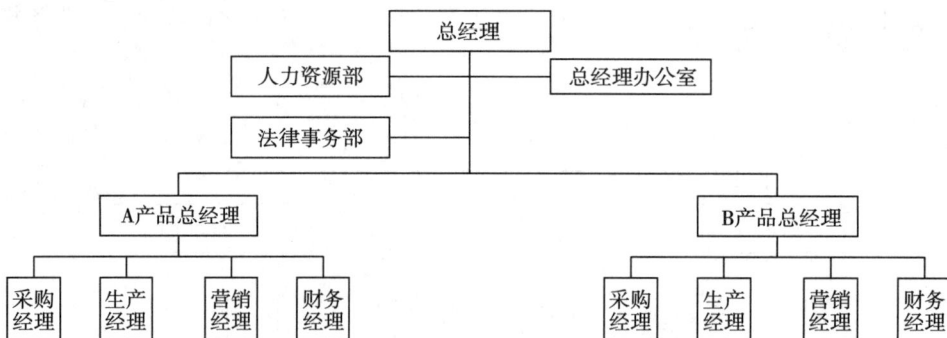

图 2-4　事业部制组织结构

在组织结构形态上，按照"政策制定和行政管理分开、集中决策和分散管理"的原则，总公司设立简要的职能和研究机构，制定公司的大政方针作为下属各事业部的工作指南。各个事业部的组织结构按照自身情况设置。

事业部制组织结构有很多优点：

（1）有利于公司领导集中精力做好重大决策和研究长远规划；

（2）有利于事业部之间展开竞争，发挥主动性和积极性；

（3）有利于适应市场变化，促进公司整体的竞争力；

（4）有利于培养高层次、全面型的领导干部。

事业部制组织结构的主要不足是职能机构重叠，用人较多，公司对各事业部协调较为困难。

4. 矩阵型组织结构

矩阵型组织结构是由纵横两套管理系统组成的矩形组织结构，一套是纵向的职能管理系统，另一套是为完成某项任务而组成的横向项目系统。横向和纵向的职权具有平衡对等性矩阵型结构打破了统一指挥的传统原则，它有多重指挥线。当组织面临较高的环境不确定性，组织目标需要同时反映技术和产品双重要求时，矩阵型组织结构应该是一种理想的组织形式，如图 2-5 所示。

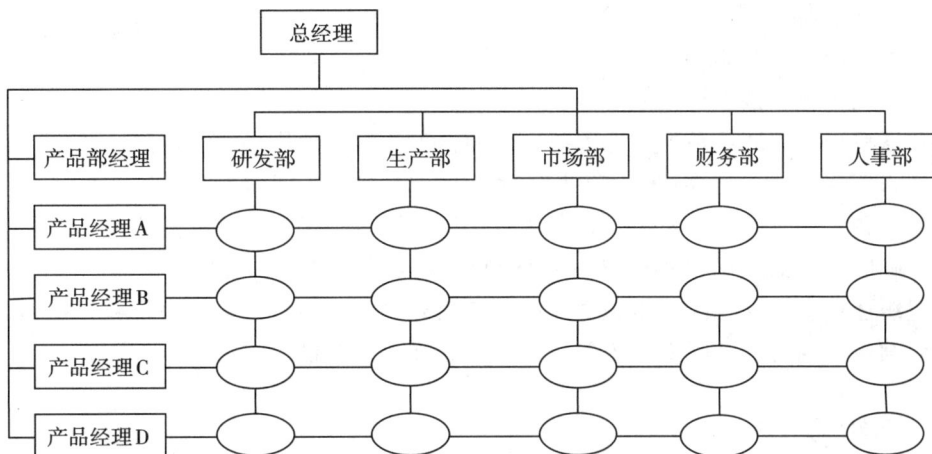

图 2-5　矩阵型组织结构

矩阵型组织结构的优点是：由不同背景、不同技能、不同专业知识的人员为某个特定项目共同工作，一方面可以取得专业化分工的好处，另一方面可以跨越各职能部门获取他们所需要的各种支持活动，资源可以在不同产品之间灵活分配；通过加强不同部门之间的配合和信息交流，可以有效地克服职能部门之间相互脱节的弱点，同时易于发挥事业单位机构灵活的特点，增强职能人员直接参与项目管理的积极性，增强矩阵主管和项目人员共同组织项目实施的责任感和工作热情。

矩阵型组织结构的缺点是：组织中的信息和权力等资源一旦不能共享，项目经理与职能经理之间势必会为争取有限的资源或因权力不平衡而发生矛盾，这反而会产生适得其反的后果，协调处理这些矛盾必然要牵扯管理者更多的精力，并付出更多的组织成本。另外，一些项目成员接受双重领导，他们要具备较好的人际沟通能力和平衡协调矛盾的技能；成员之间还可能会存在任务分配不明确、权责不统一的问题，这同样会影响组织效率的发挥。如何客观公正地评价其绩效，并在成本、时间、质量方面进行有效的控制将是此类组织结构正常运行的关键。

从实践中看，理想的双重平衡式矩阵型结构的应用局限性还是比较明显的。实践中又衍生出了以职能主管职权为主要权力的职能式矩阵结构和以项目主管职权为主要权力的项目式矩阵结构这两种矩阵结构方式，并都取得了明显的成效。

5. 动态网络型组织结构

动态网络型组织结构是一种以项目为中心，通过与其他组织建立研发、生产制造、营销等业务合同网，有效发挥核心业务专长的协作型组织形式，如图 2-6 所示。动态网络型组织结构是组织基于日新月异的信息技术，为了应对更为激烈的市场竞争而发展起来的一种临时性组织，它以市场的组合方式替代传统的纵向层级组织，实现了组织内在核心优势与市场外部资源优势的动态有机结合，进而更具敏捷性和快速应变能力，这种组织结构可视为组织结构扁平化趋势的一个极端例子。

动态网络型结构的优点是：组织结构具有更大的灵活性和柔性，以项目为中心的合作可以更好地结合市场需求来整合各项资源，而且容易操作，网络中的各个价值链部分也随时可以根据市场需求的变动情况增加、调整或撤并。另外，这种组织结构简单、精练，由于组织中的大多数活动都实现了外包，而且这些活动更多地靠电子商务来协调处理，因而组织结构可以进一步扁平化，效率也更高了。

图 2-6　动态网络型组织结构

动态网络型结构的缺点是可控性太差。这种组织的有效动作是通过与独立的供应商广泛而密切的合作来实现的，由于存在着道德风险和逆向选择性，一旦组织所依存的外部资源出现问题，如质量问题、提价问题、及时交货问题等，组织就将陷于非常被动的境地。另外，外部合作组织都是临时的，如果网络中的某一合作单位因故退出且不可替代，组织将面临解体的危险。网络组织还要求建立较高的组织文化以保持组织的凝聚力，然而，由于项目是临时的，员工随时都有被解雇的可能，因而员工对组织的忠诚度也比较低。

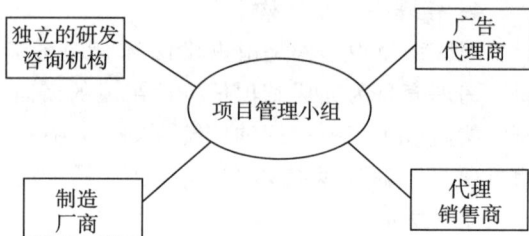

2.4.4　组织变革

组织设计与人员配备的任务是将适当的组织成员安排在适当的工作岗位上，以使组织的目标活动能有效地完成。但我们知道，组织的环境及能力是在不断变化的，因此组织活动从而组织岗位的设计及其组合也需不断地调整，组织必须适时进行变革以应对内外环境变化的挑战。

1. 组织变革的必要性分析

迈克尔·哈默和詹姆斯·钱皮曾在《公司再造》一书中把"3C"力量，即顾客（customer）、竞争（competition）、变革（change）看成是影响市场竞争最重要的三种力量，并认为三种力量中尤以变革最为重要，变革不仅无所不在，而且还持续不断，这已成了常态。

组织变革就是组织根据内外环境的变化，及时明确组织活动的内容或重点，并据此对组织中的岗位、机构（岗位的组合）以及结构（机构间的权力配置）进行调整以适应发展的要求。任何一个组织，无论过去如何成功，都必须随着环境的变化而不断地调整自我，并与之相适应。组织变革的根本目的是为了提高组织的效能，在动荡不定的环境条件下，要想使组织顺利地成长和发展，就必须自觉地研究组织变革的内容、阻力及其一般规律，研究有效管理变革的具体措施和方法，以积极引导和实施组织的变革。

2. 组织变革的原因

组织变革的原因主要在于组织的内部和外部环境。

（1）外部环境影响因素。外部环境主要有社会经济环境、技术进步、市场竞争的影响、社会价值观的变化等。这些因素都影响着组织的变化。例如，市场上出现了新产品、新的服务项目、老产品的提价或削价等，都会迫使竞争对手做出相应的反应。从政治方面说，国家重要官员的变动，方针政策的变化，都会对组织造成影响。从技术方面看，当代科学技术发展日新月异，新产品层出不穷，对组织形成了强大的压力，组织结构不适时变革，就有被时代淘汰的危险。另外，经济的繁荣与萧条、物价的涨跌、生活费用的波动、投资者的变化、社会文化和社会价值观的变化等，都会影响组织变化。

（2）内部环境影响因素。组织内部也有许多因素迫使组织进行变革，如组织目标、人员素质、技术水平、个人价值观、权力机构系统，以及管理水平和人际关系的变化等。

在什么情况下组织需要变革？西方组织管理学家西斯克对组织变革的征兆做了深入的研究，认为当组织出现下列情况之一时，就表明该组织需要变革：

1）决策的形成过于缓慢或时常做出错误的决策，以致常常坐失良机。

2）组织沟通不良，造成不协调、人事纠纷等严重后果。

3）组织的主要功能已经无效率或得不到正常的发挥。

4）组织缺少创新，没有新的或良好的办法出现，致使组织停滞不前。

3. 组织变革的阻力

组织变革不仅是对组织中的岗位、机构以及结构设计进行调整，而且是以组织中活动的内容甚至方向变动为基础进行的上述调整，这种调整必然会导致不同活动在组织中的相对重要性发生变化，从而不同组织部门及其成员在组织中相对权力和利益地位也发生变化。因此，任何组织变革都可能会遇到来自组织成员个人或群体因对变革不确定后果的担忧而引发的阻力。

（1）个人阻力。个人阻力包括以下几个方面：

1）利益上的影响。变革从结果上看可能会威胁到某些人的利益，如机构的撤并、管理层级的扁平等都会给组织成员造成压力和紧张感。过去熟悉的职业环境已经形成，而变革要求人们调整不合理的或落后的知识结构，更新过的管理观念、工作方式等，这些新要求都可能会使员工面临着失去权力的威胁。

2）心理上的影响。变革意味着原有的平衡系统被打破，要求成员调整已经习惯了的工作方式，而且变革意味着要承担一定的风险。对未来不确定性的担忧、对失败风险的惧怕、对绩效差距拉大的恐慌以及对公平竞争环境的担忧都可能造成人们心理上的倾斜，进而产生心理上的变革阻力。另外，平均主义思想、厌恶风险的保守心理、因循守旧的习惯心理等也都会阻碍或抵制变革。

（2）团体阻力。团体阻力包括以下几个方面：

1）组织结构变动的影响。组织结构变革可能会打破过去固有的管理层级和职能机构，并采取新的措施对责权利重新做出调整和安排，这就必然要触及某些团体的利益和权力，如果变革与这些团体的目标不一致，团体就会采取抵制和不合作的态度，以维持原状。

2）人际关系调整的影响。组织变革意味着组织固有的关系结构的改变，组织成员之间的关系也随之需要调整。非正式团体的存在使得这种新旧关系的调整需要有一个较长过程，在这种新的关系结构未被确立之前，组织成员之间很难磨合一致，一旦发生利益冲突就会对变革的目标和结果产生怀疑与动摇，特别是一部分能力有限的员工将在变革中处于相对不利的地位，随着利益差距的拉大，这些人必然会对组织的变革产生抵触情绪。

4. 消除组织变革阻力的管理对策

为了确保组织变革的顺利进行，必须事先针对变革中的种种阻力进行充分的研究，并要采取一些具体的管理对策。

（1）客观分析变革的推力和阻力的强弱。心理学家勒温曾提出运用力场分析的方法研究变革的阻力。其要点是：把组织中支持变革和反对变革的所有因素分为推力和阻力两种力量，前者发动并维持变革，后者反对和阻碍变革。当两力均衡时，组织维持原状，当推力大于阻力时，变革向前发展，反之变革受到阻碍。管理层应当分析推力和阻力的强弱，采取有效措施，增强支持因素，削弱反对因素，进而推动变革的深入进行。

（2）创新组织文化。"冰山理论"认为，假如把水面之上的冰山比作组织结构、规章制度、任务技术、生产发展等要素的话，那么，水面之下的冰体便是组织的价值观体系、组织成员的态度体系、组织行为体系等组成的组织文化。只有创新组织文化并渗透到每个成员的行为之中，才能使露出水面的改革行为变得更为坚定，也才能够使变革具有稳固的发展基础。

（3）创新策略方法和手段。为了避免组织变革中可能会造成的重大失误，使人们坚定变革成功的信心，必须采用比较周密可行的变革方案，并从小范围逐渐延伸扩大。特别是要注意调动管理层变革的积极性，尽可能削减团体对组织变革的抵触情绪，力争使变革的目标与团体的目标相一致，提高员工的参与程度。

总之，无论是个人还是组织都有可能对变革形成阻力，变革成功的关键在于尽可能消除阻碍变革的各种因素，缩小反对变革的力量，使变革的阻力尽可能降低，必要时还应该运用行政的力量保证组织变革的顺利进行。

5. 组织变革的程序

一般认为，组织变革需要经过以下八个步骤：

（1）确定变革的问题。一个组织是否需要进行变革以及所要变革的内容，必须结合组织的实际情况来予以考虑。如果组织需要变革，日常的管理实践中和反馈的信息中就会显露出不适应的征兆。

（2）组织诊断。为了准确地掌握组织需要进行变革的事实和程度，就有必要对组织进行诊断，为保证诊断的质量，可吸收一部分专家参加。诊断可分两步进行：首先，采取行之有效的方式将组织现状调查清楚；其次，对所掌握的材料进行科学的分析，找出期望与现状的差距，进一步确定需要解决的问题和所要达到的目标。

（3）提出方案。变革方案必须要有几个，以便进行选择。在方案中必须明确问题的性质和特点、解决问题需要的条件、变革的途径、方案实施后可能造成的后果等。

（4）选择方案。这项工作就是在提出的方案中选出一个较优的方案，对选出的方案，既要考虑到它的可行性、针对性，也要考虑到方案实施后能带来的综合效益。

（5）制订变革计划。在选定方案的基础上，必须制订出一个较为具体、全面实施的计划，包括时间的安排、人员的培训、人员的调动、财力和物力的筹备等内容。

（6）实施计划。组织变革是一个过程。勒温从变革的一般特征出发，总结出组织变革过程的三个基本阶段，得到广泛的认可。

1）解冻。解冻就是引发变革的动机，创造变革的需要，做好变革的准备工作。组织的变革会触及每个成员，要使每项变革措施得以在组织内部顺利实施，就必须从改变人的生活方式和自我观念入手，使每个组织成员深刻地理解组织变革的必要性和可行性，自觉地参与和适应组织的变革。为此，组织变革的领导者就必须引导大家对内部环境、组织结构、功能进行认真的分析，找出不适应性，激发大家对组织变革的积极性。

2）变革。变革主要是指新的态度与行为模式被组织成员所接受，并逐渐地变成自己的态度与行为的过程。变革的最有效方法是推广先进经验，进行典型示范，促进组织成员对角色模范的认同，使他们对新的行为方式产生积极的心理反应。

3）再冻结。再冻结是在变革工作告一段落后，利用一定的措施将组织成员业已形成的新态度和行为方式固定下来，使之得以巩固和发展。其方式有二：一是个人将新态度与行为融入自己的个性、感情和品德当中，相对固定下来；二是组织使用强化手段巩固新的态度与行为模式。

（7）评价效果。评价效果就是检查计划实施后是否达到了变革的目的，是否解决了组织中存在的问题、是否提高了组织的效能。

（8）反馈。反馈是组织变革过程中关键的一环，也是一项经常性的工作反馈的信息。揭示的问题较为严重时，需根据上述步骤，再次循环，直到取得满意的结果为止。

|经|典|案|例|　　　　海尔集团组织结构的演变

海尔集团是世界第四大白色家电（冰箱、空调、洗衣机等）生产商，2009 年的销售额为 1 200 亿元人民币。海尔拥有多元化的产品线，从家用电器到商用空调、金融服务等，员工超过 5 万人，管理如此庞大的企业，当家人张瑞敏最担心的是"困扰中国企业的三座大山"，即不良品、应收账款和库存。

张瑞敏认为，解决这个问题的办法在于让每一位员工都对自己的工作充分负责，让每一位员工都承担起决策的责任，也就是成为自主经营的主体。而要做到这一点，不能靠 CEO 个人，甚至也不能仅仅靠管理团队，而要靠制度和组织设计相配合。对于海尔来说，这样的制度就是市场链和人单合一。其组织设计则经历了变化多样的发展阶段。

在 1985～1994 年，海尔采取的是直线型组织结构，公司按部门划分职能，实行命令式管理。这种结构的特点是行政集权，效率高。它在海尔迅速成长的初期是一种有效的模式。但是当海尔的销售额超过 10 亿元，产品线开始多元化以后，它的弊端就逐渐暴露出来。高层领导花费大量时间用于部门间的协调，而不同产品对企业经营的要求不尽相同，事实上无法有效管理。1994 年之后，海尔采取了事业部制，建立了冰箱、洗衣机、空调等事业部，"集中决策、分散经营"。每个事业部都拥有自己的职能部门，可以专注于自己的产品线，提高市场反应，改进客户服务。总部只负责投资决策，对事业部进行利润考核。我们看到，海尔组织设计力图在两个维度之间保持平衡：集权和市场反应。

张瑞敏并不满足，他希望将企业的经营压力落实到每一个客户，让每个员工直接面对市场。为此，海尔进行了大规模的流程再造，从面向职能的管理转变为面向流程的管理，让组织员工不再服从于具体的职能部门的需要，而是围绕流程展开作业，最终做到服从于客户满意的需要。

1998 年，张瑞敏提出了市场链流程再造观点，所谓市场链是指从订单获得开始到结算结束的贯穿整个企业的流程，客户的真实需求是企业活动的起点，没有订单则一切活动都是亏损。所有的人都根据市场的要求来工作——以订单信息流来带动物流、资金流的运转。

因为这是有订单的，所以，生产出来不会形成库存，而且可以做到现款现货，产品到用户手里就可以拿到资金。这使整个企业运作流畅，搬掉了"三座大山"。

在企业内部，将所有的部门和人员都围绕市场链组织起来，订单流入意味着所有的部门都被激活，采购、生产、发货、收款环环相扣。为了引入市场的压力，在上下流程、上下工序和岗位之间形成索酬与索赔关系：例如，生产部门完成了营销部门的订单，则可以向营销部门索取报酬；反之，如果生产部门没有按照订单要求执行，营销部门可以向其索赔。在市场销售方面，销售人员完全对订单负责。比如给一个销售人员下了 1 万台订单，这 1 万台对他来说就是负债，卖了就有收益，卖不了就是亏损。海尔将这些指标进一步细化到每个人，把外部市场订单转变成一系列内部市场订单，形成以"订单"为中心、人人负责、自行调节运行的业务链。员工不再是对主管负责，而是直接对市场负责。由于指标明确、信息透明，员工可以计算出自己的报酬。

信息技术为海尔实现流程再造提供了基础。2002年开始，海尔全面推行条形码制度，实现了对每个产品、每个工位的跟踪。现在，海尔已经可以做到跟踪从订单开始到结算的全部过程，产品有问题可以追究到每一道工序中具体的员工，而产品的销售也是以扫描条形码的方式得到确认，从而实现了人、单、收入的合一。2007年4月，海尔开始实行二次再造，其订单响应速度由15天缩短到7天。

在传统层级组织中，高层管理者思考，而基层人员行动；经过市场链再造，张瑞敏要做到，海尔每一个人的思考与行动合为一体。正如管理大师杰克·韦尔奇所说："旧的组织建立在控制之上，但是世界已经改变……你必须在自由和控制之间取得平衡，但是你会有比想象中还多的自由。"

目前，以市场链为核心的流程再造还在进行当中，学界和企业界也提出了许多不同的意见。有人认为市场链的概念没有理论依据，有人认为市场链的做法不近人情，与以人为本的现代企业精神相对立，也有人认为市场链只是一种理想，其中涉及的工作量太大，不可能实现。同时，市场链将责任分解到个人的做法会导致员工之间和组织内部的冲突，破坏团队合作的精神。海尔还需要用自己的进一步成功来回应这些疑问。

2.5　领导

2.5.1　领导和管理

管理的组织职能，是对组织的资源进行配置。但如何让它们运作起来，需要通过管理的领导职能来完成。管理的领导职能是组织成员在一定的组织环境中，通过管理者的指挥和协调，完成组织目标的过程。

"领导"有两种词性含义。一种是名词属性的"领导"，即"领导者"的简称；二是动词属性的"领导"，即"领导行为"的简称，指"领导者"所从事的活动。

领导和管理有着密切的关系，从表面上看，两者似乎没有什么差别，人们通常将它们混为一谈。但实际上，两者既有紧密联系，又有很大差异。领导与管理的共同之处在于：从行为方式看，领导和管理都是一种在组织内部通过影响他人的协调活动，实现组织目标的过程。从权力的构成看，两者也都与组织层级的岗位设置有关。

就组织中的个人而言，可能既是领导者，又是管理者；也可能只是领导者，而不是管理者；也可能是管理者，而不是真正的领导者。两者分离的原因在于，管理者的本质是依赖被上级任命而拥有某种职位所赋予的合法权力而进行管理，被管理者往往因追求奖励或害怕处罚而服从管理；而领导者的本质就体现在被领导者的追随和服从，它完全取决于追随者的意愿，而并不完全取决于领导者的职位和合法权力。本书中所谈的领导主要指的是作为管理者的领导。

2.5.2　领导权力的来源

1. 职位权力

西方管理学中强调领导的影响力，领导的影响力主要来源于两方面：职权和权威。领导是管理中的高层次活动，它以法定的权力决定和影响社会、组织及其成员的行为。因此，职权是领导产生影响力之本。在领导活动的全过程中，主要有五个构成要素：领导者、被领导者、职权、客观环境和领导的行为，其中起决定作用的是职权，领导是这些因素构成的综合体，领导所处的法律地位和担任的职务，享有的法定权力，是领导履行职责，产生影响力的重要依据和前提条件。领导的权力来自职务，随职务变化而变化，是"制度化的权力"，单向支配，具有强制性，没有这种权力就很难完成责任。责任是权力的依据，权力是完成责任的保证，二者相称，互为条件。

具体来讲，职权主要涉及合法权、奖赏权和惩罚权三种：

（1）合法权。合法权就是组织中等级制度所规定的正式权力，被组织、法律、传统习惯甚至常识所认可，它通常与合法的职位紧密联系在一起。

（2）奖赏权。奖赏权就是决定提供还是取消奖励、报酬的权力。谁控制的奖励手段越多，他的奖赏权就越大。奖赏权源于被影响者期望奖励的心理，即部属感到领导者能奖赏他，使他满足某些需要。被影响者是否期望这种奖赏是奖赏权的一个关键。

（3）惩罚权。惩罚权就是指通过精神、感情或物质上的威胁，强迫下属服从的一种权力。惩罚权源于被影响者的恐惧，部属感到领导者有能力将自己不愿意接受的事实强加于自己，使自己的某些需求得不到满足。惩罚权在使用时往往会引起怨恨、不满甚至报复行动，必须谨慎对待。

2. 个人权力

职权多来自外部因素。与此相反，个人权力则多来自内部因素，比如个人的专业知识或者个性特征，个人权力也是领导不可或缺的工具。具体来讲，与组织的职位无关的非职权权力主要有专长权、个人魅力、背景权和感情权等。

（1）专长权。知识就是力量，从某种意义上讲，知识就是权力，谁掌握了知识，具有了专长，就是有了影响别人的专长权。这种权力源于信息和专业特长，人们往往会听从某一领域专家的忠告，接受他们的影响。谁掌握的知识、信息越多，谁拥有的专长权就越大。专长权与职位没有直接的联系。

（2）个人魅力。个人魅力与其他权力不同，是一种无形和很难用语言来描述或概括的权力。它是建立在超然感人的个人素质之上的，这种素质吸引了欣赏它、希望拥有它的追随者，从而激起人们的忠诚和极大的热忱。

（3）背景权。背景权是指个人由于以往的经历而获得的权力。只要人们知道他的特殊背景和荣誉，在初次见到他的时候，就倾向于听从其意见，接受其影响。

（4）感情权。感情权是指个体由于和被影响者感情较融洽而获得的权力。

所以，成为一个有影响力的领导者实属不易，不但要具有来自于职位权力的权力，同时也要有来自于领导个人权力的权威。权力与权威的关系可喻为根与叶的关系，根深叶茂，根浅叶少。

2.5.3　领导者的类型

1. 集权式领导者

所谓集权，是指领导者把权力进行集中的行为和过程。因此，所谓集权式领导者，就是把管理的制度权力相对牢固地进行控制的领导者。由于管理的制度权力是由多种权力的细则构成的，如各级领导的法定权、奖赏权、惩罚权等，都有正式的规章制度严格地明文规定。这就意味着对被领导者或下属而言，受控制的力度较大地在整个组织内部，资源的流动及其效率主要取决于集权式领导者对管理制度的理解和运用。同时，个人专长权和模范权是他行使上述制度权力成功与否的重要基础。这种领导者把权力的获取和利用看成是自我的人生价值。

显然，这种领导者的优势在于通过完全的行政命令，使管理的组织成本在其他条件不变的情况下，低于在组织边界以外的交易成本，可能获得较高的管理效率和良好的绩效。这对于组织在发展初期和组织面临复杂突变的环境时，是有益处的。但是，长期将下属视为某种可控制的工具，则不利于他们职业生涯的良性发展。

2．民主式领导者

和集权式领导者形成鲜明对比的是民主式领导者。这种领导者的特征是向被领导者授权，鼓励下属的参与，并且主要依赖于其个人专长权和模范权影响下属。从管理学角度看，这意味着这样的领导者通过对管理制度权力的分解，进一步激励下属的需要，去实现组织的目标。不过，这种权力的分散性使得组织内部资源的流动速度减缓，因为权力的分散性一般会导致决策速度降低，进而增大组织内部的资源配置成本。但是，这种领导者为组织带来的好处也十分明显。通过激励下属的需要，发展所需的知识，尤其是意会性或隐性知识，能够充分地积累和进化组织的能力，员工的能力结构也会得到长足提高。因此，相对于集权式领导者，这种领导者更能为组织培育 21 世纪越来越需要的智力资本。

2.5.4　领导行为论

领导行为论试图从研究领导者的行为特点与绩效的关系，来寻找最有效的领导风格。以前的学者主要从领导者更关心工作绩效，还是更关心群体关系，以及是否让下属参与决策三个方面研究领导行为。

1．密歇根大学的研究

密歇根大学的研究由 R. 李克特（Rensi Likert）及其同事在 1947 年开始进行，试图比较群体效率如何随领导者行为的变化而变化。这项研究的目的是期望建立实现预期的绩效和满意水平的基本原理，以及有效的领导方式类型，结果出现了两种不同的领导方式。

一是工作（生产）导向型的领导行为。这种领导者关心工作的过程和结果，用密切监督和施加压力的办法来获得良好绩效、满意的工作期限和结果评估。对这种领导者而言，下属是实现目标或任务绩效的工具，而不是和他们一样有着情感和需要的人，群体任务的完成情况是领导行为的中心。

二是员工导向型领导行为。这种领导者表现为关心员工，并有意识地培养与高绩效的工作群体相关的人文因素，重视人际关系。员工导向型领导者把他们的行为集中在对人员的监督，而不是对生产的提高上，他们关心员工的需要、等级和职业生涯的发展。

密歇根大学的研究人员发现，在员工导向型领导的组织中，生产的数量要高于工作导向型领导组织的生产数量。另外，这两种群体的态度和行为也根本不同。在员工导向型的生产单位中，员工的满意度高，离职率和缺勤率都较低。在工作导向型的生产单位中，产量虽然不低，但员工的满意度低，离职率和缺勤率高。在这种经验观察的基础上，密歇根大学领导行为方式研究的结论是，员工导向的领导者与高的群体生产率和高满意度正相关，而生产导向的领导者则与低的群体生产率和低满意度正相关。

2. 管理方格论

布莱克和莫顿在 1964 年提出了管理方格图，他们用一张 9×9 的方格图，每一个方格表示一种管理风格。如图 2-7 所示，横坐标表示对生产的关心程度，纵坐标表示对人的关心程度，各分为 9 级。图 2-7 中显示了五种典型的管理风格。

（1）1，1 型：贫乏型管理。领导者对工作和对人都极不关心，多一事不如少一事，只维持自己职务所必需的最低限度的工作。

（2）9，1 型：专权式管理（任务型管理）。领导者对工作极为关心，但忽略对人的关心，强调有效地控制下属，努力完成各项工作。

（3）1，9 型：乡村俱乐部型管理。领导者对人极为关心，重视同下属的关系，强调部属与自己的感情，而忽略工作的效果。

（4）5，5 型：中庸之道型管理。领导者既对工作关心，缺乏强烈的进取心，乐意维持现状，也对人关心，但强调适可而止。

（5）9，9 型：理想型管理（团队型管

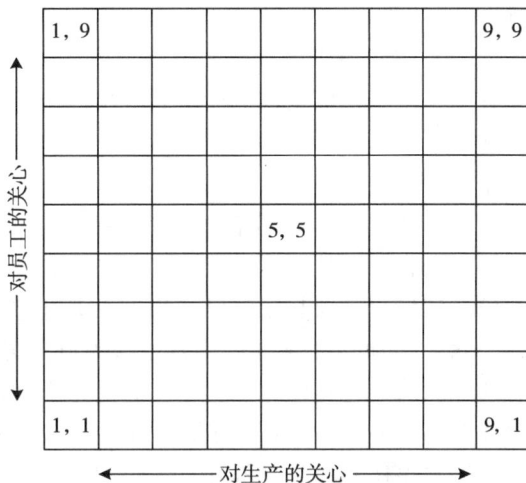

图 2-7　管理方格论

理）。领导者对工作和对人都极为关心，既重视组织的各项工作，又能通过沟通与激励，使部下自觉自愿齐心协力。这是一种理想的领导风格。

布莱克和莫顿还提出，哪种管理风格最有效果要看实际工作，最有效的管理风格并非一成不变，而是依情况而定。这种管理方格图能够使领导者明确认识到自己的管理风格，找到改进管理风格的努力方向，也可以用来有效地培训未来的领导者。

3. 何塞和布兰查德情境理论——领导生命周期理论

何塞和布兰查德的**情境理论**（situational theory）又被称为**领导生命周期理论**，它在确定适当的领导行为方式时更加关注员工的个性特征。该理论的要点在于，下级人员工作的主动性是不一样的。对那些能力低下、几乎没有接受过培训，或者有不安全感因而不太主动工作的人，与那些能力强、掌握了一定技能、充满自信且工作主动性极强的人员，应该实施不同的领导方式。

根据情境理论，在综合考虑人际关系因素（对人的关心）和生产任务因素（对生产的关心）的基础上，领导者可以采取四种领导方式，它们分别是告知式领导、推销式领导、参与式领导、授权式领导。**告知式领导**（telling style）反映了对生产的高度关心和对人的低度关心。这是一种具有很强指令性的方式，它包括提供关于应该如何完成工作的明确指示。**推销式领导**（selling style）建立在对人和生产的高度关注之上。在推销式领导下，领导者解释决策，给下属提供提问的机会，以便他们清楚地理解工作任务。**参与式领导**（participating style）高度关注人而低度关心生产。领导者与下属一起分享想法，为下属提供参与机会，并帮助下属制定决策。**授权式领导**（delegating style）反映了对人和生产的低度关心。该领导方式几乎不对下属给予指示或者提供支持，因为领导者将决策权和执行权都授予了他们。

何塞和布兰查德的情境理论的精髓在于，要选择适合于下属主动性程度的领导方式，这里的主动性包括受教育程度和技能水平、经验、自信力以及工作态度等。下属的主动性程度可能有差、中等、强和极强等。

（1）主动性差。告知式领导方式适合于那些主动性差的下属，因为这些人能力和技能低下、经验匮乏、有不安全感、不愿意为自己的工作行为承担责任。如果一个或者多个下属的主动性都很低，那么领导者的工作就要非常具体而细致，并精确地告诉他们做什么、怎样做、何时做。

（2）主动性中等。推销式领导方式对主动性中等的下属最奏效。这些下属可能缺少教育或者工作经验，但是，他们却表现出高度的学习信心、能力、兴趣和愿望。推销式领导包括发号施令，但也包括从其他渠道寻找信息来源并澄清任务，而不是简单地告诉下属应该如何工作。

（3）主动性强。当下属表现出高度的主动性时，参与式领导方式是很有效的。这些下属可能受过必要的教育，具备必需的经验和技能，但是可能对自己的能力不自信，因而需要得到领导者的指点。参与式领导使得领导者能够引导下属的发展，并充当咨询和援助的源泉。

（4）主动性极强。当下属受过很好的教育，经验丰富，并愿意承担责任时，领导者可以有效地利用授权式领导。由于下属的主动性极强，因而领导者可以把决策责任和执行责任一起授予下属，他们已经具备了贯彻决策的技能、能力和积极态度。只要下属认为合适，领导者可以授予工作任务的总目标和足够的权限。

总之，告知式领导最适合于那些主动性很差、很不愿意承担责任的下属，推销式领导和参与式领导适合于主动性程度属于中上水平的下属，而授权式领导则适合于主动性极强的下属。何塞和布兰查德的情境理论比菲德勒的理论更易于理解，但它只包含了下属的特性，而没有包括环境的特点。领导者必须谨慎地诊断下属的主动性程度，并采取适当的领导风格——告知式领导、推销式领导、参与式领导或者授权式领导。

2.6　激励理论

激励是激发和鼓励人朝着所期望的目标采取行动的过程，它是整个管理活动中至关重要的一项内容。管理的核心在于人，组织的生命力来自于组织中每一个成员的热忱。如何激发和鼓励员工的创造性和积极性，是管理人员所必须解决的问题：只有把人的积极性真正调动起来，管理的目标才能够真正达到。而人的积极性和最大潜能的发挥，则离不开有效激励。

2.6.1　激励的内涵

1. 激励的定义

作为管理者，要在管理过程中运用有效的激励，实现良好的激励效果，就必须对激励的内涵、本质及其目的有一个全面的理解和认识。尽管"激励"一词在管理实践过程中广泛使用，但要给它下一个精确的定义却并不容易。比如，有些人认为激励就是不断加强对员工行为的监督和控制，使其严格按照组织目标行事。有人认为激励是增加员工收入和改善工作条件，还有人认为"胡萝卜加大棒"就是激励。这些看法既有正确的一面，但也存在对"激励"简单化甚至是片面的认识。

在管理学的一般教科书中，**激励**（motivation）通常是和动机连在一起的，主要指人类活动的一种内心状态。美国管理学家罗宾斯把动机定义为个体通过高水平的努力而实现组织目标的愿望，而这种努力又能满足个体的某些需要。所以，所谓激励，就是激发人的动机，使人有一股内在的动力，朝着所期望的目标前进的心理活动过程。从组织行为学的角度来看，激励就是激发、引导、保持、规划组织成员的行为，使其努力实现组织目标的过程，而组织成员的努力是以能够满足个体的某些需要为前提条件的。从管理学的角度看，激励就是主体通过运用某些手段或方式让激励客体在心理上处于兴奋和紧张状态，积极行动起来，付出更多的时间和精力，以实现激励主体所期望的目标。激励的目的是为了调动组织成员工作的积极性，激发他们工作的主动性和创造性，以提高组织的效率。

2. 激励的对象

从激励的定义看出，激励是针对人的行为动机而进行的工作。因而，激励的对象主要是人，或者准确地说，是组织范围中的员工或领导对象。正确认识激励的对象，有助于体现领导的管理学职能。从激励的内涵看，意味着组织中的领导者应该从行为科学和心理学的基础出发，认识员工的组织贡献行为，即认识到人的行为是由动机决定的，而动机则是由需要引起的。动机产生以后，人们就会寻找能够满足需要的目标，而目标一旦确定，就会进行满足需要的活动。从需要到目标，人的行为过程是一个周而复始、不断进行、不断升华的循环。这样，通过认识激励的对象来说明：需要是人类行为的基础，不同的需要在不同的条件下会诱发出不同的行为，如图 2-8 所示。

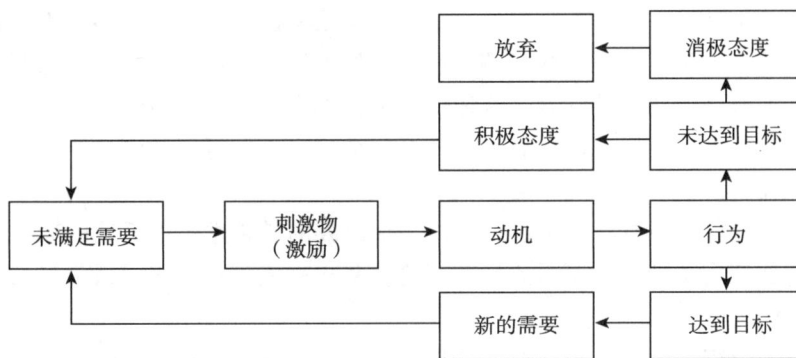

图 2-8　激励的模式

2.6.2　激励的基本理论

1. 需要层次理论

美国心理学家马斯洛（A. Maslow）在 1943 年所著的《人的动机理论》一书中，提出了需要层次理论。他将人的需要由低到高划分为以下五个层次：

（1）生理的需要。生理的需要包括人体生理上的主要需要，即衣食住行等生存方面的基本需要，这是最低层次的需要。在一切需要中，生理需要是最优先、最基本的。

（2）安全的需要。安全的需要指对人身和财产安全、工作和生活环境安全等的追求以及规避各种社会性、经济性损害的倾向。

（3）归属的需要。归属的需要包括对社会交往、友谊、情感以及归属感等方面的需要。人是社会人，他需要与社会交往，成为"社会的一员"，希望获得友谊和爱情，得到关心与爱护。

（4）尊重的需要。尊重的需要包括两个方面，一是内在的尊重要求，如自尊、自律、自主等；二是外在的尊重要求，如社会地位、社会认可、受他人尊敬等的需要。

（5）自我实现的需要。自我实现的需要指努力促使自我成长，尽力发挥自己的潜能，做出力所能及的最大成就的需要。这是最高层次的需要，自我实现的需要会产生巨大的动力，使其努力去实现目标。

马斯洛的基本理论可以概括为以下几点：

第一，人的需要是分等分层的，呈阶梯式逐级上升。马斯洛认为在低层次需要得到满足之后，人才能产生更高一级的需要，即人按上述五个层次由低到高逐步追求需要的满足，如图2-9所示。人的最基本的需要是生理需要，低层次的需要满足的程度越高，对高层次需要的追求就越强烈。人在不同的发展阶段，其需要结构也是不同的。

第二，需要的存在是促使人产生某种行为的基础，人的行为是由其当时的主导需要决定的。当一个人无所求时，也就没有什么动力与活力；反之，若一个人有所需要，就必然存在着激励的因素。五个层次的需要是人生来就有的，但每一个人的需要强度、显露程度可能不同。另外，即使是同一个人，在不同的情况下也会有不同的需要，从而促使他优先考虑某种需要。正因为人的需要是不同的，所以要调动

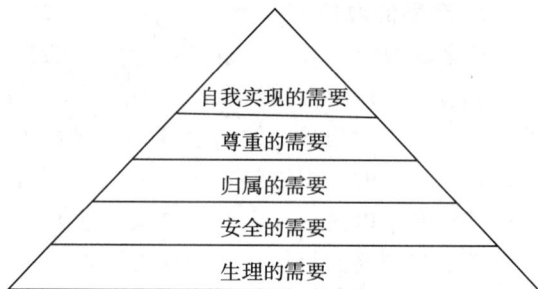

图 2-9 马斯洛需求层次理论

人的积极性，就必须针对不同的人，引导其满足不同层次的需要。对大多数人的共同需要，可以采用相同的方法来激励，而对不同的需要则要采取不同的方法，切忌"一刀切"。

第三，当某种需要得到满足以后，这种需要也就失去了对其行为的激励作用。当某一层次的需要得到满足以后，下一层次尚未满足的需要就会成为人们行动的动机。高层次的需要，不仅内容比低层次需要广泛，实现的难度也大。

对马斯洛的理论尽管还有不少争议，但由于他对人的需要进行了系统的研究，为以后各种激励理论的提出奠定了基础，因而需要层次理论自身也就成为最著名、最经典的激励理论。

2. 双因素理论

另一种流行的内容理论是激励的双因素理论。赫茨伯格（Frederic Herzberg）经过对200名会计和工程师的访谈调查，提出了这一理论。他要求他们回忆自己获得满足和激励的时刻以及不满足和没有受到激励的时刻。令人吃惊的是，他发现不同的因素既可能同满意相关也可能同不满意相关。比如，某人能将"低收入"作为不满意的原因，但不一定将"高收入"作为满意的理由。相反，另一些因素（如认可和成就）却被认为是满意和激励的原因。

这一发现令赫茨伯格认识到传统的工作满意理论是不完备的，因为它假设满意与不满意处于同一个"连续统"的两端，要么满意，要么不满意。但是赫茨伯格通过访谈发现了两类完全不同的维度，一种从满意到没有满意，另一种从不满意到没有不满意。赫茨伯格认为，导致满意的因素为激励因素，同工作的内容相关；导致不满意的因素被称为保健因素，同工作环境相关。图2-10中描述了这一模型以及相应的影响因素。

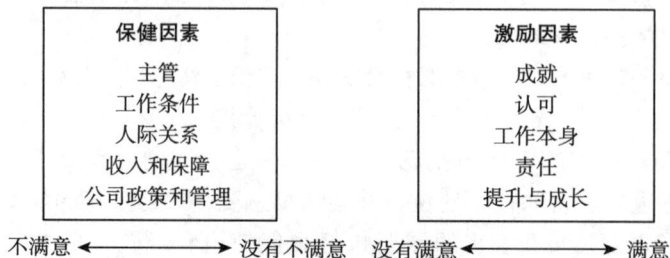

图 2-10 赫茨伯格的双因素理论

基于上述发现，赫茨伯格指出，激励雇员的过程分为两个阶段。第一个阶段，必须保证保健因素是充足的：报酬和工作保障必须是适当的、工作条件安全的、督导的方式，必须是可接受的等。在适当的水平上提供保健因素并不是对员工的激励，管理者这样做是为了避免员工不满意，即实现"没有不满意"。仅通过保健因素来"满意"的员工通常只做必要的工作。因此，管理者必须实行第二个阶段——让员工有机会体验激励因素，比如成就与认可。这样做的结果是比较高的满意和激励水平。赫茨伯格比其他绝大多数理论家更进一步，描述了如何在工作场所应用双因素理论。具体来讲，他推荐了职位丰富化的方法，他主张对职位进行再设计以提供更高水平的激励因素。

3. 期望理论

期望理论主要是由美国心理学家 V. 弗鲁姆（Victor Vroom）在 20 世纪 60 年代中期提出并形成的。期望理论认为只有当人们预期到某一行为能给个人带来有吸引力的结果时，个人才会采取特定的行动。他对组织通常出现的这样一种情况给予了解释，即面对同一种需要以及满足同一种需要的活动，为什么有的人情绪高昂，而另一些人却无动于衷呢？有效的激励取决于个体对完成工作任务以及接受预期奖赏的能力的期望。

根据这一理论的研究，员工对待工作的态度依赖于对下列三种联系的判断：

（1）努力与绩效的联系。员工感觉到通过一定程度的努力而达到工作绩效的可能性。如需要付出多大努力才能达到某一绩效水平？我是否真能达到这一绩效水平？概率有多大？

（2）绩效与奖赏的联系。员工对达到一定工作绩效后即可获得理想的奖赏结果的信任程度。如当我达到这一绩效水平后，会得到什么奖赏？

（3）奖赏与个人目标的联系。如果工作完成，员工所获得的潜在结果或奖赏对他的重要性程度。如这一奖赏能否满足个人的目标？吸引力有多大？

在这三种关系的基础上，员工在工作中的积极性或努力程度（激励力）是效价和期望值的乘积，即

$$M = V \times E \qquad\qquad (2\text{-}1)$$

式中，M 表示激励力，V 表示效价，E 表示期望值。

所谓期望值，是指人们对自己能够顺利完成某项工作可能性的估计，即对工作目标能够实现概率的估计；效价是指一个人对这项工作及其结果（可实现的目标）能够给自己带来满足程度的评价，即对工作目标有用性（价值）的评价。

效价和期望值的不同结合，会产生不同的激励力，一般存在以下几种情况：

$$高\,E \times 高\,V = 高\,M$$
$$中\,E \times 中\,V = 中\,M$$
$$低\,E \times 低\,V = 低\,M$$
$$高\,E \times 低\,V = 低\,M$$
$$低\,E \times 高\,V = 低\,M$$

这表明，组织管理要收到预期的激励效果，要以激励手段的效价（能使激励对象带来的满足）和激励对象获得这种满足的期望值都同时足够高为前提。只要效价和期望值中有一项的值较低，都难以使激励对象在工作岗位上表现出足够的积极性。

期望理论的基础是自我利益，它认为每个员工都在寻求获得最大的自我满足，期望理论的核心是双向期望，管理者期望员工的行为，员工期望管理者的奖赏。期望理论的假说使管理者知道什么对员工最有吸引力。期望理论的员工判断依据是员工个人的知觉，而与实际情况关系

不大。不管实际情况如何，只要员工以自己的知觉确认自己经过努力工作就能达到所要求的绩效，达到绩效后就能得到具有吸引力的奖赏，他就会努力工作。

因此，期望理论的关键是，正确识别个人目标和判断的三种联系，即努力与绩效的联系、绩效与奖赏的联系、奖赏与个人目标的联系。激励过程的期望理论对管理者的启示是，管理人员的责任是帮助员工满足需要，同时实现组织目标，管理者必须尽力发现员工在技能和能力方面与工作需求之间的对称性来达到这一目标。

4. 公平理论

经过需要的刺激，激励过程开始启动，个体选择了一项预期能够满足需要的行动，接下来他会评估成果的公平和公正性。公平理论认为在因绩效而获得奖励时人们受到寻求社会公平的激励。

公平是一种信念，个体相信自己所受到的对待同其他人所受到的对待是平等的。根据公平理论，通过工作收获的成果包括收入、认可、提升、社会关系和内在奖励。为了取得这些奖励，个体要对工作进行投入，包括时间、经验、努力、教育和忠诚。这一理论认为人们将投入和成果看成一种比例，然后同他人的比例进行对比。这里所说的"他人"包括同一工作小组的成员或平均和综合群体成员。比例的计算和对比过程都是非常主观的和基于个体知觉的。经过对比，将出现三种结果：公平的奖励、奖励不足或奖励过度。有时，人们也会用自己过去的投入和收获同现在的投入和收获进行比较，同样可以作为自己感知公平的依据。

如果比例都是一样的，则个体会获得公平的感受。即使他人的成果大于个体本身的成果，只要他人的投入同比增加，个体仍然可以感受到公平。奖励不足的员工会试图减少不公平，例如他可以减少自己对工作的投入、要求加薪、改变比例的计算方法以说服自己、令他人改变其投入或成果、离职或改变对比的对象。个体同样也会体会到奖励过度的情形，尽管对于大多数人这不构成问题，但研究指出，有些人会因此受到力图减少奖励过度的激励。在这种情况下，个体可能增加投入付出更大的努力、减少自己的工作成果、改变比例的计算方法来说服自己。

5. 强化理论

除了上述过程型激励理论之外，结果反馈型激励理论也从另一个角度对激励行为做了一定的研究。前面的理论主要着眼于如何激发人的动机，使其产生组织所希望的行为，而结果反馈型激励理论则主要着眼于如何引导和改造人的行为，使其朝组织所希望的方向发展。这类研究的代表性理论有强化理论、归因理论和挫折理论等。

心理学家认为，人具有学习能力，通过改变其所处的环境，可以保持和加强积极的行为，减少或消除消极行为，把消极行为转化为积极行为。哈佛大学的斯金纳（B. F. Skinner）据此提出了强化理论，它是以学习原则为基础，理解和修正人的行为的一种学说。所谓强化，从其最基本的形式来讲，指的是对一种行为的肯定或否定的后果（奖励或惩罚），它至少在一定程度上会决定这种行为在今后是否会重复发生。强化理论认为，过去的经验对未来的行为具有重大影响，人们会通过对过去的行为和行为结果的学习来"趋利避害"，即当行为的结果对他有利时，他就会趋向于重复这种行为；当行为的结果对他不利时，这种行为就会趋向于减弱或消失。根据这一原则，就可以通过不同的强化途径，对人们的行为进行引导和激励。

（1）正强化。正强化是指对管理者所期望的、符合组织目标的行为及时加以肯定或奖励，从而导致行为的延续和加强。正强化的刺激物不仅仅是物质性的奖励，精神鼓励、表扬、充分的信任、安排挑战性工作、提升或给予学习提高的机会等都可以成为正强化有效的激励载体。

（2）负强化。负强化是指通过人们为了避免出现不希望的结果，而使其行为得以强化。

例如，下级努力按时完成任务，就可以避免上级的批评，于是人们就一直努力按时完成任务；上课迟到的学生都受到了老师的批评，不想受到批评的学生就努力做到不迟到。

（3）不强化。不强化是指对某种行为不采取任何措施，既不奖励也不惩罚。这是一种消除不合理行为的策略，因为倘若一种行为得不到强化，那么这种行为的重复率就会下降。如果一个人总是抱怨分配给他的工作，却没人理睬他，也不给他调换工作，也许过一段时间他就不再抱怨了。

（4）惩罚。惩罚就是对不良行为给予批评或处分。惩罚可以减少这种不良行为的重复出现，弱化行为。但惩罚一方面可能会引起怨恨和敌意；另一方面随着时间的推移，惩罚的效果会减弱。因此在采用惩罚策略时，要因人而异，注意方式方法。

强化理论是影响和引导员工行为的一种重要方法，通过表扬和奖励可以使动机得到加强，行为得到鼓励；通过批评、惩罚等可以否定某种行为，使不好的行为越来越少。"奖"起着正面引导的作用，"惩"则起着劝阻和警告的作用。奖励与惩罚就好像一条航道上的左右两个航标，是保证船只的正确航行所必不可少的。

| 经 | 典 | 案 | 例 |　　　　　　　　**字幕组的团队激励**

字幕组是指翻译国外电视剧、电影的群体。现在，国内已经有大大小小的字幕组上百家。字幕组成员分工明确，流水作业，一般国外片源出现后 12 个小时之内，国内就可以下载到内嵌中文字幕。这是一个坚持网络共享精神的群体，他们花费大量精力和时间做完全没有报酬的事情。由于他们的工作，中国网民才得以过上了用 FTP、BT 下载国外最新影视剧的日子。

早期字幕组在翻译过程中，经常会出现一些错误。随着字幕组的影响力越来越大，对于翻译的要求也越来越严格，许多字幕组都有了专门的校对。四叶星字幕组曾经宣布："一周内制作的任何片子，如果出现错别字或其他文字错误累计达到 4 个（所有片子加起来，而不是一部片子），或者时间轴出现了错误（哪怕只有一处错误），那么本字幕组就地解散，以死来谢罪于观众！"

很多字幕组在招募新人的时候都会特别强调，"谈人民币报酬的勿扰"。字幕组的成员义务劳动、分文不取，所凭借的只是对影视作品的热爱，再加上一点点对语言的兴趣，论坛给字幕组成员的奖励多是象征性的，唯一实际的好处是字幕组的内部 FTP 账号，用那个账号几乎可以看到所有的美剧。

为了避免惹官司上身，很多字幕组都会在影片中打上"本字幕仅供学习交流，严禁用于商业用途，请于 24 小时内删除"的字样。不过，字幕组的工作常常会让盗版商得利。一个字幕组的成员无奈地表示："工作很辛苦，很多时候都可以忍了，我最受不了的就是把我们分享给大家的东西随便拿出去贩卖的人。"

字幕组的成员主要包括拿译、时间轴制作和片源三大类，一些大的字幕组成员可能达到上百人。虽然规模大小各异，但它们的工作时间和流程却是一样的。字幕组之间的竞争非常激烈，他们也都为自己的作品感到骄傲。像《越狱》那样的大片，伊甸园、风软等很多字幕组都在翻译，谁最先发布，网友就会首先选择下载。这样的竞争在一定程度上有助于质量和速度的提升，但是也造成了大量重复劳动。

例如，美国福克斯电视台播放完一集《越狱》，就会有片源从国外 BT 网站上传到国内字幕组的 FTP，这个工作通常由国外留学生完成，大概需要半小时。英文字幕通常由录制人员直接用 MSN 或者 QQ 传给字幕总监,字幕总监再分发给参与这次翻译行动的时间轴、翻译、校对和压片人员。

无字幕视频准备好后,先由时间轴人员清理字幕里的广告,并为英文字幕配上时间轴,即从几分几秒到几分几秒,某个角色说了什么话:一部 45 分钟的片子时间轴制作大概两个小时。字幕总监收到配好时间轴的英文字幕,分派给 4 名翻译,每人 10 分钟左右,差不多 200 句对白,两个小时的工作量。翻译完成后,还需要校对人员最后把关,纠正翻译错误,统一翻译风格,并重新检查时间轴,校对完毕后,字幕总监就可以在射手网(国内最大的字幕网站)上发布中文字幕文件了。

据射手网统计,《越狱》第二季第 13 集是伊甸园字幕组最早发布的,从北京时间 9:30 分拿到片源,到当天 16:02 分在网上发布,只用了 6.5 个小时。伊甸园字幕组文件发布后被下载了 1 万多次,而 3 个小时后上传的另外一个字幕组的中文字幕,下载量不足它的 1/10,这个数字或许可以解释字幕组之间为什么会如此争分夺秒地抢进度。

几乎所有的网友都同意:"网上翻译的字幕比 DVD 精彩多了,更能反映出精髓所在。"这是字幕组最引以为荣的。这种好不仅体现在准确度和时效性上,更体现在字里行间译者流露的感情,一种对片子的感情。美剧的狂热追随者菲菲评论说,"网上下载的美剧,翻译更贴切、生动,有时甚至还会使用一些我们熟悉的成语。最贴心的是,他们还会在一些对话旁边加上注释,提供一些文化、历史方面的背景、典故什么的。我感

觉这些字幕组的成员不仅敬业,知识也很渊博。看着同是美剧迷的人提供的字幕,能感觉到同道中人的心有灵犀,一些痴迷的字幕翻译常常不吃不喝不睡,像着了魔一样。当看到一些触景生情的场面,翻译还会一边抹眼泪一边敲键盘,浑然忘我"。

"酒囊饭袋"是 2005 年加入风软字幕组的。白天,他是一名警察。晚上,他以"酒囊饭袋"的 ID 活跃在网上,翻译、校对字幕,追踪新剧。渐渐地,"酒囊饭袋"对字幕组的一些问题感到不满:字幕组组织松散,成员流动性很大,各个人的水平、态度参差不齐。此外,字幕组之间抢发字幕、不顾质量等做法,都让"酒囊饭袋"觉得背离了翻译的乐趣。随着字幕组人气上升,字幕组论坛开拓出更多的版面,随之涌进来的网友大多并非美剧爱好者,字幕组反而变得边缘化。

2007 年,"酒囊饭袋"离开了风软字幕组,创建了破烂熊字幕组。"酒囊饭袋"说:"字幕组成员能抢先看到剧集,能在字幕署上自己的名字有成就感,这都不错。但主要我们还是有翻译的乐趣在里面。有时候论坛开找茬帖,大家给翻译挑错,也都玩得很开心。"字幕组很多人已经把做字幕看作一份责任:"看到网友们热烈地发帖盼着我们出字幕,我觉得不做就对不起大家。"

随着国家广电总局对互联网视听服务的清理整顿,大批 BT 网站被关停,网络风传各大字幕组解散的消息。"酒囊饭袋"认为,破烂熊字幕组的存在只是为了单纯地做字幕,仍会坚定地走下去。

2.7 控制

控制是管理工作的最重要职能之一,它是保障企业计划与实际作业动态相适应的管理职能。控制工作的主要内容包括确定标准、衡量绩效和纠正偏差。一个有效的控制系统可以保证各项活动朝着组织目标的方向前进,而且控制系统越完善,组织目标就越容易实现。

2.7.1 控制的重要性

在管理实践中，人们深切地体会到，没有控制就很难保证计划的顺利执行，而如果各个计划都不能顺利执行，组织的目标就无法实现，因此控制工作在管理活动中起着非常重要的作用。

显然，如果每个计划都能够完全顺利地被实施，并且达到了预期的目的，那么控制工作的重要性就不存在了，但问题是几乎所有的计划都不可能完全顺利地得到实施，这主要是由于以下两方面的原因：

（1）组织内部因素的改变。这种改变是指组织中的人、财、物等资源供给配量的状况或者人员行为的结果等与计划中的条件或假设不符，具体包括人员能力的发挥、资金的供给、相关部门的配合等各方面组织内部的因素。这些因素与计划中的条件或假设不符就会导致计划不能顺利实施。例如，员工的士气会影响预计的工作进度，资金周转的意外困难会影响整个投资计划的实施，等等。

（2）外部环境因素的影响。即使组织内部各项因素运行正常，但外部环境如经济、政治、自然、社会等环境的变化，也会影响计划的实施，使得计划执行的实际过程和结果与计划目标不相符合。例如，银行贷款利率的调高会影响融资计划，汇率的波动可能要影响原来制订的出口计划，等等。

由于以上两个方面的原因，计划常常不能顺利地执行，而控制工作的目的就是要发现计划执行中的问题和偏差，并且采取纠正措施，使得原计划能够得到顺利的执行。

医治控制危机的良药是建立一套完整有效的管理和控制机制。这是组织由"人治"到"法治"的一个质的转变。规范和合理的计划、报告及控制体系，包括对事业部及其经理的经营目标设置，成绩考核及激励机制的明确定义并实施。而且，总部还应强化对资金、人力和技术开发等关键性共同资源的管理，以保证有限的资源能投入到符合公司发展战略、最具潜力的领域。同时，对一个日益庞大而变得松散的组织来说，组织宗旨、组织文化和价值体系可以成为比行政关系更为有力的维系。

2.7.2 控制的基本内容

控制的内容就是控制的对象，美国管理学家罗宾斯将控制的内容归为对人员、组织绩效、财务、作业、信息五个方面的控制。

1. 对人员的控制

组织的目标是要由人来实现的，员工应该按照管理者制订的计划去做，为了做到这一点，就必须对人员进行控制。对人员控制最常用的方法是直接巡视，发现问题马上纠正。另一种有效的方法是对员工进行系统化的评估，通过评估对绩效好的予以奖励，使其维持或加强良好表现；对绩效差的就采取相应的措施，纠正出现的行为偏差。

人本管理的实施正在悄然兴起，多数企业组织领导深知，企业管理归根结底是对人体力、智力因素，只注意用经济手段控制人的行为，片面强调物质利益在管理中的作用。研究欧洲企业可以看到一个显著变化，欧洲企业追求"管理平衡"，向传统管理理论进行挑战，走出传统的"控制管理"，实施"指导与激励管理"，并将二者融为一体。

2. 对组织绩效的控制

组织绩效是组织上层管理者的控制对象，组织目标的达成与否都从这里反映出来。无论是组织内部的人员，还是组织外部的人员和组织（如证券分析人员、潜在的投资者、贷款银行、供应商以及政府部门），都十分关注组织绩效。要有效实施对组织绩效的控制，关键在于科学地评价、衡量组织绩效。一个组织的整体效果很难用一个指标来衡量，生产率、产量、市场占有率、员工福利、组织的成长性等都可能成为衡量指标，关键是看组织的目标取向，即要根据组织完成任务的实际情况并按照目标所设置的标准来衡量组织绩效。

3．对财务的控制

为保证企业获取利润，维持企业的正常运作，必须要进行财务控制。财务控制包括审核各期的财务报表，保证一定的现金存量，保证债务的负担不致过重，保证各项资产都得到有效的利用等。预算是最常用的财务控制衡量标准，因此也是一种有效的控制工具。

4．对作业的控制

所谓作业，就是指从劳动力、原材料等资源到最终产品和服务的转换过程。组织中的作业质量在很大程度上决定了组织提供的产品或服务的质量。作业控制就是通过对作业过程的控制，来评价并提高作业的效率和效果，从而提高组织提供的产品或服务的质量。组织中常见的作业控制有生产控制、质量控制、原材料购买控制、库存控制等。

5．对信息的控制

随着人类步入信息社会，信息在组织运行中的地位越来越高，不精确的、不完整的、不及时的信息会大大降低组织效率。因此，在现代组织中对信息的控制显得尤为重要：对信息的控制就是要建立一个管理信息系统，使它能及时地为管理者提供充分、可靠的信息。

2.7.3　控制的类型

控制可以根据不同的依据分成很多种类别，如根据控制标准的不同可以分为跟踪控制、程序控制、自适应控制、最佳控制等，本书按照在运营过程中控制节点的不同分为前馈控制、事中控制和反馈控制，如图 2-11 所示。

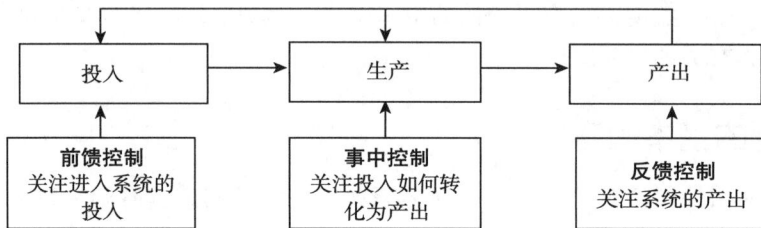

图 2-11　控制的类型

1．前馈控制

前馈控制是在企业生产经营活动开始之前进行的控制，其目的是防止问题的发生而不是当问题出现时再补救。因而，这种控制需要及时和准确的信息并进行仔细和反复预测，把预测和预期目标相比较，并促进计划的修订。控制的内容包括检查资源的筹备情况和预测其利用效果两个方面。

为了保证经营过程的顺利进行，管理人员必须在经营开始以前就检查企业是否已经或能够筹措到在质和量上符合计划要求的各类经营资源。如果预先检查的结果是资源的数量和质量无法得到保证，那么就必须修改企业的活动计划和目标，改变企业产品加工的方式或内容。检查已经或将能筹措到的这些经营资源经过加工转换后取得的结果是否符合需要，这种利用预测方法对经营成果的事先描述，并使之与企业的需要相对照，是事先预测的另一个内容。如果预测的结果符合企业需要，那么企业活动就可以按原定的程序进行；如果不符合，就要改变企业经营的运行过程和投入。

2. 事中控制

事中控制亦称现场控制或同期控制，是指企业经营过程开始以后，对活动中的人与事进行指导和监督。主管人员越早知道业务活动与计划的不一致，就可以越快地采取纠偏措施，可以在发生重大问题之前及时纠正。

对下属的工作进行现场监督，其作用有两个：首先，可以指导下属以正确的方法进行工作，培养下属的能力，这是每一个管理者的重要职责。现场监督可以使上级有机会当面解释工作的要领和技巧，纠正下属错误的作业方法与过程，从而可以提高他们的工作能力。其次，可以保证计划的执行和计划目标的实现，通过现场检查，可以使管理者随时发现下属在活动中与计划要求相偏离的现象，从而可以使经营问题消失在萌芽状态，或者避免已经产生的经营问题对企业不利影响的扩散。

3. 反馈控制

反馈控制亦称成果控制或事后控制，是指在一个时期的生产经营活动已经结束以后，对本期的资源利用状况及其结果进行总结。由于这种控制是在经营过程结束以后进行的，因此，不论其分析如何中肯，结论如何正确，对于已经形成的经营结果来说都是无济于事的，它们无法改变已经存在的事实。反馈控制的主要作用甚至可以说是唯一的作用，是通过总结过去的经验和教训，为未来计划的制定和活动的安排提供借鉴。反馈控制主要包括财务分析、成本分析、质量分析以及职工成绩评定等内容。

2.7.4 控制过程

控制是根据计划的要求，设立衡量绩效的标准，然后把实际工作结果与预定标准相比较，以确定组织活动中出现的偏差及其严重程度；在此基础上，有针对性地采取必要的纠正措施，以确保组织资源的有效利用和组织目标的圆满实现。不论控制的对象是新技术的研究与开发，还是产品的加工制造，或是市场营销宣传；是企业的人力资源，还是物质要素，或是财务资源，控制的过程都包括三个基本环节的工作：一确立标准，二衡量绩效，三纠正偏差，如图 2-12 所示。

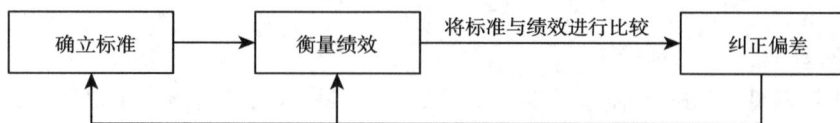

图 2-12 控制的过程

1. 确立标准

确立标准是实施控制的基础，离开了标准，就无法对活动进行评估，控制工作也就无从谈起。控制标准的类型很多，可以是定量的，也可以是定性的。一般情况下，标准应尽量定量化或数字化，以确保控制的准确性。

确立标准一般分为：① 时间标准，即完成一定工作所需的时间限度；② 生产率标准，即在规定生产时间里所完成的工作量；③ 消耗标准，即完成一定工作所需的有关消耗；④ 质量标准，即工作应达到的要求或产品或劳务所应达到的品质标准；⑤ 行为标准，即对员工规定的行为准则要求。

在实际工作中，常用的制定标准的方法有以下三种。①统计方法，即根据工商企业的历史数据或对比同类企业的水平，用统计学的方法确定标准。这种方法常用于拟订与工商企业经营活动和经济效益有关的标准。②工程方法，即指以准确的技术参数和实测的数据为基础制定的标准。这种方法主要用于生产定额标准的制定上。③经验估计法，即指由经验丰富的管理者来制定标准。这种方法通常是对以上两种方法的补充。

标准的确立是全部控制工作的第一步，一个周密完善的标准体系是整个控制工作的质量保证。

2. 衡量绩效

（1）评估实际绩效。大多数组织都定期提供正式的、定量化的绩效报表，或者日报，或者周报，或者月报，供管理者审核。这些报表的内容应该与控制过程第一阶段所设立的绩效标准相关。比如，如果我们的目标是实现销售增长，那么公司就应该规定收集和汇报销售数据的方法。如果公司确定了报表的适当形式，那么经常查看这些报表将有助于管理人员随时了解公司是否在做它应该做的事情、是否在朝着正确的方向发展。

在大多数公司里，管理人员并不仅仅看重数量指标。他们也会亲自深入组织内部，了解组织的运行情况，特别是对提高员工参与度和加强员工的学习这样一些目标的实现情况进行检查。管理人员还必须自己亲自观察，以了解员工是否参与了决策过程，是否有机会积累和分享知识。

（2）对照检查绩效与标准。接下来就是比较实际活动与绩效标准。当管理者阅读计算机报表或者深入工厂视察时，他们会发现实际绩效是达到、超过还是落后于绩效标准的要求。通常情况下，绩效报告仅仅是进行简单的对照，只是把报告期的绩效标准列在同一时期的实际绩效的旁边，并计算出其间的差异，即每一项实际数值与相关标准值之间的差值。为了解决需要引起广泛关注的这些问题，管理人员必须重视偏差。

当实际绩效偏离预先设定的标准时，管理者必须对偏差做出解释。员工希望他们能够透过现象看本质，找出问题的症结所在。如果销售目标是增加10%的销售量，而销售人员只实现了8%的增长。他哪个地方没有完成目标？或许是因为他所负责的几项业务被公司取消了，或者是竞争对手在他所负责的销售区域增派了更多的销售人员，或者是他需要接受进一步的培训，以有效提高自己的销售能力。总之，管理人员应该深入调查产生偏差的原因，以更好地理解那些影响员工绩效的因素。有效的管理控制不但包括对绩效数据的客观分析，而且包括主观判断和员工讨论。

3. 纠正偏差

当实际绩效偏离预期标准时，管理人员还必须决定采取何种措施来予以纠正。纠正偏差的方式有两种，要么改进工作绩效，要么修订标准。

（1）改进工作绩效。如果分析结果表明，计划是可行的，标准也是切合实际的，问题就出在工作本身。管理者就应该采取纠正行动。这种纠正行动可以是组织中的任何管理行动，如管理方法的调整、组织结构的变动、附加的补救措施、人事方面的调整等。总之，分析衡量结果得出的是哪方面的问题，管理者就应该在哪方面有针对性地采取行动。

按照行动效果的不同，可以把改进工作绩效的行动分为两大类：立即纠正行动和彻底纠正行动。前者是指发现问题后马上采取行动，力求以最快的速度纠正偏差，避免造成更大损失，行动讲求结果的时效性；后者是指发现问题后，通过对问题本质的分析，挖掘问题的根源，即弄清偏差是如何产生的、为什么会产生，然后再从产生偏差的地方入手，力求永久性地消除偏差。可以说，前者重点纠正的是偏差的结果，而后者重点纠正的是偏差的原因。

在控制工作中，管理者应灵活地综合运用这两种行动方式，特别注意不应满足于"救火式"的立即纠正行动，而忽视从事物的原因出发，采取彻底纠正行动，杜绝偏差的再度发生。

在实际工作中，有些管理者热衷于"头痛医头，脚痛医脚"式的立即纠正行动方式，这种方式有时也能得到一些表面的、一时的成效。但由于忽视了分析问题的深层原因，不从根本上解决问题，最终无法避免"被煮青蛙的命运"，这是值得管理者深思的。

（2）修订标准。在某些情况下，偏差还有可能来自不切实际的标准。如果标准定得过高或过低，即使其他因素都发挥正常，也难以避免实际与标准的偏差。这种情况的发生可能是由于当初计划工作的失误，也可能是因为计划的某些重要条件发生了改变，等等。发现标准不切实际，管理者可以修订标准。但是管理者在做出修订标准的决定时一定要非常慎重，防止被用来为不佳的工作绩效作开脱。管理者应从控制的目的出发作仔细分析，确认标准的确不符合控制的要求时，才能做出修正的决定。不切实际的标准会给组织带来不利影响，过高的实现不了的标准会影响员工的士气，而过低的轻易就能实现的标准又容易导致员工的懈怠情绪。

采取管理行动是控制过程的最终实现环节，也是其他各项管理工作与控制工作的连接点，很大一部分管理工作都是控制工作的结果。

■ 本章小结

本章从管理职能的角度介绍了有关基础管理学的基础知识和基本理论，对管理中所涉及的决策、计划、组织、领导、激励、控制都进行了全面详细的介绍。

■ 关键术语

管理　　决策　　计划　　组织　　领导　　激励　　控制

■ 阅读指南与课外学习

1. 阅读指南

要了解更多的基础管理的知识，请阅读以下书籍：

（1）斯蒂芬 P 罗宾斯，玛丽·库尔特. 管理学[M]. 孙健敏，等译. 北京：中国人民大学出版社，2008.

（2）海因茨·韦立克，马春光，哈罗德·孔茨. 管理学精要：国际化视角[M]. 北京：机械工业出版社，2009.

（3）理查德 L 达夫特，多萝西·马西克. 管理学原理[M]. 高增安，马永红，等译. 北京：机械工业出版社，2005.

（4）周三多，等. 管理学：原理和方法[M]. 5 版. 上海：复旦大学出版社，2009.

2. 网上资源

建议多阅读各大网站的财经类版面，例如 http：//finance. sina. com. cn/。

■ 复习思考题

1. 用自己的语言描述一下管理的各项职能之间的关系。
2. 为什么决策的原则是满意而不是最优？
3. 针对个人实际情况，制订一项学习或者工作计划，并思考如果是不同期限的计划，在制定过程中会有哪些差异。
4. 你所熟悉的企业采取的是哪种类型的组织结构？为什么该企业采取这种组织结构类型？
5. 简述管理方格论，结合实际思考其优缺点。
6. 简述马斯洛的需要层次理论和赫茨伯格的双因素理论的基本内容，思考两种理论的异同点。
7. 简述控制的类型，思考不同控制的优劣势。

第 3 章

人力资源管理

▌学习目标

通过学习本章，使学生了解人力资源管理的基本概念，了解人力资源管理与企业竞争优势的关系，了解组织中不同部门在人力资源管理中的角色，熟悉各项人力资源管理职能的内容、过程和方法。

▌引导案例

海尔的人力资源管理

一、企业背景

海尔是至今唯一被搬上哈佛大学讲坛加以探讨的中国企业。这家 20 多年前亏损 100 多万元、濒临倒闭的集体小厂，一跃成为中国家电行业领军角色的企业，其成功与良好的用人机制密切相关。在海尔领导集体看来，企业不缺人才，人人都是人才，关键是将每一个人所具备的最优秀的品质和潜能充分发挥出来。正如总裁张瑞敏所说："你能翻多大的跟头，我就给你搭多大的舞台。"这无疑给每个员工提供了一个任其充分发展的广阔空间。

28 年前，海尔的前身——青岛电冰箱总厂还是一个濒临倒闭的小厂。为了发展，这个小厂引进了德国利勃海尔电冰箱生产线，随后，从这里又传出了震撼全国的"砸冰箱"事件，海尔人走名牌战略的道路，使企业摆脱濒临倒闭的命运而起死回生；28 年后，外国人知道在中国有家 Haier 企业，产品已出口到世界 160 多个国家和地区。在 28 年的时间里创造了从无到有、从小到大、从弱到强、从国内到海外的卓著业绩。海尔对人力资源的开发与管理是成功的。首席执行官张瑞敏认为："人才，是企业竞争的根本优势。人可以认识物，创造物，只要为他创造了条件，他就能适应变化，保持进步，成为取之不尽、用之不竭的资源。有了人才，资本才得以向企业集中，企业在竞争中才能取得优胜。"

如今在海尔，人力资源中心是一个非常重要的服务部门，它下设生产效率组、市场效率组、中心主管和培训部三个子部门。前二者通过从内部市场获得需要提高效率的订单，将订单分别传递给人力主管和人事、分配、用工、培训管理员，由他们操作完成订单，满足客户需求以获得报酬；在这个过程中，人力主管、分配管理员、用工保险管理员、人事管理员分别从中心主管和培训部获得信息、政策、平台等方面的支持，从而形成以生产效率组、市场效率组为核心，中心主管和培训部为支持的流程体系。至此，集团内部各个机构部门人力资源的规划、吸收、培训、考评、管理统一由人力资源开发中心负责。可以说，如果海尔集团是一只联合舰队，那么人力资源开发中心堪称这支舰队中一艘重要的配给舰。

二、海尔人力资源管理的重要举措

一家公司的成长和发展绝不是某一方面的成绩，而是各方面综合作用的结果，但是海尔的人力资源管理却让我们看到了它带给海尔的巨大收益。人力资源与企业发展的各个方面息息相关，让我们来分析一下海尔在人力资源管理上的几个重要举措。

（一）海尔的用人策略

海尔集团在长期的实践中形成了一套科学、合理的用人机制。海尔集团的用人机制归结为两大理论："斜坡球体人才发展论"和"赛马不相马"。

1. 斜坡球体人才发展论

海尔认为，每一个人恰似在斜坡上上行的球体，市场竞争越激烈，企业规模越大，这个斜坡的角度就越大。员工的惰性是人才发展的阻力，只有提高自己的素质，克服惰性不断向目标前进，才能发展自己，否则只能滑落和被淘汰。止住人才在斜坡上下滑的动力是人的素质。在海尔谈到素质，人们都认同这样一种理念：在一点一滴中养成，从严格的管理中逼出。为此，海尔实施了全方位的对每天、每人、每件事进行清理、控制的措施，"日事日毕，日清日高"，以求把问题控制在最小的范围，解决在最短时间内，把损失降低到最低限度。这就是海尔管理模式，即"OEC管理"。这种管理模式现在被很多企业所认同并借鉴。

2. "赛马不相马"

海尔认为，企业不缺人才，人人都是人才，关键是企业是不是将每一个人所具备的最优秀的品质和潜能充分发挥出来了。为了把每个人最为优秀的品质和潜能充分开发出来，海尔人"赛马不相马"，并且在全体员工高度认同的情况下，不断实践、提高。具体表现为：在竞争中选人才、用人才，就是要将人才推到属于他的岗位上去赛，去发挥最大的潜力，去最大限度地选出优秀人才。这是一个有利于每一个人充分发挥自己特长的机制，使每一个人都能在企业里找到适合自己价值的位置。这一机制最初体现在公司内部实行"三工转换制度"。该制度是将企业员工分为试用员工、合格员工、优秀员工，三种员工实行动态转化。通过细致科学的赛马规则，进行严格的工作绩效考核，使所有员工在动态的竞争中提升、降级、取胜、淘汰。努力者，试用员工可以转为合格员工乃至优秀员工。不努力者，就会由优秀员工转为合格员工或试用员工。更为严格的是，每次考评后都要按比例确定试用员工，如此一来，人人都有危机感。这里的"赛马"，遵循着"优胜劣汰"的铁规律。任何人，不能满足于已有的成绩，只有创业，没有守业；谁守业，不进取，谁就要被严酷的竞争所淘汰。"赛马不相马"实际上是斜坡球体人才发展理论的一种体现、保证，二者是相辅相成的。

（二）海尔的人才培训策略

海尔集团从一开始至今一直贯穿"以人为本"提高员工素质的培训思路，建立了一个能够充分激发员工活力的人才培训机制，最大限度地激发每个人的活力，充分开发利用人力资源，从而使企业保持了高速稳定发展。海尔培训工作的原则是"干什么学什么，缺什么补什么，急用先学，立竿见影"。

1. 海尔的价值观培训

"什么是对的，什么是错的，什么该干，什么不该干"，这是每个员工在工作中必须首先明确的内容，海尔在培训价值观时，除了通过海尔的新闻机构《海尔人》进行大力宣传以及通过上下灌输、上级的表率作用之外，重要的是由员工互动培训。目前海尔在员工文化培训方面进行了丰富多彩、形式多样的培训及文化氛围建设，如通过员工的"画与话"、灯谜、文艺表演、找案例等活动用员工自己的画、话、人物、案例来诠释海尔理念，从而达成理念上的共识。

2. 海尔的实战技能培训

技能培训是海尔培训工作的重点。海尔在进行技能培训时重点是通过案例、到现场进行的"即时培训"模式来进行。具体说，是抓住实际工作中随时出现的案例（最优事迹或最劣事迹），当日利用下班后的时间立即（不再是原来的停下来集中式的培训）在现场进行案例剖析，针对案例中反映出的问题或模式，来统一人员的动作、观念、技能，然后利用现场看板的形式在区域内进行培训学习。员工能从案例中学到分析问题、解决问题的思路及观念，提高员工的技能，这种培训方式已在集团内全面实施。对于管理人员则以日常工作中发生的鲜活案例进行剖析培训，且将培训的管理考核单变为培训单，利用每月 8 日的例会、每日的日清会、专业例会等各种形式进行培训。

3. 海尔的个人生涯培训

海尔集团自创业以来一直将培训工作放在首位，上至集团高层领导，下至车间一线操作工人，集团根据每个人的职业生涯设计为每个人制订了个性化的培训计划，搭建了个性化发展的空间，提供了充分的培训机会，并实行培训与上岗资格相结合。在具体实施上给员工做了三种职业生涯设计：一种是针对管理人员的，一种是针对专业人员的，一种是针对工人的。每一种都有一个升迁的方向，只要是符合升迁条件的员工即可升迁入后备人才库，参加下一轮的竞争，跟随而至的就是相应的个性化培训。例如："海豚式升迁"，是海尔培训的一大特色；"届满要轮流"，是海尔培训技能人才的一大措施。

4. 海尔的多种培训形式

海尔采取多种培训形式：岗前培训、岗位培训、个人职业生涯规划培训、转岗培训、半脱产培训、出国考察培训。海尔集团一直将培训工作放在首位，集团根据每个人的职业生涯设计为每个人制订了个性化的培训计划，搭建了个性化发展的空间，提供了充分的培训机会，并实行培训与上岗资格相结合。

（三）海尔的激励策略

海尔相信这样一条原则——市场经济中人的本质关系是利益驱动关系，信任或不信任一个干部是依据个人感情还是依据对干部工作能力的考察，直接关系到企业的成败。为此。海尔制定了"在位要受控、升迁靠竞争、届满要轮换，末位要淘汰"的用人制度，变传统的考察委任制为竞争聘任制，打破年龄、资历、身份的界线，为人才脱颖而出搭建了一个公平、公正、公开的展示舞台。海尔的人力资源管理政策是与其激励政策密切联系的。每名员工的考核考绩结果是月度工资（A 段）、福利待遇和年度（B、C 段）工资、升迁、转换、淘汰、奖惩主要的影响因素，也就是说员工的日清成绩将直接影响其月度工资、年度工资、考核业绩甚至福利待遇。在这样一种透明、公平、动态的激励制度下，难怪海尔人的潜能得到了如此充分的开发与利用。

1. 海尔的"三公"原则

"海纳百川，有容乃大"，海尔利用近代激励理论中的公平理论制定的"三公"原则可谓中国企业纳才、容才的典范。海尔用人讲赛马而不是相马，不是由领导发现人才，而是在实践中比较才能和业绩而定优劣。对人才的考核任免讲究公平、公正、公开（简称"三公"）。考绩是人力资源管理中最重要的环节，它的主要功能在于为付酬、奖惩、升迁等重大人事决策提供准确信息，而且通过考绩，对于员工发现自身优缺点并及时加以发扬和改正也有着重要的意义。海尔的考绩实行的是全方位考评制度。通过上级、下级的"市场链"及本人、同事、领导的客观评价，力求使考绩完全符合"三公"原则。

2．即时激励，激发活力

从创业初期以来，海尔对中层以上管理干部实行红、黄牌制度，每个月都评出最好的挂红牌（表扬），最差的挂黄牌（批评），并同年终分配挂钩。在班组，每天都评选出最好和最差的员工。集团设立"合理化建议奖"，并用员工名字命名小技改、小革新项目。对重大技术发明创造，为其申报专利并授予专业技术拔尖人才称号。对特殊贡献者，给予重奖。新的考评机制，激发了全体海尔员工挑战自我、争当第一的斗志，全集团形成了争先恐后、你追我赶的氛围。

3．做人就是做 SBU

对企业核心竞争力的说法很多，海尔的核心竞争力就是要获取用户满意度的最大化。这来自高素质的员工，或者说企业要获取用户满意度最大化，首先要获取员工满意度最大化。而要获取员工满意度最大化很重要的一条路径是让员工增值。让员工增值的根本途径是让每个员工进行自主经营，海尔把这个叫作"人人成为 SBU"。SBU 是英文"策略事业单位"的缩写，海尔是让每个员工都成为经营的主体。这种策略实际上也是一种对员工激励的策略，员工要成为SBU，也就实现了用自己的经营成果来体现自我创造的价值。

资料来源：http://www.doc88.com/p-114612763548.html.

在组织中最重要的资源是人力资源，包括组织的所有成员，从高层管理者到刚进入企业的员工。人力资源管理是管理者为了吸引和留住员工，确保他们取得高水平绩效，为实现组织目标做出贡献所从事的一切活动。本章主要介绍人力资源管理的各项职能的主要内容、过程和方法，并且针对非人力资源管理部门的经理在人力资源管理中的各项角色给予介绍。

3.1　人力资源管理概述

3.1.1　人力资源管理的概念

人力资源管理是指运用现代化的科学方法，对与一定物力相结合的人力进行合理的组织、培训和调配，使人力、物力经常保持最佳比例，同时对人的思想、心理和行为进行恰当的引导、控制和协调，充分发挥人的主观能动性，使人尽其才、事得其人、人事相宜，以实现组织的目标。

人力资源管理活动可以按照人力资源进入组织的过程划分为三个阶段：挑选前、选拔和挑选后。挑选前阶段涉及规划实践。组织必须决定，在即将来临的阶段中将存在何种工作空缺，并且决定，从事这些工作必须要有什么资格。这里包括工作分析和人力资源规划。在选拔阶段，组织挑选合适的员工。挑选实践包括招聘求职者、评估其资格以及最终挑选出那些被认为最合格的人。在挑选后的阶段，组织为有效地管理那些已经进入组织的人员而开发人力资源管理的实践。这些实践旨在通过为公司的雇员们提供从事其工作所必需的知识和技能以及创造那些将激励、指引和促进雇员的努力去达到组织目标的条件，从而使他们的绩效和满意度达到最高水平。这里包括培训、薪酬管理和绩效考核。在本章的其余部分中，我们将介绍这些人力资源管理的实践。

3.1.2　人力资源管理实践与企业竞争优势

组织的人力资源管理实践是获取竞争优势的一个重要源泉。海底捞这家餐饮企业就是通过其人力资源管理获得了一支高绩效的员工队伍，从而获得了企业的服务差异化的竞争优势。这里介绍一个通过人力资源管理获得竞争优势的模型，如图 3-1 所示。由图 3-1 可见，组织可以通过两条路径获取成本或者差异化的竞争优势。

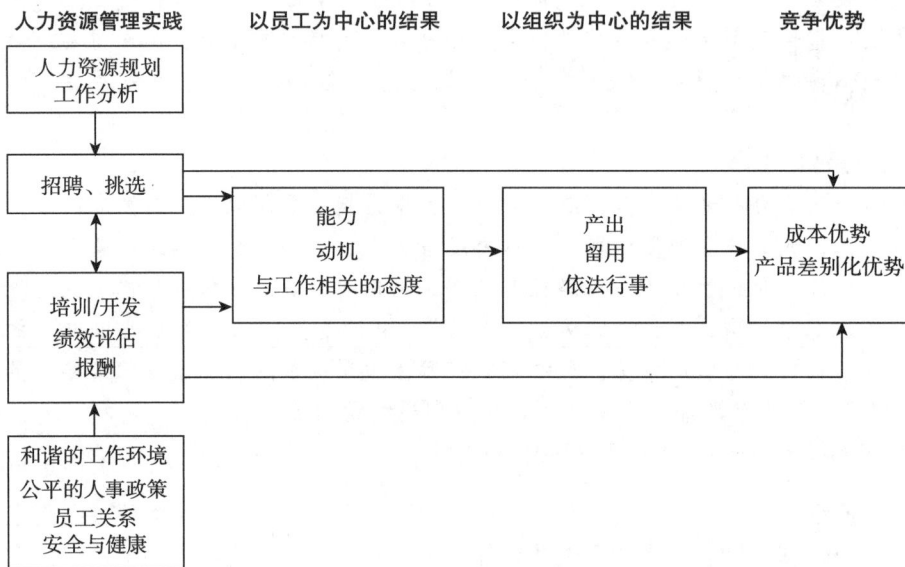

图 3-1　人力资源管理实践与企业竞争优势

一条路径是直接路径，即有效的人力资源管理实践达到成本领先。与人力资源管理有关的成本涉及招聘、挑选、培训、报酬等，构成了一家公司的花费的重要部分。这些成本在那些与服务有关的行业中特别高，在这些行业中，公司把它们大约 70% 的预算花在工资发放这一项成本上。在竞争者与竞争者之间，这些与人力资源管理有关的成本有巨大差别。那些在控制这些成本方面表现最佳的公司一定能获得相对其竞争者的某种财务优势。

另一条路径是间接路径，即人力资源管理的实践影响以雇员为中心的结果（如影响员工的工作态度和行为），从而影响以组织为中心的结果（如产品），当以组织为中心的结果有利时，竞争优势往往都能达到，组织获得成本优势，如以更低的成本提供同样的产品或服务，或者获得差异化的优势，提供与别的组织不同的产品或服务。

|经|典|案|例|　　　　　"海底捞"的员工激励

海底捞餐饮股份有限公司成立于 1994 年，是一家经营火锅的大型跨省直营餐饮民营企业。它秉承"服务至上、顾客至上"的理念，以创新为核心，改变传统的标准化、单一化的服务，提倡个性化的特色服务，成功实施了服务差异化战略。海底捞的服务在

网上甚至被称为"变态服务",顾客会乐此不疲地将在海底捞的就餐经历和心情发布在网上,越来越多的人被吸引到海底捞,在海底捞,顾客能真正找到"上帝的感觉"。等位本来是一个痛苦的过程,但海底捞却把它变成一种愉悦:手持号码等待就餐的顾客一边观望屏幕上打出的座位信息,一边接过免费的水果、饮料、零食;如果是一大帮朋友在等待,服务员还会主动送上扑克牌、跳棋之类的桌面游戏供大家打发时间;或者趁等位的时间到餐厅上网区浏览网页;还可以来个免费的美甲、擦皮鞋。待客人坐定点餐的时候,围裙、热毛巾已经一一奉送到眼前了。服务员还会细心地为长发的女士递上皮筋和发夹,以免头发垂落到食物里;戴眼镜的客人则会得到擦镜布,以免热气模糊镜片;服务员看到你把手机放在台面上,会不声不响地拿来小塑料袋装好,以防油腻……为了消除口味,海底捞在卫生间中准备了牙膏、牙刷,甚至护肤品;过生日的客人,还会意外得到一些小礼物……如果你点的菜太多,服务员会善意地提醒你已经够吃;随行的人数较少,他们还会建议你点半份。为顾客提供"贴心、温心、舒心"的服务的海底捞赢得了顾客,获取了竞争优势。

之所以有这样的服务,是由于海底捞有一群快乐的员工,正是海底捞的人力资源管理实践帮助其获得服务的差异化。在管理上,海底捞倡导双手改变命运的价值观,为员工创建公平公正的工作环境,实施人性化和亲情化的管理模式,提升员工价值。

为了激励员工的工作积极性,公司每个月会给大堂经理和店长以上干部、优秀员工的父母寄几百元钱,这些农村的老人大多没有养老保险,这笔钱就相当于给他们发保险了,他们因此也会一再叮嘱自己的孩子在海底捞好好干。此外,出资千万在四川简阳建了一所寄宿学校,让员工的孩子免费上学。还设立了专项基金,每年会拨 100 万元用于治疗员工和直系亲属的重大疾病。海底捞的员工住的都是正规住宅,有空调和暖气,电视电话一应俱全,还可以免费上网。公司还雇人给宿舍打扫卫生,换洗被单。公司给员工租房的标准是步行 20 分钟到工作地点,因为北京交通太复杂,服务员工作时间太长,公司鼓励夫妻同时在海底捞工作,而且提供有公司补贴的夫妻房,提供统一的培训和一对一的言传身教。职业发展道路有三条线:管理线、技术线和后勤线,每个人公平竞争。

资料来源:http://baike.baidu.com/view/237739.htm。

3.1.3 人力资源部门在组织中的角色

在全球经济一体化和知识经济的背景下,人力资源部门的角色及职能定位为:

(1) 人力资源部门应成为企业的战略伙伴、企业战略决策的参与者,协助公司实现制定的战略目标,提供基于战略的人力资源规划及系统解决方案,使人力资源部门战略与公司的战略目标保持一致,通过组织人员配备和组织开发,帮助公司实现公司的经营目标,发挥实施战略管理职能。

(2) 企业变革的推动者与创新者。根据组织内外的情况变化不断更新组织架构,主动参与企业变革与创新,引入新的组织管理办法及变革管理方法,处理组织管理变革过程中的各种人力资源问题,推动组织变革进程,帮助企业减少变革对企业的伤害。

(3) 人力资源专家。运用技术性人力资源能力开发人力资源产品与服务,设计有效的人力资源工作流程并经常注意改进,解决企业人力资源问题,提供客户服务至上的员工服务,实施人力资源流程服务管理。

（4）员工代表及员工关系管理。人力资源管理人员应了解员工需求，为员工及时提供支持，对员工的状况保持高度的敏感和积极的回应，处理员工利益与商业利益的平衡，建立无障碍沟通，提供资源和系统帮助，实施员工关系管理。

3.1.4　谁来为人力资源管理负责

大多数组织有人力资源管理部门，人力资源管理当然应该由人力资源部门负责。其实不然，并非只有这个部门承担组织人力资源管理实践的责任，要做好人力资源管理工作需要公司上下共同努力，认为只有人力资源专业人员承担这个领域里的唯一责任的错误概念可能会导致严重问题。表3-1列出了不同层次的人在组织人力资源管理中的不同角色。高层领导负责人力资源管理的战略和主导方向的把控；人力资源部门负责具体人力资源管理工作的设计与执行；直线经理负责人力资源政策的执行；员工的自我管理。其中，相对更重要的是人力资源管理的专业人员和直线经理。

表3-1　人力资源管理中不同层次的角色

管理层次	在人力资源管理中的角色
高层领导	人力资源战略的倡导者、人力资源政策的制定者、HR政策导向的把握者
人力资源部门	人力资源开发与管理方案的制订者、人力资源政策制度执行的监督者
直线经理	人力资源政策制度执行者、HR具体措施的制定者、人力资源管理氛围的营造者
员工	他律到自律，自我开发与管理

|经|典|案|例|　　　　罗伊·罗杰餐馆连锁店的员工管理

在罗伊·罗杰餐馆连锁店，每年全公司的人员流动率差不多在80%~90%之间，每年使组织付出的成本超过300万美元。人力资源管理部在直线经理中间做了一项调查，以收集他们对该问题的看法。经理们把高流动率归因于好几个与人员有关的问题，如不良的招聘、薪金、培训、绩效反馈以及晋升机会。有意思的是，一方面，那些在其单位里经历了较高流动率的餐馆经理们可能更多地要求人力资源管理部负责解决这些问题，他们看不到这些问题如何与他们自己的行为有关。另一方面，那些经历较低流动率的经理们则坚持依靠他们自己去解决这些问题。

适应现实的经理们试图使用下述方法解决这些问题：

- 首先对挑选决策提供投入。
- 试图以某种能创造一种团队情感的方式去实施监督。
- 提供培训和教练。
- 为其雇员们的职业发展创造机会。
- 为大学生及其他非全时性工作者提供弹性的时间安排。

资料来源：劳伦斯S克雷曼.人力资源管理：获取竞争优势的工具[M].吴培冠，译.北京：机械工业出版社，2009.

1. 人力资源专业人员的责任

人力资源专业人员一般承担以下四个领域的责任：

（1）建立人力资源管理的程序。人力资源专业人员一般（按照较高管理部门的认可）决定：在贯彻某项人力资源管理实践时要遵循什么程序。例如，人力资源专业人员可能会决定挑选过程应当包括：让所有候选人填一份申请表格，参加一项雇用测验，然后接受一位人力资源专业人员和直线经理的面谈。

（2）开发/选择人力资源管理的方法。为贯彻一家公司的人力资源管理实践，人力资源专业人员通常要开发或选择专门的方法。例如，人力资源专业人员可能会设计申请表格、形成一份结构化的面谈指南，或选择一项雇用测试。

（3）监督/评价人力资源实践。人力资源专业人员必须保证，公司的人力资源管理实践被恰当地贯彻。这项责任包含评价和监控。例如，人力资源专业人员可能要评价雇用测验的用途、培训方案的成功与否以及人力资源管理结果如挑选、流动、招聘等的成本有效性。他们也可能会监控记录，以保证绩效评估的完成。

（4）建议/帮助直线经理的有关人力资源管理的活动。这也许是大多数组织中人力资源专业人员的主要责任领域。人力资源专业人员在一系列涉及人力资源管理的问题上提供咨询服务。他们可以通过提供正式培训计划的方式帮助直线经理了解如何挑选员工、怎样做一次雇用面谈、怎样评估员工的工作绩效等人力资源相关问题。

2. 直线经理的作用

直线经理指导雇员们的日常工作。从人力资源管理的角度看，直线经理是负责贯彻人力资源管理实践以及为人力资源专业人员开发有效实践而提供必要投入的主要人员。

（1）贯彻人力资源管理的实践。直线经理执行许多由人力资源专业人员设计的程序和方法。例如，直线经理们可能会完成以下这些任务：

- 面试求职者。
- 提供取向、教练和在职培训。
- 提供和传达工作绩效评定。
- 建议提薪。
- 执行惩戒程序。
- 调查事故。
- 解决投诉问题。

（2）为人力资源专业人员提供必要的投入。人力资源管理程序和方法的开发经常要求来自一线经理们的投入。例如，在做某项工作分析时，人力资源专业人员需要从直线经理那里取得有关工作的信息，并且需要经理们评阅最后的书面结果。在确定组织的培训需求时，人力资源专业人员需要经理们建议培训内容、培训方式以及特别是谁需要培训。

3.2 人力资源获取前的准备

3.2.1 工作分析

1. 工作分析的含义

工作分析是人力资源管理工作的基础工作，是用科学的方法确定工作的主要内容和职责，以及完成任务所需的技能和知识等。可以说工作分析就是要明确组织对工作的要求和工作对承担者的要求。通过工作分析，我们可以确定某一工作的任务和性质是什么，哪些类型的人适合从事这项工作。所有的这些信息，都可以通过工作分析结果——职位说明书来进行描述。职位说明书一般包括两方面的内容：工作说明和工作规范。

2. 工作分析的意义

工作分析是人力资源管理工作的基础工作。全面和深入地进行工作分析，可以使组织充分了解工作的具体特点和对工作人员的行为要求，为做出人事决策奠定坚实的基础。在人力资源管理中，几乎每一个方面都涉及工作分析的结果。图 3-2 列出了工作分析的结果在各方面的应用。

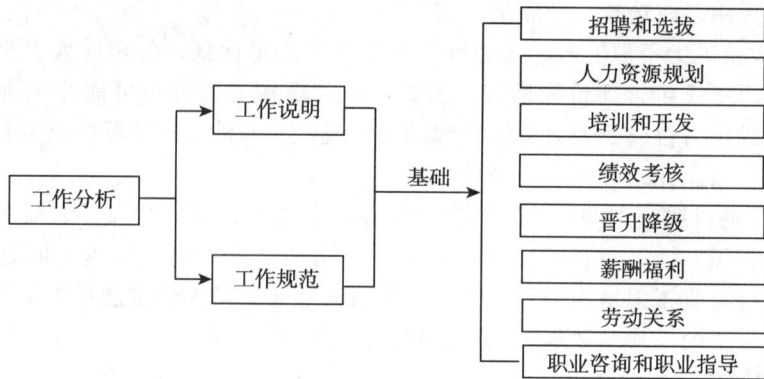

图 3-2　工作分析的作用

具体地说，工作分析有以下七个方面的作用：

（1）招聘和选拔的基础。通过工作分析，能够明确地规定工作职务的近期和长期目标；掌握工作任务的静态和动态特点；提出有关人员的心理、生理、技能、文化和思想等方面的要求，选择工作的具体程序和方法。在此基础上，确定选人用人的标准。有了明确而有效的标准，就可以通过心理测评和工作考核，选拔和任用符合工作需要和职务要求的合格人员。

（2）制订有效的人力资源规划的基础。工作分析使我们知道工作都需要哪些知识、能力或经验等，一个好的人力资源计划必须非常清晰地考虑这些工作要求。一个单位有多少种工作岗位，这些岗位目前的人员配备能否达到工作和职务的要求，今后几年内职务和工作将发生哪些变化，单位的人员结构应做什么相应的调整，几年甚至几十年内，人员增减的趋势如何，后备人员的素质应达到什么水平等问题，都可以依据工作分析的结果做出适当的处理和安排。

（3）人员培训和开发的基础。通过工作分析，可以明确从事的工作所应具备的技能、知识和各种心理条件。可以按照工作分析的结果，设计和制订培训方案，根据实际工作要求和聘用人员的不同情况，有区别、有针对性地安排培训内容和方案，以培训促进工作技能的发展，提高工作效率。

（4）提供考核、升职和作业的标准。工作分析可以为工作考核和升职提供标准和依据。工作的考核、评定和职务的提升如果缺乏科学依据，将影响员工的积极性。根据工作分析的结果，可以制定各项工作的客观标准和考核依据，也可以作为职务提升和工作调配的条件和要求。同时，还可以确定合理的作业标准，提高生产的计划性和管理水平。

（5）建立合理薪酬福利制度的基础。工作分析提供的信息：工作的职责、所要求的技能、教育水平、工作环境等可以帮助组织比较各项工作的相对重要性，这是进行岗位评价的基础，而岗位评价是组织制定薪酬的基础。

（6）处理劳动关系的依据。工作分析的信息在劳动关系方面也起到了重要的作用。当考虑对员工进行晋升、调动或者降级时，工作说明书能够提供一个考核个人才干的标准，从而有助于组织进行客观的人事决策，同时也是法律依据。

（7）加强职业咨询和职业指导。工作分析可以为职业咨询和职业指导提供可靠和有效的信息。职业咨询和指导是人力资源管理的一项重要内容。

| 经 | 典 | 案 | 例 | 工作说明的重要性 |

"王强，我一直想象不出你究竟需要什么样的操作工人，"江山机械公司人力资源部负责人李进说，"我已经给你提供了4位面试人选，他们好像都还满足工作说明中规定的要求，但你一个也没有录用。"

"什么工作说明？"王强答道，"我所关心的是找到一个能胜任那项工作的人。但你给我提供的人都无法胜任，而且，我从来就没有见过什么工作说明。"李进递给王强一份工作说明，并逐条解释给他听，他们发现，要么是工作说明与实际工作不相符，要

么是规定以后，实际工作又有了很大变化，例如，工作说明中说明了有关老式钻床的使用经验，但实际中所使用的是一种新型数字式机床。为了有效使用这种新机器，工人们必须掌握更多的数学知识。听了王强的工作描述后，李进说："我想我们现在可以写一份准确的工作说明，以其为指导，我们就能找到适合这项工作的人。只要我们今后加强工作联系，这种状况就再也不会发生了。"

资料来源：http://wenku.baidu.com/view/1c813ec38bd63186bcebbc4f.html.

3. 工作分析的过程

工作分析是一项技术性很强的工作，需要做周密的准备。同时还需具有与组织人事管理活动相匹配的科学的、合理的操作程序。图3-3是工作分析的程序模型，工作分析通常依照该程序进行。

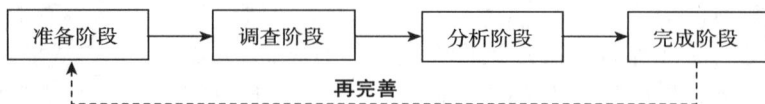

准备阶段 → 调查阶段 → 分析阶段 → 完成阶段
再完善

图 3-3　工作分析的程序

（1）准备阶段。在这一阶段，主要解决以下几个问题。①明确工作分析的意义、目的、方法和步骤。②向有关人员宣传、解释，组成工作小组，小组成员通常由分析专家构成。所谓分析专家，是指具有分析专长，并对组织内各项工作有明确概念的人员。一旦小组成员确定之后，赋予他们进行分析活动的权限，以保证分析工作的协调和顺利进行。③取得广泛的支持和配合，与合作对象建立良好的人际关系。④利用现有文件与资料，对工作的主要任务、主要责任、工作流程进行分析总结。⑤确定调查和分析对象的样本，同时考虑样本的代表性。⑥制订工作计划，确定工作的基本难度。

（2）调查阶段。调查阶段也叫作收集信息阶段，即对整个工作过程、环境、内容和人员全面调查，收集工作分析相关信息的阶段。①编制调查提纲，确定调查内容和调查方法；②依据不同的调查方法广泛收集有关资料和数据；③对重点内容做重点细致调查。

（3）分析阶段。这一阶段对工作特征、工作人员特征全面深入总结分析。①仔细审核、整理获得的各种信息；②创造性的分析，发现有关工作和工作人员的关键因素；③归纳、总结出工作分析的必需材料和要素。

（4）完成阶段。完成阶段是工作分析的最后一个阶段，要根据规范和收集到的信息编制职务说明书。编制的职务说明书应用到实际之中，也要根据实际情况不断完善，不是一劳永逸的工作。

4. 工作分析的方法

（1）工作实践法。工作实践法指工作分析人员从事所研究的工作，由此掌握工作要求的第一手资料。其优点是用这种方法可以了解工作的实际任务以及在体力、环境、社会等方面的要求，适用于短期内可以掌握的工作。但对需要大量训练和危险的工作，这种方法不适用。

（2）观察法。观察法是指工作分析人员到现场实地去查看员工的实际操作情况，予以记

录、分析、归纳，并整理为适用的文字资料的方法。其优点是能使分析人员更多、更深刻地了解工作要求，从而使所获得的信息比较客观和准确。但是也要求观察者要有一定的实际操作经验。缺点是不适用于工作周期长和主要是脑力劳动的工作；不易观察紧急而又偶然的工作。

（3）面谈法。面谈法是由分析人员分别访问工作人员本人或其主管人员，以了解工作说明中原来填写的各项目的正确性，或对原填写事项有所疑问，以面谈方式加以澄清的方法。这种方法的优点是能了解员工的各种需求以及满意度；可以发现管理中存在的隐性问题；使员工感到受重视，是一种较好的沟通方式。缺点是比较费时；员工在面谈中有故意夸大其工作重要性的可能；对面谈人员控制谈话局面的要求比较高。

（4）问卷法。问卷法是一种应用非常普遍的工作分析方法。其基本过程是首先设计并分发问卷给选定的员工，要求他们在一定的期间内填写，以获取有关的信息。其优点是能在较短时间获得大量相关信息，便于所收集信息的统计分析。缺点是由于缺乏及时沟通，答卷人可能对问题有不同的理解从而导致调查结果的偏差；答案的准确性取决于答卷人的耐心程度、文化水平、表达能力及所掌握的资料等因素的影响。

（5）关键事件法。关键事件法由 J. C. 弗拉纳根（J. C. Flannagan）在 1954 年发展起来，其主要原则是认定员工与职务有关的行为，并选择其中最重要、最关键的部分来评定其结果。它首先从领导、员工或其他熟悉职务的人那里收集一系列职务行为的事件，然后，描述"特别好"或"特别坏"的职务绩效。这种方法考虑了职务的动态特点和静态特点。但是，收集归纳事例要耗费大量时间。

（6）工作日志法。工作日志法是让员工以工作日记的形式将工作中从事的每一项活动按照时间顺序记录下来，以此收集所需的信息。其优点是信息可靠性高，所需费用少。缺点是使用范围较小，不适用于工作循环周期较长、工作状态不稳定的职位，且信息整理量大，归纳工作烦琐。由于工作执行者填写时的疏忽，在一定程度上影响工作的正常进行。

5. 非人力资源经理在工作分析中的角色

非人力资源经理在工作分析中主要需要帮助人力资源管理专业人员推荐合适的调查样本、配合人力资源管理专业人员进行信息的收集与核对。经理们不仅要提供自己职位的相关信息，也需要提供下属的职位信息。

在某些组织中，某些时候，经理甚至要亲自分析某项工作，而不是仅仅辅助人力资源管理专业人员们做工作分析。

非人力资源经理可以按照以下方法，对自己所管理的职位进行分析。

（1）收集工作信息。一般使用访谈方法去收集资料，需要注意的是：

1）说明访谈的目的，让下属充分地理解访谈的目的，防止员工把访谈理解为绩效评估或者薪酬审计。

2）为访谈设定结构，一次访谈可以用多种方法设定结构，但所有这些方法都首先聚焦于工作内容，然后聚焦于工作背景，最后聚焦于工人的必要条件。有关工人的必要条件的信息要在最后收集，因为它是从工作内容和工作背景的信息中被推断出来的。访谈结构可以包括以下方面：

- 要求该雇员描述该工作的主要职能。在将该工作分割成多个职能之后，要求该工人说明与每项职能相联系的任务和子任务。
- 如果该工作是在不同的职责地点上被完成的，可以根据工作地点为访谈设定结构。例如，你可以要求该工人描述他在 1 号机器上的任务、在 2 号机器上的任务，如此等等。
- 如果职能随季节的变化而变化，那么就按照季节为该访谈设定结构。例如，你可以问："在那个季节你的任务是什么？夏季呢？"

- 如果该工作是方案取向性的工作，那么你可以通过开发一个方案的清单并且讨论包含在每项方案中的任务为该访谈设定结构。

3）掌握访谈。要求该工人用他自己的话描述该工作，针对不理解的术语提问题。访谈过程中应该注意以下几点：在时间和主题方面控制住访谈。如果工人们偏离了该题目，需要把他们重新带回正确的话题上，显示你对目前正在谈的事情真诚、感兴趣，做目光接触；经常重述和总结你认为工人们已经说过的主要观点；不要对工人所做的陈述提异议；不要苛求或试图提议在工作方法上做任何改变或改进。

4）记录访谈。在获得信息时，要做记录，也可以使用录音设备帮忙记录。

5）结束访谈。以一种友好的口气结束面谈，并请被访者确认访谈记录。

（2）把工作分析信息编成文件。

1）识别职责。第一步是识别工作的职责或职能。大多数的工作具有 3～7 个职责。例如，一家百货公司的收银领班可能有以下 5 个职责：培训收银员、帮助遇到问题的顾客、参加销售交易、安排和监督收银员的工作以及维护工作区域。

2）识别任务。首先识别职责，然后是识别与每项职责相联系的任务。一项任务被定义为"一个工人为创造一件产品而完成的活动或他们将使用于完成另一项任务的服务"。任务陈述应当描述：

- 活动。
- 该活动的目标。
- 该活动的目的或所期望的产出。
- 用以完成该活动的机器、工具设备、手册、法律、规定和其他工作辅助物。

3）评价工作背景。分析该项工作的背景。

4）评价工作所需的能力。这一步是记录所需要的工人能力。有两种类型的能力存在：基本的和专门的。基本能力是一个工人为了以某种能被接受的最低水平完成该项工作所需要的能力。例如，"一分钟至少打 40 个词的能力"对于秘书的工作来说可能是一项基本的能力。专门能力是高级工作绩效所需要的那些能力，这些是只有最佳工人才拥有的能力。

3.2.2　人力资源规划

| 经 | 典 | 案 | 例 |　　　　　　**辛苦的人事部员工**

某建筑公司是广东省一家中型国有建筑企业。公司管理层基本上都是本地人，文化层次相对较高。作为一线的建筑工人，大部分来自原广州郊区城乡结合部的农民。近年来，建筑业发展迅猛，该公司抓住机会，承担了许多大型工程的建设项目。但是，随着企业的不断发展，公司的领导层发现，工地一线工人开始吃紧，有时采取加班加点的超负荷工作也远远满足不了发展的需求。为满足对人员配备的要求，公司人事部从广东其他地区，乃至全国，匆忙招聘了大量的新雇员。为应付紧张的用工需求，人事部不得不降低录用标准，使得人员配备的质量大幅度下降。另外，招聘人员的结构也不尽合理，如单身或易迁徙的员工过多、年龄偏大等。经常出现很多员工只工作了一两个月就充当工长的现象，人事部刚招聘来的一名雇员顶替前一名员工的工作才几个月，就不得不再去招聘新的顶替者。人事部员工常常是疲于奔命。

资料来源：http://www.doc88.com/p-101814319510.html.

1. 人力资源规划及其内容

人力资源规划是管理者为预测现在的和未来的人力资源需求所从事的一切活动。现在的人力资源，是指组织现在需要的员工，他们为顾客提供高质量的产品和服务。未来的人力资源，是指组织在未来需要的员工，以实现组织的长期目标。简单地说，人力资源规划就是在合适的时候提供最合适数量的最适合的人。不过，做到这一点不容易。下面我们看如何进行人力资源规划。

2. 人力资源规划的程序

一家企业必须根据企业的整体发展战略目标和任务来制订其本身的人力资源计划。一般来说，一家企业组织的人力资源规划的编制要经过 7 个步骤，如图 3-4 所示。

（1）准备有关信息资料。信息资料是制定人力资源规划的依据，信息资料的质量如何对人力资源计划工作的影响很大。与人力资源规划有关的信息资料包括：企业的经营战略和目标；职务说明书；企业现有人员情况；员工的培训情况等。

（2）人力资源需求预测。包括对人力需求的结构和数量进行预测。后面将详细介绍需求预测方法。

（3）人力资源供给预测。供给预测包括两个方面：一是内部人员拥有量预测，即根据现有人力资源及其未来变动情况，预测出计划期内各时间点上的人员拥有量；二是外部供给量预测，即确定在计划期内各时间点上可以从企业外部获得的各类人员的数量。一般来说，内部人员拥有量的预测准确度较高，而外部人员供给的预测则有较高的不确定性。

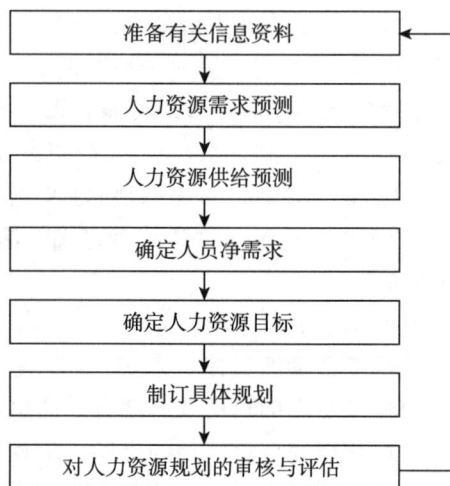

图 3-4　人力资源规划编制步骤示意图

（4）确定人员净需求。人员需求和供给预测完成后，就可以将组织中人力资源需求的预测数与在同期内组织本身可供给的人员数进行对比分析，从而得到各类人员的净需求数。需要指出的是，这里的"净需求"既包括人员数量，也包括人员质量、结构，即既要确定"需要多少人"，又要确定"需要什么人"。

（5）确定人力资源目标。人力资源规划的目标是随组织所处的环境、企业战略与战术计划、组织目前工作结构与员工工作行为的变化而不断改变的。当组织的战略规划已确定，人力资源的需求与供给情况已摸清，就可以制定组织的人力资源目标了。

（6）制订具体规划。这里规划包括人力资源管理的总体规划和配备计划、退休解聘计划、补充计划、使用计划、培训开发计划、职业计划、绩效与薪酬福利计划、劳动关系计划、人力资源预算等。根据供求预测的不同结果，编制既有指导性又有可操作性的各项具体措施。

（7）对人力资源规划的审核与评估。通过人力资源规划的审核与评估，能清楚其所带来的效益或者不足，从而提醒组织有关的政策和措施即时改进并落实，有利于调动员工的积极性，提高人力资源管理工作的效益。

3. 需求预测

（1）影响人力资源需求预测的因素。影响组织人力资源需求的因素主要来自组织内部，但外部因素对组织的人力资源需求也会产生影响。归纳起来，影响人力资源需求的因素主要有：

1）技术、设备条件的变化。企业生产技术水平的提高、设备的更新，一方面会使企业所需要的人员数量减少；另一方面对人员的知识、技术与技能的要求则随之提高。

2）企业规模的变化。企业规模的变化主要来自两个方面，一是在原有的业务范围内扩大或压缩规模，二是增加新的业务或放弃旧的业务。这两个方面的变化都会对人力资源需求的数量和结构产生影响。企业规模扩大，则需要的人力就会增加，新的业务更需要掌握新技能的人员；企业规模缩小，则需要的人力也将减少，于是就会发生裁员、失业。

3）企业经营方向的变化。企业经营方向的调整，有时并不一定导致企业规模的变化，但对人力资源的需求却会发生改变，尤其是人员结构可能会有较大变化。

4）外部因素。影响人力资源需求的外部因素主要包括经济环境、技术环境、竞争对手等。如技术环境的变化会影响企业的技术和设备，这就间接地影响了企业的人力资源需求。

（2）需求预测的方法。在预测人员需求的时候，常用的方法有统计法和判断法。

1）统计法。统计法是通过对过去某一期间有关数据资料的统计分析，找出某些商业因素与人员需求的相关关系，并建立数学公式或模型，据此对未来的人力资源需求进行预测。统计法最常用的是趋势分析、比率分析、回归分析。

2）判断法。判断法是依靠相关专家和管理人员运用其知识、经验甚至直觉对未来人力资源需求做出推测、判断的方法，常用的方法有自上而下法、自下而上法、德尔菲法。

4．供给预测

供给预测就是为满足组织对员工的需求，而对将来某个时期内，组织从其内部和外部所能得到的员工的数量和质量进行预测。

（1）内部供给预测。内部供给预测一般包括以下几方面的内容：

1）分析组织目前的员工状况，如组织内员工的部门分布、技术知识水平、工种、年龄构成等，了解组织员工的现状。

2）分析目前组织员工流动的情况及其原因，预测将来员工流动的态势，以便采取相应的措施避免不必要的流动，或及时给予替补。

3）掌握组织员工提拔和内部调动的情况，保证工作和职务的连续性。

4）分析工作条件（如作息制度、轮班制度等）的改变和出勤率的变动对员工供给的影响。

5）掌握组织员工的供给来源和渠道。员工可以来源于组织内部（如富余员工的安排，员工潜力的发挥等），也可来自于组织外部。

对组织员工供给进行预测，必须把握影响员工供给的主要因素，从而了解组织员工供给的基本状况。

（2）外部供给预测。外部供给预测中影响员工供给的因素可以分为两大类。

1）地区性因素。其中具体包括：组织所在地和附近地区的人口密度；其他组织对劳动力的需求状况；组织当地的就业水平、就业观念；组织当地的科技、文化、教育水平；组织所在地对人们的吸引力；组织本身对人们的吸引力；组织当地临时工人的供给状况；组织当地的住房、交通、生活条件。

2）全国性因素。其中具体包括：全国劳动人口的增长趋势；全国对各类人员的需求程度；各类学校的毕业生规模与结构；教育制度变革而产生的影响，如延长学制、改革教学内容等对员工供给的影响；国家就业法规、政策的影响。

5. 非人力资源经理在人力资源规划中的角色

人力资源规划要求所有的职能领域经理做持续投入。人力资源管理部门需要根据组织的未来需要和工作场所需求的信息去识别、挑选和培训目前和未来的员工。而最了解一线情况的是各部门的一线经理，而且每个部门对人力资源具有不同的需要。

获得人力资源需求信息的最直接方法是由人力资源专业人员、高层经理们以及其他一线经理们有规律的、至少半年一次的会谈。会谈的形式可以如下：

（1）要求高层管理机构澄清组织的战略规划和解释人们期待这个规划怎样去影响每个部门。

（2）具体说明你将需要填补未来岗位的人员。讨论一下目前的人员是否能够加以培训或承担新的工作责任。

（3）考察外部的行业趋势，以确定这些变化将怎样影响雇员的需求。

（4）用头脑风暴法讨论公司的未来岗位（长期的和短期的）的需求，报告任何影响自己部门的重要变化。

（5）列出员工需要的培训清单，详细描述他们需要多少培训和什么类型的培训。

（6）作为一个团队，准备这个规划并分发给高层管理机构及人力资源管理部。试着为各种需要分配一个准确的时间框架，并且把这些需要分成立即的、短期的和长期的范畴。信息越准确，人力资源管理部门就能越好地支持这些商业计划。

（7）讨论职能部门应该怎样与人力资源管理部一道工作。人力资源管理部能以何种方式有益于其他职能领域？职能部门必须向人力资源管理部提供哪些信息？怎样才能促进职能机构与人力资源管理部之间的沟通？

3.3　人力资源招聘和甄选

招聘是管理者为吸引一定数量的满足空缺职位要求的合格申请人所从事的一切活动。甄选是管理者用来判断申请人的相对资格，以及他们在特定工作岗位取得良好业绩潜力的过程。

3.3.1　人员招聘的程序

员工招聘工作的基本程序如图 3-5 所示。

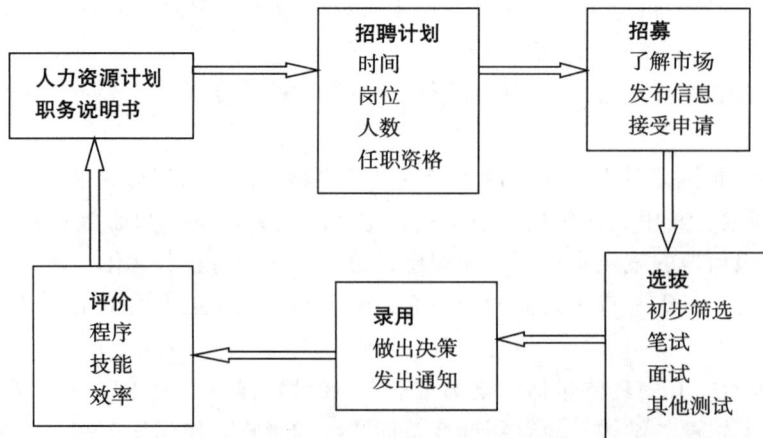

图 3-5　招聘程序

3.3.2　人员招聘的来源

1. 内部招聘

组织的岗位空缺由组织内部人员通过平级调动或晋升来补充被称作内部招聘，已被越来越多的组织重视。

（1）内部招聘的优缺点。内部招聘的优点是对候选人了解全面，准确性高；对员工是一种有效的激励，可以鼓舞士气；应聘者可以更快适应工作；节约大量广告和筛选录用费用，以及有关培训费用。但是内部招聘也有不足：来源局限于组织内部，水平有限；容易造成"近亲繁殖"；容易使申请了但没有得到该职位的员工失望，引起员工中嫉妒、不公等心理，造成内部矛盾。

（2）内部招聘的方法。内部招聘的方法有以下几种：

1）查阅档案资料。通过查询企业人力资源信息系统来搜寻合适的人选的办法。这种方法能很快找到候选人，但是因为计算机数据库中存储的大多是客观信息（如教育程度），而缺乏人际能力、判断力等主观信息。

2）主管推荐。即由主管推荐候选人，因为主管一般便于了解潜在候选人的能力，特别是那些已为他们工作并正在寻求晋升的人。这种方法很受主管们的欢迎，一般应用于管理层人员的招聘。但是主管的推荐通常很主观，因此易受偏见的影响。

3）工作张榜。工作张榜是内部招聘最常用的方法，至少对非管理层是这样。典型的工作张榜系统是将工作空缺通知贴出以使所有雇员都能看到。通知描述工作、薪水、工作日程和必要的工作资格，所有拥有这些资格的雇员都可以申请或"投标"该职务。工作张榜，有利于发挥组织中现有人员的工作积极性，激励士气，鼓励员工在机构中建功立业。因此，它是刺激员工职业发展的一种好方法。它的另外一个优点就是比较省时和经济。

2. 外部招聘

所谓外部招聘，是指在企业外部吸收申请人，可以采用多种形式。现介绍其优缺点和几种较为普遍采用的方法。

（1）外部招聘的优缺点。外部招聘的优点：人员来源广，选择余地大，有利于找到一流人才；新雇员能带来新思想、新方法；当内部有多人竞争而难以做出决策时，向外部招聘可在一定程度上平息或缓和内部竞争者之间的矛盾。外部招聘的缺点：对应聘者了解少，可能找错人；应聘者不了解企业情况，进入角色慢；内部员工得不到机会，积极性可能受到影响。

（2）外部招聘的方法。外部招聘的方法通常有广告招聘、员工推荐、校园招聘、委托各种劳动就业中介机构招聘、猎头公司和网络招聘。

1）广告招聘。广告招聘是应用很广泛的一种方法，它可以比较容易地从劳动力市场中招聘到所需的人才。其传播媒体可以是大学校园里的布告栏、专业技术杂志、报纸和电视等。广告的一个作用是可将有关工作的性质、要求，雇员应该具备的资格等信息提供给潜在的申请人；另一个作用是向申请人"兜售"公司或企业的优势。广告的内容应该真实，虚假的广告会引起雇用时的不满和日后的跳槽。随着现代社会对人才竞争的愈演愈烈，为了吸引更多的高素质应聘人员，招聘广告的设计是很重要的。一份优秀的广告要充分显示出组织对人才的吸引力和组织自然的魅力。一份好的广告应有：要有使人过目不忘的广告词，应突出企业徽志，应使用鼓励性、刺激性用语，应说明招聘的岗位、人数、所需的资格条件，并注明联系方式。

2）员工推荐。员工推荐是将有关工作空缺的信息告诉现有人员，请他们向企业或组织推荐潜在的申请人。一些组织有时提供少量报酬以激励雇员推荐合适的申请人，尤其是在劳动力短缺条件下，往往采用这种方法。

员工推荐省时、省钱并能取得较好的效果，所以在很多企业获得广泛的应用。研究表明，通过这种方法招聘的人员比用其他方法招聘的人员跳槽率更低。但是，在中国目前的情况下，人员推荐可能给那些搞不正之风或裙带关系的人打开方便之门。因此，需要认真加以鉴别并经过严格的选择。

3）校园招聘。大学的专科生、本科生和研究生是大多数专业管理人员和工程技术人员的主要来源。校园招聘针对性强，能吸引大量的应聘者，但是往往大学生缺乏实际操作能力，且期望值普遍偏高，可能有较高的流失率。

选择学校要考虑几个因素。其中第一个因素是要明确补充人员岗位的类型。如果一家企业需要控制水污染专家，那么招聘人员必须去那些设有环境研究专业的学校。企业或组织的规模是选择学校的第二个因素，大的公司可能到全国各地的大学去招聘，而小的组织则主要在本地的大学招聘。影响学校选择的第三个因素与过去招聘的经历和结果有关。

4）委托各种劳动就业中介机构招聘。企业可以利用各种人才市场、劳务市场、各种职业介绍所进行招聘，也可以委托各类学校的毕业生分配部门推荐。这种招聘方法具有选择面大、可信性大、工作量少的特点。

5）猎头公司。猎头公司是以受托招聘为主要业务的公司，是企业求取高级人才和高级人才流动的主要渠道之一。一般收费都比较高，为所推荐的人才年薪的25%~35%。但企业使用猎头公司招聘高级管理人才，既可以节省时间，也可以节省广告费用、对候选人进行筛选的人力等。

6）网络招聘。由于网络的发展，网上招聘也越来越受到企业和求职者的欢迎。企业可以在一些专门的网络招聘主页，如中华英才网、前程无忧等，发布自己的招聘广告，也可通过网站提供的信息检索功能，搜索需要的人才。企业还可以在自己的主页上发布招聘广告，这种方法比较适合知名的大公司，因为只有它们才具有这样的吸引力，让应聘者主动去求职。

| 经 | 典 | 案 | 例 | **宝洁公司的校园招聘**

曾经有一名宝洁的员工这样形容宝洁的校园招聘："由于宝洁的招聘实在做得太好，即便在求职这个对学生比较困难的关口，自己第一次感觉自己被人当作人来看，就是在这种感觉的驱使下我应该说是有些带着理想主义来到了宝洁。"

1. 前期的广告宣传

派送招聘手册，招聘手册基本覆盖所有的应届毕业生，以达到吸引应届毕业生参加其校园招聘会的目的。

2. 邀请大学生参加其校园招聘介绍会

宝洁的校园招聘介绍会程序一般如下：校领导讲话，播放招聘专题片，宝洁公司招聘负责人详细介绍公司情况，招聘负责人答学生问，发放宝洁招聘介绍会介绍材料。

宝洁公司会请公司有关部门的副总监以上高级经理以及那些具有校友身份的公司员工来参加校园招聘会。通过双方面对面的直接沟通和介绍，向同学们展示企业的业务发展情况及其独特的企业文化、良好的薪酬福利待遇，并为应聘者勾画出新员工的职业发展前景。通过播放公司招聘专题片、公司高级经理的有关介绍及具有感召力的校友亲身感受介绍，使应聘学生在短时间内对宝洁公司有较为深入的了解和更多的信心。

3. 网上申请

从2002年开始，宝洁将原来的填写邮寄申请表改为网上申请。毕业生通过访问宝洁中国的网站，点击"网上申请"来填写自传式申请表及回答相关问题。这实际上是宝洁的一次筛选考试。

宝洁的自传式申请表是由宝洁总部设计的，全球通用。宝洁在中国使用自传式申请表之前，先在中国宝洁的员工中及中国高校中分别调查取样，汇合其全球同类问卷调查的结果，从而确定了可以通过申请表选拔关的最低考核标准。同时也确保其申请表能针对不同文化背景的学生仍然保持筛选工作的相对有效性。申请表还附加一些开放式问题，供面试的经理参考。

因为每年参加宝洁应聘的同学很多，一般一个学校就有 1 000 多人申请，宝洁不可能直接去和上千名应聘者面谈，而借助于自传式申请表可以帮助其完成高质高效的招聘工作。自传式申请表用电脑扫描来进行自动筛选，一天可以检查上千份申请表。宝洁公司在中国曾做过这样一个测试，在公司的校园招聘过程中，公司让几十名并未通过履历申请表这一关的学生进入到了下一轮面试，面试经理也被告之"他们都已通过了申请表筛选这关"。结果，这几十名同学无人通过之后的面试，没有一个被公司录用。

资料来源：http://www.hainanhr.com/News/6481.html.

3.3.3 人员甄选

人员甄选的方法

（1）申请表（简历）筛选。通过申请表或者简历来进行筛选是一种初始阶段的筛选工具。其目的是考察求职者的背景和基本情况是否满足公司的起码要求。宝洁公司在中国曾做过这样一个测试，在公司的校园招聘过程中，公司让几十名并未通过履历申请表这一关的学生进入到了下一轮面试，面试经理也被告之"他们都已通过了申请表筛选这关"。结果，这几十名同学无人通过之后的面试，没有一个被公司录用。一般来说，申请表（简历）包括求职者的过去和现在的工作经历、受教育情况、培训情况、能力特长、职业兴趣等。

（2）笔试测验。笔试是考核应聘者学识水平的重要工具。这种方法可以有效地测量应聘人的基本知识、专业知识、管理知识、综合分析能力和文字表达能力等素质及能力的差异。笔试法的优点是一次能够出十几道乃至上百道试题，考试的取样较多，对知识、技能和能力的考核的信度和效度都较高，可以大规模地进行分析，因此所花时间少，效率高，报考人的心理压力较小，较易发挥水平，成绩评定比较客观。

笔试法的缺点主要表现在不能全面地考察应聘者的工作态度、品德修养以及组织管理能力、口头表达能力和操作技能等。因此，笔试法虽然有效，但还必须采用其他测评方法，如行为模拟法、心理测验法等，以补其短。一般来说，在企业组织的招聘中，笔试作为应聘者的初次竞争，成绩合格者才能继续参加面试或下一轮测试。

（3）面试。面试是通过主试与被试双方面对面地观察、交谈等双向沟通方式，了解应试人员素质状况、能力特征及求职应聘动机的一种人员选拔技术。面试是企业最常用的、也是必不可少的测试手段。调查表明，99%的企业在选拔中采用这种方法。

面试可以分为高度结构化面试和非结构化面试两种。

1）非结构化面试。在**非结构化面试**（unstructured interview）中，面试官可以任意地与应聘者讨论各种话题。面试所问的问题没有一个事先安排好的需要遵守的框架，因此，面试可能根据不同的应聘者，提出完全不同的问题，面试的话题也会围绕不同的问题展开。

非结构化面试的优点是：考官和应聘者在谈话过程中都比较自然，由于问题不是事先设计好的，所以问起来不会显得前后没有联系和唐突，考官可以由此全面了解应聘者的情况，应聘者也可以更随便、自在，回答问题时也可能更容易敞开心扉。非结构化面试的缺点是：由于对不同的应聘者问不同的问题，可能会影响到面试的信度和效度。

2）结构化面试。**结构化面试**（structured interview）即事先准备好问题和各种可能的答案，要求应聘者回答或者在问卷上选择答案。结构化程度最高的面试方法是按一个计算机化程序来提问，并记录应聘者的回答，然后进行数量分析，给出录用决策的程序化结果。

结构化面试的优点是：由于应聘者被要求回答相同的问题，便于考官对不同应聘者的回答做出比较，并且克服了非结构化面试的主观性，面试的有效性和可靠性较高。其缺点是：由于限制了所提问题，谈话的范围和深度可能受限。

（4）评价中心法。评价中心法是创设一个模拟的工作场景，采用多种评价技术和手段，观察和分析被测试者在模拟的工作情景压力下的心理和行为，以测量其管理能力和潜能的一种选拔方法。因其在模拟的真实工作环境进行工作抽样，并采用多种方法进行测试，具有较高的信度和效度，被广泛应用于企业高层管理人员的测评中。评价中心法常包含以下方法：

1）**文件筐处理**（in-basket）。在测试中，设计出一系列管理者所在真实环境中需要处理的各类公文，放到文件筐中，要求应聘者以管理者的身份在模拟的管理环境中对各类公文进行处理，从而考察其计划、组织、分析、判断、决策、文字等能力。

2）**无领导小组讨论**（the leaderless group discussion）。这种方法，要求几个应聘者组成临时的小组，并不指定领导者，讨论给定的问题，通常是管理活动中比较复杂棘手的问题。目的是考察应聘者的语言表达能力、独立分析问题的能力、应变能力、沟通能力、领导能力、说服能力以及团队合作能力等。

3）管理游戏。它是一种以完成某项"实际工作任务"为基础的标准化模拟活动。在这种活动中，小组成员被分配一定的任务，必须合作才能较好地解决它。通过应聘者在完成任务的过程中所表现出的行为来测评应试者承担风险的能力、创新能力、分析能力等实际管理能力。

（5）背景调查。背景调查就是企业通过第三者对应聘者的情况进行了解和验证。第三者通常包括应聘者原来的雇主、同事、老师、同学、亲朋等。背景调查的方法有打电话、访谈、要求提供推荐信等。

|经|典|案|例|　　　　　　NLC 公司招聘渠道的选择

NLC 化学有限公司是一家跨国企业，主要以研制、生产、销售医药和农药为主，耐顿公司是 NLC 化学有限公司在中国的子公司，主要生产、销售医疗药品，随着生产业务的扩大，为了对生产部门的人力资源进行更为有效的管理开发，2000 年初始，分公司总经理把生产部门的经理于欣和人力资源部门经理建华叫到办公室，商量在生产部门设立一个处理人事事务的职位，主要是负责生产部与人力资源部的协调工作。最后，总经理说希望通过外部招聘的方式寻找人才。

在走出总经理的办公室后，人力资源部经理建华开始一系列工作，在招聘渠道的选择上，建华设计了两个方案：在本行业专业媒体中做专业人员招聘，费用为 3 500 元，好处是对口的人才比例会高些，招聘成本低；不利条件是企业宣传力度小。另一个方案为在大众媒体上做招聘，费用为 8 500 元；好处是企业影响力度很大；不利条件是非专业人才的比例很高，前期筛选工作量大，招聘成本高。初步选用第一种方案。总经理看过招聘计划后，认为公司在大陆地区处于初期发展阶段，不应放过任何一个宣传企业的机会，于是选择了第二种方案。

其招聘广告刊登的内容如下：

您的就业机会在 NLC 化学有限公司下属的耐顿公司；

1 个职位——希望发展迅速的新行业的生产部人力资源主管；

主管生产部和人力资源部两部门协调性工作；

抓住机会，充满信心！

请把简历寄到：耐顿公司 人力资源部

在一周的时间里，人力资源部收到了 800 多封简历。建华和人力资源部的人员在 800 份简历中筛出 70 封有效简历，经筛选后，留下 5 人。于是，他来到生产部门经理于欣的办公室，将此 5 人的简历交给了于欣，并让于欣直接约见面试。部门经理于欣经筛选后认为可从两人中做选择——李楚和王智勇。他们将所了解的两人资料对比如下：

姓名/性别/学历/年龄/工作时间/以前的工作表现/结果

李楚，男，企业管理学士学位，32，有 8 年一般人事管理及生产经验，在此之前的两份工作均有良好的表现，可录用

王智勇，男，企业管理学士学位，32，7 年人事管理和生产经验，以前曾在两个单位工作过，第一位主管评价很好，没有第二位主管的评价资料，可录用

从以上的资料可以看出，李楚和王智勇的基本资料相当。但值得注意的是：王智勇在招聘过程中，没有第二个公司主管的评价。公司通知两人，一周后等待通知，在此期间，李楚在静待佳音；而王智勇打过几次电话给人力资源部经理建华，第一次表示感谢，第二次表示非常想得到这份工作。

生产部门经理于欣在反复考虑后，来到人力资源部经理室，与建华商谈何人可录用，建华说："两位候选人看来似乎都不错，你认为哪一位更合适呢？"于欣："两位候选人的资格审查都合格了，唯一存在的问题是王智勇的第二家公司主管给的资料太少，但是虽然如此，我也看不出他有何不好的背景，你的想法呢？"

建华说："很好，于经理，显然你我对王智勇的面谈表现都有很好的印象，人嘛，有点圆滑，但我想我会很容易与他共事，相信在以后的工作中不会出现大的问题。"

于欣："既然他将与你共事，当然由你做出最后的决定。"于是，最后决定录用王智勇。

王智勇来到公司工作了 6 个月，在工作期间，经观察发现：王智勇的工作不如期望得好，指定的工作他经常不能按时完成，有时甚至表现出不胜任其工作的行为，所以引起了管理层的抱怨，显然他对此职位不适合，必须加以处理。

然而，王智勇也很委屈：来公司工作了一段时间，招聘所描述的公司环境和各方面情况与实际情况并不一样。原来谈好的薪酬待遇在进入公司后又有所减少。工作的性质和面试时所描述的也有所不同，也没有正规的工作说明书作为岗位工作的基础依据。

那么，到底是谁的问题呢？

资料来源：http://www.tianya.cn/techforum/Content/217/7527.shtml.

3.3.4　选拔方法的使用

选拔过程中一般会综合采用几种方法，不同方法的结合使用方式大致有以下三种：

（1）多级障碍式。每种选拔方法都是淘汰性的，应聘者必须在每种选拔中都达到一定水平，才能被录用。

（2）补偿式。不同的测试成绩可以互为补充，最后根据应聘者在所有的测试中的总成绩

做出录用决策。

（3）结合式。在这种情况下，有些测试是淘汰性的，有些是可以互为补偿的。应聘者通过淘汰性的测试后，才能参加其他测试。

3.3.5 非人力资源经理在招聘中的角色

非人力资源经理在招聘中常常需要直接面试候选人，所以非人力资源经理所需要的特殊技能如下：

1. 把哪些信息给予候选人

应花大约 20 分钟向求职者介绍工作与组织的情况。面谈的这一部分由下列程序构成：

（1）描述公司在干什么。提供足够的资料以使求职者理解企业的本质，公司提供什么产品或服务，以及它们的产品或服务如何有别于其竞争对手的产品或服务。

（2）提供有关事实与数字。讲述公司雇用了多少员工、公司有多少个分支以及公司保持盈利增长的情况。

（3）描述公司的历史。何时建立？什么使其成功？公司的哲学是什么？

（4）描述部门中存在的空缺岗位。它需要做什么类型的工作？该岗位中有多少人工作？正在进行什么具体的项目？工作气氛如何？

（5）描述工作本身。其职责是什么？该工作的积极与消极面是什么？

（6）描述工作环境。让求职者参观一下工作场所。

（7）讨论薪水。假如薪水是不可谈判的，向求职者讲清楚，否则，指明与该工作相联系的薪水范围。

（8）描述职业生涯机会。公司是从内部提拔吗？对要求提升是否有正式程序，如工作张榜？

（9）鼓励求职者提问题。只有当求职者问完其所有问题时，面试才能结束。

2. 怎样提供信息

在面试期间，需要给候选人以良好的印象。除了表现得信息灵通外，应该显得有能力和有风度。避免防御性行动和自我意识表现，避免讨论不相关的题目，要易于相处，令人满意地回答候选人的问题。应表现温和，对求职者的外界活动感兴趣，以及对组织充满热情。

3. 提供现实的工作预览

传统的招聘方法有时仅仅靠强调工作的积极方面来"营销"组织。经理们有意地隐瞒关于该工作所面临的问题和困难的信息，其愿望是用更积极的方法吸引更多的求职者。但是这样的做法常常导致候选人在上岗不久后因为期望没有达到，感到受骗而离职。所以，提供现实的工作预览，也就是向候选人传达组织的工作生活的真实情况，留职率常会改善。

3.4 绩效考核

3.4.1 绩效考核的含义

绩效考核也称绩效考评、业绩评估等，是指对被考核者完成工作的结果进行考量与评价。这种结果包括完成工作的数量、质量、成本费用、经济效益和社会效益、对企业发展的影响和贡献等。

在企业和非营利组织的管理实践中，每一个组织都在事实上进行着绩效考核。不管他们是否有意识地提高自身的绩效考核水平，他们都在设法比较合理地衡量各个员工的绩效。组织是由其广大员工运行的，因此对每一个员工的绩效进行合理的评价，并据此激励是非常必要的。

3.4.2 绩效考核的目的

美国组织行为学家约翰·伊凡斯维奇认为，绩效考核可以达到以下八个方面的目的：

（1）为员工的晋升、降职、调职和离职提供依据；

（2）组织对员工的绩效考评的反馈；

（3）对员工和团队对组织的贡献进行评估；

（4）为员工的薪酬决策提供依据；

（5）对招聘选择和工作分配的决策进行评估；

（6）了解员工和团队的培训和教育的需要；

（7）对培训和员工职业生涯规划效果的评估；

（8）对工作计划、预算评估和人力资源规划提供信息，这些是从组织角度来考虑解决组织人事调整、工资奖金发放以及教育培训等问题。其实从员工的角度考虑绩效考核也有重要意义，它可以使员工了解公司对他工作的评价，知道自己改进工作的方向。

3.4.3 绩效考核体系

1. 获得支持

设计绩效考核体系的第一要素是要取得广泛的支持，包括考核者、被考核者，尤其是高层管理者的支持。否则，考核的实行可能会受到直接或者间接的抵制。

（1）取得高层经理的支持。取得高层经理支持的好处在于能够得到足够的资源支持，同时起到榜样的作用，从而得到员工的支持。

（2）需要员工的支持。为了使员工能够接受考核体系，并积极参与其中，常常会在考核体系设计的过程中让员工（员工代表）参与进来。这样能有效地使员工接受考核体系，并有效执行。

2. 确定考核期

这里要解决两个问题：

（1）什么时候考核。通常组织会在一年中固定的时间来进行考核，选择一个财年结束之前，以方便行使奖励或者业务相对清闲的时候来进行，比如在淡季的时候，使大家能更多地投入到考核之中，从而保证考核的质量。

（2）考核时间的长短。考核期限的长短根据其考核的目的不同可能是一年、半年、一个季度、一月不等，最常见的考核期限是一年。一般来说，企业可以根据自己的情况和考核的目的选择考核期限。

3. 设计绩效考核指标

设计绩效考核的指标是考核系统的关键，也就是解决到底考核什么的问题。西方学者在理论上把考核内容分为三种类型：基于员工特征、基于员工行为和基于员工工作结果的考核。

基于员工特征的绩效考核衡量的是员工个人特性，如决策能力、对企业的忠诚度、人际沟通技巧和工作的主动性等方面，主要回答员工"人"怎么样，而不重视员工的"事"做得如何。它的优点是关注员工素质的状况，有利于长期的绩效，同时简便易行，但是却有严重的缺陷。首先其考核有效性差，考核过程中所衡量的员工特性与其工作行为和工作结果之间缺乏确定的联系。例如，一名性情非常暴烈的员工在对待客户的态度上却可能非常温和。其次，基于员工特征的考核缺乏稳定性，特别是不同的评价者对同一个员工的评价结果可能相差很大。第三，这类考核较难为员工提供有益的反馈信息。

当工作完成的方式对企业的目标实现非常重要的情况下，基于员工行为的绩效考核就显得特别有效。例如，一名售货员在顾客进入商店时应该向顾客问好，帮助顾客寻找他们需要的商品，及时地开发票和收款，在顾客离开时礼貌地道谢和告别。这类考核能够为员工提供有助于改进工作绩效的反馈信息，但是其可能的缺点是无法涵盖员工达成理想工作绩效的全部行为。

基于工作结果的考核是为员工设定一个最低的工作标准，然后将员工的工作结果与这一明确的标准相比较。当员工具体完成工作任务的方法不重要，而且存在着多种完成任务的方法时，这种结果导向的评价方法就非常适用。工作标准越明确，业绩评价就越准确。工作标准应该包括数量和质量两个方面。由于数量化的工作结果标准便于应用，因此应该尽可能把最低工作要求数量化。

表3-2列出了这三类绩效考核方法所考核内容的侧重点，可以作为指标设计的参考。

表 3-2　绩效考核各类方法的侧重考核点

基于特征的考核	基于行为的考核	基于结果的考核
工作知识	完成任务	销售额
力气	服从指令	生产水平
眼与手协调能力	报告难题	生产质量
证书	维护设备	浪费
商业知识	维护记录	事故
成就欲	遵守规则	设备修理
社会需要	按时出勤	服务的客户数量
可靠性	提交建议	客户的满意程度
忠诚	不吸烟	
诚实	不吸毒	
创造力		
领导能力		

4. 选定评分者

主管、同事和雇员自己都可以成为绩效考核的评分者。

（1）上级评分。由上级进行评估，是因为通常他们是最熟悉员工工作的人。此外，对于上级而言，评估作为管理的手段，为他们提供了一种引导和监督雇员行为的方法。事实上，如果不是由上级做出评估，则他们对于其下级的职权或控制就会被削弱。

（2）同事评分。虽然上级的评分相当有价值，但是一些企业还是增加了同事评估来取代或补充那些由上级做出的评估。同事和上级是从不同的角度来看待某个人的绩效的。通常，上级们掌握着更多的有关工作要求和绩效结果的资料，而另一方面，同事们则经常以一种不同的、更现实的眼光来看待员工们的工作绩效。因为人们经常在老板面前表现得与在别人面前有所不同。使用同事评分来补充上级的评分可以帮助形成关于个人绩效的一致意见，它还可以帮助消除偏见，并导致员工对评估系统的更多接受。但是也可能存在利己主义、哥们义气或者私人感情的影响。

（3）自我评分。一些组织使用自我评分来补充上级的评分。可以想象，自我评分普遍地比那些由上级或同事做出的评分更高。因此，作为一种评估工具，可能并不有效。然而，自我评分可用于员工开发。例如，对它们的使用可以揭示出下级与上级之间的意见不一致，鼓励员工反映出他们的优点和缺点，引导出更有建设性的评估面谈，并使雇员更易于接受建议。

5. 保证绩效考评的公平

（1）高层管理机构的审查。为保证公平，大多数组织要求对已经完成的考核进行高层管理机构审查。典型的情况是高层经理来检查考核的误差。举例来说，高层经理能准确地指出一些评估者是否显得比其他人更宽厚或更严厉，他们还能确定是否有光环效应或趋中性错误发生。当有误差发生时，高层经理应该要求评分者做合理说明，也许会要求评分者重新做一个评价。

（2）考核申诉。如果员工对给予他们的评价感到不满意，考核申诉为员工提供了一种获得公正的途径。考核申诉系统是有益的，因为它允许员工表达出他们关心的事，有助于得到更准确的评分——对可能的挑战的恐惧会迫使评估者不做有偏见的评分。

（3）考核沟通。考核沟通应该看作是一个解决问题的时机，一般由考核人和被考核人单独进行。沟通的程序常采用"三明治法"，即首先对被考核人的工作成绩进行肯定，其次提出一些不足及改进意见，这时要充分听取被考核人的意见，让其畅所欲言，最后再对被考核人进行一番鼓励。

考核人可以根据被考核人自评结果找出可能产生争执的项目，并对相关内容进行客观而广泛的调查，这样才能有效地解除争执，保证公平。

3.4.4 绩效考核的方法

1. 排序法

对很多人力资源决策来说，最基本的问题通常是："假如我们必须裁员，那么我想知道谁是我们这个群体里工作绩效最差的人，谁应该重新培训，谁应该被分配特殊任务。"对此类决策来讲，运用排序法是比较恰当的。它最终产生的结果是按工作绩效由高到低排序的员工名单，据此可以做出精简组织、人事调整的决策。管理者可以按照从好到坏的绩效表现顺序依次给员工排序，这种绩效表现可以是整体绩效，也可以是某项特定工作绩效。这种绩效排序仅适用于人数较少的绩效考核。此法易于操作，但有一定的局限性，对于评估结果为 77 分和 78 分的两名员工，就很难断言谁更优秀。

2. 比较法

比较法指在某一绩效标准的基础上，把每一名员工都与其他员工相比较来判断谁"更好"，记录每一名员工和任何其他员工比较时被认为"更好"的次数，根据次数的高低给员工排序。这种方法较之排序法的优点在于：考虑了每一名员工与其他员工绩效的比较，更加客观。但是两两比较法也存在问题：如果需要评价的人数很多，则需做的比较次数将会非常多，工作量很大；若评价出甲比乙表现好，乙比丙表现好，丙比甲表现好，则无法自圆其说，而这种现象出现的可能性非常大。

3. 量表评定法

在考核中，最古老也是最广泛的方法就是量表评定法，这种方法可以使考核者根据量表中的各项指标对员工进行评分。其中各项指标为考核项目，即从哪些方面对员工的绩效进行考核；计分方式常常是固定分为几个等级，3、5 或者 7 个等级不等，每个等级赋予不同的分值。通过对每一项指标的评分得到总体评价。

4. 目标管理法

目标管理是由美国管理学家于 1954 年年底作为一种系统的管理原则提出来的。绩效考核中的此法使管理者与每位员工一起确定特定的可监测的目标，并定期检查这些目标完成的情况。这要求员工参与组织目标的确定，并参与讨论部门的目标，确立个人的目标。这样做可以加强责任感，部分地实现了"自我管理"。就理想状态而言，员工通过此法能够知晓努力工作同业绩之间以及业绩同渴望得到的奖励之间的关系。但有时目标难以确定，不好测量，绩效考评周期因为目标的反复商量才能确定而把时间拖得很长，对目标的讨价还价也会使工作充满矛盾。在使用这种方法时，下级的业绩基本上或仅仅是根据他达到特定目标的情况来评价的。上级和下级对这种方法通常都持肯定态度，因为这种方法只着重于特定目标的实现。

5. 360 度考核

360 度考核也称 360 度反馈。传统的绩效考核，主要由被考核者的上级对其进行考核；而 360 度反馈考核则由与被考核者有密切关系的人，包括被考核者的上级、同事、下属和客户等，分别匿名对被考核者进行考核。被考核者自己也对自己进行考核。然后，由专业人员根据有关人员对被考核者的考核，对比被考核者的自我考核向被考核者提供反馈，以帮助被考核者提高其能力水平和业绩。作为一种新的业绩改进方法，360 度考核得到了广泛的应用。

360 度考核的主要目的，应该是服务于员工的发展，如提升、工资确定或绩效考核等，而不是对员工进行行政管理。因为当 360 度反馈考核的主要目的是服务于员工的发展时，考核者所做出的考核会更客观和公正，被考核者也更愿意接受考核的结果。

为了提高考核结果的准确性和公正性，在进行 360 度考核之前，应对考核者进行选择、指导和培训。360 度反馈考核一般是让被考核者的上级、同事、下属和客户对被考核者进行考核，但是并不是所有的上级、同事、下属和客户都适合做考核者，一定要选那些与被考核者在工作上接触多、没有偏见的人充当考核者。即使是这样，也不一定要求所有的考核者对被考核者的所有方面进行考核，可以让被考核者确定由谁来对他的哪些方面进行考核。比如，对于被考核者的客户服务意识，可能由客户来考核更合适；对于被考核者的人际关系，可能由同事来考核更合适。在考核之前，还要对考核者进行指导和培训，让考核者对被考核者的职位角色有所了解，让考核者知道如何来做出正确的考核，让考核者知道在考核的过程中经常会犯哪些错误。在培训的时候，最好能让考核者先进行模拟考核，然后根据考核的结果指出考核者所犯的错误，以提高考核者实际考核时的准确性和公正性。

3.4.5　非人力资源经理在绩效考核中的角色

非人力资源经理在绩效考核中有两项重要管理职责：绩效反馈和目标设立。

1. 定期绩效反馈

一线经理应当与员工定期讨论他们的绩效。可以以简短的、非正式的会议方式，这些讨论应当以员工为中心，目的在于识别员工正在面临的问题并讨论解决这些问题的办法。否则，一线经理无法获得一个关于下属实现绩效期望的准确印象，也不知道下属们面临的绩效问题；同时，员工们可能不知道经理对他们的期望是什么，或是他们做得怎么样，他们可能因此会怀着极大的焦虑。

这些非正式的会议应当持续 10 ~ 30 分钟。气氛应该尽可能地轻松：经理的态度应该是建设性的和支持性的。经理应该去寻找信息而不是评判员工，应该对矫正任何问题或失误采取正面的方法，不要谴责或批评。讨论的焦点应该是找出经理能用来帮助员工改进他的绩效的某种方法。

要鼓励工人们多做发言，描述他们的进步、问题和担心。例如，一名工人可能表示出他是怎么经常被同事打扰的，或是他感到他的成绩未被赏识。当问题揭示出来后，经理应该尽量去找出问题的原因，并同员工一起探讨可能的解决办法。

2. 为目标管理设定目标

如果公司使用了目标管理系统，那就必须为每名员工设立绩效目标。目标管理系统是否成功，主要取决于这些目标陈述的贴切性和清晰性。目标设定通常是部门经理和每名员工之间努力合作的结果。然而，最终经理要对确保目标得以恰当设定负责。为了做到有效，个人的目标应当是：

（1）目标必须与在更高的组织层次上所设定的目标相一致。目标设定的进程从组织层次开始。按等级制往下分解目标，所以，个人目标应当同更高组织层次上所设定的目标一致。

（2）目标必须是具体的和富有挑战性的。具体的和富有挑战性的目标创造出最好的结果。一个富有挑战性的目标是那种只有当员工付出他们最大的努力才能实现的目标。经理们所犯的一个常见的错误，是把目标设定得太容易实现。

（3）目标必须是现实的和可实现的。尽管目标应该是富有挑战性的，它们还必须是现实的和可以实现的。一个目标的实现应当在员工的控制范围之内。经理必须保证员工们具有为完成任务所必需的资源和职权。

（4）目标必须是可以测量的。目标陈述应该具体规定绩效标准，并且是可以测量的。绩效标准应从工作结果的质量和数量方面来具体规定对绩效的期望水平，还应该指出所期望的结果产生的时间框架。

｜相｜关｜链｜接｜	**写出目标的要点**
应该使用	**不应该使用**
使用准确和描述性的语言	使用那些不同的人有不同的理解的形容词或副词
"在收到客户的询问时，3天给予答复"	
"在第一季度用20%的时间对设计进行测试"	"以专业的态度对待客户"
	"有效的使用时间"
使用行为动词	**虚义动词**
"增加……""取得……"	"理解……""熟悉……"
描述的句子简洁清楚	**使用冗长、概括性的句子**
"每两周更新一次市场的数据"	"根据每两周一次的计划，市场信息应该如期得到更新"
使用简单而有意义的测量术语	**使用模糊不清的测量语言**
"把部门的预算减少10%"	"节约花钱以便减少部门的开支"

3.5　培训与开发

3.5.1　人力资源开发与培训

人力资源开发就是企业通过培训等其他工作改进员工能力水平和企业业绩的一种有计划的、连续性的工作。人力资源培训是企业人力资源管理者的一项重要工作，是指由人力资源管理者负责规划、组织，通过教学或实验等方法促使员工的行为方式在知识、技术、品行、道德等方面有所改进或提高。两者是有区别的。培训的目的是培训对象获得目前工作所需的能力和知识，而开发的目的比培训更广，是要使开发对象掌握目前工作和未来工作所需的知识和能力，它着眼于更长期的目标。其次，培训是人力资源开发的主要手段，但不是唯一手段。人力资源开发不仅跟培训有关，而且跟人力资源管理的其他职能有关，特别是跟考核有关。一些优秀企业在制订业绩计划的同时，也要制订员工的发展计划，并把这两项计划作为考核的内容。通过考核，员工就能明确自己的长处和不足，并在上级的指导和帮助下加以改进，这也是一个重要的人力资源开发过程。

3.5.2 培训的作用

1. 适应企业外部环境的发展变化

企业的发展是内外因共同作用的结果。一方面，企业要充分利用外部环境所给予的各种机会和条件，抓住时机；另一方面，企业也要通过自身的变革去适应外部环境的变化。企业不是一个封闭的系统，而是一个不断与外界相适应的升级系统。这种适应并不是静态的、机械的适应，而是动态的、积极的适应，这就是所谓的系统权变观。外因通过内因起作用，企业要在市场竞争中立于不败之地，关键在于企业内部的机制问题。企业的生存和发展要归结到人的作用上，具体可落实到如何提高员工素质、调动员工的积极性和发挥员工的创造力上。企业作为一种权变系统，作为企业主体的人也应当是权变的，即企业必须不断培训员工，才能使他们跟上时代，适应技术及经济发展的需要。

2. 满足员工自我成长的需要

员工希望学习新的知识和技能，希望接受具有挑战性的任务，希望晋升，这些都离不开培训。因此，通过培训可增强员工满足感。事实上，这些期望在某种情况下可以转化为自我实现诺言。期望越高，受训者的表现越佳。反之，期望越低，受训者的表现越差。

3. 提高绩效

员工通过培训，可在工作中减少失误，在生产中减少工伤事故，降低因失误造成的损失。同时，员工经过培训后，随着技能的提高，可减少废品、次品，减少消耗和浪费，提高工作质量和工作效率，提高企业效益。

4. 提高企业素质

员工通过培训，知识和技能都得到提高，这仅仅是培训的目的之一。培训的另一个重要目的是使具有不同价值观、信念，不同工作作风及习惯的人，按照时代及企业经营要求，进行文化养成教育，以便形成统一、和谐的工作集体，使劳动生产率得到提高，人们的工作及生活质量得到改善。要提高企业竞争力，企业一定要重视教育培训和文化建设，充分发挥由此铸就的企业精神的巨大作用。

3.5.3 培训的方法

1. 在职培训

在职培训（on the job training，OJT），是指让一个人通过实际做某项工作来学会做这项工作。事实上，从办公室接线员到总裁，从进入公司开始就得到某种在职培训，而且在许多企业OJT是员工能得到的唯一培训。另外，让员工在预订时期内变换工作岗位的工作轮换以及特别任务法是另一种OJT技术。在职培训的优点在于它比较省钱，受训人可以边干边学，而且这种方法也能促进学习。

2. 工作轮换

工作轮换（job rotation）是将员工由一个岗位调到另一个岗位以扩展其经验的培训方法。这种知识扩展对完成更高水平的任务常常是很有必要的。轮换培训项目也可以帮助新员工理解他们工作领域内的各种工作。但是，这种方法也有一些潜在的问题。新员工从事见习性工作的时间如此短，以至于他们觉得自己更像是某个部门的参观者而不是该部门劳动力中的一员。由于他们的工作水平往往不高，可能降低整个工作小组的效率。此外，在其他员工观摩某个轮换到他们部门的人或与该人一同工作时，可能会对其产生不满，而将来该人可能会成为他们的上级。

3. 课堂教学

虽然没有新方法那么显眼，但课堂教学对于某些类型员工的培训仍然是有效的。它的一个最大的优点是教室可以在相对较短的时间内传递大量信息。例如，当销售人员必须了解某些新产品的特点时，就可采用讲座的方式。有时用书籍、手册等书面材料也可以替代讲座，但这些资料的印刷费用可能比较高，而且用书面材料不能像讲座那样可以让人提问而得到互动的交流。

4. 案例研究

案例研究（case study）是让受培训者解决模拟经营中问题的一种培训方法。要求每个人研究案例提供的信息，并根据具体情况做出决策。如果提供给学生一个真实企业的案例，则要求他研究这家企业，对其经营状况和环境做出正确的评价。案例研究一般在教室进行，教师的作用是引导学生。

5. 工作模拟

模拟（stimulator）是针对真实情况构造复杂程度可变的培训模型。其范围从简单的机械装置的纸模型到企业整个环境的计算机模拟都有。人力资源开发专家还可以使用收款机、汽车及飞机等模拟装置。虽然模拟培训在某些方面的价值不如在职培训，但它也有自己的优点。一个很好的例子是飞行员的培训：模拟培训中的飞机坠毁并不会造成人员伤亡或损耗企业的喷气式飞机。

6. 角色扮演

在**角色扮演**（role playing）中，要求参加者对他们实际工作中可能遇到的具体问题做出反应。他们不是通过听来了解如何处理一个问题，也不是通过讨论来了解如何处理问题，而是通过实际去做来进行学习。角色扮演通常被用于管理人才开发中。它可以有效地用于面试、申诉处理、工作绩效评价、会议领导、工作小组问题解决、有效交流及领导模式分析等诸方面的教学中。

7. 网络培训

多媒体及网络技术的应用。利用电影、闭路电视、录影带等视听手段会比一般的讲座产生更好的效果，尤其是在一般讲座难以表明事情时。而利用网络技术，还能实现远距离培训，这对那些地域上较为分散的企业来说意义重大，比如可以方便快捷地向员工提供关于新产品、公司政策或程序、技能培训以及专家讲座等信息，一般有电话会议、网络会议等。这种远程学习具有同时性、多方性和节约成本的特点，使得参与培训项目的人的同时学习成为可能。

8. 自我培训

自我培训是指企业鼓励员工利用日常的空余时间各自学习，是训练员工的一种经济有效的方法。自我培训依赖于明朗开放的环境，替员工创造容易自我学习、自我启发的环境。比如，企业可以购置报刊、书籍、杂志等，组织读书会让员工交流心得，对其中的优秀者给予精神或者物质奖励。还可以为去学校进修、参加注册会计师等资格认证考试通过的员工负担一定百分比的费用。

3.5.4　培训系统

企业培训应该是一个系统工程，要以系统的观念来组织培训，即从确定培训需求和目标、拟订培训计划与实施、促进培训成果转化和评估培训效果的循环过程来组织，如图 3-6 所示。

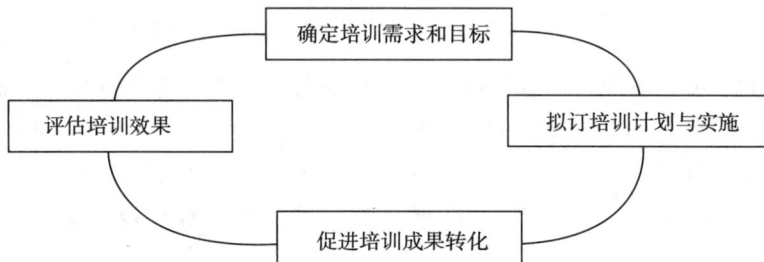

图 3-6　企业培训系统

1. 明确培训需求

我们不是单纯为了培训而培训，而是要根据企业在人力资源开发方面的确切需要来培训。通常应该做好组织、任务和个人三个层次的分析来明确培训的需求。

（1）组织分析。通过对企业的战略目标、各部门工作任务和企业人员的技能状况进行分析，预测本企业未来在技术上、销售市场上及组织结构上可能发生什么变化；了解现有员工的能力并推测出未来将需要的知识和技能，从而估计出哪些员工需要哪方面的培训，以及这种培训真正见效所需要的时间，以推测出培训提前期的长短。例如，若预计公司明年将在工资管理上实现计算机化，那么今年何时应安排人力资源部门的员工接受有关的培训。

（2）任务分析。任务分析研究的是员工怎样具体完成他们各自所承担的职责，即工作的职责。研究侧重于具体的工作者本人的工作行为与期望的行为标准，找出之间的差距，从而知道此人需要接受什么样的培训。工作分析要了解的是，这一工作岗位所要求的绩效标准是什么，即希望人们怎样做这项工作，被研究的员工的实际表现与这标准有差距吗？若有，这种差距会造成什么样的后果和损失。这名员工知道对他的期望和要求吗？知道怎样去做才是正确的吗？问题的产生究竟是因为不理解还是没掌握所需的技能，等等。

（3）个人分析。培训的重点在于促成员工的个人行为发生所期望的转变。没经验的员工绩效不良可能是由于缺乏所需的知识或技能，有经验的员工没做好可能是因为养成了不良的工作习惯，但还可能是由于工作态度方面存在问题。这些都可通过个人分析得到，个人分析是在具体的个别员工水平上进行的。

培训需求分析的手段有问卷调查、专题会议分析和人员结构分析、管理者与参与者共同分析等。特别指出的一点是，我们不要只看到那些"硬"的、技术性方面的问题，还应同时注意"软"的、思想方面的问题。比如，出勤、纪律、离职等方面的记录，员工的牢骚、投诉建议等常能反映态度与士气方面的问题，这也是可以通过适当培训来解决与克服的。组织员工满意度调查，查阅缺勤、违纪、离职记录，和员工谈心等，都是找出这类培训需要的有效手段。

2. 确定培训目标

有了目标，才能确定培训对象、内容、时间、教师、方法等具体内容，并可在培训之后，对照此目标进行效果评估。培训目标可分为若干层次，从某一培训活动的总体目标到某项学科的直至每堂课的具体目标，越往下越具体。设置培训目标要注意必须与企业的宗旨相容，要现实可行，要用书面明确陈述，其培训结果应是可以测评的。

3. 拟订培训计划与实施

拟定培训计划其实就是培训目标的具体化与操作化，即根据既定目标，具体确定培训项目的形式、学制、课程设置方案、课程大纲、教科书与参考教材、培训教师、教学方法、考核方式、辅助培训器材与设施等。制订正确的培训计划必须兼顾许多具体的情景因素，如行业类型、企业宗旨与政策等，而最关键的因素是企业领导的管理价值观与对培训重要性的认识。

培训活动的具体组织者与企业的规模和结构关系很大。大型企业往往设置有专门的教育与培训职能机构和人员，有的还建有专门的培训中心，配有专职教师。在培训实施的过程中也要注意采取一定的措施保证培训的顺利和成效。比如，培训时间的选择、培训教室的环境布置等。

4. 促进培训成果转化

培训课程的结束并不意味着培训的结束，还要注意培训成果转化为实际的效益。图 3-7 即培训成果转化过程模型。

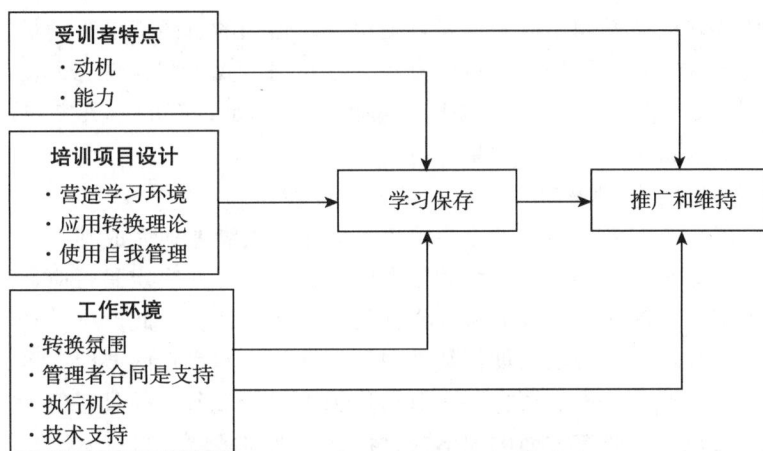

图 3-7 培训成果转化过程模型

资料来源：T T Baldwin, J K Ford. Transfer of training: a review and directions for future research[J]. Personnel psychology, 1998(41).

培训成果在一定环境的影响制约下，经过学习保存得到推广和维持。所以，应将员工的职业生涯目标、学习目标与组织的工作目标结合起来，以强化其接受培训的动机，或者说在选择培训对象时应选择培训动机和接受能力强的员工。其次，帮助员工掌握培训内容，比如对培训的结果做追踪评估，将员工的知识、技能作为绩效考核的评价项目。将接受培训的时间进行统计，作为晋升的评价项目。再次，培训一定要训练，懂与会用是两码事，应引导员工在实际中应用所培训的内容。比如，参加联想基础管理课程培训的员工，人力资源部门会设计一个具体的量表，让他在工作中去用，同时也给他的上级一份，监督他，这样在工作实际运用的训练中掌握所培训内容。

5. 评估培训效果

企业培训结束后，应对培训的效果进行一次评估，找出受训者的收获与提高，并且发现培训的不足，归纳出经验与教训，发现新的培训需求，这又是下一轮培训的重要依据，使企业培训活动不断循环。

一般来说，培训评估可分为 4 个层次：

（1）员工的反应。征求员工对培训的反应和感受，包括对讲师培训技巧、课程内容设计、教材选择、课程组织等的反应。

（2）学习效果。确定员工在培训结束时是否在知识、技能、态度等方面得到了提高。

（3）个体行为的改变。确定培训参加者在多大程度上通过培训发生了行为上的改进，可以通过对参加者进行正式和非正式的测评。

（4）组织行为的改变。考察从部门和组织的范围内培训所带来的效果。

3.5.5 非人力资源经理在培训中的职责

非人力资源经理在培训中的主要职责包括明确培训需求，各一线经理在确定下属的培训需求的时候可以采用的方法有：

1. 基于胜任素质确定培训需求

胜任素质是驱动员工产生优秀工作绩效的各种个性特征的集合，是判断一个人能否胜任某项工作的起点，是区别并决定绩效好坏差异的个人特征。素质模型就是为完成某项工作，达成某一绩效目标，所要求的一系列不同素质要素的组合。培训的目的就是帮助员工弥补不足，从而达到岗位素质的要求。基于胜任素质特征分析，针对岗位要求结合现有人员的素质状况，为员工量身定做培训计划，帮助员工弥补自身"短板"的不足，有的放矢突出培训的重点，才能提高培训的效率，取得更好的培训效果。

2. 基于绩效分析明确培训需求

绩效分析的前提是：有多种因素可能导致个人无法令人满意地完成其工作。经理为了确定其下属的培训需要，必须找出导致员工绩效问题的具体原因，并决定是否应通过培训或采取一些其他的干涉措施来解决问题。绩效分析经常同员工的绩效评估一起产生。经理人通过分析下属的绩效完成情况，找出绩效现状与期望绩效或计划绩效之间存在的差距，进而分析造成这种差距的个人能力方面的原因，然后再进一步分析达到理想绩效所必须具备的能力要求，看看下属是否存在能力、知识、技能等方面的缺陷，这样，培训需求就一目了然了。

3. 基于员工职业生涯发展规划确定培训需求

确定培训需求还可以从企业和团队的未来发展出发，将企业发展所需要的员工素质与员工的职业生涯规划有机地结合起来，从而找到具有针对性的培训需求和切入点。经理可以与下属一起讨论其未来的职业生涯发展规划，引导员工将自己的职业发展规划与企业的发展战略和人才需求统一起来。在此基础上，明确下属未来的职业发展路径和目标，找出实现职业目标所必需的能力素质要求，以及现在职业素质与未来职业目标素质存在的差距，进而制订相应的培训需求计划。

3.6 薪酬管理

3.6.1 报酬系统

报酬是指员工为企业付出劳动所获得的回报与酬劳，包括物质回报（硬报酬）和非物质回报（软报酬）两个部分。我们通常把物质回报看作薪酬，即薪酬是因员工为企业所做的贡献（包括实现的绩效、付出的努力、时间、技能、经验等）而获得的直接或间接的货币收入，包括基本工资、奖金、津贴、福利等。直接货币收入构成薪酬的主系统，用以维持员工最基本的生活需求；间接货币收入构成薪酬的辅系统，用以保障和提高员工基本需求之外的更健康、更安全、更有质量的生活需要。报酬系统的构成如图 3-8 所示。本节主要讨论有关薪酬的问题。

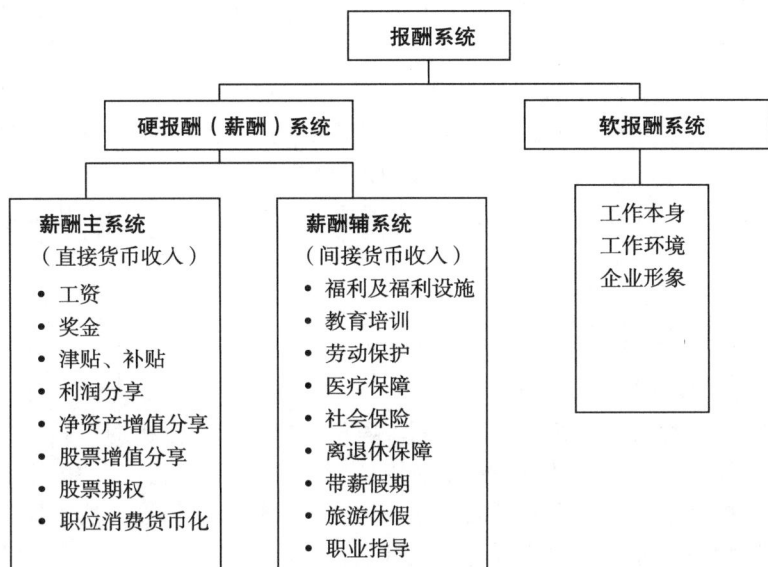

图 3-8 报酬系统

3.6.2 影响薪酬的因素

影响薪酬的因素很多，企业在实施的时候，应该根据实际情况，通盘考虑，做出合适的选择。大致可以将影响因素归纳为三类。

1. 外在环境因素

外在环境因素包括政府法令、经济、社会、工会、劳动力市场、团体协商、生活水平等。

（1）经济。宏观经济的状况也能够反映在员工的薪酬水平上。

（2）法规。在考虑最低工资、加班率和福利等因素的情况时，所要考虑的首先就是法律影响。如在我国企业制定薪酬时必须考虑《中华人民共和国劳动保障法》。

（3）工会。工会的主要工作就是监督企业的活动并确保工人能享受到法定权利，保证工人的合法利益。

（4）生活费用。支付给员工的薪酬必须能够满足员工的基本生活费用，这是薪酬的最低限。

（5）供求状况。当市场上某种行业的人员供给不足时，其薪酬水平就会提高。另外，我国的劳动力市场被分割成地区性的几块，薪酬的差别就会更加明显。

2. 组织内在因素

组织内在因素包括财务能力、预算控制、薪酬政策、企业规模、竞争力、公平因素。薪酬的高低必然和企业的发展阶段、发展水平有关。如果薪酬负担过重的话，就会造成企业经营不善。不同企业的员工，薪酬水平必然不同。

3. 个人因素

（1）绩效。员工薪酬水平受到他所提供的劳动数量和质量的影响。员工的能力不同，所提供的劳动价值必然也不同。这种现实的工作表现的差别，是导致薪酬水平高低差别的基本原因。

（2）资历。工龄长的员工薪酬通常会高一些，主要是为了补偿员工过去的投资，减少人员的流动。将资历与薪酬挂钩的方法能起到稳定员工队伍，降低流动成本的作用。这在日本企业尤为明显。

（3）技能与训练水平。高技能与高训练水平员工的薪水必然要高。除了这部分员工的工作表现要好外，也是为了补偿员工在学习技术时所耗费的时间、体能、智慧，甚至心理上的压力等直接成本，以及因学习而减少收入所造成的机会成本。

此外，员工的经验、教育程度、从事工作的危险性、发展潜力、个人协商能力等都会影响到其薪酬水平。

3.6.3　薪酬体系设计

1. 保证薪酬的内部公平：职位评价

职位评价重在解决薪酬的内部公平性问题。职位评价在工作分析的基础上进行，通过对职位薪酬因素进行比较、分析、衡量来评定企业内各个职位之间相对价值的大小。薪酬因素是反映不同职位在工资报酬上出现差别的原因，如工作的复杂性和灵活度、所需要的判断能力、需要的知识水平、经验等。进行职位评价的方法有很多种。

（1）排序法。排序法是最简单的职位评价方法，通常依据"工作复杂程度"、"对企业贡献大小"等总体指标，对每个职位的相对价值进行排序。排序法的优点是简单、容易操作，但在应用中经常出现一些主观判断上的问题。例如，由于只是进行简单的相对价值的排序，在差异的大小上并没有明确的标准，这时只能依赖于主观的估计，这种估计往往是不精确的。

（2）分类法。分类法通过确定若干种类或者级别来对一组工作进行描述。在使用这一方法时，先要界定每一类（级）的明确说明。所谓工作类，是指一组在工作内容上相似的职位；所谓工作级，则是指所包含的职位除了复杂程度相似之外，其他的方面都不同。评价者将工作说明和各个工作类（级）别说明进行比较，归入描述最一致类（级）。分类法的不足在于不容易编写标准的工作类（级）说明书。

（3）因素比较法。这里的"因素"指的是前边提到的薪酬因素。因素比较法是先选择一些有代表性的标准职位，并对其打分定级，再根据每个基本分类因素包括的基本水平，将标准职位的分数分配给这些因素水平，求得每个水平的分数。然后将其他职位逐项与标准职位进行比较，确定该项得分，再加总，得出总分。这实际上是简单排序法的一种改进。

（4）因素计点法。因素计点法与因素比较法相似，它建立在对薪酬因素的评价基础之上。差别在于因素比较法是参照标准职位相对打分，而因素计点法是对照标准绝对打分。因素计点法要求每个薪酬因素分成若干等级，而且每个因素的等级都是目前职位的现实情况。通常对每个因素的各项都赋予不同的点值，因此，一旦确定了职位中各个因素的等级，就只需要将各个因素对应的点值加总，就可以得到该职位的总点值，也即薪点。因素计点法是运用最广泛、最精确也是最复杂的一种职位评价方法。

2. 保证薪酬的外部竞争力：薪酬调查

企业应该参照同行业或本地区其他企业的工资水平来调整、制定本企业对应职位的工资，以保证企业薪酬体系的外部竞争力。薪酬调查可以帮助企业得到需要的信息。薪酬调查的对象最好是与自己有竞争关系的企业或同行业同地区的类似企业。薪酬调查的数据要有上年度的薪资增长状况，不同薪酬结构对比，不同职位和不同级别的职位薪酬数据、奖金和福利状况，长期激励措施以及未来薪酬走势分析等。企业进行薪酬调查可以委托专业的咨询公司，也可以自己对其他企业进行正式的和非正式的调查，还可以购买或查阅一些商业机构、专业协会或者政府机构出版的研究报告。

3. 制定薪酬政策

在分析同行业的薪酬数据后，需要做的是根据企业状况选用不同的薪酬水平。与产品定位相似的是，在制定企业的薪酬政策（即薪酬定位）时，企业可以选择领先策略或跟随策略。在薪酬设计时，有个专用术语叫 25P/50P/75P，意思是，假如有 100 家企业（职位）参与薪酬调查的话，薪酬水平按照由低到高排名，他们分别代表着第 25 位排名（低位值）、第 50 位排名（中位值）、第 75 位排名（高位值）。一家实力雄厚的公司就可以采用 75P 的薪酬政策。

4. 制定薪酬结构

根据职位评价和薪酬调查的结果，以及企业的实际情况，可以确定本企业各级员工的薪酬结构，规划各个职级的薪酬幅度、起薪点和顶薪点等关键性指标。即根据职位评价后得到的各岗位之间的相对价值，将其转换成具体的薪酬数额，明确各岗位的相对价值与实付薪酬对应的数值关系。通常用工资结构线（薪酬曲线）来表示，如图 3-9 所示。

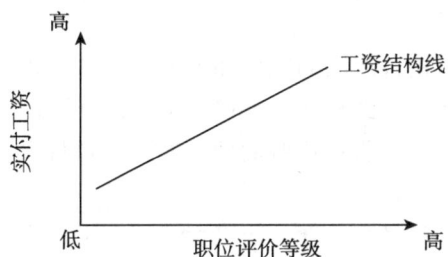

图 3-9 工资结构线

5. 设定薪酬等级与薪酬标准

将众多职位工资归并组合成若干等级，形成一个薪酬等级系列。确定企业各职位的具体薪酬范围。从图 3-10 可知，各薪酬等级的薪酬范围、变化幅度不一定相同，属于不同薪酬等级的岗位的实付薪酬可能相同，属于同一薪酬等级的职位其实付薪酬可能不同。

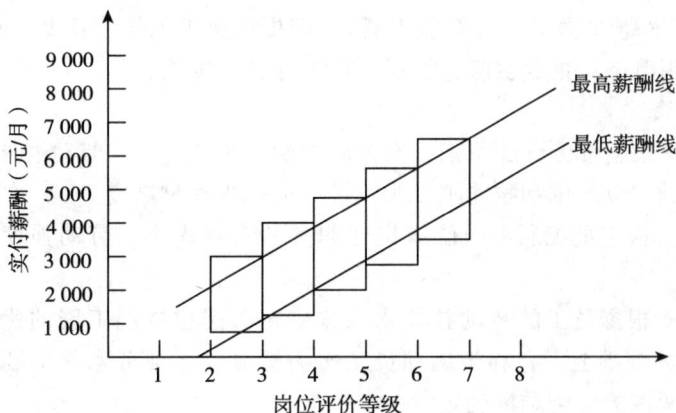

图 3-10 薪酬等级、薪酬范围与实付薪酬

3.6.4　常见的几种企业工资制度

1. 计件工资

计件工资制是以员工完成的合格产品或工作量以及事先规定的计件单价计算出的薪酬。计算公式如下：

$$员工计件工资 = 产品量（工作量）\times 计件单价 \qquad\qquad (3\text{-}1)$$

计件单价是员工每完成一个合格产品或工作量能得到的薪酬，计件单价的制定可以有两种方法：

（1）计件单价 = 单位时间岗位工资标准/该岗位单位时间的产量定额。比如，某岗位的小时工资标准为 50 元/小时，该岗位小时产量定额为 2 个/小时，那么：计件单价 = 50/2 = 25（元/个）。

（2）计件单价 = 单位时间岗位工资标准 × 单位产品的工时定额。比如，某岗位的小时工资标准为 50 元/小时，生产一个产品的工时定额为 0.5 小时/个，那么：计件单价 = 50 × 0.5 = 25（元/个）。

计件工资的优点是简单易行，分配方法透明。由于计件工资的多少完全取决于员工的能力和工作态度，而且每名员工都可以对自己付出的劳动和能够获得的薪酬心中有数，所以有很强的激励作用。

2. 销售提成制

销售提成制是根据员工所销售产品的数量和事先确定的销售单位产品可以得到的提成金额或提成比例计算出来的，提成金额或提成比例的高低取决于商品销售的难易程度，难销售的商品提成多一些，反之则少一些。销售提成制的使用对象是销售人员。

3. 技术等级工资制

技术等级工资制是根据劳动复杂程度、繁重程度、精确程度和工作责任大小等因素划分技术等级，按等级规定工资标准的一种工资制度。技术等级工资制的适用范围和对象是技术复杂程度高、劳动熟练程度差别大、工作物等级不同的工作。

4. 结构工资制

结构工资制又称为多元化工资、组合工资、分解工资。它将构成工资标准的诸因素按其作用的差别划分为几个部分，并分别规定工资数额，构成劳动者的全部薪酬。

结构工资通常由五个部分组成：①基本工资；②职务（岗位）工资；③技能工资；④年功工资（工龄工资）；⑤奖励工资（效益工资）。即根据员工工作绩效表现确定的工资。

结构工资的适用范围：企业生产、管理、技术等各类员工。

5. 岗位技能工资

岗位技能工资是根据按劳分配原则，以劳动技能、劳动责任、劳动强度、劳动条件等基本要素为岗位评价基础，以岗位和技能工资为主的企业基本薪酬制度。

（1）岗位工资。根据员工所在岗位或担任职务的责任大小、劳动强度高低、劳动条件好坏等因素确定。

（2）技能工资。根据员工的劳动技能水平来确定。岗位技能工资的优点在于建立在岗位评价（职位评价）的基础上，有利于调动员工努力提高技术业务水平的积极性，缺点在于岗位工资与技能工资所占的比例难以确定。

|相|关|链|接|　　　　　　　宽 带 薪 酬

所谓"宽带薪酬"，就是企业将原来十几甚至几十个薪酬等级压缩成几个级别，但同时将每一个薪酬级别所对应的薪酬浮动范围拉大，从而形成一种新的薪酬管理系统及操作流程。在这种薪酬体系设计中，随着员工能力的提高，他们将承担新的责任，只要在原有的岗位上不断改善自己的绩效，就能获得更高的薪酬。即使是被安排到低层次的岗位上工作，也一样有机会获得较高的报酬。

与传统的等级薪酬模式相比，宽带薪酬模式具有以下特征：

打破了传统薪酬结构所维护和强化的等级观念，减少了工作之间的等级差别，有利于企业提高效率以及创造学习型的企业文化，同时有助于企业保持自身组织结构的灵活性和有效地适应外部环境的能力。

引导员工重视个人技能的增长和能力的提高。在传统等级薪酬结构下，员工的薪酬增长往往取决于个人职务的提升而不是能力提高，因为即使能力达到了较高的水平，但是在企业中没有出现职位的空缺，员工仍然无法获得较高的薪酬。而在宽带薪酬体系设计下，即使是在同一个薪酬宽带内，企业为员工所提供的薪酬变动范围也可能会比员工在原来的五个甚至更多的薪酬等级中可能获得的薪酬范围还要大，这样，员工就不需要为了薪酬的增长而去斤斤计较职位晋升等方面的问题，而只要注意发展企业所需要的那些技术和能力就可以获得相应的报酬。

有利于职位轮换，培育那些新组织的跨职能部门的成长和开发。在传统的等级薪酬结构中，员工的薪酬水平是与其所担任的职位严格挂钩的。由于同一职位级别的变动并不能带来薪酬水平上的变化，但是这种变化使得员工不得不学习新的东西，从而使得工作的难度增加，辛苦程度更高，这样，员工不愿意接受职位的同级轮换。而在宽带薪酬制度下，由于薪酬的高低是由能力来决定而不是由职位来决定，员工乐意通过相关职能领域的职务轮换来提升自己的能力，以此来获得更大的回报。

有利于提升企业的核心竞争优势和企业的整体绩效。在宽带薪酬体系中，上级对下级员工的薪酬有更大的决策权，从而增强组织的灵活性和创新性思想的出现，有利于提高企业适应外部环境的能力。

资料来源：http://baike.baidu.com/view/167414.htm.

3.6.5　员工福利

员工福利是薪酬的必要和重要的组成部分。福利与支付给那些个别绩效高的员工的奖金比较而言，是对所有员工都适用的，它包括健康和人寿保险、休假和保育设施等。员工福利一般不须纳税，所以相对于等量的现金支付，福利在某种意义上对于员工就更有价值。

1. 福利的种类

（1）强制性福利。强制性福利是根据政府的政策法规要求，所有在国内注册的企业都必须向员工提供的福利，如养老保险、医疗保险、失业保险、公积金、病假、产假、丧假、婚假、探亲假等政府明文规定的福利制度，还有安全保障福利、独生子女奖励等。

（2）自愿性福利。自愿性福利是企业根据自身特点有目的、有针对性地设置的一些符合企业实际情况的福利，这些福利是成为组织员工跳槽极为有效的"杀手锏"，通常是五花八门。

1）购房购车贷款利息给付计划。根据企业薪酬级别及职务级别确定每个人的贷款额度，在向银行贷款的规定额度和规定年限内，贷款部分的利息由企业逐月支付。

2）带薪休假。一些智力型企业放宽了带薪休假期限，这对于员工尤其是知识性的员工的激励作用越来越明显。

3）医疗及有关费用支付。一些效益好的企业医疗费用采用全额报销的方法。还有的企业提供午餐津贴、交通卡、置装费、旅游费，等等。

4）教育福利。对员工提供教育方面的资助，为员工提供免费的正规教育课程和学位申请有关费用、非岗位培训或其他短训。

除此之外，还有员工股票所有权计划、孩子（老人）看护计划、设立茶水间，等等，成为有效吸引并留住员工的手段。

2. 自助式福利计划

值得一提的是，现在许多企业采纳"自助式福利计划"，也有人称之为"综合福利计划"或"柔性津贴体系"。管理人员认识到由企业为员工安排福利的传统时代已经过去了，现在需要的是让员工自己选择，自取所需，使企业的福利计划带给员工更大的满意度，满足他们的个性化需求。做法一般是由企业提出一份供选择的福利清单，允许员工在一定范围之内在企业指定的多项福利计划中选择，但对某些重要福利规定最低额度。

自助式福利计划的有效性体现在三个方面：一是自由的选择权提供给员工的是满意、拥有权利和有价值的感觉；二是这种柔性的管理方案使得管理人员能够把福利管理与公司层的战略目标联系起来，与公司的人力资源计划联系起来；三是这种福利方案能够有助于管理人员实现对福利制度的成本管理。这种福利计划要求员工进行福利权衡，为了得到一些福利项目就必须放弃另一些福利项目，从而允许员工把所得到的钱花在他们自己愿意花的地方，从而也有利于管理人员实现更小成本更大满意的成本管理。

但是，这种福利方案不是完美无缺的，也存在不少缺点：管理和登记手续较烦琐，易引发管理成本上扬；员工可能因缺乏专业知识和急功近利而造成选择不当；易产生"逆向选择"现象，即选择自己较易发生问题的部分来进行保障，这可能引发成本上扬。

3.6.6　非人力资源经理在薪酬管理中的职责

非人力资源经理，在雇用过程中通常会需要在一个固定的薪金范围内与应聘者协商起薪，建议在薪金谈判中使用下列方法：

（1）理解应聘者通常会等待你首先报出薪金。大约1/3的应聘者试图要求高于你最初给出的薪金水平。记住：当工作职位紧缺的时候会有更大的讨价还价权力，因为一个职位会有许多应聘者。如果应聘者要求太高薪水，你只需联系其他应聘者即可。

（2）最初提出的薪金应该主要基于两点考虑：应聘者的资格和薪金历史。普遍规律是，给出的最初薪金需要与应聘者的技能水平相适应。如果一个应聘者的资格没有超过这份工作的最低要求，那么就只能给他提供现有薪金范围内的最低档次。应聘者的资格超过最低要求则应给予他较高薪水，因为他立即给组织做出贡献的可能性较大。给这样的应聘者的薪水一般最多不能超过薪金范围的中间值，高于这个薪金水平会给以后的激励带来损害，因为它严重限制了日后加薪的规模和数额。当给出薪金时，应该考虑应聘者的薪金历史。给出的薪金应该高于应聘者过去薪金的10%～30%，以诱使其接受这项报价。

▐▌本章小结

本章介绍了人力资源管理的基本知识。　对人力资源管理的基本理念、在组织管理中的作用、人力资源管理职能——工作分析、人力资源规划、人员招聘与选拔、绩效管理、员工培训、薪酬和福利管理等进行了比较全面的论述。

关键术语

人力资源管理	工作分析	培训与开发	绩效考核
人力资源规划	招聘与选拔	薪酬管理	弹性福利计划

阅读指南与课外学习

1. 阅读指南

要了解更多有关人力资源管理的有关知识，请阅读以下著作：

（1）加里·德斯勒. 人力资源管理［M］. 刘昕，译. 北京：中国人民大学出版社，2012.

（2）劳伦斯 S 克雷曼. 人力资源管理：获取竞争优势的工具［M］. 吴培冠，译. 北京：机械工业出版社，2009.

（3）苏珊·杰克逊，兰德尔·舒勒. 人力资源管理：从战略合作的角度［M］. 范海滨，译. 北京：清华大学出版社，2005.

2. 网上资源

登录 http：//www. chinahrd. net（中人网）和 http：//www. hr. com. cn（中国人力资源网），了解人力资源管理理论、工具及企业实践的问题与解决方案。

复习思考题

1. 企业为什么要进行工作分析？工作分析的过程是怎样的？

2. 影响人力资源需求预测的因素有哪些？

3. 制订人力资源规划的一般程序是什么？

4. 企业招聘人员的一般程序是什么？

5. 分析内部招聘与外部招聘的利弊。

6. 绩效考核在组织中的作用有哪些？

7. 绩效考核内容的不同侧重点会对员工的工作和绩效产生哪些影响？

8. 人力资源开发与人力资源培训有何不同？

9. 培训效果的评估反映在哪几个层次？

10. 影响薪酬的因素有哪些？

11. 薪酬体系设计包括哪些内容？

12. 自助式福利计划有什么优缺点？

案例分析　　　　HRD 的职责与职权⊖

关于职责，有"屁股决定脑袋"的说法。人力资源总监 HRD 的职责是什么呢？是战略层面的决策者，还是管理层面的执行者？

都说新官上任三把火，但是万商集团新任 HRD 吴军到任已经一个多月了，天天在各地分公司做调研，不但一把火没放，甚至连灯也没点一个。

万商集团是国内领先的 B2B 企业，成立 10 年换了 5 任 HRD。前 4 任都是牛人，一上任就踌躇满志，先开动员会，然后做培训，接下来是调研、调结构、定流程、写方案、

编制度，把人力资源部的同事们忙得昏天黑地，把公司弄得鸡飞狗跳。可惜好景不长，人力资源部门忙了半年，其他部门涛声依旧，改革方案束之高阁，里里外外怨声载道，HRD 黯然离职。

同样的剧情上演了 4 次，所有人都有了经验，等着吴军开动员会、做培训。人力资源助理王燕计划明年生孩子，按她的经验，

_____

⊖ 资料来源：http：//www. cnpension. net/index_cm/2010-03-26/1102755_1. html.

新 HRD 到位，肯定是先放三把火，头半年免不了一通瞎忙；接下来，HRD 就会发现忙了也是白忙，开始心灰意冷；等到了明年，HRD 终于想通了，忙还不如不忙，心如死灰的时候，人力资源部就开始"放羊"。那个时候正好去生孩子、休产假。等孩子差不多一岁了，自己也调养好了，养精蓄锐迎接新任 HRD 的又一轮折腾。

可是这个吴军没按牌理出牌，既不放火，也不点灯，不但王燕无所适从，CEO 赵刚都坐不住了。

1. 规模优势

吴军上任之前，赵刚说 HRD 主要有 3 项任务：一是文化建设，为万商集团注入"赢"的文化；二是结构调整，理顺集团总部、子公司、关联公司和分公司的关系；三是人才培养，为集团的进一步发展储备人才。

3 项任务都不简单，需要时间做调研，但一个多月过去了，总应该有点阶段性的成果吧。正当赵刚开始担心的时候，吴军找上门来汇报工作。

"老板，向您汇报一下调研的情况，"吴军先把一份报告递给赵刚，然后说，"我先说要点，详细情况报告里都有。"

"调研的第一个目的是搞清楚公司的战略优势和核心竞争力，搞清楚我们和竞争对手不一样的地方，目的是围绕核心竞争力调整组织结构和业务流程。调研发现公司没有核心竞争力、没有战略优势，只有竞争优势，目前的优势是规模和知名度。"

"核心竞争力和优势有什么区别？规模和知名度不是核心竞争力？"赵刚反问道。

"核心竞争力是别人很难模仿的能力，是建立在独有资源之上的；优势是别人可以模仿，但暂时不具备的能力，是建立在公共资源之上的。"吴军解释说，"规模和知名度的基础是资本，资本是公共资源，不是独有资源。如果没有战略优势，当新的资本进入，利润就摊薄了。"

"调研的第二个目的是搞清楚集团运营的业务模式，搞清楚公司的经营优势。调查发现公司在经营上没有效率优势，只有规模优势。"

"规模和效率有什么区别？"赵刚再一次反问道。

"效率优势是利润率比对手高，规模优势是营业额比对手大。"吴军解释说，"目前集团总部、分公司和子公司的业务一样，只有区域划分，相互之间是竞争关系，不是合作关系。"

"调研的第三个目的是搞清楚业务层面的执行流程，搞清楚营销和销售职位的操作优势，结果发现在操作层面没有效率优势，只有规模优势。"没等赵刚问，吴军解释说，"操作层面的效率优势是人均营业额和人均利润高于竞争对手，规模优势是业务人员在数量上超过竞争对手。"

"你的意思是说我们完全没有优势？"赵刚皱了皱眉头说。

吴军回答道："也是也不是，我们进入的时间早，在规模上有优势，如果竞争对手加大投入，或者重量级的企业进来，有可能比我们的规模更大。"

2. 解决方案

赵刚说："这也正是我担心的地方，我们的规模优势在短时间内不会有人超过，但时间长了真不好说。你有什么办法把规模优势变成效率优势呢？"

"办法有很多，在执行层面上的办法有两种，一是把客户需求细分，按客户需求设计产品线；二是把销售和营销职位细分，按客户需求，把目前的销售顾问一个职位细分成销售代表、产品专员、客户代表 3 个职位，具体的做法我在报告里写了。"

"问题的关键不是执行层面上，"吴军说，"战略决策更重要，我个人的想法是这样。

"（1）把集团总部的功能升级，不做具体的业务，主要对分公司提供资金、技术、管理、人才和市场信息上的支持。让总部充分发挥大脑功能，具体的事情让分公司去做。

"（2）分公司和子公司在业务上不要重

叠，形成上下游关系上的专业协作和系统协作，这样既可以避免内部竞争，也可以提高专业水平和服务质量，类似阿里巴巴、阿里妈妈、支付宝、诚信通那样。

"（3）终端下沉，三线城市采用加盟连锁，既可以迅速扩大规模，又避免了在三线城市开设分公司形成的高管理成本和市场容量小的矛盾。"

"后面的 3 点我没有写在报告里。"吴军说，"这些是董事会决策范围内的事，如果有必要，我可以另外写一个提案。"

赵刚听了这个思路觉得眼前一亮，他也早有类似的想法，只是天天忙于事务性工作，没有往下细想。

3. 素位而行

"那就赶快写个提案吧，我先看看，如果有必要，你再交给董事会。"赵刚说，"企业文化、结构调整、人才培养，这 3 件事你别忘了。"

吴军又拿出一份报告给赵刚说："呵呵，没忘，这 3 件事的提案在这里。"

接着，两人又开始讨论调研报告，一一分析细分客户需求、细分营销职位的具体做法和可行性……不知不觉一天过去了，赵刚说："就按报告里你提出来的思路，之后我们找几家分公司先试试。"

最后，赵刚说："提案也要尽快写出来，如果有必要，我申请召开董事会特别会议，专门讨论战略调整的问题。不过你有没有仔细考虑过，要是董事会不同意你的这份提案，坚持现在的做法怎么办？"

吴军很平静地说："这个可能性我也想了好多天，如果真那样，我可能会辞职。"

"为什么？"赵刚吓了一跳。

吴军说："通过这一个月的调研，我觉得执行层面的调整对公司的意义不大，公司迫切需要战略调整。到目前为止，我还没找到更好的调整方向。作为 HRD，我的职责是成为战略和执行之间的桥梁。如果董事会认为现在的运营方式正确，不需要战略调整，那公司只需要一个人事经理来做执行层面的事情就够了，我没必要戴着 HRD 的空头衔，做人事经理的工作。"

吴军走了之后，赵刚陷入沉思。显然，这个 HRD 很专业，战略思维很清晰，也很有主见。但问题在于他太有主见了，不肯接受他的建议，他就选择辞职。

如果按照赵刚以往的用人原则，这样的人应该尽早让他离开，但是公司眼下真的需要战略调整，迫切需要一个像吴军这样的 HRD。眼看着 3 个月的试用期就要到了，赵刚到底要不要留住这样的人才呢？在这个问题上他应该保持什么样的立场？

讨论题：

1. 人才资源能不能构成企业的核心竞争力，为什么？

2. 为什么战略规划调整比执行层调整更重要？

3. HRD 的主要职责是什么，拥有哪些职权？

第4章

生产运作管理

▌学习目标

通过学习本章，使学生了解生产运作管理的基本概念、内容与目标，掌握生产运作系统的设计方法，了解生产计划的管理流程，掌握现场管理的方法，了解生产运作管理的最新进展。

▌引导案例

大连新星公司的生产组织管理

4月6日，星期一，刚从外地出差回来的魏副总经理刚上班就接到办公室的电话，通知他马上到会议室参加会议。来到会议室后，魏副总发现公司赵董事长、孙总经理及部门经理以上的人员都已到场，与会人员个个面色凝重。会议由孙总经理主持，主要讨论刚刚发生的产品拒收事件。产品不能按期交货已不是第一次，但每次都是靠与对方公司有较好的关系应付过去，像此次50多万元的损失、负面影响这么大的延误还是第一次。孙总在电话中听到这一消息时正在外地与客户洽谈某一合同的事，意识到问题的严重性，便匆匆与客户告别。在返程的火车上，产品延误的问题一直萦绕在孙总的脑海中，是自己工作不得力？可自己也一直在忙啊！自己负责的市场要打理，公司新建厂房的事还有1 500万元的资金缺口要解决，公司各部门间出现了问题自己也要负责去协调解决……看来周一必须得开个会了。

会议开始，孙总首先进行了自我批评，由于事情太多而忽视了生产，然后请大家就产品延误问题提出自己的看法。

大家纷纷发言，有位车间主任认为是因为现在的车间布置存在先天不足，从而影响了物流的畅通，而且这次钢料到货又不及时。另一位车间主任说："我们在加工过程中发现图纸错了，按图纸尺寸加工出来的零件配不上"。

供应部马经理马上接过话茬："钢料没有及时到货责任不在我们，而是生产部没有及时通知我们采购。"

听了马经理的话后，年轻的生产部李经理坐不住了，扬着手里厚厚一沓生产计划表说："大家看，这是我们这个月的生产计划表，现在不同以往了，我们生产的产品有七大类、十二小类，具体不同规格型号的有几百种之多，需要忙三天才能把计划编出来，而且还经常有插单，每有一个插单计划就得重排一次。"听了李经理的话，魏副总不由得也同情起这位年轻的生产部经理来，生产过程中与各部门的沟通协调也够难为他的，许多中层领导都是和老总一起创业过来的，有时也不把生产部放在眼里。到底该提些什么建议呢？

公司的组织结构

新星公司的组织结构随着企业规模的不断扩大也经历了一系列变化。1995 年，两位满怀激情的大学毕业生看准了金属软管这一市场，开始了艰苦的创业。当时公司没有像样的生产设备，许多加工任务都是由外协厂完成，然后由几名工人组装成产成品，也没有相应的职能部门，老板随便在纸上用铅笔画一下就是图纸。随着业务量的不断增加，公司相继成立了各种职能科室，但在领导体制上一直没有严格的分工，公司从董事长到副总经理都将产品销售作为主要工作来抓。由于多年的重市场轻生产，造成公司生产管理水平远远跟不上规模扩张的速度。于是，从 2007 年开始，公司对高层管理人员进行了较为明确的分工，董事长主"外"，负责市场营销，而总经理主"内"，负责公司内的所有职能部门的管理，五位销售副总经理，分别负责某一个或几个区域的营销工作。

厂区平面布置

公司主要产品为金属软管和波纹管补偿器。金属软管由管坯和钢丝网用连接件连接而成，波纹管补偿器由波纹管元件（不锈钢）和金属筒（碳钢）用拉杆等件连接而成，其工艺流程图从略。

厂区内除办公楼之外，另有三个厂房，由南至北，依次为一车间、二车间、三车间，一、二车间是建厂之初就有的，而三车间是后建的。其中，一车间主要完成金属软管和波纹管补偿器元件加工，二车间的一个区域完成波纹管补偿器碳钢部分的卷曲，另一区域完成波纹管补偿器元件与碳钢部分的组装，三车间除了有成品库外，还有一个区域完成波纹管补偿器碳钢部分的喷砂、下料，另有两个区域也可以完成波纹管补偿器碳钢部分与元件部分的组装。相比较而言，金属软管加工的物流比较顺畅，而波纹管补偿器的加工由于建厂之初规划不周，横跨二、三两个车间，物流不是很顺畅。

讨论题：
（1）企业的组织结构是否影响到订单的按时完成？
（2）厂区内车间的布置是否影响到订单的按时完成？
（3）现有的生产组织方式是否影响到订单的按时完成？
（4）应采取哪些措施来保证订单的按时完成？

4.1　概述

4.1.1　生产运作管理的概念

生产过去仅指在一个生产性企业中物质资料的生产活动，称为 production。服务业的兴起使生产的概念得到延伸和发展。在服务性企业中，提供劳务的活动则称为 operation，即运作。生产运作是一个信息采集、加工、转化和传递的过程，是人员、技术、管理的综合集成，只有集成才能发挥优势，实现最佳配置。

生产运作管理的对象是生产运作过程。在一家企业中，生产运作过程可用图 4-1 表示。

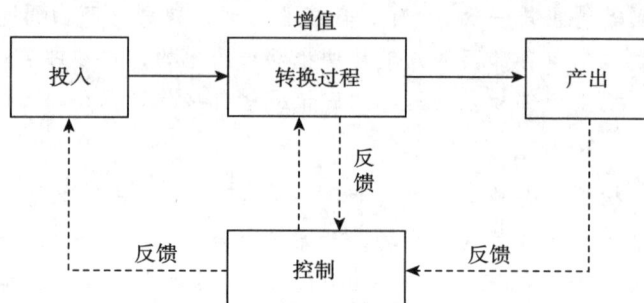

图 4-1　生产运作系统模型

对不同类型的企业，这一过程是不同的。典型的机械制造企业，主要输入的是原材料，经过加工制造得到有新的使用价值的产品；对于医院而言，主要输入的是病人，经过医院的诊断和治疗得到恢复健康的人。

生产运作管理就是对生产运作过程所实施的计划、组织与控制。

4.1.2　生产运作管理的内容

生产运作管理的内容可分为生产运作系统的设计管理、运行管理、维护与创新管理三大部分。

（1）生产运作系统的设计管理是根据生产战略关于生产系统的定位，具体进行生产系统的设计，包括生产运作技术选择、产品开发、工艺设计、设施选址与布置、工作设计和流程设计等。生产系统的不同设计决定了生产系统不同的运行方式。

（2）生产系统的运行管理就是在设计好的生产系统框架下，不断地进行综合平衡，合理分配人、财、物等各种资源，科学安排生产系统各环节、各阶段的生产任务，协调各方面的关系，对生产系统进行有效控制，确保生产系统的正常运行。具体涉及生产计划、组织与控制三个方面。

1）计划方面解决生产什么、生产多少和何时出产的问题，包括预测本企业产品的市场需求，确定产品的品种与产量，设置产品交货期，编制生产运作计划，做好人员班次安排，统计生产进展情况等。

2）组织方面解决如何合理组织生产要素，使有限的资源得到充分而合理利用的问题。生产要素包括劳动者（工人、技术人员、管理人员和服务人员）、劳动资料（设施、机器、装备、工具、能源）、劳动对象（原材料、毛坯、在制品、零部件和产品）和信息（技术资料、图纸、技术文件、市场信息、计划、统计资料、工作指令）等。

3）控制方面解决如何保证按计划完成任务的问题，主要包括接受订货控制、投料控制、生产进度控制、质量控制和成本控制等。

（3）生产系统的维护与创新管理指维护现有生产系统的功能和提升现有生产系统的水平，具体包括设备管理、生产运行机制的变化和先进生产模式的应用等。

4.1.3　生产运作管理的任务与目标

生产管理的任务是通过合理组织生产过程，有效利用生产资源，适时、适量、适价地生产出社会所需要的产品，即企业要围绕着顾客所需要的产品数量、质量、交货期、价格等目标，合理组织生产过程。

合理组织生产过程应满足连续性、平行性、比例性、均衡性、柔性等要求。

连续性是指物料处于不停的运动之中，且流程尽可能短，它包括空间上的连续性与时间上的连续性。时间上的连续性是指物料在生产过程的各个环节的运动，自始至终处于连续状态，没有或很少有不必要的停顿与等待现象。空间上的连续性要求生产过程各个环节在空间布置上合理紧凑，使物料的流程尽可能短，没有迂回往返现象。

生产过程的平行性是物料在生产过程中实行平行交叉作业。

生产过程的比例性是指生产过程各环节的生产能力保持合适的比例关系，避免出现生产能力的"瓶颈"，这也是实现生产过程连续性的保证。

生产过程的均衡性是指产品从投料到完工能按计划均衡地进行，能够在相等的时间间隔内完成大体相等的工作量，避免出现"前松后紧"的现象，以保证设备的均匀负荷和稳定的产品质量。

生产过程的柔性是指生产过程的各个环节具有灵活性，能适应产品品种、产量的变化，以提高对市场变化的反应速度。

4.2　生产运作系统的设计

如 4.1 节所述，生产运作过程实质上就是对输入各要素的转换过程，而这一转换过程的实现有赖于生产运作系统。比照计算机系统，生产运作系统的构成同样包括硬件和软件两类因素。生产运作系统的硬件包括生产设施（如厂房、仓库）、生产设备，生产系统的软件指对生产运作要素合理组织的制度安排，如生产计划、质量管理、库存管理、劳动组织等。本节只讨论生产运作系统的硬件设计内容。

4.2.1　制造企业生产系统设计

对制造企业而言，生产系统硬件设计包括厂址选择、生产单位的确定、厂区平面布置、车间内设备布置等。限于篇幅，只介绍车间内设备布置的相关内容。

车间内设备的布置就是在有限的空间内，根据加工对象的特点及工艺路线，确定设备的合理位置。设备布置的合理与否直接影响到生产效率的高低和生产周期的长短。设备布置方式有固定位置布置、按工艺原则布置、按对象专业化原则布置、成组生产单元布置等几种形式。

1. 按固定位置布置

按固定位置布置是指加工对象位置固定，生产工人和设备按加工产品的工艺要求来布置。这种布置形式主要是针对那些体积庞大笨重、不容易移动的产品，如大型飞机、重型机械等。

2. 按工艺原则布置

按工艺原则布置也称机群式布置，是把同种工艺类型的设备集中在一起，各类设备分区布置，如图 4-2 所示。

这种设备布置的优点是设备利用率高，对加工对象品种变化的适应能力强，因而在单件小批生产条件下常采用此种布置形式。它的缺点是物流路线复杂，运输距离长，运输成本高，管理上也不方便。

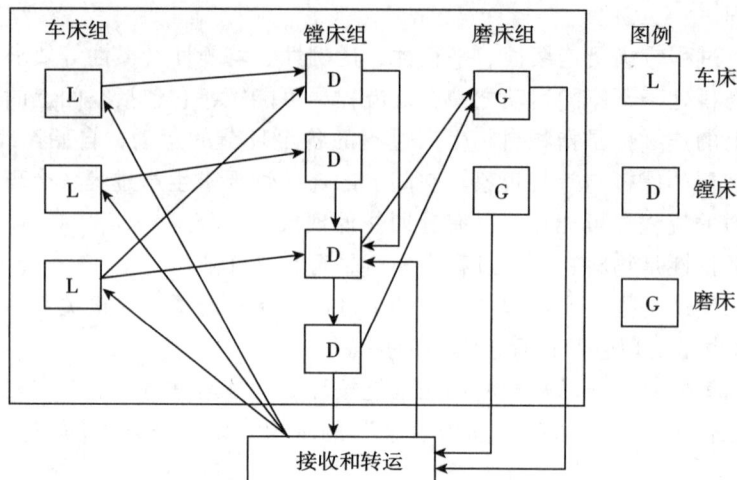

图 4-2　按工艺原则布置示意图

3. 按对象专业化原则布置

按对象专业化原则布置也称生产线布置，是指设备按产品生产工艺过程的工艺顺序进行排列，形成一条生产线，如图 4-3 所示。

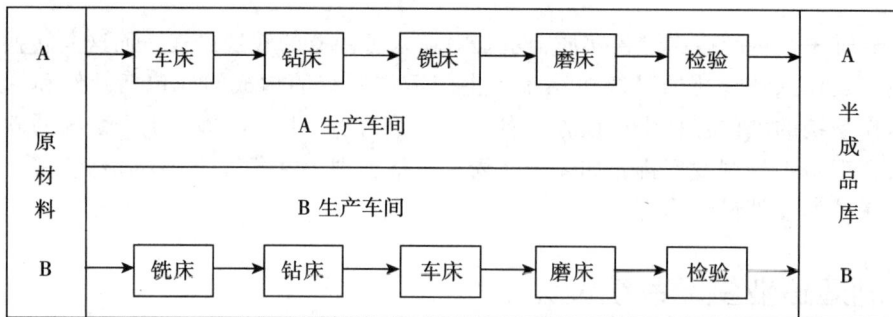

图 4-3　按对象原则布置示意图

这种设备布置的优点是物流路线简单，运输距离短，运输成本低，劳动组织管理上方便。其缺点是针对市场需求变化的应变能力较差。在大批量生产条件下常采用此种布置形式。根据车间场地的大小，生产线的形状可以是直线形，也可以是 L 形、S 形或 U 形。此处尤其值得一提的是 U 形生产线布置，它是丰田公司在准时化生产方式中所创造的一种生产线布置形式，如图 4-4 所示。

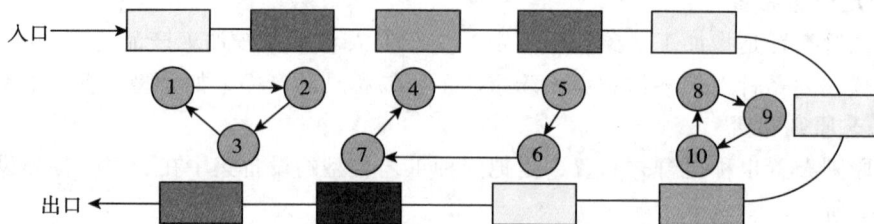

图 4-4　U 形布置示意图

U 形布置的优点是：可以较好地实现工人对设备的多机床看管，而且生产线首末两道工序由同一操作工人看管，也便于发现生产异常时及早在第一道工序对加工工艺参数进行调整。

4. 按成组生产单元布置

按工艺专业化原则和对象专业化原则进行设备布置各有优缺点，为克服各自的缺点，实践中人们创造了按成组制造单元布置的形式。其基本原理是，首先根据一定的标准将结构和工艺相似的零件组成一个零件组，确定出零件组的典型工艺流程，再根据典型工艺流程的加工内容选择设备和工人，由这些设备和工人组成一个生产单元，如图 4-5 所示。

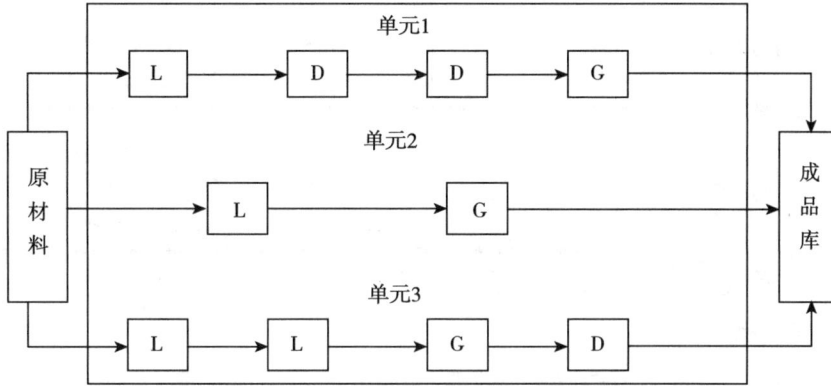

图 4-5 按成组单元布置示意图

4.2.2 服务运作流程设计

1. 服务产品的构成要素

在 ISO 9000 系列标准中，对服务所做的定义：服务是为满足顾客的需要，在同顾客的接触中，供方的活动和供方活动的结果。服务产品的构成要素包括以下几个方面：

（1）"显性服务"要素：服务的主体、固有特征，服务的基本内容。

（2）"隐性服务"要素：服务的从属、补充特征，服务的非定量因素。

（3）"物品"要素：服务对象要购买、使用、消费的物品和服务对象提供的物品。

（4）"环境"要素：提供服务的支持性设施和设备，存在于服务提供地点的物质形态的资源。

表 4-1 所示为几种典型行业服务产品的构成要素。

表 4-1 典型行业服务产品构成要素

行 业	环境要素	物品要素	显性服务要素	隐性服务要素
餐饮业	餐馆、烹调设备、装修、布置、氛围	食品、饮料、餐具、包装物	充饥、解渴	整洁、明快、卫生、可口、快捷、方便
酒店业	酒店及相关设施	提供给顾客的日用品、食物、卧具等	休息、住宿	安全感、愉悦感、舒适感、服务态度等
航空业	机场设施、飞机	为旅客提供的食品、用具等	到达目的地	准时、安全、快捷、舒适、服务态度
零售业	店铺、货架、布置、氛围	商品、购物车、购物袋	购买所需商品	便利、优惠、服务态度、结账速度

2. 服务设计的工具

肖斯塔克（Shostack）在 1984 年首次提出服务蓝图技术，并指出服务蓝图是一种准确地描述服务体系的工具，它借助于流程图，通过持续地描述服务提供过程、服务遭遇、员工和顾客的角色以及服务的有形证据来直观地展示服务，如图 4-6 所示。

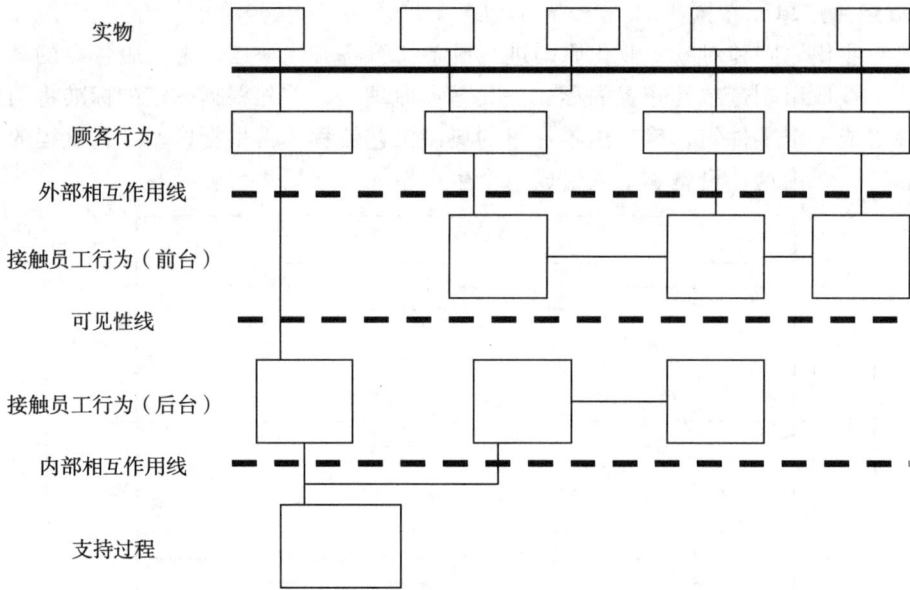

图 4-6　服务蓝图

（1）顾客行为，这部分主要围绕顾客采购、消费和评价服务过程中所采取的一系列步骤、所做的一系列选择、所表现的一系列行为以及它们之间的相互作用来展开。

（2）前台员工行为的接触，主要就是在接触人员的行为和步骤中，顾客看得见的部分。

（3）后台员工行为的接触，主要是指那些顾客看不见的、支持前台活动的行为。

（4）服务的支持过程，这一部分主要包括传递服务过程中的各种内部服务过程及其步骤和它们之间的相互作用。

3. 服务设计的步骤

服务设计包括以下四个基本步骤：

（1）明确服务过程：确定服务的输入、流程与输出，描绘蓝图，划分步骤。

（2）识别失误的环节：找出服务过程中可能由于人员、设备以及其他特有原因容易出现失误的环节，以便进行有针对性的监测、控制和修正。

（3）建立时间框架：按照顾客所能接受的标准确定每个环节的时间标准。

（4）分析成本收益：对每个环节以及整个服务系统的成本与收益进行分析，并加以改进，以提高效益。

4.3　新产品开发的组织管理

4.3.1　新产品开发的重要性

新产品是指采用新技术、新材料，在技术、性能、功能、结构、材质等一方面或几方面具有先进性或独创性的产品。

对生产企业而言，开发新产品是外部环境变化的必然要求。首先，技术进步快使产品更新换代速度加快，产品生命周期缩短，任何一家企业都不可能永久生产一种产品。其次，用户的要求越来越苛刻，用户需求多样化、个性化的特点也迫使企业不断地开发新产品。因此，无论是适应个性化定制生产的需要，还是为增强企业的市场竞争力，保持可持续发展，开发新产品都是企业所面临的长期任务。

新产品开发固然重要，新产品开发的组织管理同样重要，因为产品的开发周期、成本、质量和制造的效率无不受到产品开发的影响。

据统计，产品设计时间占开发时间的近60%。实践证明，若产品的生命周期为5年，产品开发时间每延长6个月，利润就损失1/3。

Boothroyd引用福特汽车公司的报告说明，尽管产品设计和工艺费用只占整个产品费用的6%，却影响了总费用的70%以上。

Sohlenius G以波音公司为例进行分析后指出：一般产品成本的83%以上由产品设计阶段决定，而这一阶段本身所占的费用仅为产品全部成本的7%以下。

Sun认为制造生产率的70%～80%是在设计和工艺阶段决定的。

所有质量问题的40%可以归因于低劣的设计和工艺。

4.3.2 传统新产品开发方法的弊端

新产品开发包括的主要问题如下：

（1）各下游所具有的知识难以加入早期设计。发现问题的时间越晚，修改费用越大，费用随时间成指数增加。

（2）各部门对其他部门的需求和能力缺乏了解，目标和评价标准的差异和矛盾降低了产品整体开发过程的效率。

我们常常会看到开发部门与制造、销售部门各自为政的情景。产品开发人员往往会有这样的强烈意识：产品开发的责任只到完成规格为止，剩下的就是制造与业务部门的工作。

4.3.3 并行的新产品开发

|阅|读|材|料| **飞机制造中的并行开发**

大型客机从设计到原型制造多则十几年，少则七八年。波音公司在767-X的开发过程中采用了并行产品定义的全新概念，通过优化设计过程，采用新的项目管理办法，改善设计，提高飞机生产质量，降低成本，改进计划，实现了3年内从设计到一次试飞成功的目标。

为了解决串行设计中存在的严重不足，加快产品开发速度，缩短产品上市时间，就必须对新产品开发流程进行变革。1988年，美国国防分析研究所的Winner在题为"并行工程在武器系统采购中的作用"的研究报告中提出了并行工程的概念。根据Winner等人对并行工程的定义，并行工程是对产品及其相关过程，包括制造过程和支持过程，进行并行、一体化设计的一种系统化方法。这种方法力图使产品开发者从一开始就考虑到产品全生命周期从概念形成到产品报废的所有因素，包括质量、成本、进度和用户需求。

并行工程的主要思想有：

（1）设计时同时考虑产品生命周期的所有因素，作为设计结果，同时产生产品设计规格和相应的制造工艺和生产准备文件。

（2）产品设计过程中各活动并行交叉进行。

（3）与产品生命周期有关的不同领域技术人员的全面参与和协同工作，实现生命周期中所有因素在设计阶段的集成，实现技术、资源、过程在设计中的集成。

4.4　生产计划管理

4.4.1　企业生产计划体系

生产计划是企业计划体系中的重要组成部分。按照时间不同，企业生产计划分为年度生产计划、产品出产进度计划和生产作业计划三个层次。

企业根据战略计划的目标制订销售计划，生产部门根据销售计划来制订年度生产计划（企业也称为生产大纲），再按照一定的原则将年度生产计划细分为具体到每个月的产品出产进度计划（实施 ERP 的企业称为主生产计划），出产进度计划再具体到每天、每个车间机台就形成了生产作业计划。

企业年度生产计划是资源性的，是企业资源综合平衡的结果；产品出产进度计划是指导性的；生产作业计划是指令性的。

4.4.2　企业生产计划的编制工具 ERP

目前，越来越多的企业应用 ERP 系统进行生产计划的编制。ERP 系统是从初期的 MRP 系统发展而来的，历经了初期 MRP、闭环 MRP、MRP Ⅱ、ERP、ERP Ⅱ 几个阶段。图 4-7 是对 MRP 系统向 ERP 系统的功能扩展的说明。

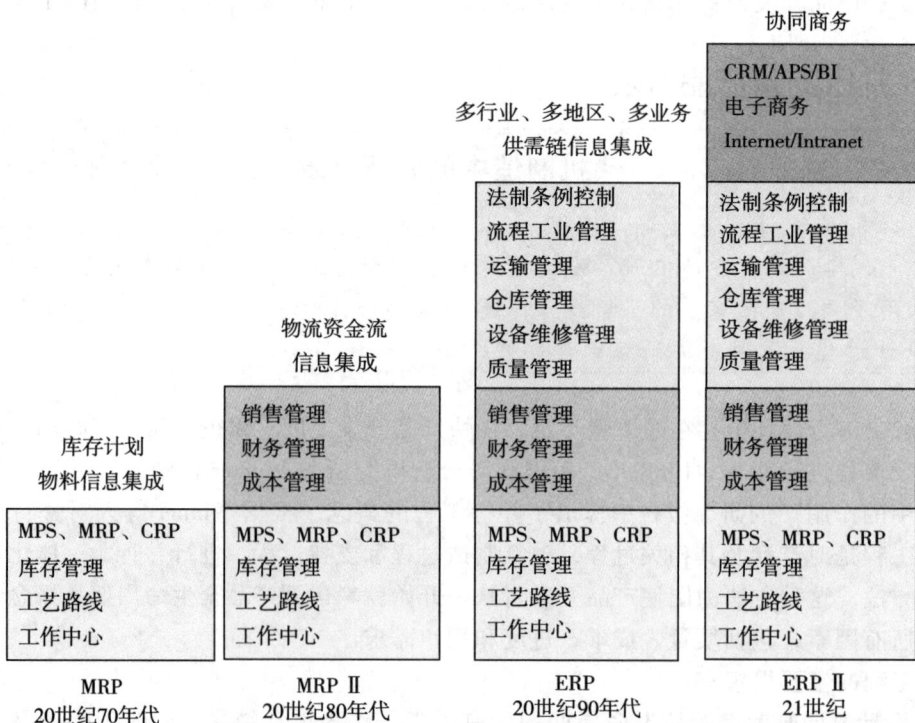

		多行业、多地区、多业务 供需链信息集成	协同商务 CRM/APS/BI 电子商务 Internet/Intranet
		法制条例控制 流程工业管理 运输管理 仓库管理 设备维修管理 质量管理	法制条例控制 流程工业管理 运输管理 仓库管理 设备维修管理 质量管理
	物流资金流 信息集成 销售管理 财务管理 成本管理	销售管理 财务管理 成本管理	销售管理 财务管理 成本管理
库存计划 物料信息集成 MPS、MRP、CRP 库存管理 工艺路线 工作中心	MPS、MRP、CRP 库存管理 工艺路线 工作中心	MPS、MRP、CRP 库存管理 工艺路线 工作中心	MPS、MRP、CRP 库存管理 工艺路线 工作中心
MRP 20世纪70年代	MRP Ⅱ 20世纪80年代	ERP 20世纪90年代	ERP Ⅱ 21世纪

图 4-7　MRP-MRP Ⅱ-ERP-ERP Ⅱ 功能扩展

1. MRP 的基本原理

由产品的需求量推导出零件与材料的需求量；由产品的交货期展开成零部件的生产进度日程和原材料、外购件的需求日期。MRP 系统的组成如图 4-8 所示。

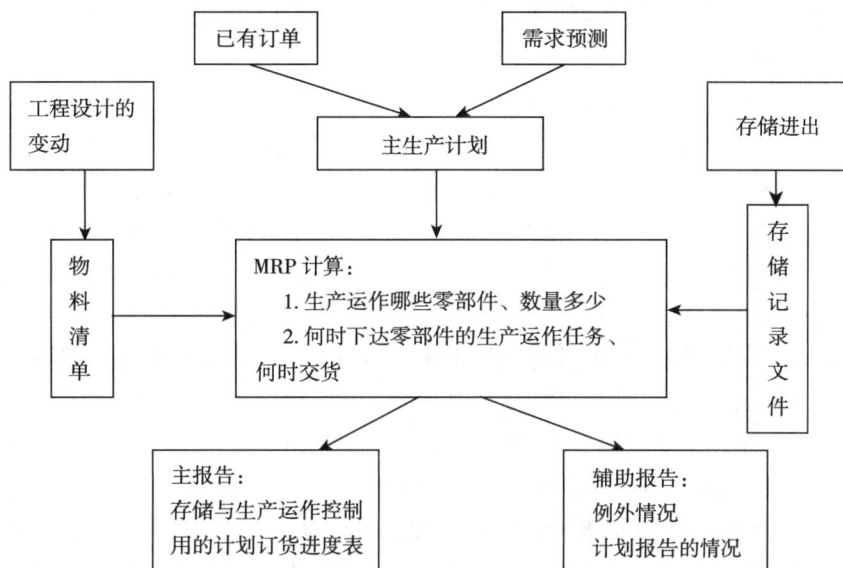

图 4-8　MRP 系统组成

（1）MRP 系统的输入。MRP 系统的输入包括主生产计划、物料清单文件、库存状态文件。

主生产计划（master production schedule，MPS）是描述企业最终产品生产运作安排的计划，即回答在特定的时间应当出产哪种最终产品、出产多少的计划，一般以周为时间单位。主生产计划的确定不仅要考虑已接到的订单，还要考虑预测因素，并在对所需的关键生产运作能力进行分析的基础上来完成，它以最终产品为对象，可通过二维矩阵形式来表示，如表 4-2 所示。

表　4-2

周	1	2	3	4	5	6	7	8	9	10	11	12
三抽屉文件柜							100			120		150
四抽屉文件柜				60			60	120		60		
办公桌						150	150		90			

主生产计划在 MRP 系统中处于特别地位，是驱动 MRP 运行的基本信息。

物料清单文件（bill of materials，BOM）又称**产品结构文件**，是对一个最终产品的零部件和原材料的构成以及在数量和先后顺序上相互间关系的完整描述。可见，在物料清单文件中，不同的物料根据隶属关系划分为不同的层次。产品结构越复杂，层次数就越多。通常，以最高层（0 层）代表最终产品，以最低层代表原材料或外购零部件。为便于计算机处理，需要对所有物料进行编码，它不仅可以替代物料名称，而且能指出物料所处的层次，反映各种物料的母子隶属关系。必须注意的是，当相同的物料出现在不同层次上时，应取其最低层进行编码，而且每种物料的编码应该是唯一的。

库存状态文件是记录 MRP 系统的所有物料库存情况的文件。MRP 系统关于应当订什么物料、订多少、何时发出订单等许多重要信息，都存储在库存状态文件中。由于要及时登记所发生的每一笔库存业务，因此，MRP 每运行一次，库存状况文件就发生一次大的变化。

（2）MRP 的输出。MRP 的输出包括主报告和辅助报告。主报告面向库存和生产运作的计划与控制，主要包括零件的生产作业计划和原材料的采购计划。辅助报告的作用在于分析、控制和支持 MRP 系统的运行。其内容较广泛，包括对未来各需求方案的效果进行模拟的仿真报告、对计划实际执行情况存在的差异的分析报告等。

2. 从 MRP 到 ERP Ⅱ

MRP 提供的各种物料在未来不同时间的需要量信息，实际上给出了外购件、原材料采购和零部件投入出产计划的一个方案，但这仅仅是初步的方案，还必须结合企业的生产运作能力约束未来实施与控制的具体情况和要求，对方案是否切合实际进行分析与评价，并做出适当调整。只有这样，MRP 才符合实际的生产运作作业计划管理工作的需要，形成包括计划编制、实施和控制功能的环形回路，成为一个完整的生产运作作业计划管理系统。这就是所谓的闭环 MRP。

对闭环 MRP 进一步扩展，把物料需求与企业其他资源（如人力、资金）的平衡，生产运作计划与企业战略和经营计划的协调，特别是生产运作过程和财务分析与控制的结合等有关内容包括进来，而且企业其他部门要根据 MRP 提供的信息编制和协调各自的计划，MRP 系统发展成为制造资源计划 MRP Ⅱ（manufacturing resources planning Ⅱ）。

MRP Ⅱ 的基本思想是，应用系统论的观点，把企业作为一个有机整体，从整体最优的角度出发，科学、有效地计划、组织、控制和协调企业的人、财、物的资源和产供销活动，以充分利用企业的各项资源，保证各项活动协调发展，进而提高企业的管理水平和经济效益。

MRP Ⅱ 系统实现了物料流和资金流及其管理的集成统一。在 MRP Ⅱ 系统中，所有物料同时被赋予货币属性，由物料采购计划可以直接导出采购预算，由生产运作计划可以导出生产运作成本计划以及库存资金占用计划，由销售计划可以导出销售收入和利润计划。这意味着可以将企业的生产运作活动和财务活动结合起来，把生产运作活动纳入到提高企业经济效益这一根本目标的控制之下。

MRP Ⅱ 系统实现了企业各部门活动的集成统一。在 MRP Ⅱ 系统出现之前，企业的生产运作、财务、销售、供应、设备、技术、人事等子系统都是各自独立运行，缺乏协调，常常发生互相扯皮、互相埋怨的现象。MRP Ⅱ 系统的出现，企业才可以给出一个合理可行且完整详细的计划，为各部门开展工作建立了一个共同的平台，为密切各部门的联系、统一各部门的活动提供了科学的基础。

MRP Ⅱ 解决了企业内部的物流问题，当越来越多的企业应用了 MRP Ⅱ 后，人们发现可以把不同企业的 MRP Ⅱ 系统集成起来，形成从原材料起点到最终用户的一个供应链。沿着这个方向发展 MRP Ⅱ 的新一代应用系统，即 ERP（enterprise resources planning，企业资源规划）。

最近几年，随着互联网和电子商务的发展，协同商务正成为新的商业模式，以企业为中心、以内部资源和效率的优化为使命的传统 ERP 已经受到质疑，ERP Ⅱ 已经开始萌芽。

ERP Ⅱ 是指通过支持、整合和优化针对具体行业的公司内部和公司之间的合作、运作和财务过程来创造客户和股东价值的一种商务发展战略和一套软件应用系统。

ERP Ⅱ 是一种新的商业战略，它由一组行业专业化的应用组成，通过它们建立和优化企业内部和企业之间流程、协作运营和财务运作流程从而将客户和股东价值优化。市场研究指出，从现在到 2005 年，企业需要在协作社区内为协作商务而发布关键业务信息的需求将会使得 ERP Ⅱ 逐步代替 ERP 系统成为企业内部和企业之间业务流程管理的首选。

ERPⅡ的定义强调未来的企业注重深度行业专业分工和企业之间的交流，而不仅仅是企业业务过程管理。

ERPⅡ系统包含六个基本特征，分别从业务、应用和技术方面定义了其战略取向。

（1）ERPⅡ的作用：从传统 ERP 的资源优化和业务处理扩展到利用企业间协作运营的资源信息，并且不仅仅是电子商务模式的销售和采购。

（2）领域：ERPⅡ的领域已经扩展到非制造业。

（3）功能性：超越传统通用的制造、分销和财务部分，而扩展到那些针对特定行业或行业段业务。

（4）业务处理：从注重企业内部流程管理发展到外部联结。

（5）系统结构：不同于单调的 ERP 系统结构，ERPⅡ系统结构是面向 Web 和面向集成设计的，同时是开放的、组件化的。

（6）数据处理方式：不同于 ERP 系统企图存储所有数据在企业内部，ERPⅡ面向分布在整个商业社区的业务数据处理。

3. ERP 系统成功实施的条件

随着越来越多的企业实施 ERP，人们也发现并非所有的企业都取得了成功，实践证明，要成功实施 ERP，必须具备一些基本条件。

（1）客观需要是实施的基本条件。实施 ERP 不是赶时髦，只有当企业真正感觉到有必要上 ERP 系统时（通常是多品种生产、零件及原材料种类多的企业），ERP 的实施才能真正发挥其功效。

（2）组成以企业主管领导为首的决策机构，是实施成功的重要条件。

（3）完整和准确的数据是 ERP 实施的基础。美国生产管理专家菲利普·奎格利在美国工业工程杂志上提出检验数据正确性的 3 个抽样检查测试。①将已装箱和准备发货的最终产品拆散，并将之与 BOM 相核对，必须 100% 准确。②从库中取出 3 种样本零件，将其实际库存量与库存记录相对照，应在 1% ~ 2% 准确。③从不同部门取得的信息误差应在允许范围之内。

（4）教育培训提高职工队伍素质，是实施 ERP 的重要保证。ERP 系统在企业的实施要求企业必须对现有的业务流程按供应链管理的思想进行优化，业务流程的优化势必改变员工业已熟悉的工作习惯和工作方式，因此，教育培训工作必不可少。

4.4.3　企业生产计划的控制方法——网络计划技术

随着生产活动的日益复杂化，人们越来越意识到计划的重要性。计划的编制方法有多种，网络计划技术是其中最常用的一种方法，尤其是在工程项目的计划制订与控制中得到了广泛应用。

网络计划技术是 20 世纪 50 年代末发展起来的，依其起源有关键路线法（CPM）与计划评审法（PERT）之分。1956 年，美国杜邦公司在制定企业不同业务部门的系统规划时，制订了第一套网络计划。这种计划借助于网络表示各项工作与所需要的时间，以及各项工作的相互关系。通过网络分析研究工程费用与工期的相互关系，并找出在编制计划及计划执行过程中的关键路线。这种方法称为关键路线法。1958 年，美国海军武器部在制订研制"北极星"导弹计划时，同样应用了网络分析方法与网络计划，但它注重于对各项工作安排的评价和审查，这种计划称为计划评审法。

1. 网络图的组成

网络图是网络计划技术的核心，是一种抽象地表达错综复杂的过程中的各项活动之间特定的先后衔接关系及其所需时间的图解模型。

例如，加工一个法兰盘（见图4-9），它由管子和盘子两部分组成，由4道工序组成，加工管子和加工盘子可以同时进行，各工序时间及时间上的先后关系如表4-3所示。

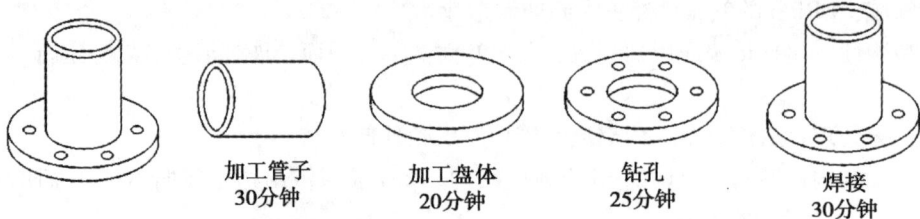

图4-9 法兰盘加工组合

加工管子 30分钟　　加工盘体 20分钟　　钻孔 25分钟　　焊接 30分钟

表4-3 加工法兰盘的工序时间及时间上的先后关系

工序	工序时间（分）	紧前工序
A：加工管子	30	—
B：加工盘体	20	—
C：盘体钻孔	25	B
D：焊接	30	A、C

描述该法兰盘加工的网络如图4-10所示。

问题：①加工该法兰盘需要多长时间？②若客户要求必须在70分钟内完成，应如何满足客户要求？

由图4-10可以看出，网络图的最基本构成要素是圆圈和箭线。圆圈称为结点，指某项工作、活动或任务（以下统称为活动）的开始或结束的瞬间，它既不占用时间，也不消耗任何资源。网络图中的箭线

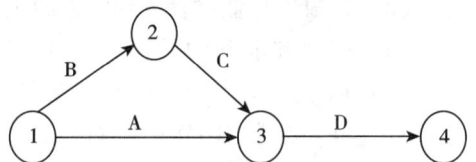

图4-10 法兰盘加工网络

表示计划中某项活动，箭尾表示活动的开始，箭头表示活动的结束，箭杆表示活动的全过程。活动的名称，可用英文字母表示，也可用和箭线相连的事项的编号表示，其占用时间可直接标注在箭线下方。任何一项活动都要占用一定的时间、空间和消耗一定的资源，但在不设坐标的网络图中，表示活动的箭线长短与这些量的大小无关。网络图中还经常出现虚箭线，作为虚活动的符号。所谓虚活动，是指不占用时间和空间、不消耗任何资源的实际并不存在的活动，其意义只是为了明确活动的相互关系，消除混乱。

对由同一个结点联结的各活动而言，称箭头对应的活动为箭尾对应活动的紧前活动，箭尾对应的活动为箭头对应活动的紧后活动。在图4-10中，对结点3而言，活动A、活动C是活动D的紧前活动，而活动D是活动A、活动C的紧后活动。

2. 网络图的绘制规则

为保证网络时间的正确计算，网络图要按照一定的规则绘制。网络图的绘制规则有以下几条：

（1）网络图是有向图，图中不能出现回路。

（2）活动与箭线一一对应，每项活动在网络图上必须用也只能用连接两结点的一根箭线表示。

（3）两个相邻结点只允许有一条箭线直接相连。若有平行活动，则应借助虚箭线加以区别。

（4）箭线必须从一个结点开始，到另一个结点结束，不能从一条箭线中间引出其他箭线。

（5）每个网络图必须有也只能有一个起始事项和一个终止事项。不允许出现没有先行事项或没有后续事项的中间事项。

（6）对每个事项要编号，箭头结点的编号要大于箭尾结点的编号。

3. 应用网络计划技术的步骤

（1）项目分解。对一个项目，首先要分解出若干项活动，这些活动的完成也就意味着整个项目的完成。项目分解可粗可细，取决于网络图的应用场合。若网络图用于高层指挥人员，项目分解可以粗一些，若网络图用于现场的进度控制，项目分解应该细一些。项目分解时要注意活动所需材料、设备等是否相同，若活动名称相同，但所用的材料、设备等不同，也要当作不同的活动来对待。

（2）确定各种活动之间的先后衔接关系，绘制网络图。对每一项活动都要回答出以下三个问题：

1）该活动开始前，哪些活动必须结束。

2）该活动结束后，哪些活动可以开始。

3）哪些活动可以与该活动同时进行。

有了对以上三个问题的正确回答，就可以清楚地掌握每项活动的紧前活动、后续活动和平行活动。

明确了各项活动的先后衔接关系以后，按照网络图的绘制规则绘制网络图。

（3）计算网络时间参数，确定关键路线。由起始事项沿箭线方向到终止事项，可以找到多条线路，每条线路上各活动的时间之和不同，其中时间之和最大的线路称为关键线路。

（4）网络计划优化。通过网络时间参数的计算，可以发现最初计划安排的不合理之处，还需要进一步进行优化。

（5）监控。将优化后的计划加以实施，监控计划的运行情况。

（6）调整。对计划运行中发现的不合理部分，要采取措施进行调整，以保证项目的按期完工。

4. 网络图的时间计算

网络的时间计算主要包括活动时间、结点时间和活动的时间参数的计算，此外还要考虑时差，并求出关键路线。

（1）活动时间的确定。活动时间指完成一项活动所需的时间，也就是一项活动的延续时间。其单位可以是日、周、月、年等，在同一网络图中各活动的时间单位要一致。活动的时间有两种确定方法。

1）单一时间估计法（又称单点估计法）。对各项活动的时间，仅确定一个时间值。当活动的不可测因素较少并有先例可循的情况下，通过对过去积累的有关统计资料及同类活动进行分析和对比，估计一个完成该活动的最大可能的时间作为该活动的活动时间。此时的网络图即为确定型网络图。

2）三种时间估计法（又称三点估计法）。当活动的不确定性过多，无法予以精确估计时，就先估计三种性质的活动时间，并在此基础上计算出活动的期望时间值，作为活动的时间。

这三个时间值为：

最乐观时间，以 a 表示，指在顺利情况下最快可能完成的时间。

最保守时间，以 b 表示。指在不利情况下最慢可能完成的时间。

最可能时间，以 m 表示。指在一般正常情况下最大可能完成的时间。

在 PERT 中，通常假设活动时间服从 β 分布。活动时间的平均值和方差计算如下：

平均时间
$$t_m = \frac{a + 4m + b}{6} \tag{4-1}$$

方差
$$\sigma^2 = \left(\frac{b - a}{6}\right)^2 \tag{4-2}$$

（2）结点时间参数计算。结点本身并不占用时间，它只是表示某项活动应在某一时刻开始或结束。因此结点时间参数有两个，即结点最早开始时间和结点最迟结束时间。

1）最早开始时间 ET（j）。一般假设起始结点的最早开始时间为零，即 $ET(1) = 0$，然后沿箭头方向从左至右依次计算各结点的最早开始时间。计算公式如下：
$$ET(j) = \max\{ET(i) + t(i,j)\} \tag{4-3}$$
式中，$ET(j)$ 表示箭头结点 j 的最早开始时间；$ET(i)$ 表示箭尾结点 i 的最早开始时间；t_{ij} 表示箭线（i, j）所代表活动的作业时间。

在一个网络图中，总的终止结点的最早开始时间即为该项目的总工期。

2）最迟结束时间。计算公式如下：
$$LT(i) = \min\{LT(j) - t(i,j)\} \tag{4-4}$$
对图 4-10 所示的网络图，运用公式，计算所有结点的 ET、LT 值。

$ET(1) = 0$

$ET(2) = ET(1) + t_{1,2} = 0 + 20 = 20$

$ET(3) = \max\{ET(1) + t_{1,3}; ET(2) + t_{2,3}\} = \max\{0 + 30, 20 + 25\} = 45$

$ET(4) = ET(3) + t_{3,4} = 45 + 30 = 75$

即加工该法兰盘需要 75 分钟。

$LF(4) = 75$

$LF(3) = LF(4) - t_{3,4} = 75 - 30 = 45$

$LF(2) = LF(3) - t_{2,3} = 45 - 25 = 20$

$LF(1) = 0$

（3）活动时间参数计算。当各结点的最早开始时间、最迟结束时间计算出来后，可以很方便地计算出各活动的时间参数。活动的时间参数有四个，其计算公式如下：

1）活动的最早开始时间：
$$ES(i,j) = ET(i) \tag{4-5}$$

2）活动的最早完工时间：
$$EF(i,j) = ES(i,j) + t(i,j) \tag{4-6}$$

3）活动的最迟完工时间：
$$LF(i,j) = LT(j) \tag{4-7}$$

4）活动的最迟开始时间：
$$LS(i,j) = LF(i,j) - t(i,j) \tag{4-8}$$

5）活动的总时差。在不影响整个工程工期，即不影响紧后活动的最迟开始时间的前提下，活动的开始或完成时间可以前后松动的最大范围。
$$ST(i,j) = LS(i,j) - ES(i,j) \tag{4-9}$$

5. 关键路线的确定

总时差为零的活动为关键活动，将关键活动连起来即为关键路线。

从例题中，不难算出：$R_{1,2} = R_{2,3} = R_{3,4} = 0$，即 B、C、D 是关键活动，①→②→③→④为关键路线。

对随机型网络图而言，可计算不同路线在规定期限内完工的概率，关键路线是在规定期限内按期完工概率最小的路线。

6. 网络计划的优化

网络计划技术不单要真实地描述计划，而且更重要的是如何运用图形计算的结果进行定量分析，使计划在可行的基础上更优。网络优化就是利用时差，不断改善网络计划的初始方案，在满足一定约束的条件下，寻求保证既定目标实现的最优方案。根据目标的不同，网络计划的优化有时间优化、时间—资源优化、时间—成本优化等内容。

时间优化就是在人力、物力和资金等资源有保证的条件下，通过诸如组织平行交叉作业、采用新技术压缩关键活动的作业时间等措施，寻求最短的工期。对例题，若想在 70 分钟内完成法兰盘的加工，只能想办法缩短加工盘体、钻孔和焊接的时间。

时间—资源优化是指在一定的工期条件下，通过平衡资源，求得工期与资源的最佳结合，或在资源条件限制下，寻求最佳工期。

时间—成本优化就是按照计划规定的工期规划最低成本，或者根据最低成本的要求，寻求最佳工期，寻求工期与成本的最佳配合，以提高经济效益。

4.5　现场 5S 管理

现场有广义和狭义之分。广义上，凡是企业用来从事生产经营的场所，都称之为现场，如厂区、车间、仓库、运输线路、办公室以及营销场所等。狭义上，是指企业内部直接从事基本生产或服务运作的场所，是生产运作系统的具体设计结果。

无论是制造业还是服务业，要实现输入到输出的转换都离不开现场。现场管理水平的高低最能体现一个组织的整体管理水平。

现场管理是指用科学的标准和方法对生产现场的各生产要素，包括人（工人和管理人员）、机（设备、工具、工位器具）、料（原材料）、法（加工、检测方法）、环（环境）、信（信息）等进行合理有效的计划、组织、协调、控制和检测，使其处于良好的结合状态，达到优质、高效、低耗、均衡、安全、文明生产的目的。

现场管理的内容包括现场的安全管理、物料管理、计划管理、设备管理、工具管理、人员管理、排产管理、5S 管理，等等。由于篇幅的限制，本章只介绍 5S 管理。

5S 管理在 20 世纪 60 年代产生于日本，目前被越来越多的企业所应用。"5S"是整理（seiri）、整顿（seiton）、清扫（seiso）、清洁（seiketsu）和素养（shitsuke）这 5 个词的缩写。因为这 5 个词日语中罗马拼音的第一个字母都是"S"，所以简称为"5S"，开展以整理、整顿、清扫、清洁和素养为内容的活动，称为"5S"活动。

4.5.1　整理

把要与不要的人、事、物分开，再将不需要的人、事、物加以处理，这是开始改善生产现场的第一步。其要点是对生产现场的现实摆放和停滞的各种物品进行分类，区分什么是现场需要的，什么是现场不需要的；其次，对于现场不需要的物品，诸如用剩的材料、多余的半成品、切下的料头、切屑、垃圾、废品、多余的工具、报废的设备、工人的个人生活用品等，要坚决清理出生产现场，这项工作的重点在于坚决把现场不需要的东西清理掉。对于车间里各个工位或设备的前后、通道左右、厂房上下、工具箱内外以及车间的各个死角，都要彻底搜寻和清理，达到现场无不用之物。坚决做好这一步，是树立良好作风的开始。日本有的公司提出口号：效率和安全始于整理！

4.5.2　整顿

把需要的人、事、物加以定量、定位。通过前一步整理后，对生产现场需要留下的物品进行科学合理的布置和摆放，以便用最快的速度取得所需之物，在最有效的规章、制度和最简捷的流程下完成作业。

整顿活动的要点是：

（1）物品摆放要有固定的地点和区域，以便于寻找，消除因混放而造成的差错；

（2）物品摆放地点要科学合理，例如，根据物品使用的频率，经常使用的东西应放得近些（如放在作业区内），偶尔使用或不常使用的东西则应放得远些（如集中放在车间某处）；

（3）物品摆放目视化，使定量装载的物品做到过目知数，摆放不同物品的区域采用不同的色彩和标记加以区别。

生产现场物品的合理摆放有利于提高工作效率和产品质量，保障生产安全。这项工作已发展成一项专门的现场管理方法——定置管理。

4.5.3　清扫

把工作场所打扫干净，设备异常时马上修理，使之恢复正常。生产现场在生产过程中会产生灰尘、油污、铁屑、垃圾等，从而使现场变脏。脏的现场会使设备精度降低，故障多发，影响产品质量，使安全事故防不胜防；脏的现场更会影响人们的工作情绪，使人不愿久留。因此，必须通过清扫活动来清除那些脏物，创建一个明快、舒畅的工作环境。

清扫活动的要点是：

（1）自己使用的物品，如设备、工具等，要自己清扫，不要依赖他人，不增加专门的清扫工；

（2）对设备的清扫，着眼于对设备的维护保养。清扫设备要同设备的点检结合起来，清扫即点检；清扫设备要同时做设备的润滑工作，清扫也是保养；

（3）清扫也是为了改善。当清扫地面发现有飞屑和油水泄漏时，要查明原因，并采取措施加以改进。

4.5.4　清洁

整理、整顿、清扫之后要认真维护，使现场保持完美和最佳状态。清洁，是对前三项活动的坚持与深入，从而消除发生安全事故的根源。创造一个良好的工作环境，使职工能愉快地工作。

清洁活动的要点是：

（1）车间环境不仅要整齐，而且要做到清洁卫生，保证工人身体健康，提高工人劳动热情；

（2）不仅物品要清洁，而且工人本身也要做到清洁，如工作服要清洁，仪表要整洁，及时理发、刮须、修指甲、洗澡等；

（3）工人不仅要做到形体上的清洁，而且要做到精神上的"清洁"，待人要讲礼貌、要尊重别人；

（4）要使环境不受污染，进一步消除浑浊的空气、粉尘、噪声和污染源，消灭职业病。

4.5.5　素养

素养即努力提高人员的修养，养成严格遵守规章制度的习惯和作风，这是"5S"活动的核心。没有人员素质的提高，各项活动就不能顺利开展，开展了也坚持不了。所以，抓"5S"活动，要始终着眼于提高人的素质。

4.6　各种先进生产方式

4.6.1　精益生产

1. 精益生产方式产生的背景

精益生产方式（lean production）来源于日本的丰田生产方式（也称准时化），是在日本经济高速增长时期形成的，但这种方式在日本的传播却是在经济低速增长的情况下展开的。1973年以前，日本经济一直保持着高速度增长，所以大家对丰田生产方式并不感兴趣。1973年秋发生石油危机后，日本经济下降到负增长的状态，但丰田公司不仅获得了高于其他公司的盈利，而且与年俱增，拉大了同其他公司的距离。于是，丰田生产方式开始受到重视，在日本得到了普及推广。丰田生产方式的成功推广，使日本进入了世界汽车大国的行列。为了进一步揭开日本汽车工业成功之谜，1985年美国麻省理工学院筹资500万美元，在丹尼尔·鲁斯教授的领导下，组织了53名专家、学者，用了5年时间对14个国家的近90个汽车装配厂进行了实地考察，并对西方的大量生产方式与日本的丰田生产方式进行了对比分析，最后于1990年写出了《改变世界的机器》一书，第一次把丰田生产方式定名为 lean production，即精益生产方式。

| 经 | 典 | 案 | 例 |　　　　　　　　　　一汽集团的精益生产

第一汽车集团公司是我国第一个生产汽车的企业，也是我国第一家推行精益生产方式的企业。早在1978年，一汽就派出以厂长为首的专家小组去日本考察汽车工业的管理经验。1981年丰田生产方式的创始人大野耐一先生，应邀到一汽传授经验。20世纪80年代初期，一汽先后在不同部门应用了看板管理、标准化混流生产、数理统计、QC活动、设备点检、滚动计划、网络技术、目标成本、价值工程等现代化管理方法，使一汽开始跳出了50年代建厂以来形成的管理工作的老框框。1983年7月，一汽开始了以换型改造为内容的规模宏大的第二次创业。1987年，第二次创业刚刚结束，一汽就不失时机地开展了以调整产品、产品结构、上轻轿为主要内容的第三次创业。为了使一汽的管理工作适应轿车生产的需要，在引进德国奥迪中高级轿车产品技术和制造技术的同时，

引进先进的奥迪的质量评审方法，并在轿车生产试行成功的基础上，移植到了卡车生产过程。为了使先进技术的潜能得到充分的释放，在引进日本日野公司带有同步器变速箱产品和制造技术的同时，引入了先进的"准时化"生产方式，建立了一汽第一个全面推行精益生产方式的样板厂。在变速箱厂经验的启示下，涌现出一批不同类型的积极推行精益生产方式的专业厂和车间。

2. 精益生产方式的基本内容

（1）生产制造领域的精益化管理。精益生产方式在生产领域的推广应用，主要是组织"拉动式"生产，改善劳动组织和现场管理，彻底消除生产制造过程中的无效劳动和浪费。这是精益生产方式的重要组成部分。为保证"拉动式"生产的实现，要采取以下三个措施：

1）生产线内部"单件流"。所谓"单件流"，是指生产线内部相邻上下道工序之间流动的在制品在数量上，任何时候都不超过紧前工序的装夹数量，在运动状态上不间断、不超越、不落地的运动过程，它是精益生产的核心内容。

2）生产线之间采用"库存补充"方式。"库存补充"是指规定一定的成品库存量，使仓库或存放点的成品数量始终介于最高与最低储备数量之间。当达到最高储备数量时就立即停止生产或运输；当低于最低储备数量时就立即组织生产进行补充，直到在要求的时间达到最高与最低储备量之间。

3）实施看板管理。看板管理又称"可视化管理"，是以流水线作业为基础，以看板为工具，从生产过程的最后一道工序开始，按反工艺流程逐序取料，用既定的期量标准控制生产过程的在制品流转。看板包括生产工序用的生产看板、工序与工序之间用的领取看板、主机厂家与配套厂家之间用的送货看板。

在劳动组织上，精益生产采用"多机床操作，多工序管理"。它是指一个工人同时看管多台不同类型的设备，完成多个工序的加工操作的一种劳动组织形式。为使多工序管理、多机床操作顺利实施，首先，流水线应采取U形布置，用垫墩找平使各机床的加工中心在同一高度上，以便将操作者的行走距离缩短到最短。其次，在做好思想政治工作、使工人了解多机床操作的目的、意义的同时，做好工人的业务素质培训，使其能从事多机床操作。最后，制定配套的工资分配制度，使工资分配向多机操作者倾斜。

精益生产方式下的现场质量管理，就是针对精益生产的要求所建立的以"深化工艺"、"绿化工序"、"自控活动"、"五不流管理"和"产品创优"为主要内容的"五位一体"质量控制系统。

"深化工艺"是指在工序普查的基础上，认真分析现有工艺，找出差距，同时根据产品在质量考核以及用户使用中暴露和反馈的质量问题，分析原因，确定需要增加的辅助工序、环节工序，以及必须改进完善的主体工序，并逐项进行解决。

"绿化工序"也称"创合格工序活动"，其目的是使产品从投入到产出的各环节达到合格状态。为达到此目的，由车间主任、班组长会同工艺员、工具管理员、检查者及操作者等共同对形成工序的六大因素（人、机、料、法、环、信）进行逐工序的合格与不合格的鉴定。对不合格工序，找出不合格的原因，分别立项进行解决，使之达到合格标准。

"自控活动"是以操作者为主体，对影响工序质量的六要素进行有效控制的质量保证活动。

"五不流管理"的具体内容是：原材料及外购件不合格不投产，毛坯不合格不加工，零件不合格不转序，总成不合格不装配，整机不合格不出厂。

"产品创优"是达到质量目标的实施过程，也是整个系统的工作过程。

（2）产品开发领域的精益化管理。

1）产品开发的组织形式。在产品开发的组织形式上，精益生产方式采用"主查制"。"主查"是日本的提法，实际上就是项目负责人，他与大量生产方式开发小组的项目经理相比，具有更大的实权。例如：对产品开发的一切资源条件（包括人力、物力、财力）的支配权；对产品的设计方向及开发计划的进度有决定权和指挥权；对小组成员在工作中的表现有评价权、推荐权，这种评价直接影响到小组成员的职务及工资晋升。

2）产品开发工作程序。精益生产方式企业的产品开发，采用并联式工作程序，又称同步工程（simultaneous engineering）。产品开发从一开始，设计、工艺、质量、成本、销售等部门就联手参加有关工作。产品设计人员和生产准备人员之间不是简单的协作，而是不讲条件地对即将开发的新产品取得共同的认识，采取一致的行动，以便开发出更好的产品。同步工程改变了以往接力棒式的由前向后传递推动工作的做法，而是从确定产品最终目标开始，由后向前提出各种各样的要求，在产品设计过程中就要确定制造工艺，用工艺保证达到质量标准、生产效率、目标成本等各项指标。

3）协作厂的参与开发。在典型的大量生产方式企业中，主机厂一般是不要协作厂参与产品设计的，协作厂只需按产品图样进行加工生产就可以了。精益生产方式企业把所有协作配套件都从主机厂分离出去，充分利用零部件协作厂的力量，进行产品开发，因而能充分缩短开发周期，减少不必要的资源浪费。

4）产品开发人员的使用和培养。大量生产方式企业用精通某一狭隘领域的专业人员设计产品，专业分工越来越细。比如，诸多工程师划分为设计工程师、设备工程师、工艺工程师等。而设计工程师又按产品结构进一步细分。这种做法虽然能使设计人员成为精通某一专业的专家，但也限制了设计人员知识的全面发展，造成协调工作的困难。

（3）产品营销领域的精益化管理。

1）销售的地位。精益生产方式把销售看作生产过程的起点，把用户看成是生产过程的一个组成部分，而且是看板生产体系的第一个环节。精益生产企业依靠它的销售网络，精心收集用户对产品的爱好和需求，预先开发出满足用户多种需要的产品。一旦接到订货，很短时间内就可交货，因而销售系统的成品库存大幅度降低。

2）销售方式。精益生产方式下的销售是主动销售。主动销售有两个主要做法。一是销售人员深入用户推销产品。每个经销点都组建由七八个人组成的小组，小组成员中除一人留守负责问询工作外，其他人都去挨家挨户推销产品。二是通过完善的售后服务培养产品的忠诚用户。主动销售的目标并不是停留在产品成交后就完事，而是建立和培养用户毕生对企业的忠诚。主动销售一方面可以为用户提供高水准的服务，从而使生产厂家获得更多的订货份额，大大降低库存成本，求得生产稳定发展；另一方面，又可为生产厂家提供高水准的真实信息，省去了费时、费钱并且往往又不准确的市场调查，使产品开发、生产安排更加贴近市场需求。

4.6.2　绿色制造

1. 绿色制造产生的背景

回顾 20 世纪发展历程，可以看到，地球上发生了 3 种影响深远的变化：一是科学技术突飞猛进，社会生产力极大提高和经济规模空前扩大，经济增加了几十倍；二是人口爆炸性增长，20 世纪世界人口翻了两番，并仍以每年 8 000 万人以上的速度在继续增长；三是由于自然资源的过度开采与消耗、污染物质的大量排放，导致全球性的资源短缺、环境污染和生态破坏。

　　在经历了一系列全球性生态环境问题对经济发展所带来的影响和痛苦后,人类不得不反思传统经济发展模式不可克服的矛盾,重新审视自己的社会经济行为,探索新的发展战略。现在越来越多的人认识到发展实际上是一个人口、资源、环境的综合性问题。

　　1992年,联合国环境与发展会议确立了可持续发展道路。可持续发展有两个鲜明特征:一是发展的可持续性,即发展应能满足现代人和未来人的需要;二是发展的协调性,即经济和社会发展必须充分考虑资源和环境的承载能力,追求社会、经济与资源、环境的协调发展。

　　国外研究表明,工业、能源、交通、农业及旅游业对环境产生的影响巨大,并对实现可持续发展起关键作用,尤其是量大面广的制造业。造成环境污染的排放物70%以上来自制造业,它们每年约产生55亿吨无害废物和7亿吨有害废物。传统的治理方法是末端治理,它不能从根本上实现对环境的保护,必须从源头上进行治理。

|相|关|链|接|　　　　汉诺威工博会的环保主题

　　作为世界上规模最大、最重要的工业技术展览会,德国的汉诺威工博会被誉为"世界工业发展的晴雨表",2012年的会议主题"绿色、智能",参展企业不管同能源沾不沾边,都在积极往环保上靠,其主张是:提高能源效率就是绿色。正如汉诺威展览公司董事局主席冯睿实所说,只有将高效率的工艺、环境可承受的材料与可持续发展的产品巧妙结合,工业企业才能在充满活力的国际市场中保持竞争力。

　　绿色制造就是在这样一个大的背景下提出的。

　　国外不少国家的政府部门已推出了以保护环境为主题的"绿色计划"。1991年日本推出了"绿色行业计划",加拿大政府已开始实施环境保护"绿色计划",美国、英国、德国也推出了类似计划。目前,在一些发达国家,除政府采取一系列环境保护措施外,广大消费者也呈现出热衷于购买环境无害产品的绿色消费的新动向,促进了绿色制造的发展。产品的绿色标志制度相继建立,凡产品标有"绿色标志"图形的,表明该产品从生产到使用以及回收的整个过程都符合环境保护的要求,对生态环境无害或危害极少,并利于资源的再生和回收,这为企业打开销路、参与国际市场竞争提供了条件。如德国水溶油漆自1981年开始被授予环境标志(绿色标志)以来,其贸易额已增加20%。德国目前已有60种类型3 500个产品被授予环境标志,法国、瑞士、芬兰和澳大利亚等国于1991年对产品实施环境标志,日本于1992年对产品实施环境标志,新加坡和马来西亚也在1992年开始实施环境标志。目前已有20多个国家对产品实施环境标志,从而促进了这些国家"绿色产品"的发展,在国际市场竞争中取得更多的地位和份额。

中国绿色标志	英国生态标志	新加坡绿色标志	日本生态标志
美国能源之星	加拿大环境选择标志	德国蓝色天使	北欧委员会环境标志

由中国电子报社主办的中国绿色制造年会自 2007 年首届，至 2011 年已举办了 5 届

　　在我国，近年来在绿色制造及其相关问题方面也进行了大量的研究，国家自然科学基金和国家 863/CIMS 主题部支持了绿色制造方面的研究课题，已取得了一定的研究成果。国家 863/CIMS 主题还在中国现代集成制造系统网络（CIMS-Net）上开辟了绿色制造专题，对国内外绿色制造研究情况进行综合介绍。

　　国家科学技术部于 2012 年 4 月份组织编制了《绿色制造科技发展"十二五"专项规划》（以下简称《专项规划》）。《专项规划》以"十二五"时期的需求为重点，兼顾我国中长期制造业可持续发展的需求，明确突破绿色设计、节能减排工艺、绿色回收资源化与再制造、绿色制造技术标准等关键共性技术，推动技术、标准、产业协同发展。选择典型示范意义的行业或区域，开展绿色制造技术、工艺装备和产品的推广应用，推动传统制造业绿色化改造，发展资源节约和节能环保的战略性新兴产业，提高我国制造企业竞争力。《专项规划》明确了组织实施发展绿色制造的指导思想和发展目标，确定了重点内容和实施方案，提出了保障措施和技术路线图。《专项规划》是"十二五"时期开展绿色制造工作的重要依据。

　　2. 绿色制造的概念

　　Alting 提出将产品的生命周期划分为六个阶段：需求识别、设计开发、制造、运输、使用以及处置或回收。基于产品生命周期的概念，绿色制造可定义为：

　　在满足产品功能、质量和成本等要求的前提下，系统考虑产品开发制造及其活动对环境的影响，使产品在整个生命周期中对环境的负面影响最小，资源利用率最高。这种综合考虑了产品制造特性和环境特性的先进制造模式称为绿色制造。

　　从上述定义中可以看出，绿色制造的目标包括：工厂环境更趋于安全、清洁，工人健康得到保护，减少后续处置费用，产品质量提高以及良好的公众形象。

　　3. 绿色制造的研究内容

　　绿色制造的主要研究内容有绿色制造系统、绿色设计技术、绿色材料技术、绿色包装技术等。下面就这几方面的内容进行简要的介绍。

　　（1）绿色设计。绿色设计是获得绿色产品的基础。它是指在产品生命周期的全过程中，充分考虑对资源和环境的影响，在考虑产品的功能、质量、开发周期和成本的同时，优化有关设计因素，使得产品及其制造过程对环境的影响和资源的消耗最小。

1）绿色设计的方法。绿色设计涉及机械制造学科、材料学科、管理学科、社会学科、环境学科等诸多学科的内容，具有较强的多学科交叉特性。因此，仅用某一种设计方法是难以满足绿色设计的要求的。绿色设计是设计方法集成和设计过程集成，是一种综合了面向对象技术、并行工程、生命周期设计的发展中的系统设计方法，是集产品的质量、功能、寿命和环境于一体的设计系统。

2）绿色设计的关键技术。**面向拆卸的设计**（design for disassembly，DFD）也称**拆卸设计**，就是在设计过程中，将可拆卸性作为设计目标之一，使产品的结构不仅便于制造和具有良好的经济性，而且便于装配、拆卸、维修和回收。可拆卸性是产品的固有属性，单靠计算和分析设计不出好的可拆卸性能，需要根据设计、使用和回收中的经验，拟定准则，用以指导设计。

面向回收的设计（design for recycling，DFR）也称**回收设计**。这里所说的"回收"是区别于通常意义上的废旧产品回收的一种广义回收。它有如下几种方式：①重用，即将回收的零部件直接用于另一种用途；②再加工，指回收的零部件在经过简单的修理或检修后应用在相同或不同的场合；③高级回收，指经过重新处理的零件材料被应用在另一更高价值的产品中；④次级回收，指将回收的零部件用于低价值产品中，如计算机的电路板用于玩具上；⑤三级回收，指将回收的零部件的聚合物通过化学方式分解为基本元素或单元体，用于生产新材料，也可用于生产其他产品，如石油、沥青等；⑥四级回收，也称燃烧回收，即将燃烧回收的材料用以生产或发电；⑦处理，主要指填埋。

绿色设计的数据库。绿色设计涉及产品生命周期全过程，因而需要产品生命周期过程中的所有数据。如材料数据、不同材料的环境负荷值，制造、装配、销售及使用过程中产生的废弃物数量及能耗等。

绿色设计的工具及其开发。绿色设计涉及很多学科领域的知识，利用常规的分析计算方法和设计工具，是无法满足绿色设计要求的。因此，绿色设计必须要有相应的工具支持。绿色产品的计算机辅助设计（GCAD）是目前绿色设计研究的热点之一。

（2）绿色材料。**绿色材料**（green material，GM）又称**环境协调材料**（environmental conscious material，ECM），是指具有良好使用性能，并对资源和能源消耗少，对生态与环境污染小，有利于人类健康，再生利用率高或可降解循环利用，在制备、使用、废弃直至再生循环利用的整个过程中，都与环境协调共存的一大类材料。

绿色材料具体表现在两个方面。第一，在其生命周期全程具有很低的环境负荷值。环境负荷值是评价一种材料对生态和环境的污染程度及再生利用率高低的综合指标。具有高的再生利用率并对生态和环境污染小的材料具有低的环境负荷值。该值常有标准设定值，该设定值可作为评判标准。第二，具有很高的循环再生率。这本身就可以节约资源、能源，减少原材料生产制造过程中的污染。

（3）绿色工艺规划技术。大量的研究和实践表明，产品制造过程的工艺方案不一样，物料和能源的消耗将不一样，对环境的影响也将不一样。绿色工艺规划就是要根据制造系统的实况，尽量采用物料和能源消耗少、废弃物少、对环境污染小的工艺路线。

机械加工中的绿色制造工艺主要包括干式切削、干式磨削和少屑或无屑加工。少屑或无屑加工是利用精密铸造工艺，使工件一次成型，减少切削加工量；干式加工就是在加工过程中不用切削液的加工法。

（4）绿色包装。绿色包装是指采用对环境和人体无污染、可回收重用或可再生的包装材料及其制品进行包装。绿色包装必须符合"3R1D原则"，即reduce——减少包装材料消耗；reuse或refill——包装容器的再填充使用；recycle——包装材料的循环再利用；degradable——包装材料具有可降解性。绿色包装技术研究的内容大致可以分为包装材料、包装结构和包装废弃物回收处理三个方面。

4. 绿色制造过程的环境管理

绿色制造过程的环境管理，也就是目前广泛探讨并实施的国际环境管理标准ISO 14000。ISO 14000系列标准是一整套国际环境管理标准，完全不同于以往的水、气、声、渣的质量和排放标准，体现着国际标准的通用性和公平性。ISO 14000的主要内容有：环境管理体系、环境审核、环境标志、环境行为评价、生命周期评定、术语和定义等。其基本框架如下：

ISO 14001～ISO 14009——环境管理体系标准。

ISO 14010～ISO 14019——环境审核和环境监测标准。

ISO 14020～ISO 14029——环境标志标准。

ISO 14030～ISO 14039——环境行为评价标准。

ISO 14040～ISO 14049——产品生命周期评价标准。

虽然ISO 14000不具有法律上的约束力，但它可用来向消费者推荐有利于保护生态环境的产品，以形成强大的市场和社会压力，因而引起世界各国的高度重视，被誉为企业"通向世界市场的绿色通行证"。我国国家环保局于1996年1月批准成立了国家环保总局华夏环境管理体系审核中心，专门负责ISO 14000系列标准在我国的实施、培训工作以及同国际有关机构的交流，并建立了专门的网站——中国环境管理体系认证信息网。ISO 14000环境管理体系标准引起了我国众多企业的重视。

4.6.3　敏捷制造

1. 敏捷制造的产生

针对20世纪七八十年代美国制造业的衰退及应付来自日本、德国和世界许多其他同家和地区的激烈挑战，美国国会提出了重振美国制造业雄风的目标并委托里海大学的Iacocca研究所就此问题做一个调查研究，提交一份执行建议。里海大学Iacocca研究所的教授们联合了美国13家大公司的高级行政和技术总裁以及一些著名的咨询和顾问公司的专家，经过半年多的艰苦工作，完成了著名的《21世纪制造业战略发展报告》。在这份报告中提出了"敏捷制造"（AM）的概念。报告建议在消费品生产、半导体工业、汽车工业、化学工业等大批量生产的传统企业中，应在21世纪转变为"灵活"的制造企业，否则就会在全球化市场竞争中失去优势。因为，在大批量生产中，即使采用了准时化生产（JIT）和精益生产（LP），企业总是企图自行生产每一个零件或部件，竞争优势只体现在规模和"全能"上。而灵活制造则着眼于小规模、模块化生产和强调企业间合作，每家提供新的可能的一部分。因为21世纪用户的各式各样需求将层出不穷，市场变化愈来愈快，为了抓住瞬息即逝的市场机遇，要求企业具有极高的灵敏度和快速响应市场的能力，即实行敏捷制造策略。

2. 敏捷制造的概念

美国机械工程师学会（ASME）主办的《机械工程》杂志的1994年期刊中，对敏捷制造做了如下定义："敏捷制造就是指制造系统在满足低成本和高质量的同时，对变幻莫测的市场需求的快速反应。"

我们认为，敏捷制造就是企业在无法预测的持续、快速变化的竞争环境中生存、发展并扩大竞争优势的一种新的经营管理和生产组织的模式。它强调通过联合来赢得竞争，强调通过产品制造、信息处理和现代通信技术的集成，来实现人、知识、资金和设备的集中管理和优化利用。

3. 敏捷制造的特点

（1）速度是敏捷制造的基本特征。敏捷制造的最基本特征就是对市场需求的快速反应，即速度。速度是个综合的概念，它包括了市场反应速度、新产品开发速度、生产速度、信息传播速度、组织结构调整速度等。

统计表明，如果开发费用超出预算的50%，产品寿命周期内的利润将减少4%，但如果产品的开发周期太长导致产品的上市时间推迟6个月，则利润要损失30%。因此，如何加快包括新产品开发在内的各种速度是敏捷制造所研究的重要内容。

（2）"合作双赢"是敏捷制造的组织形式。在敏捷制造中，某一家企业为了响应已经出现的或根据预测即将出现的市场机遇，或者掌握了某一未来产品的关键技术后，为了在短时间内推出成熟的市场化产品，明智的选择是在共同盈利的基础上，联合其他企业或组织，通过动态联盟的方式共同承担风险和分享未来的利益。

（3）"知识创新"是敏捷制造的决定性因素。敏捷化竞争的时代已经从物质经济时代逐步转向了知识经济时代。知识创新已成为敏捷制造能否实现的决定性因素。

企业以用户需求为导向领先市场研究和生产新产品，一旦新产品有了一定市场份额，立即又将聚焦点集中到下一轮新产品的研究与商场竞争上。这是以知识为基础的生产方式。

（4）系统论和进化论是敏捷制造的指导思想。尽管敏捷制造非常强调"速度"和顾客"满意度"，但是这种"速度"和顾客"满意度"不能以牺牲成本和其他为代价。敏捷化竞争是一种综合性的竞争，它要实现的不是局部优化，而是全局优化。同时，敏捷化是一项没有时间期限的工程，不能有"一劳永逸"和"一步到位"的思想，要站在系统的角度和进化的角度来认识和开展敏捷化工程。

4. 敏捷制造的技术基础

敏捷制造除了要求有适宜的社会环境外，还要求有必要的技术基础。主要包括：

（1）敏捷化信息系统。信息系统在敏捷制造的技术基础中处于基础地位，为了实现敏捷化，信息化系统必须满足以下要求：

1）系统的分布性和异构性。由于企业本身所具有的物理上的分布性，以及支持企业间的协作，要求敏捷化的信息系统必须是一个分布的系统；此外，对于各个企业部门所采用的不同的软硬件平台和信息系统的集成，要求新建立的系统能够为各种平台、各种编程语言编写的系统提供集成的方案，即系统的异构性。

2）系统的可重构、可重用和可扩充。在实施企业间的相互协作和企业内的重组过程中，最关键的内容之一是随着企业协作关系的形成和解体以及随着企业的重组如何快速地进行企业信息系统的重构。系统的重构包括对系统的业务流程、系统的功能以及系统的组织结构等三个方面，这需要信息系统本身能够提供对重构的支持。此外，在构造可重构系统的过程中，必然要以软件的重用为基础，即系统应该是由可重用的软件模块构成，同时，软件重用还应该包括对企业原有系统的重用；对于企业正在使用的信息系统（MIS/MRP Ⅱ），将其完全抛弃是不现实的，所以应该提供相应的技术和方法实现对原有系统的集成和重用。

敏捷化信息系统的可重构能力和系统的动态性还要求系统具有开放性和可扩展性。因为企业的动态联盟的规模可大可小，所以系统应该具有良好的可扩展能力。同时，系统的开放性保证了把一个资源共享的新系统加入到原系统中而不影响原系统的其他服务。

3）系统的合作性。随着企业之间合作的加强以及企业内各部门之间要求协调统一，反映到信息系统中，系统之间的合作不应该是简单的资源共享和数据交换等方式，敏捷化的信息系统应该提供更高层次相互合作的机制以及信息系统中实体之间协同工作的能力。

目前的一些技术为构造敏捷化系统提供了一些条件。例如，分布对象技术的发展为软件重用提供了很好的支持，Agent 技术具有较强的社会合作能力和系统的协调能力，而多层次的体系结构和工作流技术的应用可以使系统的灵活性大大增强。然而，这些技术在很多方面还是无法满足企业对敏捷化信息系统的要求。因此，为了满足信息系统敏捷化的要求，我们需要综合运用现有的相关技术，构造敏捷化信息系统的体系结构。

（2）敏捷化工具集。在敏捷化信息系统上面提供的敏捷化工具集为企业活动提供全能服务，它们在业务活动的不同阶段被应用。如在企业合作伙伴的评价、企业自身敏捷性的评价、经营决策、产品开发中各个阶段点上的评价与决策等活动中都要用到这些工具。典型的工具有以下几个方面：

1）决策支持系统（DSS）。决策支持系统的概念是在 20 世纪 70 年代提出来的，它是一个灵活性、适应性很强的交互式计算机信息系统，它使用决策规则、模型和模型库，并把它们与综合性数据库和决策者的认识能力结合起来，从而形成特定的可以实现的决策，以求解那些难以用管理科学优化模型本身来检验的问题。

2）多媒体协同工作环境。多媒体协同工作环境（computer supported collaborative work，CSCW）是近年来提出的支持分布在网上的人员开展合作的有效技术。是指对具有共同任务（或目标）的群组人员予以支持，并提供一个共享环境接口的计算机系统。共同任务和共享环境是 CSCW 系统有别于其他多用户系统，如多用户分时系统的关键。CSCW 广阔的应用前景使得许多公司和单位进行了 CSCW 系统的开发。一些公司已推出视频会议系统产品，如 Picture Tel 公司的 Live-Lan、英特尔公司的 ProShare、IBM 公司的 Person-To-Person 等。并在制造、办公自动化及商业等不同领域中得到了应用。

3）工作流管理系统。工作流是近年来许多研究者、开发人员和用户注意的系统技术。工作流就是业务过程部分或全部地计算机化或自动化。换言之，工作流就是为了达到一定的业务目的而根据一组定义的规则将文本、信息和任务在工作过程参与者之间传送的过程自动化。

工作流管理系统就是支持工作流运行的系统环境。工作流管理系统协调并使业务过程流水线化。

4）产品数据管理。对于任何一家企业而言，信息共享是企业取得成功的关键之一。面对激烈的市场竞争，企业把降低产品成本和改进整个产品生命周期作为奋斗目标，为了实现该目标，离不开对产品数据实行有效和科学的管理。有效的产品数据管理是实施产品协同开发的基础。

产品数据管理是管理与产品相关的下述信息和过程的技术：与产品相关的所有信息，即描述产品的各种信息，包括部件信息、结构配置、文件、CAD 档案、审批信息等；与产品相关的所有过程，即对这些过程的定义和管理。

作为一种 PDM 系统，应包括五种主要功能：数据保存和文件管理；产品结构管理；过程管理；分类及检索；计划、基础管理。

PDM 已经成为企业重构和发展的一项必不可少的重大基础结构技术。

5）质量保证体系。在实现产品制造敏捷化的同时，不能放松质量的管理。质量得不到保证的产品只能在市场上昙花一现。传统的质量保证实际上只是质量检验，它的作用是在产品生产出来后进行次品剔除。在敏捷化制造企业中，必须将质量管理活动贯彻到企业的每一个活动中，实现全面质量管理。以 ISO 9000 为基础的质量保证体系是世界上许多发达国家多年来质量管理方面的经验总结，带有通用性和指导性。

6）计算机仿真技术。计算机仿真技术作为一门新兴的高技术，其方法学建立在计算机能力的基础之上。随着计算机技术的发展，仿真技术也得到了迅速发展，其应用领域及其作用也越来越大。

在从产品设计到制造以至测试维护的整个生命周期中，计算机仿真技术贯彻始终。就仿真技术应用对象看，可将制造业中应用的仿真技术分为四类：面向产品的仿真；面向制造工艺和装备的仿真；面向生产管理的仿真；面向企业其他环节的仿真。

在仿真技术的基础上可以构造拟实制造的环境。

7）MRP Ⅱ/ERP。MRP Ⅱ/ERP 对企业内的人、财、物等进行系统化的管理，其主要优点之一是将制造、财务和人员等构成一体化的系统，从而可以涉及企业生产、经营的全过程，它包括了销售与市场、分销、财务管理、库存管理、工厂与设备维护、人力资源、制造执行系统等，而且其涵盖范围还在不断扩大。

8）供应链管理系统。供应链作为一家企业或者不同企业中多个职能部门活动的集合，它包括从订单的发送和获取、原材料的获得、产品的制造到产品分配发放给用户整个过程。在这些活动中涉及从原材料的提供者、零部件加工者及标准件供应者、最终产品制造者、产品批发分销商、产品零售商到最终用户，他们都可以被看成是企业经营的合作伙伴。良好的信息支持是所有其他实现手段的基础和前提，因此，建立供应链管理系统是企业实施敏捷制造的关键。

必须强调的是，这里列出的仅仅是一些值得注意的工具，并未涵盖敏捷制造所需的全部工具。一些很通用的工具（如 CAD）并没有列出；这里列出的也不是每一家企业都必须采用的，而且随着技术的发展，上述工具相互之间互有包含。企业必须根据需要选择适合于自己的工具。

（3）集成化产品设计与过程开发。集成化产品设计与过程开发是敏捷制造的关键技术，它不是一项单独的技术，而是一系列技术的综合，它也不是单靠一个工具就能实现，而是需要在不同阶段使用不同的工具。集成化产品设计与过程开发按照并行工程的思想进行组织。

（4）敏捷化制造过程。产品设计完成后，要尽快地把设计结果转变为产品，这一敏捷化制造过程的实现有赖于以下几方面：

1）可重构、可重组、可扩充加工过程和加工设备。为了实现可重构、可重组、可扩充加工过程，需要使用一系列技术，如计算机辅助技术、数控技术和柔性制造、制造单元技术、车间级的作业重组技术、成组技术、机器人化机器技术等。

这里我们重点介绍可重构、可重组、可扩充加工设备。为了保证企业能够生产多种类型、多种批量的产品而又不需要花费过多投资购买很多的设备，企业中需要使用柔性的、模块化的设备。如通用汽车公司的匹兹堡冲压厂是专业生产各种小批量、多品种的备品、备件的企业。其中有大量不同的车身覆盖件的测试和检验。设计了一套车身测量的万能夹具。

2）先进的加工设备和过程。目前，制造技术处于不断的进步当中，这些技术能够从生产效率、可加工的零件种类等方面扩大企业的制造能力范围。如，高速机床其主轴车速可达 10 000 ~ 40 000r/min，新的技术如线性马达、陶瓷轴承、先进的控制系统等的应用不断提高主轴的速度，从而不断提高生产效率；传统的毫米尺寸的产品将受到微米、纳米甚至生物机械的冲击；快速成型技术通过软件直接从实体造型 CAD 文件中读取零件信息然后形成三维实体，因而可以在很短的时间内就可以得到零件的实际样子。

3）动态生产调度。在理论研究中，生产调度问题常被称为排序问题或资源分配问题。一般的调度问题都是对具体生产环境中复杂的、动态的、多目标的调度问题的一种抽象和简化。在对调度问题进行研究的方法上，最初是集中在整数规划、仿真和简单的规则上，这些方法不是调度结果不理想就是难以解决复杂的问题。随着各种新的相关学科与优化技术的建立与发展，在调度领域也出现了许多新的优化方法，比如神经网络、模拟退火法、遗传算法等。

4）协同制造。对于一家企业而言，设计和制造部门可能位于不同的地方，甚至制造部门也是分散的。在动态联盟中，制造过程可能发生在异地分布的多家企业。为了综合地利用这些资源，高效地生产出满足要求的产品，必须采用一系列技术，包括异地数据传输、异地生产计划和调度、异地生产监控等。

4.6.4 大规模定制

1. 大规模定制的产生

1970 年，阿尔文·托夫勒（Alvin Toffler）在其《未来的冲击》（*Future Shock*）一书中曾经预言：未来的社会将要提供的并不是有限的、标准化的商品，而是有史以来最大多样化、非标准化的商品和服务。1987 年，斯坦·戴维斯（Stan Davis）在《完美未来》（*Future Perfect*）中首次称这种生产方式为"mass customization"，即大规模定制，简称 MC。

图 4-11 所示为生产芭比娃娃的美泰公司的定制网站首页，从 1998 年开始，顾客登录 barbie.com，就可以按自己的喜好来自己设计玩具娃娃的式样。在设计时，有 4 种肤色、3 种眼睛颜色、3 种嘴唇颜色、4 种发型、6 种头发颜色、19 种服装样式、8 套小物品、6 种个性特征可以选择，可以组合出 78 万多种不同的定制产品品种，而零部件却只有 53 种。

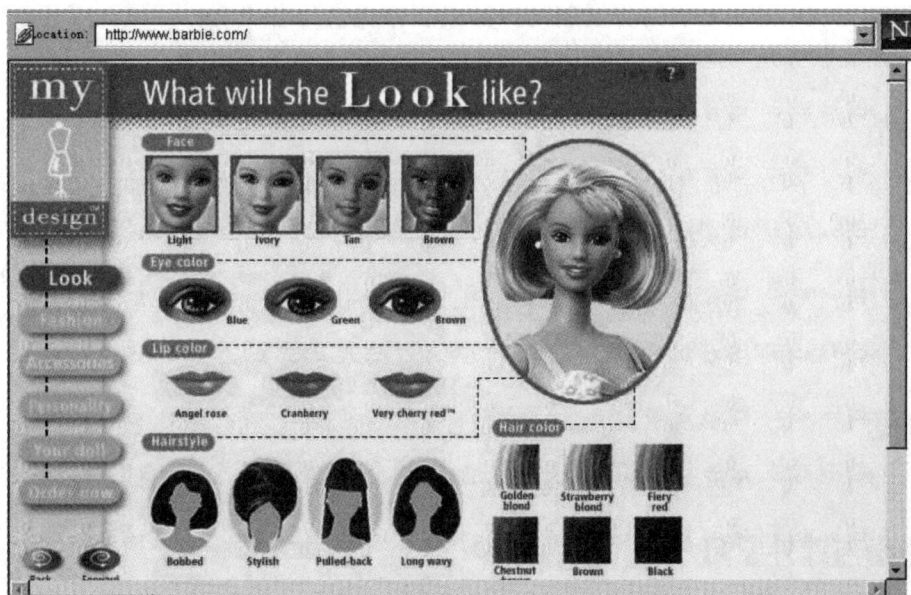

图 4-11 美泰公司的定制网站首页

2. 大规模定制的概念及分类

大规模定制是一种集企业、客户、供应商和环境于一体，在系统思想指导下，充分利用企业已有的各种资源，在标准化技术、现代设计方法学、信息技术和先进制造技术等的支持下，根据客户的个性化需求，以大批量生产的低成本、高质量和高效率提供定制产品和服务的生产方式。

大规模定制可分别从生产和营销角度进行分类。从生产角度来分类主要体现在定制点的不同，分类结果如图 4-12 所示。

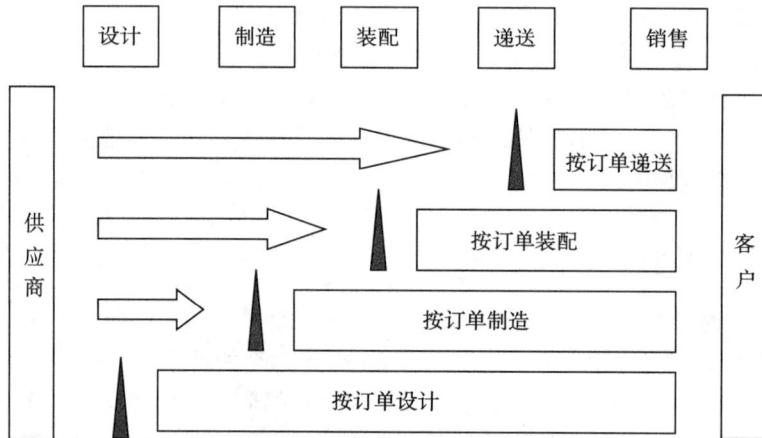

图 4-12　大规模定制从生产角度的分类

从营销角度来分类，大规模定制可分为如下几种类型：

（1）合作定制。合作定制指客户的产品由客户设计，可分为选择型合作定制和描述型合作定制。

（2）适应定制。适应定制指将客户在不同场合需要的不同用途集成在一个产品中，允许客户在使用时通过选择产品提供的定制功能获得定制效果。

（3）透明定制。透明定制指将定制的产品或服务提供给各个客户，但并不让他们明显地知道这些产品和服务是为他们定制的。

▌本章小结

本章介绍了生产与运作管理的基本知识。第一，本章介绍了生产运作管理的概念、内容及合理组织生产过程的要求。第二，本章介绍了制造业的几种生产设施布局和服务运作系统设计的方法。第三，本章介绍了新产品开发的组织方式。第四，本章介绍了生产计划的制订及控制方法。第五，本章介绍了现场 5S 管理。第六，本章介绍了精益生产、绿色制造、敏捷制造、大规模定制等几种主要先进生产方式。

▌关键术语

生产运作管理　　生产运作流程　　　　现场管理　　　精细化管理　　　ERP

▌阅读指南与课外学习

1. 阅读指南

要了解更多有关生产与运作管理的有关知识，请阅读以下著作：

陈荣秋，马士华. 生产运作管理［M］. 3 版. 北京：机械工业出版社，2009.

2. 网上资源

（1）登录 http：//www. manaren. com（管理人网）、http：//www. zh09. com（中华管理学习网）、http：//www. ceconlinebbs. com（世界经理人论坛），浏览有关与本课程相关的知识。

（2）登录 http：//www. cppc. gov. cn（中国生产力促进中心），了解国家对企业生产力促进的有关政策与企业案例。

复习思考题

1. 生产管理包括哪些内容？生产管理的任务是什么？

2. 合理组织生产过程的要求有哪些？

3. 简述串行产品开发的弊端及并行工程的内涵。

4. 制造业设备布置有哪些方式？各有何特点？

5. 服务产品的构成要素有哪些？服务产品设计包括哪些步骤？

6. MRP 包括哪些输入和输出？MRP Ⅱ、ERP、ERP Ⅱ 在功能上有何扩展？

7. 5S 管理包括哪些内容？

8. 精益生产方式包括哪些基本内容？

9. 什么是绿色制造？其研究内容包括哪些？

10. 什么是敏捷制造？它具有哪些特点？

11. 什么是大规模定制？如何对其进行分类？

12. 已知某工程项目由 A、B、…、J 10 项活动组成，其先后衔接关系如下表所示：

活动代号	A	B	C	D	E	F	G	H	I	J
活动时间（周）	4	6	5	9	8	2	5	6	4	5
紧前活动	—	A	A	A	B	BC	E	FI	D	GH

试根据上表资料绘制箭线型网络图，计算各活动的时间参数，确定关键路线。

扩展阅读　　　　　云制造模式

云制造（cloud manufacturing，CMfg）是一种基于互联网的、面向服务的制造新模式，是先进的信息技术、制造技术及新兴云计算、物联网等技术交叉融合的产物，是面向服务制造理念的具体体现。云制造将实现制造资源和制造能力共享与协同，通过网络，为制造企业提供按需获取的高附加值、低成本和全球化制造的各类服务。

云制造提出的背景

制造的服务化、基于知识的创新能力，以及对各类制造资源的聚合与协同能力、对环境的友好性已成为当前企业竞争力的关键要素和制造业信息化发展的趋势。我国制造业正处于从生产型向服务型、从价值链的低端向中高端、从制造大国向制造强国、从中国制造向中国创造转变的关键历史时期。如何培育新型制造服务模式，满足制造企业最短的上市速度（time）、最好的质量（quali-ty）、最低的成本（cost）、最优的服务（service）、最清洁的环境（environment）和基于知识（knowledge）的创新即 TQCSEK 的需求，支撑绿色和低碳制造，实现中国创造，进而推动经济增长方式的转变，是未来 5 ~ 10 年我国制造业发展需要解决的重大问题。

从"八五"到"十一五"，我国科技部及相关部门支持了以计算机集成制造、并行工程、敏捷制造、虚拟制造、网络化制造、制造网格、敏捷制造等为代表的相关制造业信息化课题，已取得了一系列成果，并在制造业各个领域发挥了重要作用，对推进我国制造业信息化进程做出了巨大贡献。然而，如何在制造过程中整合社会化存量资源，提高资源利用率，降低能源消耗，减少排放，从而实现服务型制造，已成为我国制造业迫切需要解决的瓶颈问题。解决这些问题，需要探索新的制造业发展模式。

与此同时，以云计算、物联网、虚拟物理融合系统（cyber-physical systems，CPS）、虚拟化技术、面向服务技术（如知识服务、服务技术等）、高性能计算等代表的先进技术正迅猛发展，并在各个行业得到应用。

云制造的架构

（1）物理资源层（P-layer）。P-layer为物理制造资源层，该物理层资源通过嵌入式云终端技术、RFID技术、物联网等，使得各类物理资源能接入到网络中，实现物理资源的全面互联，从而形成云制造虚拟资源，进而为云制造虚拟资源封装和云制造资源调用提供接口支持。

（2）资源层（R-layer）。R-layer为云制造虚拟资源层，该层主要是将接入到网络中的各类制造资源汇聚成虚拟制造资源，并通过云制造服务定义工具、虚拟化工具等，将虚拟制造资源封装成云服务，从而发布到云层中的云制造服务中心。该层提供的主要功能包括云端接入技术、云端服务定义、虚拟化、云端服务发布管理、资源质量管理、资源提供商定价与结算管理、资源分割管理等。

（3）云制造服务层（C-layer）。C-layer为云制造服务中心层，该层主要汇集资源层发布的各类资源服务，从而形成各类云制造服务数据中心。

（4）核心服务层（S-layer）。S-layer为云制造核心服务层，该层主要面向云制造三类用户（CSP、CSD、云服务运营商）对制造云服务的综合管理提供各种核心服务和功能，包括：面向CSP提供云服务标准化与测试管理、接口管理等服务；面向云服务运营商提供用户管理、系统管理、云服务管理、数据管理、云服务发布管理服务；面向CSD提供云任务管理、高性能搜索与调度管理服务等。

（5）应用接口层（P-layer）。P-layer为云制造应用接口层，该层主要是面向特定制造应用领域，提供不同的专业应用接口以及用户注册、验证等通用管理接口。

（6）用户层（U-layer）。U-layer为云制造应用层，该层面向制造业的各个领域和行业。不同行业用户只需要通过云服务门户网站、各种用户界面（包括移动终端、PC终端、专用终端等）就可以使用云制造服务中心的云服务。

云制造的运行原理

从图4-13可以看出，云制造系统中的用户角色主要有三种，即资源提供者、制造云运营者、资源使用者。资源提供者通过对产品全生命周期过程中的制造资源和制造能力进行感知、虚拟化接入，以服务的形式提供给第三方运营平台（制造云运营者）；制造云运营者主要实现对云服务的高效管理、运营等，可根据资源使用者的应用请求，动态、灵活地为资源使用者提供服务；资源使用者能够在制造云运营平台的支持下，动态地使用各类应用服务（接出），并能实现多主体的协同交互。在制造云运行过程中，知识起着核心支撑作用，知识不仅能够为制造资源和制造能力的虚拟化接入和服务化封装提供支持，还能为实现基于云服务的高效管理和智能查找等功能提供支持。

云制造的特征

（1）面向服务和需求的制造。云制造一改制造长期以来面向设备、面向资源、面向订单、面向生产等的形态，转而真正面向服务、面向需求。在云制造中，一切能封装和虚拟化的都作为制造云服务（包括制造资源作为服务、制造能力作为服务、制造知识作为服务等）这种大转变是作为实现生产型企业向服务型企业转变、实现制造即服务（manufacturing as a service，MAAS）的基础。

（2）不确定性制造。云制造中，云服务对制造需求的满足不存在唯一的最佳解，而是到目前为止用现有技术和方法能得到的满意解或非劣解，这既是云制造的不确定性制造能力，包括云制造任务的描述、任务与云服务的映射匹配、云服务选取与绑定、云服务组合选取、制造结果评价等环节中的不确定性。

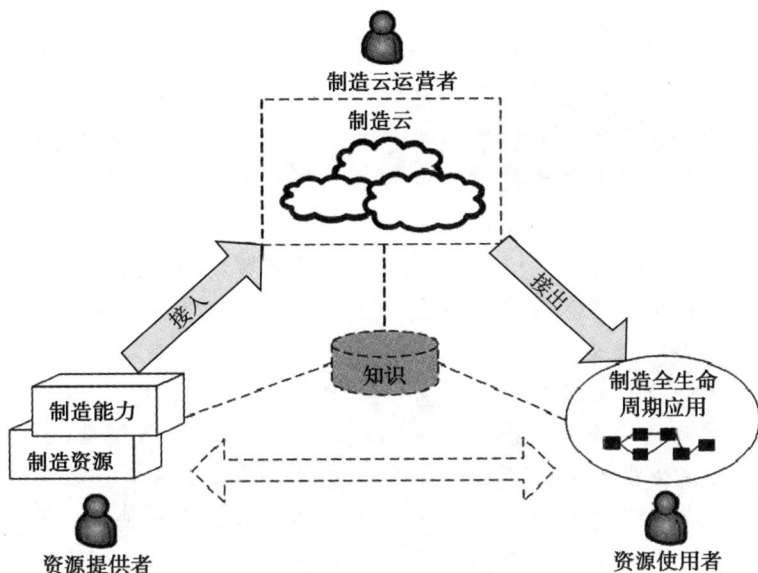

图 4-13　云制造的运行原理

（3）用户参与的制造。云制造强调把计算资源、能力、知识嵌入到网络、环境中去，使得制造企业关注的中心转移或回归到用户需求本身。云制造致力于构建一个制造企业、客户、中间方等可以充分沟通的公用制造环境。在云制造模式下，用户参与度不仅限于传统的用户需求提出和用户评价，而是渗透到制造全生命周期的每一个环节。云制造模式下，客户或用户的身份不具备唯一性，即一个用户便是云服务的消费者，也是云服务的提供者或开发者，体现的是一种用户参与的制造，包括人机交互、机人交互、机机交互以及人人交互等。

（4）透明和集成的制造。云制造把所有制造资源、能力、知识等尽可能高度抽象和虚拟化为用户可见和容易调用的"电源接线板"，即制造云服务，而其他东西对用户透明。用户在使用云服务开展各类制造活动时，这些服务的调用是透明的，即所有制造实现操作细节可以向用户"隐藏"起来，使用户将云制造系统看成是一个完整无缝的集成系统。云制造的透明性可以体现在位置透明性、注册透明性和使用透明性等方面。

（5）主动制造。现有制造模式中，如果企业没有生产订单或自己的设备等资源闲置

时，则无法开展制造或享受资源收益，即体现的是一种被动的制造模式。而在云制造中，制造活动和云服务具有主动性，即用户根据第三方构建的云制造服务平台，在知识、语义、数据挖掘、机器学习、统计推理等技术的支持下，订单可以主动寻找制造方，而云服务可以主动智能寻租，从而体现一种智能化的主动制造模式。

（6）支持多用户的制造。传统网络化制造模式（如 ASP、制造网格等）研究重点是如何使分散的制造资源能够通过网络连接起来，从而形成虚拟的集中资源，并将一个复杂制造任务分解成若干简单任务，通过调度机制使得这些简单任务并行运行在不同制造资源节点上，最后汇集执行结果，体现的是一种"分散资源集中使用"的思想。而云制造不仅体现"分散资源集中使用"的思想，还有效实现"集中资源分散服务"的思想，即将分散在不同地理位置的制造资源通过大型服务器集中起来，形成物理上的服务中心，进而为分布在不同地理位置的多用户提供服务调用、资源租赁等。

（7）支持按需使用和付费的制造。云制造是一种需求驱动、按需付费的面向服务的制造新模式。云制造模式下用户采用一种需

求驱动、用户主导、按需付费的方式来利用制造云服务中心的云服务。用户根据自身的需要来调用或组合调用已有的云服务并支付相应的费用，而用户不需要过多关注制造资源服务提供者的自身信息，用户和制造资源提供者是一种即用即组合、即用即付、用完即解散的关系。

（8）低门槛、众包式制造。传统制造企业必须拥有自己的厂房、设备、物料、信息化设施、技术人员等全套制造条件，同时必须具备相应的设计、制造、管理、销售等能力。而云制造模式下，企业不需要拥有所有这些条件和能力，对企业没有的制造资源或能力可以通过"外包"的形式来达到，即通过调用或租用云制造系统中的资源、能力、云服务来完成本企业的生产任务，从而降低了企业的入门门槛，使生产和企业组织方式更加灵活、多元化。

（9）敏捷化制造。云制造模式下，企业只需要重点关注本企业的核心服务，而其他相关业务或服务则可以通过调用云制造中的云服务来完成，其生产方式非常灵活，体现了一种敏捷化的制造思想。

（10）专业化制造。云制造通过第三方构建的平台，将所有制造资源、能力、知识虚拟化成云滴（即制造云服务），最后聚合形成不同类型的专业制造云（如设计云、仿真云、管理云、实验云等），体现了规模化、集约化、专业化的特点。

（11）基于能力共享与交易的制造。与传统网络化制造相比，云制造共享的不仅仅是制造资源，还有制造能力。在相应知识库、数据库、模型库等的支持下，实现基于知识的制造资源和能力虚拟化封装、描述、发布与调用，从而真正实现制造资源和能力的全面共享与交易，提高利用率。

（12）基于知识的制造。在云制造全生命周期过程中，都离不开知识的应用，包括①制造资源和能力虚拟化封装和接入；②云服务描述与制造云构建；③云服务搜索、匹配、

聚合、组合；④高效智能云服务调度与优化配置；⑤容错管理、任务迁移；⑥云制造企业业务流程管理等。

（13）基于群体创新的制造。云制造模式下，任何个人、任何单位或企业都可以向云制造平台贡献他们的制造资源、能力和知识。而与此同时，任何企业都可以基于这些资源、能力、知识来开展本企业的制造活动，云制造体现的是一种维基百科式的基于群体创新的制造模式。

（14）绿色低碳制造。云制造的目标之一是围绕 TQCSEK 目标，实现制造资源、能力、知识的全面共享和协同，提高制造资源利用率，实现资源增效。实现了云制造，实际上就是在一定程度上实现了绿色和低碳制造。

云制造的关键技术

有了这个体系结构以后，云制造需要五大类关键技术：云制造模式、体系架构、相关标准和规范；云端化技术；云服务综合管理技术；云制造安全技术；云制造业务管理模式与技术。

（1）云制造模式、体系架构、相关标准及规范，主要是从系统的角度出发，研究云制造系统的结构、组织与运行模式等方面的技术，同时研究支持实施云制造的相关标准和规范，包括支持多用户的、商业运行的、面向服务的云制造体系架构；云制造模式下制造资源的交易、共享、互操作模式；云制造相关标准、协议、规范等，如云服务接入标准、云服务描述规范、云服务访问协议等。

（2）云端化技术，主要研究云制造服务提供端各类制造资源的嵌入式云终端封装、接入、调用等技术，并研究云制造服务请求端接入云制造平台、访问和调用云制造平台中服务的技术，包括支持参与云制造的底层终端物理设备智能嵌入式接入技术、云计算互接入技术等；云终端资源服务定义封装、发布、虚拟化技术及相应工具的开发；云请求端接入和访问云制造平台技术，以及支持

平台用户使用云制造服务的技术；物联网实现技术等。

（3）云服务综合管理技术，主要研究和支持云服务运营商对云端服务进行接入、发布、组织与聚合、管理与调度等综合管理操作，包括云提供端资源和服务的接入管理，如统一接口定义与管理、认证管理等；高效、动态的云服务组建、聚合、存储方法；高效能、智能化云制造服务搜索与动态匹配技术；云制造任务动态构建与部署、分解、资源服务协同调度优化配置方法；云制造服务提供模式及推广，云用户（包括云提供端和云请求端）管理、授权机制等。

（4）云制造安全技术，主要研究和支持如何实施安全、可靠的云制造技术，包括云制造终端嵌入式可信硬件；云制造终端可信接入、发布技术；云制造可信网络技术；云制造可信运营技术；系统和服务可靠性技术等。

（5）云制造业务管理模式与技术，主要研究云制造模式下企业业务和流程管理的相关技术，包括云制造模式下企业业务流程的动态构造、管理与执行技术；云服务的成本构成、定价、议价和运营策略以及相应的电子支付技术等；云制造模式各方（云提供端、云请求端、运营商）的信用管理机制与实现技术等。

云制造的应用

首先是针对大型集团企业的研发设计能力服务平台。针对大型集团企业，利用网格技术等先进信息技术，整合集团企业内部现有的计算资源、软件资源和数据资源，建立面向复杂产品研发设计能力服务平台，为集团内部各下属企业提供技术能力、软件应用和数据服务，支持多学科优化、性能分析、虚拟验证等产品研制活动，极大促进产品创新设计能力。这类服务平台主要是面向集团内部下属企业的。

第二个重要方向是区域性加工资源共享服务平台。我国已经成为当今世界上拥有制造加工资源最丰富的国家。针对制造资源分散和利用率不高的问题，利用信息技术、虚拟化技术、物联网以及 RFID 等先进技术，建立面向区域的加工资源共享与服务平台，实现区域内加工制造资源的高效共享与优化配置，促进区域制造业发展。

另外，制造服务化支持平台也是将来云制造可以重点发展的方向之一。针对服务成为制造企业价值主要来源的发展趋势，我们可以建立制造服务化支持平台，支持制造企业从单一的产品供应商向整体解决方案提供商及系统集成商转变，提供在线监测、远程诊断、维护和大修等服务，促进制造企业走向产业价值链高端。这类平台主要针对大型设备使用企业。

除了针对大型企业的服务平台，云制造更可以服务于量大面广的中小企业，因此针对中小企业信息化建设资金、人才缺乏的现状，我们还可以建立面向中小企业的公共服务平台，为其提供产品设计、工艺、制造、采购和营销业务服务，提供信息化知识、产品、解决方案、应用案例等资源，促进中小企业发展。

此外，我国物流业社会化、专业化、集成化、协同化、标准化水平低，物流技术基础差，服务能力弱等问题，严重制约物流业与制造业的联动发展。因此，针对我国制造业物流成本高等现状，利用 RFID、网络、物流优化等技术，研究整机制造企业，零部件制造企业和物流企业的多方协作模式和第三方服务模式，建立物流拉动的现代制造服务平台，为制造业整机制造企业、零部件制造企业和物流企业协作提供服务，促进制造业发展。

第 5 章

企业营销管理

▌学习目标

通过学习本章，使学生了解市场营销相关概念、营销环境分析方法和消费者购买行为，熟悉 STP 营销战略，掌握营销组合策略。

▌引导案例

"荒岛"市场的开发

有一个欧洲的跨国制鞋公司，为了开发一个岛国的市场，派出了两个销售人员。一个销售员在岛上转悠了半天，第二天就回来了。他回来说，岛上居民没有穿鞋的，没有市场，建议公司不必开发此市场。另一个销售人员说，岛上的居民没有一个穿鞋的，因为他们没有这个习惯，这是个巨大的市场，建议公司开发此市场。公司领导听完这两个人的报告感到很奇怪，两个人的观点怎么差异这么大呢？于是派出了营销经理去岛上调研。经理在岛上待了 5 天，拜访了上至岛国酋长、下至各行各业普通老百姓的岛国人 50 多个样本。他了解到，岛国的居民一直都没有穿鞋的习惯，他们看见外来的穿鞋人都感到非常奇怪——原来他们根本没有意识到穿鞋这件事。但是，他们很多人的脚都是有毛病的，他们想过很多办法去避免脚病，都不太奏效；他们非常渴望得到脚病的根除。当他们知道穿鞋可以帮他们的脚避免很多意外的伤害，更利于防止他们的脚病后，都表示非常愿意、非常渴望得到一双鞋。经理们还了解到：岛国居民的脚，普遍都比公司所在的欧洲同年龄段的人的脚长 2~3 英寸，宽 1 英寸左右。岛国的居民是没有什么钱的，但是岛上盛产香蕉，这些香蕉又大又甜又香，在欧洲是极具销售力和竞争力的。另外，岛上的居民都听从酋长的命令，酋长有很高的威望。

讨论题：请根据以上信息，设想该公司是否应该开发这个"荒岛"市场？如果开发，该企业应如何开发？

资料来源：吕进. 老经理侃营销[M]. 北京：中国工人出版社，2004.

市场营销学是建立在经济科学、管理科学、行为科学基础上的应用科学。在经济和社会的各个领域都得到了广泛应用。本章即从营销核心概念谈起，阐明市场营销的相关环境分析以及营销 4P 策略。

5.1　营销管理概述

5.1.1　市场营销相关概念

1. 市场营销的含义

关于市场营销的含义，本书将市场营销定义如下：个人和集体通过创造提供并出售，并同他人自由交换产品与价值，以获得所需的一种社会管理过程。

从定义可以看出，营销是一种价值的自由交换，目的即满足双方的需要与需求，因而，市场营销的实质是对需求的管理。同时，上面的定义中包含着一些营销的核心概念。

2. 市场营销相关核心概念

（1）需要、欲望和需求。人类的需要是市场营销的基石。需要是指人们没有得到某些满足的感受状态，人们在生活中需要空气、食品、衣服、住所、安全、感情以及其他一些东西，这些需要都不是社会和企业所能创造的，而是人类自身本能的基本组成部分。

欲望是指人们想得到这些基本需要的具体满足物或方式的愿望。一个人需要食品，想要得到一个面包；需要被人尊重，想要得到一辆豪华小汽车。

需求是指人们有能力购买并且愿意购买某个具体产品的欲望。在营销者看来，需求就是对某特定产品及服务的市场需求。优秀的企业总是力图通过使商品富有吸引力、适应消费者的支付能力和容易得到来影响需求。

（2）产品与服务。在营销学中，产品特指能够满足人的需要和欲望的任何事物。产品的价值在于它给人们带来对欲望的满足。人们购买汽车并不是为了观赏，而是因为它可以提供一种被称为交通的服务。产品实际上只是获得服务的载体。这种载体可以是有形物品，也可以是不可触摸的、无形的"服务"。例如，保健医生的健康指导、儿童钢琴知识教育、汽车驾驶技能的培训等。市场营销者必须清醒地认识到，其创造的产品不管形态如何，如果不满足人们的需要和欲望，就必然会失败。

（3）效用、费用和满足。效用是消费者对产品满足其需要的整体能力的评价，消费者通常根据这种对产品价值的主观评价和支付的费用来做出购买决定，消费者将全面衡量产品的费用和效用，选择购买能使每一元花费带来最大效用的产品。

（4）交换、交易和关系。交换是指通过某种事物作为回报，并从他人那里获取其他事物的行为，交换的价值必须是能够使双方在交换后能变得更好，否则，交换是没有必要的，也是没有成果和价值的。交换是一个过程，而交易则是一个结果。交易包括以下几个实质的内容：第一，至少有两个有价值的事物；第二，买卖双方所同意的条件、协议时间与协议地点。

建立在交易基础上的营销可称为交易营销。为使企业获得较之交易营销得到的更多，就需要关系营销。关系营销是营销者与有价值的顾客、分销商、零售商、供应商以及广告代理商、科研机构等建立、保持并加强长期的合作关系，通过互利交换机制共同履行诺言，使各方实现各自目的的营销方式，其营销宗旨从追求每一次交易利润最大化转向与顾客和其他关联方共同长期利益最大化，即实现"双赢"或"多赢"。

（5）市场。一个市场是由那些具有特定的需要或欲望，愿意并能够通过交换来满足这种需要或欲望的全部现实或潜在顾客构成，因此营销中买方构成市场。同时，企业评价一个市场的潜量可利用下列公式：

$$市场 = 人口 + 购买力 + 购买欲望 \qquad (5\text{-}1)$$

企业在进入一个市场前，必须对相应的市场潜量进行衡量，以使其与企业的资源相互配套协调起来，适合于企业的市场才是企业应予以重视的机会。

（6）营销者。市场营销就是以满足人们各种需要和欲望为目的，通过市场变潜在交换为现实交换的活动。毫无疑问，这种活动是指与市场有关的人类活动。在这种交换活动中，对交换双方来说，如果一方比另一方更积极主动地寻求交换，则前者称为营销者，后者称为潜在顾客。具体来说，营销者就是指希望从他人那里得到资源，并愿以某种有价值的东西作为交换的人。很明显，营销者可以是一个卖主，也可以是一个买方。假如有几个人同时想买某幢漂亮的房子，每个想成为房子主人的人都力图使自己被卖方选中，这些购买者都在进行营销活动，也都是营销者。

5.1.2　市场营销管理哲学及演进

市场观念（也称为市场导向、营销哲学或经营观）指一种在一定时期内占统治地位反映市场状况的组织营销活动的指导思想，即由于人们对市场状况这个客观环境的认识而产生的对于本企业营销活动的指导原则。从 19 世纪末到现在，西方发达国家的市场营销观发展，大体经历了生产观念、产品观念、推销观念、市场营销观念和社会营销观念五个阶段。

（1）生产观念。生产观念是指导销售的最古老的观念。以生产观念为指导的企业行为以生产为核心，致力于追求更高的生产效率和更广的分销范围，"以产定销"，以此来促进企业的发展。生产观念产生的历史背景主要是两种情况：一是供不应求的市场，消费者无暇顾及产品的优劣，供应商只要提高产量就可以在市场上得到较大的效益；二是经营成本太高，必须通过提高劳动生产率来实现市场的扩大。也就是说，当市场的主要问题是产品的有无问题和贵贱问题，即当人们能否买到和能否买得起成为主要矛盾时，生产观念就有其存在的价值。20 世纪初，福特汽车公司就以流水线作业生产的方式，大规模地生产黑色 T 型车，提高了生产效率，从而获得了成功，以至于老亨利·福特说"不管消费者需要什么，我们只生产黑色 T 型车"。

（2）产品观念。产品观念是一种与生产观念类似的经营指导思想，它认为企业的主要任务就是提高产品质量，只要产品好，不怕卖不了。例如："酒香不怕巷子深"。以产品观念为导向的企业的工作重点是开发优良产品并加以改进，但在产品开发过程中很少甚至不让消费者介入，有时甚至不查看竞争对手的产品，它们相信自己的工程技术人员对产品的设计与改造能为企业带来丰厚的利润与市场份额。这种观念在商品经济不发达的时代也许有一定的道理，而在现代市场经济条件下，卖方竞争激烈，没有一种产品能永远保持独占地位。即使再好的产品，没有适当的营销，通向市场的道路也不会是平坦的。这种观念可能有两个结果：一个可能是消费者有识别产品优劣的能力，从而企业经营成功；一个可能是导致"营销近视症"，企业过分重视产品而忽视顾客的需求，即使产品优秀，企业也可能经营失败。

（3）推销观念。推销观念是一种以推销为中心内容的经营指导思想。当生产者担心的不是能否足量生产，而是担心生产出来的产品能否卖出去时，这种观念就自然产生了。推销观念认为：在激烈的市场竞争中，如果对消费者置之不理，他们不可能自动地去大量购买和消费一个企业的产品，因而企业必须进行大量的推销和促销努力。这种观念将消费者认定为被动消费，认为他们或者反应迟钝且抵制购买，或者对同类产品与服务缺乏应有的判断能力，因此如果对其好言引导，可以改变他们的消费倾向。以此种营销观念为基础的企业必须有一套有效的推销方法来刺激消费者。

推销观念实际上是生产观念的发展和延伸，与生产观念不同的是：生产观念的经营指导思想强调以抓准推销为重点，通过增加产量、降低成本来获利；虽然从生产导向转变为推销导向是指导思想上的一大进步，但基本上没有脱离以生产为中心以产定销的经营观念范畴，因为它只是着眼于现有产品的推销，只顾千方百计地把产品推销出去，至于售出后顾客是否满意以及如何满足顾客需要、达到顾客完全满意，则没有给予足够的重视。在商品经济高度发展、产品更加丰富的条件下，这种观念就行不通了。因此，这种推销观念比较适用于"非渴求品"的销售，即消费者自身并不想购买的商品，企业可以凭借产品的益处来寻找目标强行推销。

（4）市场营销观念。市场营销观念是一种全新的生产经营指导思想，是一种以顾客的需求和欲望为导向的经营哲学，是以整体营销活动为基础的顾客导向，目的在于通过满足顾客的需要并使其满意以实现组织盈利的目标。市场营销观念认为：达到企业经营目标的关键在于正确确定目标市场的需求和欲望，消费者提供的市场需求信息比竞争者提供的信息更加可贵。消费者才是市场的主体，决定生产何种产品的主导权不在于生产者，也不在于政府，而在于消费者。在生产者和消费者的关系上，消费者是起支配作用的一方，生产者应当根据消费者的意愿和偏好来安排生产。生产者只有生产出消费者所需要的产品，才可增加消费者的福利，而且使自己获得利润，否则他们的产品就没有销路。这种观念是企业适应日益激烈的市场竞争的过程中产生发展起来的，是供大于求的"买方市场"带来的必然结果。它以整体营销手段来取得顾客的满意，从而实现企业的长远利益。这种观念是与第二次世界大战以后全球经济的飞速发展同步形成的，一方面是由于生产扩大商品供应丰富，买方市场业已形成；另一方面是消费者需求变化频率加快，企业必须时刻注意市场需求动态，跟上变化的步伐；此外，这也是企业在新形势下经营实践的总结。

|经|典|案|例| 海尔的洗衣机

创立于 1984 年的海尔集团，经过 28 年的持续发展，现已成为享誉海内外的大型国际化企业集团。1984 年海尔只生产单一的电冰箱，而目前它拥有白色家电、黑色家电、米色家电系列，2011 年，海尔全球营业额实现 1 509 亿元。2011 年，海尔蝉联中国最有价值品牌第一名。

作为在白色家电领域最具核心竞争力的企业之一，海尔有许多令人感慨和感动的营销故事。1996 年，四川成都的一位农民投诉海尔洗衣机排水管老是被堵，服务人员上门维修时发现，这位农民用洗衣机洗地瓜，泥土大，当然容易堵塞。服务人员并不推卸自己的责任，而是帮顾客加粗了排水管。顾客感激之余，埋怨自己给海尔人添了麻烦，还说如果能有洗红薯的洗衣机，就不用劳烦海尔人了。农民兄弟的一句话，被海尔人记在了心上。海尔营销人员调查四川农民使用洗衣机的状况时发现，在盛产红薯的成都平

原，每当红薯大丰收的时节，许多农民除了卖掉一部分新鲜红薯，还要将大量的红薯洗净后加工成薯条。但红薯上沾带的泥土洗起来费时费力，于是农民就动用了洗衣机。更深一步的调查发现，在四川农村有不少洗衣机用过一段时间后，电机转速减弱、电机壳体发烫。向农民一打听，才知道他们冬天用洗衣机洗红薯，夏天用它来洗衣服。这令张瑞敏萌生了一个大胆的想法：发明一种洗红薯的洗衣机。1997 年海尔为该洗衣机立项，成立以工程师李崇正为组长的 4 人课题组，1998 年 4 月投入批量生产。洗衣机型号为 XPB40-DS，不仅具有一般双桶洗衣机的全部功能，还可以洗地瓜、水果甚至蛤蜊，价格仅为 848 元，首次生产了 1 万台投放农村，立刻被一抢而空。

一般来讲，每年的 6 ~ 8 月是洗衣机销售的淡季。每到这段时间，很多厂家就把促销员从商场里撤回去了。张瑞敏纳闷儿：难

道天气越热，出汗越多，老百姓越不洗衣裳？调查发现，不是老百姓不洗衣裳，而是夏天里5公斤的洗衣机不实用，既浪费水又浪费电。于是，海尔的科研人员很快设计出一种洗衣量只有1.5公斤的洗衣机——"小小神童"。"小小神童"投产后先在上海试销，因为张瑞敏认为上海人消费水平高又爱挑剔。结果，上海人马上认可了这种世界上最小的洗衣机。该产品在上海热销之后，很快又风靡全国。在不到两年的时间里，海尔的"小小神童"在全国卖了100多万台，并出口到日本和韩国。张瑞敏告诫员工说："只有淡季的思想，没有淡季的市场。"

资料来源：根据 http://wenku.baidu.com/view/06a2af40336c1eb91a375dd6.html 改编。

（5）社会营销观念。社会营销观念就是不仅要满足消费者的需要和欲望并由此获得企业的利润，而且要符合消费者自身和整个社会的长远利益，要正确处理消费者欲望、消费者利益和社会长远利益之间的矛盾。社会营销观念认为：企业的任务是确定目标市场的需求、欲望和兴趣，比竞争对手更有效地提供满足顾客的商品，提供商品的方式应能对消费者和社会福利双重有益。由于单纯的市场营销观念还不能解决消费者个别需求与社会总体利益之间的矛盾，便又提出了新的观念来修正和代替原先提出的市场营销观念，如理智的消费观念、生态营销观念和人道营销观念等，均属于社会营销观念范畴。

5.2　营销环境分析

营销环境作为一种动态性极强的外部因素，对企业制定营销决策和开展营销活动至关重要，环境的变化不断为企业提供新的发展机会和更加严峻的挑战，企业的各种经济行为都必然受到营销环境的影响和制约。现代市场营销学认为，企业营销成败的关键就在于能否良好地适应复杂多变的市场营销环境。因此，营销管理者的一项重要任务就是对营销环境的分析和适应。

市场营销环境是指影响企业市场营销活动及其目标实现的各种因素和动向，可分为宏观市场营销环境和微观市场营销环境两大类。宏观环境因素是指与企业市场营销联系较为间接的企业外部因素的总和，主要包括人口、自然、经济、政治法律、科学技术及社会文化等对整个市场具有全局性影响的因素。微观环境因素是指与企业市场营销联系较为密切、直接的企业外部因素的总和，主要包括企业、供应商、营销中介、顾客、竞争者和社会公众等因素，如图5-1所示。

图 5-1　市场营销环境的主要行为者及影响力

5.2.1　市场营销宏观环境分析

成功的企业是那些能认识在宏观环境中尚未被满足的需要与趋势，并能做出盈利反应的公司。营销的宏观环境包括政治法律环境、经济环境、社会文化环境、自然地理环境、技术环境、人口环境等。

1. 政治法律环境

（1）法律制度。法律制度主要是指一个国家从本国的社会制度出发，为发展本国的国民经济而制定的政治和经济的法律法规。如专利法、商标法、广告法以及保护消费者权益等的法规和法令。由于法律具体地规定了企业竞争和经营等行为的"游戏规则"，因此企业在开展市场营销活动时，必须了解并遵守政府颁布的有关经营、贸易、投资等方面的法规。

（2）方针政策。每家企业都必须服从和执行党和国家各个时期的方针政策，根据各个时期的方针政策，相应地调整自己的市场营销组合策略和生产经营方向，以取得生产经营的主动权。此外，在经济活动中，各国政府出于各种原因，对企业的营销活动都会采取各种不同程度、不同方式的干预，这些干预措施也是方针政策的重要内容，同样对国内或国际的营销活动有重要的影响。常见的干预措施有以下方面：进口限制、税收政策、价格管制、外汇管制等。

（3）国际关系。国际关系是指国家之间的政治、经济、文化、军事等关系。发展国际间的经济合作和贸易关系是人类社会发展的必然趋势，企业在其生产经营过程中，都可能或多或少地与其他国家发生往来，开展国际营销的企业更是如此。因此，国家间的关系也就必然会影响企业的营销活动。

（4）政治风险。政治风险是指政治事件对一个企业的营销活动产生不利影响的可能性。战争、暴乱、罢工等政治事件都可能对企业的营销活动产生不利的影响，能迅速改变企业的营销环境。例如，一个国家发生政权更迭，如果新政府实行更加开放和灵活的经济贸易政策，则可能会有利于改善企业营销的市场环境。

2. 经济环境

市场营销本质上是一种经济活动，要受到经济环境的影响，因此营销人员必须分析营销活动的经济环境。

（1）市场规模。企业在进入市场时，首先关心的是该地区的市场规模，如果市场规模太小，潜力不大，就不值得去开拓。只有市场规模足够大，值得开拓，企业才会进一步考虑市场的其他特性。市场规模是由多种因素决定的，其中人口状况和收入水平是两个主要的决定性因素。市场不仅由人口构成，而且由收入即构成社会购买力的重要因素所构成。因为收入并不形成实际的市场，所以收入状况是决定市场规模及其质量的另一个指标。衡量一个国家收入状况的指标有：国内生产总值、人均收入、个人可支配收入、个人可任意支配收入、家庭收入。

（2）支出。支出主要是指消费者支出模式和消费结构。消费者支出模式与消费结构不仅与消费者收入有关，而且受以下因素的影响：家庭生命周期所处的阶段；家庭所在地址与消费者生产、供应状况；城市化水平；商品化水平；食物价格指数与消费品价格指数变动是否一致等。

（3）储蓄与信贷状况。消费者的储蓄与信贷规模大小直接影响着消费者不同时期的货币持有量，也就直接影响了消费者某个时期内的现实购买力的大小。

储蓄指人们将一部分可任意支配收入存储待用。消费者的储蓄形式一般有银行存款、债券、股票、保险、不动产等。较高的储蓄率会推迟现实的消费支出。在其他条件不变的情况下，储蓄增加，当期支出减少，未来支出则有可能增加。对于日常用品及服务，购买力会因此下降；但对耐用品及高档昂贵商品来说，却能够形成有现实意义的购买能力（尤其在我国消费信贷不发达的情况下，高档耐用品的购买力仍然主要源于储蓄，企业应当对此给予充分的关注）。影响储蓄的原因多种多样，主要有消费者收入水平、储蓄利率、消费者对物价的预期（物价信心指数）及消费心理和观念等。

信贷，这里主要指消费信贷，通常理解为金融或其他商业机构向有一定支付能力的消费者通融资金的行为。消费信贷使消费者可以先凭信用取得商品使用权，然后再按约定期限分期归还贷款。消费信贷可以增加当期购买力，在西方国家被广泛应用，最常用的是三种形式：（日常用品）短期赊销、（住宅、汽车及其他昂贵耐用品）分期付款、消费贷款（信用卡）等。消费信贷受借贷利率、预期收入、信贷方便性、对物价上涨的估计以及生活消费观念、社会文化风俗习惯等的影响。

3. 社会文化环境

社会文化环境是指一个社会的民族特征、风俗、习惯、语言、道德观、教育水平、社会结构等的总和。人类在某种社会中生活，必然会形成某种特定的文化。不同国家、不同地区的人民，不同的社会与文化，代表着不同的生活模式，对同一产品可能持不同的态度，直接或间接地影响产品的设计、包装、信息的传递方法、产品被接受的程度、分销与推广的措施等。可以说，社会文化环境的影响遍及整个市场营销活动。

（1）教育水平。一个国家或地区的教育水平与其经济发展水平往往是一致的。不同的文化修养表现出不同的审美观，购买商品的选择原则和方式也不同。一般来讲，教育水平高的地区，消费者对商品的鉴别力强，容易接受广告宣传，容易接受新产品。因此，教育水平高的消费者影响着消费结构，影响着企业营销组合策略的选取，以及销售推广方式方法的差别。

（2）宗教信仰。不同的宗教信仰有不同的文化倾向和戒律，从而影响到人们认识事物的方式、行为准则和价值观念，影响着人们的消费行为，带来特殊的市场需求，与企业的营销活动有密切的关系。

（3）风俗习惯。一个社会、一个民族的婚丧仪式、饮食起居、劳动分工、社团活动等都与人们的文化素养和传统习惯分不开，对其消费嗜好、消费方式起着决定性的作用。企业在市场营销活动中必须了解和注意消费地人们的爱好，才能在营销中获得成功。

4. 自然地理环境

一个国家或地区的自然地理环境包括该地的自然资源、地形地貌和气候条件，这些因素都会不同程度地影响企业的营销活动，因此，企业应根据不同的自然地理环境来设计、生产和销售产品。

（1）自然资源。一个地区的自然资源是指自然界提供给该地各种形式的财富，如矿产资源、森林资源、土地资源、水力资源等。自然资源是进行商品生产和实现经济繁荣的基础，和人类社会的经济活动息息相关。企业到某地投资或从事营销必须了解该地的自然资源状况。如果该地对本企业产品需求很大，但缺乏必要的生产资源，那么企业就比较适宜向该地输送销售产品。但如果该地不仅对本企业产品需求很大，而且有丰富的生产资源，企业就可在该地投资建厂，当地生产，就地销售。

（2）气候与地形。一个地区的地形地貌和气候这些地理因素，是在该地开展市场营销所必须考虑的地理环境因素，这些地理特征对市场营销具有一系列的影响。沿海地区运转良好的设备到了内陆沙漠地区就有可能发生性能的急剧变化。例如，我国东北平原与华南丘陵地带、东北寒冷干燥的天气与南方的酷热湿润气候，都会对产品提出不同的环境适应要求。如果从经营成本上考虑，平坦的地区，公路和铁路的运费都较低；反之，如果山多、道路崎岖，运费自然就高。可见，气候、地形地貌不仅直接影响到经营、运输、通讯、分销等活动，而且还会影响到一个地区的经济、文化和人口分布等状况。

5. 技术环境

科学技术是第一生产力，科技的发展对经济发展有巨大的影响。科学技术对企业市场营销的影响是多方面的。从人类历史来看，每一种新技术的出现都会直接或间接地带来国民经济各部门的变化与发展，带来产业部门间的演变与交替，随之而来的是新产业的出现、传统产业的改造、落后产业的淘汰，并使消费对象的品种不断增加，范围不断扩大，最终必然使消费结构发生变化。例如，在电子工业出现之前，消费结构中就没有收音机、电视机、录音机之类的产品；正是由于合成化学技术的出现，合成纤维、合成橡胶、合成染料、合成药物工业形成，才使新产品源源不断地涌现，推动了消费结构的变化；而新技术革命（第四次产业革命），则出现了以电子、生物工程等新兴科学为代表的工业技术的迅速发展，同样带来了社会生产方式、人们思维方式及消费习惯、生活方式的历史性变化，最终必将对市场造成极其深刻的影响。

从目前来看，IT 技术的介入已经使零售商业业态结构及消费者购物习惯发生了改变（比如网络营销及网上购物的出现，将从根本上改变市场营销的方式方法），同时也对经营管理者提出了新的要求。因此，企业在研究科学技术环境时，要特别注意新技术革命对市场营销的影响，密切关注新技术革命的发展变化，及时地跟上新技术革命的大趋势，才能求得生存与发展。

6. 人口环境

市场营销学是站在卖方的角度来研究市场的，而形成市场的基本要素之一就是那些具有购买欲望与购买能力的人。人口环境对市场的影响具有整体性和长远性的特点，这种影响直接反映到消费需求的变化上。

影响企业市场营销的人口环境因素通常包括以下四种：

（1）人口数量。人口数量即总人口的多少，是影响基本生活资料需求、基本教育需求的一个决定性因素。

（2）人口分布。居住在不同地区的人们由于地理位置、气候条件、传统文化、生活习惯的不同，会表现出消费习惯和购买行为的差异。

（3）年龄结构。由于不同年龄层次的消费者有着不同的需求特点，所以企业应分析消费者的年龄构成。

（4）家庭状况。家庭单位的数量和家庭平均人口的多少都会引起市场需求量及购买习惯的变化。

5.2.2　市场营销微观环境分析

市场营销的微观环境是指构成企业营销系统的各个组成部分，包括企业、供应商、营销中介、顾客、竞争者和社会公众等因素，它们与企业形成了协作、服务、竞争与监督的关系，直接制约着企业为目标市场服务的能力。

（1）企业。企业本身包括市场营销管理部门、其他职能部门和最高管理层。营销部门在制定和执行市场营销计划时，必须获得企业最高管理层的批准和支持，并与其他部门搞好分工协作。首先，要考虑最高管理层的意图。其次，营销部门要考虑其他业务部门（如生产部门、采购部门、研究与开发部门、财务部门等）的情况，并与之密切协作，共同研究制定年度和长期计划。

（2）供应商。供应商是指向企业和其他竞争者提供生产与经营所必需资源的单位和个人，包括提供能源、原材料、设备、配件、劳务和资金等。

供应商对企业营销的影响：供应品的数量是否充足，影响着企业生产和经营能否正常进行；供应品的价格是否合理决定着企业产品的成本与价格的高低。

企业应选择与那些信誉良好、货源充足、价格合理、交货及时的供应商合作。同时还应分头从多家供应商采购，避免对某一供应商的过分依赖。

（3）营销中介。营销中介是企业市场营销不可缺少的中间环节，包括协助企业进行分销和促销的中间商，帮助企业实现产品实体分配的仓储、运输部门，提供各种营销服务的广告、调研、咨询公司，以及提供融资、保险等服务的银行、信托、保险公司等。企业应在动态变化中与这些营销中介建立起相对稳定的协作关系，以提高企业的营销能力。

（4）顾客。顾客在这里是指企业的目标市场，即企业服务的对象。按顾客的需求和购买目的的不同，可将市场分为五种类型：

- 消费者市场，即为了个人消费而购买的个人和家庭所构成的市场。
- 生产者市场，即为了生产、取得利润而购买的个人和企业所构成的市场。
- 中间商市场，即为了转卖、取得利润而购买的批发商和零售商所构成的市场。
- 政府市场，即为了履行职责而购买的政府机构所构成的市场。
- 国际市场，即由国外的消费者、生产者、中间商、政府机构等所构成的市场。

（5）竞争者。从消费需求的角度划分，可把竞争者分为以下几种类型：

- 愿望竞争者，即提供不同产品、满足不同需求的竞争者。
- 平行竞争者，即满足同一种需要的不同产品的生产厂商之间的竞争。
- 产品形式竞争者，即满足同种需要的产品各种形式之间的竞争。
- 品牌竞争者，即满足同一种需要的同种形式产品的不同品牌之间的竞争。

（6）社会公众。社会公众是指对企业的生存和发展具有实际的或潜在的利害关系或影响力的一切团体或个人。主要包括：

- 政府公众，即负责管理企业业务经营活动的有关政府机构。
- 媒介公众，即报纸、杂志、广播、电视等具有广泛影响的大众媒体。
- 金融公众，即影响企业取得资金能力的任何集团，如银行、投资公司等。
- 市民行动公众，即各种消费者权益保护组织、环境保护组织、少数民族组织等。
- 地方公众，即企业附近的居民群众、地方官员等。

5.2.3　行业环境分析

迈克尔·波特（Michael Porter）于20世纪80年代初提出了波特竞争力模型，是将五种力量汇集在一个简便的模型中，以此分析一个行业的基本竞争态势。五种力量模型确定了竞争的五种主要来源，即供应商和购买者的讨价还价能力、潜在进入者的威胁、替代品的威胁、同一行业企业间的竞争。一种可行战略的提出首先应该包括确认并评价这五种力量，不同力量的特性和重要性因行业和公司的不同而变化，如图5-2所示。

1. 供应商的讨价还价能力

供方主要通过其提高投入要素价格与降低单位价值质量的能力，来影响行业中现有企业的盈利能力与产品竞争力。供方力量的强弱主要取决于他们所提供给买主的是什么投入要素，当

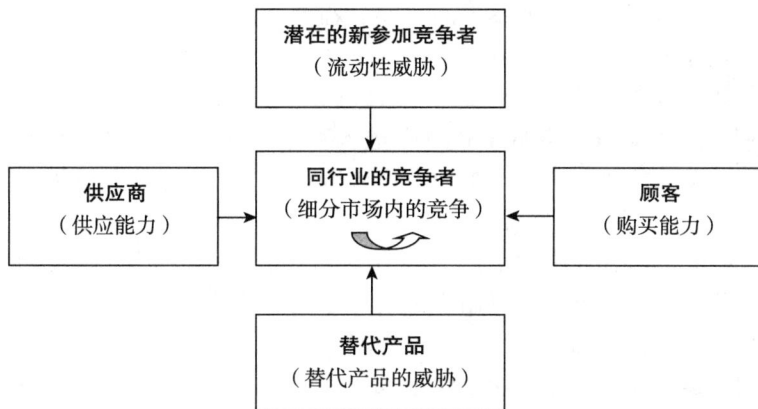

图 5-2　决定细分市场结构吸引力的五种力量

供方所提供的投入要素的价值构成了买主产品总成本的较大比例、对买主产品生产过程非常重要或者严重影响买主产品的质量时，供方对于买主的潜在讨价还价力量就大大增强。一般来说，满足如下条件的供方集团会具有比较强大的讨价还价力量：

（1）供方行业为一些具有比较稳固市场地位而不受市场激烈竞争的企业所控制，其产品的买主很多，以至于每一单个买主都不可能成为供方的重要客户。

（2）供方企业的产品各具有一定特色，以至于买主难以转换或转换成本太高，或者很难找到可与供方企业产品相竞争的替代品。

（3）供方能方便地实行前向联合或一体化，而买主难以进行后向联合或一体化。

2. 购买者的讨价还价能力

买方是企业产品或服务的直接购买者和使用者，关系到企业营销目标能否实现。购买者主要通过其压价与要求提供较高的产品或服务质量的能力，来影响行业中现有企业的盈利能力。一般来说，满足如下条件的购买者可能具有较强的讨价还价力量：

（1）购买者总数较少，而每个购买者的购买量较大，占了卖方销售量的很大比例。

（2）买主的转化成本比较低，很容易找到替代品，买方转用替代品也不需要付出太大的代价。

（3）本行业产品差异性小，购买者所购买的基本上是一种标准化产品，同时向多个卖主购买产品在经济上也完全可行。

（4）购买者有能力实现后向一体化，自己生产所需的产品，而卖主不可能前向一体化。

（5）买方对信息掌握充分，当买方充分掌握了有关市场供求、价格及供应者的实际成本等市场信息，买方的讨价还价能力就强。

3. 新进入者的威胁

营销环境是动态变化的，每个行业随时都可能有新的进入者参与竞争，新进入者在给行业带来新生产能力、新资源的同时，将希望在已被现有企业瓜分完毕的市场中赢得一席之地，这就有可能会与现有企业发生原材料与市场份额的竞争，最终导致行业中现有企业盈利水平降低，严重的话还有可能危及这些企业的生存。对新进入者与竞争对手之间的抗衡情况，有以下三个方面应该重点关注：

（1）卖方密度。卖方密度是指同行业或者同一类商品经营中卖主的数量。在市场需求量相对稳定时，卖方密度直接影响到企业市场份额的大小和彼此竞争的激烈程度。

（2）产品差异。产品差异是指同一行业中不同企业同类产品的差异程度，这种差异在很多产品上均有表现，也是消费者所能察觉的，代表着企业努力追求的品牌、顾客忠诚度上的优势。产品差异使各企业的产品有不同特色，相互区别。如果新进入者拥有明显特色的产品，并且能够被消费者所认可，那么该进入者就具有较强的竞争力量。

（3）进入障碍。进入障碍是指某个企业在进入某个行业时所遇到的困难程度。进入障碍主要包括规模经济、资本需要、转换成本、销售渠道开拓、政府行为与政策（如国家综合平衡统一建设的石化企业）、不受规模支配的成本劣势（如商业秘密、产供销关系、学习与经验曲线效应等）、自然资源（如冶金业对矿产的拥有）、地理环境（如造船厂只能建在海滨城市）等方面，这其中有些障碍是很难借助复制或仿造的方式来突破的。预期现有企业对进入者的反应情况，主要是采取报复行动的可能性大小，这取决于有关厂商的财力情况、报复记录、固定资产规模、行业增长速度等。总之，新企业进入一个行业的可能性大小，取决于进入者主观估计进入所能带来的潜在利益、所需花费的代价与所要承担的风险这三者的相对大小情况。

|经|典|案|例|　　　　　　"价格屠夫"格兰仕

格兰仕前身是梁庆德在1979年成立的广东顺德桂洲羽绒厂。1991年，格兰仕最高决策层普遍认为，羽绒服装及其他制品的出口前景不佳，并达成共识：从现行业转移到一个成长性更好的行业。经过市场调查，初步选定家电业为新的经营领域（格兰仕所在地广东顺德及其周围地区已经是中国最大的家电生产基地）；进一步地，格兰仕选定小家电为主攻方向（当时，大家电的竞争较为激烈）；最后确定微波炉为进入小家电行业的主导产品（当时，国内微波炉市场刚开始发育，生产企业只有4家，其市场几乎被外国产品垄断）。

1993年，格兰仕试产微波炉1万台，开始从纺织业为主转向家电制造业为主。自1995年至今，格兰仕微波炉国内市场占有率一直居第1位，且大大超过国际产业、学术界确定的垄断线（30%），达到60%以上，1998年5月市场占有率达到73.5%。格兰仕频频使用价格策略在市场上获得了领导地位。1996~2000年，格兰仕先后5次大幅度降价，每次降价幅度均在20%以上，每次都使市场占有率总体提高10%以上。

格兰仕集团在微波炉及其他小家电产品市场上采取的是成本领先战略。格兰仕的规模经济首先表现在生产规模上。据分析，100万台是车间工厂微波炉生产的经济规模，

格兰仕在1996年就达到了这个规模，其后，每年以两倍于上一年的速度迅速扩大生产规模，到2000年年底，格兰仕微波炉生产规模达到1200万台，是全球第2位企业的两倍多。生产规模的迅速扩大带来了生产成本的大幅度降低，成为格兰仕成本领先战略的重要环节。格兰仕规模每上一个台阶，价格就大幅下调。当自己的规模达到125万台时，就把出厂价定在规模为80万台的企业的成本价以下。此时，格兰仕还有利润，而规模低于80万台的企业，多生产一台就多亏一台。除非对手能形成显著的品质技术差异，在某一较细小的利基市场获得微薄盈利，但连年亏损的对手对同样的技术来源又怎么能搞出差异来呢？当规模达到300万台时，格兰仕又把出厂价调到规模为200万台的企业的成本线以下，使对手缺乏追赶上其规模的机会。格兰仕这样做的目的是要构成行业壁垒，摧毁竞争对手的信心，将散兵游勇的小企业淘汰出局。格兰仕虽然利润极薄，但是凭借着价格构筑了自己的经营安全防线。格兰仕的微波炉在市场上处于绝对的统治地位，低成本领先战略是其发展壮大的战略组合中的重要一环。

资料来源：http://doc.mbalib.com/view/91deae-474307fcafdd74ea47310d7ea8.html.

4. 替代品的威胁

两个处于不同行业中的企业，可能会由于所生产的产品是互为替代品，从而在它们之间产生相互竞争行为。例如，作为降温产品，有空调、电风扇、纸扇等多种产品，这些产品在各自行业内存在众多竞争者，同时因为提供给消费者的利益一致，又互为竞争者。这种源自替代品的竞争会以各种形式影响行业中现有企业的竞争战略。第一，现有企业产品售价以及获利潜力的提高，将由于存在着能被用户方便接受的替代品而受到限制；第二，由于替代品生产者的侵入，使得现有企业必须提高产品质量，或者通过降低成本来降低售价，或者使其产品具有特色，否则其销量与利润增长的目标就有可能受挫；第三，源自替代品生产者的竞争强度，受产品买主转换成本高低的影响。总之，替代品价格越低、质量越好、用户转换成本越低，其所能产生的竞争压力就越强。而这种来自替代品生产者的竞争压力的强度，可以具体通过考察替代品销售增长率、替代品厂家生产能力与盈利扩张情况来加以描述。

5. 行业内现有竞争者的竞争

大部分行业中的企业相互之间的利益都是紧密联系在一起的，作为企业整体战略一部分的各企业竞争战略，其目标都在于使自己的企业获得相对于竞争对手的优势，所以在实施中就必然会产生冲突与对抗现象，这些冲突与对抗就构成了现有企业之间的竞争。现有企业之间的竞争常常表现在价格、广告、产品介绍、售后服务等方面，其竞争强度与许多因素有关。

一般来说，出现下述情况将意味着行业中现有企业之间竞争的加剧：行业进入障碍较低，势均力敌的竞争对手较多，竞争参与者范围广泛；市场趋于成熟，产品需求增长缓慢；竞争者企图采用降价等手段促销；竞争者提供几乎相同的产品或服务，用户转换成本很低；一个战略行动如果取得成功，其收入相当可观；行业外部实力强大的公司在接收了行业中实力薄弱的企业后，发起进攻性行动，结果使得刚被接收的企业成为市场的主要竞争者；退出障碍较高，即退出竞争要比继续参与竞争代价更高。在这里，退出障碍主要受经济、战略、感情以及社会政治关系等方面的影响，具体包括：资产的专用性、退出的固定费用、战略上的相互牵制、情绪上的难以接受、政府和社会的各种限制等。

行业中的每一个企业或多或少都必须应付以上各种力量构成的威胁，而且客户必须面对行业中的每一个竞争者的举动。除非认为正面交锋有必要而且有益处，例如要求得到很大的市场份额，否则客户可以通过设置进入壁垒，包括差异化和转换成本来保护自己。当一个客户确定了其优势和劣势时，客户必须进行定位，以便因势利导，而不是被预料到的环境因素变化所损害，如产品生命周期、行业增长速度等，然后保护自己并做好准备，以有效地对其他企业的举动做出反应。

行业内的竞争一般会表现为四种基本状态：完全垄断、寡头垄断、垄断竞争和完成竞争。一个产业的竞争性结构会随着时间而改变。例如：在随身听行业，索尼公司开始是作为垄断者出现在市场上的，但是不久很多其他企业便进入市场并生产出各种不同规格、型号的产品，导致了垄断竞争结构的形成。当需求增长减缓，出现了"行情下跌"时，产业结构将演化成差别寡头垄断。最终，购买者可能认为产品是极为相似的，价格是唯一的差异特性。在这种情况下，产业已成为完全的寡头垄断。

根据上面对于五种竞争力量的讨论，企业可以采取尽可能地将自身的经营与竞争力量隔绝开来、努力从自身利益需要出发影响行业竞争规则、先占领有利的市场地位再发起进攻性竞争行动等手段来对付这五种竞争力量，以增强自己的市场地位与竞争实力。

5.3 消费者行为分析

消费者行为分析是市场营销管理的核心内容，也是一切营销活动得以开展的逻辑起点，只有对目标顾客进行充分关注，才有可能通过产品和服务使顾客的需要和欲望得到满足。因此，企业需要从认识购买者的需要入手，分析影响消费者购买行为的因素，研究消费者的购买决策过程。

5.3.1 影响消费者购买行为的主要因素

消费者购买行为取决于其自身的需要和欲望，而人们的需要和欲望以至消费习惯和行为，是在许多因素的影响下形成的。这些因素主要可归纳为四大类，如表 5-1 所示。

表 5-1　影响消费者购买行为的因素

文化因素	社会因素	个人因素	心理因素
文化	参照群体	年龄与生命周期	动机
亚文化	家庭	阶段	知觉
社会阶层	角色与地位	职业	学习
		经济环境	信念与态度
		生活方式	
		个性与自我观念	

1. 文化因素

文化因素对于企业消费者的行为具有最广泛和最深远的影响。文化是人类欲望和行为的最基本决定因素，在社会中成长的人群通过其家庭和其他主要机构的社会化过程学到了一套价值、知觉、偏好等行为整体观念，例如中国人普遍具有尊老爱幼的传统。同时，每一种文化都包含了能为其成员提供更为具体的认同感和社会化的较小的亚文化群体。亚文化群体包括民族群体、种族团体和地理区域，亚文化往往是企业进行市场细分的重要工具。最后，社会阶层也是重要的影响企业消费者购买的因素，而所谓的社会阶层是指一个社会中具有相对的同质性和持久性的群体，它们是按等级排列的，每一阶层成员具有类似的价值观、兴趣爱好和行为方式。

2. 社会因素

消费者的行为也同样受到一系列社会因素的影响，具体包括以下几个因素：第一，参照群体。一个人的参照群体是指那些直接或间接影响人的看法和行为的群体，例如家庭成员，同事以及自身所崇拜的明星，企业在销售中必须综合考虑相关群体的作用。第二，家庭。购买者家庭成员对购买者的行为影响巨大，不同的家庭类型（婚前、婚后）中成员对购买决定性作用不一样。第三，角色与地位。一个人在一生中会参与许多群体——家庭、俱乐部以及各类组织，每个人在群体中的位置可用角色与地位来确定。角色是一个人所期望做的活动内容，一个角色也伴随着一个地位。人们在购买商品时往往结合自己在社会中所处的角色与地位来考虑。

3. 个人因素

购买者决策也受其个人特征的影响，特别是受年龄所处的生命周期阶段、职业、经济环境、生活方式、个性以及自我概念的影响。

人们在一生中购买的商品和劳务是不断变化的，即年龄所处的生命周期对消费者的购买产生巨大的影响，但相对于真实年龄，消费者的心理年龄更为重要。同时，职业与经济环境也影响其消费模式。例如，蓝领工人与白领工人的购买模式不一样，前者更多的是买工作服、工作鞋，而后者则是时尚的追随者。而一个人的经济环境则从根本上制约了其消费模式。

生活方式是指一个人在世界上所表现的活动、兴趣和看法及生活模式，例如追求享乐的人与追求简朴的人无论在购买产品的种类与档次上都不相同。最后，一个人的个性与自我概念也对购买模式影响巨大，而个性是指一个人所持有的心理特征，它导致一个人对他所处环境的相对一致和持续不断的反应，它可用自信、控制欲、自主、顺从交际、保守和适应性等性格加以描述，自我观念则是消费者如何看待自己。

4．心理因素

最后一个影响消费者行为购买模式的因素是心理因素，一个人的购买选择受五种心理因素的影响，即动机、知觉、归因、学习以及信念与态度。

在任何时候，每个人都有很多需要，有生理状况引起的，例如饥饿，不安等，也有心理因素引起的，例如尊重，我们将这些称之为动机。知觉是个人选择组织并解释信息投入，以便创造一个有意义的个人世界图像的过程。人们往往会对同一事物产生不同的知觉，因为人们经历过三种知觉过程：第一，选择性注意，即人们仅注意自己感兴趣的内容；第二，选择性扭曲，就是人们将信息加以扭曲，使之合乎自己意思的倾向；第三，选择性保留，人们会忘记他们知道的许多信息，但他们倾向于保留那些能够支持其信念与态度的信息。以上三种知觉过程对企业的运作指导意义重大。

归因是一个人对某一行为做出的临时推断。学习是指经验引起的个人行为的改变。而驱动力是指促成行动的一种强烈的内在刺激，对于企业营销者来说，应将学习与驱动力联系起来，运用刺激性暗示与提供积极强化手段来建立对产品的强烈需求。

信念是指一个人对某些事物具有的描述性思想。态度是指一个人对某些事物或观念长期持有的好与坏的认识上的评价、情感上的感受与行动倾向，信念与态度极大地影响人们的行为。

5.3.2　消费者购买行为类型

不同消费者购买决策过程的复杂程度不同，原因是受诸多因素的影响，其中最主要的是参与程度和品牌差异大小。根据购买者的参与程度和品牌差异程度区分为四种购买类型。

1．复杂型购买行为

消费者高度参与，并且了解现有各品牌、品种和规格之间具有的显著差异，则会产生复杂的购买行为。复杂购买行为要经历大量的信息收集、全面的产品评估、慎重的购买决策和认真的购后评价等各个阶段。

为了帮助消费者了解这类商品的各种特性、突出本品牌的优点，企业应主要利用报纸、杂志、样本、说明书以及网络等宣传推销媒体，针对各种可能的购买参与者，特别是决定者做广告，并在售货现场介绍商品，影响最终购买决定，简化购买决策过程。

2．减少失落感型购买行为

如果消费者属于高度参与，但是并不认为各品牌之间有显著差异，就会产生减少失落感的购买行为。房内装饰材料、服装、首饰、家具等商品的购买大多属于减少失落感的购买行为。

对于这类购买行为，营销者要提供完善的售后服务，通过各种途径经常提供有利于本企业和产品的信息，使消费者对自己的购买选择感到满意。

3．习惯型购买行为

如果消费者属于低参与并认为各品牌之间没有什么显著差异，就会产生习惯型购买行为。

消费者已熟知商品特性和各主要品牌特点，并已形成品牌偏好，因而不需要寻找、收集有关信息，通常是根据习惯或经验购买这类商品。

对于习惯型购买行为，营销者要利用价格与销售促进吸引消费者试用，开展大量重复性广告，加深消费者印象，增加购买参与程度和品牌差异。

4. 多变型购买行为

如果消费者属于低参与并了解现有各品牌和品种之间具有的显著差异，则会产生寻求多样化的购买行为。消费者为了使消费种类多样化，常常变换所购商品的品牌。

对于多变型购买行为，市场领导者和挑战者的营销策略是不同的。市场领导者试图通过占有货架、避免脱销和提醒购买的广告来鼓励消费者形成习惯型购买行为。而挑战者则以较低的价格、折扣、赠券、免费赠送样品来鼓励消费者改变原习惯型购买行为。

5.3.3　消费者购买决策过程

不同购买类型反映了消费者购买决策过程的差异性或特殊性，消费者的购买决策过程一般分为五个阶段，如图5-3所示。

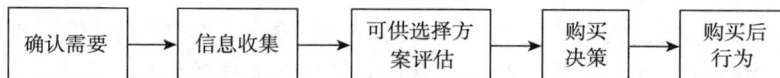

确认需要 → 信息收集 → 可供选择方案评估 → 购买决策 → 购买后行为

图5-3　购买过程的五个阶段

这个购买决策过程模式适用于分析复杂的购买行为，其他几种购买类型是越过其中某些阶段后形成的，是复杂购买行为的简化形式。模式表明，消费者的购买决策过程早在实际购买前就已经开始了，并延伸到实际购买以后，这就要求营销人员注意购买决策过程的各个阶段，而不是仅仅注意销售。

5.4　目标市场营销策略

顾客是一个庞大、复杂的群体，消费心理、购买习惯、收入水平、所处地理环境和文化环境等都存在很大差异，因而不同消费者和用户对同一类产品的需求和购买行为具有一定的差异性。任何一个企业都无法满足整体市场的全部需求。因此，细分市场和目标市场营销战略就显得至关重要。企业需要根据某一类产品的不同需求，将顾客细分为若干群体；然后结合特定的市场环境和自身的资源条件，选择某些特定群体作为目标市场；并根据企业现有产品的市场地位和顾客对产品属性的重视程度，对产品进行市场定位；同时，制定有针对性的市场营销战略和策略。

5.4.1　市场细分常用变量及划分标准

1. 市场细分常用变量

市场细分是企业根据自身条件和营销意图，以需求的某些特征或变量为依据，区分具有不同需求的顾客群体的过程。经过市场细分，在同类产品市场上同一细分市场的顾客具有较多的共性，不同细分市场之间的需求具有较多的差异性。

企业对市场的细分涉及市场细分变量的使用，现实中可以按照地理环境因素、人口因素、心理因素、行为因素等进行细分。

（1）按地理环境因素细分。不同地理环境下的顾客，由于气候、生活习惯、经济水平等不同，对同一类产品往往会有不同的需求和偏好，以至于对企业的产品、价格、销售渠道及广告等营销措施的反应也常常存在差别。①消费者居住的地区。如我国的茶叶市场，南方消费者喜欢红茶和绿茶，华北、华东地区消费者喜欢花茶，而少数民族地区的消费者喜欢砖茶。②地形气候。地形可分为山区、平原、丘陵；气温可分为热带、温带、寒带；湿度可分为干旱地区、多雨地区。如风扇市场，热带地区一室多扇，而寒带地区则可以常年不需风扇。洗衣机市场，多雨地区湿度大，顾客喜欢有脱水、烘干的功能。

（2）按人口因素细分。不同的年龄、性别、收入、职业、教育、宗教、种族或国籍的顾客，会有不同的价值观念、生活情趣、审美观念和消费方式，因而对同一类产品，必定会产生不同的消费需求。①年龄。人们在不同的年龄阶段，由于生理、心理等因素的不同，对商品的需求和欲望有着很大的区别。②性别。男性和女性，在不少商品的使用上存在很大的区别。如服装市场、化妆品市场，一般可以按照性别的不同，分为女性市场和男性市场。③收入。收入水平不同的顾客，在购买时对商品的要求也不同。高收入的顾客，对产品比较注重"质"的需求，购物场所习惯到百货公司和专卖店；低收入的顾客，则侧重"量"的需求，通常喜欢到廉价的货仓商场、超市及普通商店。④文化程度和职业。不同文化程度的人，他们的价值观、信念、习惯等存在较大的差异；不同职业的特点，也会使人们有很多购买上的差异。如工人、农民、教师、艺术家、干部，对报纸、书刊的消费有明显的不同。⑤民族。我国有 56 个民族，绝大多数民族都有自己特殊的消费习惯和爱好。

（3）按心理因素细分。以上地理因素、人口因素相同或相近的顾客，对同一产品的爱好和态度也会截然不同，这主要是心理因素的影响。①生活方式。生活方式是人们生活的格局和格调，表现在人们对活动、兴趣和思想的见解上，人们形成的生活方式不同，消费倾向也不一样。如妇女服装可根据顾客的不同生活方式，分别设计出"朴素型"、"时髦型"、"新潮型"、"保守型"、"有男子气型"。②购买动机。购买动机是指顾客购买行为的直接原因。有些人为实用而购买，有些人为价格便宜而购买，有些人为追赶时髦而购买。③性格。内向与外向；追求独特与愿意依赖；乐观与悲观。不同性格的顾客对产品的要求不同。如对产品的色彩，内向的人比较喜欢冷色调，外向的人却喜欢暖色调；对产品的款式，追求独特的人喜欢标新立异，依赖的人却爱跟随众人。

（4）按行为因素细分。行为因素是按照顾客购买过程中对产品的认知、态度、使用来进行细分。①购买时机。按顾客对产品的需要、购买、使用时机的认知作为市场细分的标准。比如，旅行社可为每年的几个公众长假提供专门的旅游线路和品种，为中小学生每年的寒暑假提供专门的旅游服务。②追求利益。根据顾客对产品的购买所追求的不同利益来细分市场。美国学者 Haley 曾运用利益对牙膏市场进行细分而获得成功。他把牙膏需求者寻求的利益分为经济实惠、防治牙病、洁齿美容、口味清爽四种（见表 5-2）。③使用情况。许多产品可以按照消费者对产品的使用情况进行分类。使用情况可以分为"从未使用过"、"曾经使用过"、"准备使用"、"初次使用""经常使用"等五种类型。对于不同的使用者情况，企业所施用的策略是不相同的。一般而言，资金雄厚、市场占有率高的企业，特别注重吸引潜在购买者，通过它们的营销策略，把潜在使用者变为实际使用者。一些中小型的企业，主要是吸引现有的使用者，提高他们对产品的使用率和对品牌的信赖和忠诚；或让使用者从竞争者的品牌转向本企业的品牌。

表 5-2　牙膏市场的利益细分

利益细分	人口统计特征	行为特征	心理特征	符合利益的品牌
经济实惠	男性	大量使用者	自主性强者	大减价的品牌
防治牙病	大家庭	大量使用者	忧虑保守者	品牌 A、E
洁齿美容	青年	吸烟者	社交活动多者	品牌 B
口味清爽	儿童	薄荷爱好者	喜好享乐者	品牌 C

2. 有效细分市场的原则

从企业营销角度看，并非所有的细分市场都有意义。企业选择的细分市场必须具备一定的条件。

（1）可衡量性。可衡量性即用来划分细分市场大小和购买力特征程度，应该能够加以衡量和推断。

（2）可盈利性。可盈利性即细分市场有足够的需求量且有一定的发展潜力，使企业赢得长期稳定的利润。

（3）可实现性。可实现性即企业所选择的目标市场是否易于进入，根据企业目前的人、财、物和技术等资源条件能否通过适当的营销组合策略占领目标市场。

（4）可区分性。可区分性即不同细分市场的特征可清楚地加以区分。

5.4.2　目标市场选择

企业对市场进行细分之后，必须结合企业自身的资源决定为哪一个或哪几个市场进行服务，即将它们确定为企业的目标市场。

1. 评估细分市场

企业在评估不同的细分市场时，公司必须考虑两个因素，即细分市场的结构吸引力与企业的目标和资源。

（1）细分市场的结构吸引力。企业应结合前面所讲述的五种竞争力量模型对市场的结构生命力进行评价，并量化成相应的指标与权重，例如盈利率、客户数、企业投入的资源等，从而使不同的细分市场之间能够进行对比。

（2）企业的目标与资源。企业往往会为了短期的利益而奔波，这既耗费了企业的资源，又使企业目标的达成遥遥无期，从而使企业不能发展壮大，最终在激烈的竞争中被淘汰。而同时企业对于机会的把握，必须结合企业的资源，资源大于企业细分市场的需求会导致企业运作的低效、资源的浪费；资源小于企业细分市场的需求往往造成客户服务水平的下降，从而不利于更好地达成客户服务目标。

2. 目标市场进入的五种模式

公司在对不同的细分市场进行评估后，就必须对进入哪个市场和为多少个细分市场服务做出决策，通常企业有五种进入细分市场的模式（见图 5-4）。

（1）市场集中化。企业选择一个细分市场作为目标市场，企业只生产一种产品来满足这一市场消费者的需求。这是最简单的目标市场模式。这种策略的优点主要是能集中企业的有限资源，通过生产、销售和促销等专业化分工，能提高经济效益。一般适应实力较弱的小企业，与其在大市场里平庸无奇，倒不如在小市场里争一席之地，但小企业面临着较大的潜在风险，如消费者的爱好突然发生变化，或有强大的竞争对手进入这个细分市场，企业很容易受到损害。

（2）产品专业化。企业选择几个细分市场作为目标市场，企业只生产一种产品来分别满足不同目标市场消费者的需求。这种策略可使企业在某个产品树立起很高的声誉，扩大产品的销售，但如果这种产品被全新技术产品所取代，其销量就会大幅下降。

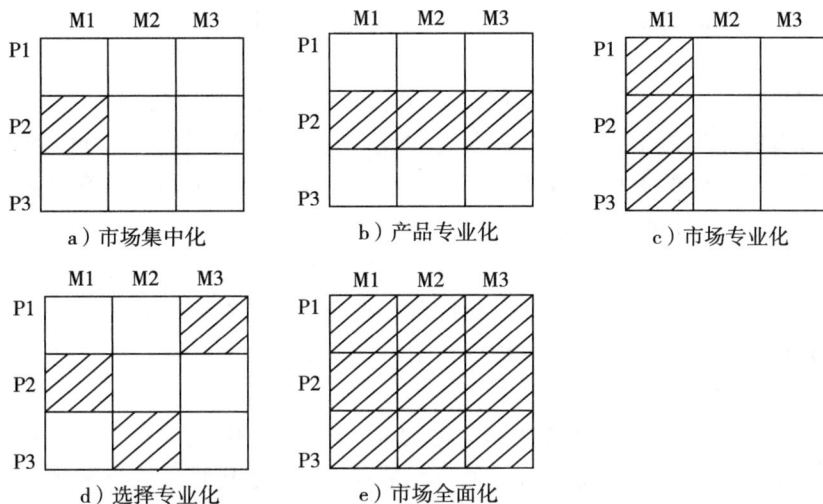

图 5-4　目标市场选择的五种模式

（3）市场专业化。企业选择一个细分市场作为目标市场，并生产多种产品来满足这一市场消费者的需求。企业提供一系列产品专门为这个目标市场服务，容易获得这些消费者的信赖，产生良好的声誉，打开产品的销路。但如果这个消费群体的购买力下降，就会减少购买产品的数量，企业就会产生滑坡的危险。

（4）选择专业化。企业选择若干个互不相关的细分市场作为目标市场，并根据每个目标市场消费者的需求，向其提供相应的产品。这种策略的前提就是每个市场必须是最有前景、最具经济效益的市场。

（5）市场全面化。企业把所有细分市场都作为目标市场，并生产不同的产品满足各种不同的目标市场消费者的需求。只有大企业才能选用这种策略。

5.4.3　目标市场策略

多数情况下，有价值的子市场可能不止一个。那么，面对已经细分的市场和多种可能的机会，企业应如何选择自己的目标市场和设计营销组合策略呢？通常有三种思路可供企业采用：无差异性营销策略、差异性营销策略、集中性营销策略。

（1）无差异性营销。无差异性营销是指这样一种选择目标市场和组织营销活动的思路：面对细分化的市场，企业重视各子市场之间在需求方面的共性而忽略它们的个性，不是选择一个或若干个子市场作为目标市场，而是把各子市场重新集合成一个整体市场，并将其作为自己的目标市场；企业向整体市场供应单一的标准化产品，使用单一的营销组合，并通过强有力的促销吸引尽可能多的购买者。例如，美国可口可乐公司因为拥有世界性专利，在 20 世纪 60 年代前曾经实行这种无差异营销策略，以单一品种、单一标准、单一包装和统一的广告宣传，长期占领世界饮料市场。

无差异营销的优点：首先，可以降低营销成本；其次，广告宣传等促销活动有可能强化品牌形象，甚至创造所谓超级品牌。但这种策略对大多数产品并不适合，因为在商品生产发达、市场竞争激烈的情况下，一种产品长期被所有的消费者接受的情况是极少见的。

（2）差异性营销。差异性营销是指这样一种选择目标市场和组织营销活动的思路：面对已经细分的市场，企业选择两个以上或多个子市场作为目标市场；分别为每个子市场提供有针对性的产品；并根据产品的特征和子市场的特点，分别制定和实施价格策略、分销渠道策略和促销策略。

差异性营销具有很大的优越性。首先，这种营销方式大大降低了经营风险。其次，这种营销方式能够使顾客的不同需求得到更好满足，也使每个子市场的销售潜力得到最大限度的挖掘，从而有利于扩大企业的市场占有率。无差异性营销大大提高了企业的竞争能力，特别有助于阻止其他竞争对手利用市场空当进入市场。最后，如果企业能够在几个子市场上取得良好经营效果，树立几个著名品牌，则可以大大提高消费者或用户对该企业产品的信赖程度和购买频率，尤其有利于新产品迅速打开市场。差异性营销策略的缺点在于，随着产品品种的增加、销售渠道的多元化以及市场调研和广告宣传等营销活动的扩大与复杂化，生产成本、管理费用和销售费用必然大幅度增加。

（3）集中性营销。集中性营销是这样一种思路：企业既不试图在整体市场上经营，也不是把力量分散使用于若干个子市场，而是集中力量进入一个子市场，为该市场开发一种理想而独到的产品，实行高度专业化的生产和销售。采用这种策略通常是为了在一个较小的或很小的子市场上取得较高的、甚至是占支配地位的市场占有率，而不追求在整体市场上或较大的细分市场上占有较小的份额。集中性营销策略主要适用于资源力量有限的小企业，能使企业在生产和销售上实现专业化，节省营销费用，提高投资收益率，增强盈利性。但这种策略的缺点是潜伏着较大的风险，一旦目标市场突然不景气，而本企业又无法随机应变时，就可能陷入困境。

5.4.4　市场定位

企业进行市场细分，确定目标市场之后，紧接着应考虑目标市场各个方位的竞争情况，因为在企业准备进入的目标市场中往往存在一些捷足先登的竞争者，有些竞争者在市场中已占有一席之地，并树立了独特的形象。新进入的企业如何使自己的产品与现存的竞争者产品在市场形象上相区别，这就是市场定位的问题。

1. 市场定位的概念

市场定位是根据竞争者现有产品在细分市场上所处的地位和顾客对产品某些属性的重视程度，塑造出本企业产品与众不同的鲜明个性或形象并传递给目标顾客，使该产品在细分市场上占有强有力的竞争位置。

企业在市场定位过程中，一方面要了解竞争者产品的市场地位，另一方面要研究目标顾客对该产品各种属性的重视程度，然后选定本企业产品的特色和独特形象，从而完成产品的市场定位。

2. 市场定位的方式

市场定位作为一种竞争战略，显示了一种产品或一家企业同类似的产品或企业之间的竞争关系。定位方式不同，竞争态势也不同。主要的定位方式有三种。

（1）避强定位。企业力图避免与实力最强或较强的其他企业直接发生竞争，将自己的产品定位于与竞争对手不同的市场区域内，使自己的产品在某些特征或属性方面与最强或较强的对手有显著的差异。这种方式的优点是：能够迅速地在市场上站稳脚跟，并能在消费者或用户心目中迅速树立起一种形象。由于这种定位的方法市场风险较小，成功率较高，常常为多数企业所采用。

（2）迎头定位。企业根据自身的实力，为占据较佳的市场位置，不惜与市场上占支配地位的、实力最强或较强的竞争者发生正面竞争，从而使自己的产品进入与对手相同的市场。这种定位的方式有时会产生激烈的市场竞争，有较大的市场风险，但不少企业认为由于竞争者强大，能够激励自己奋发上进，一旦成功就会取得巨大的市场优势，且在竞争过程中往往能产生轰动效应，可以让消费者很快了解企业及其产品，企业易于树立市场形象。如可口可乐与百事可乐之间持续不断的争斗，肯德基与麦当劳的竞争等。实行对抗性定位，必须知己知彼，应清醒估计自己的实力，不一定要压垮对方，只要能够平分秋色就是巨大的成功。

（3）重新定位。企业实施某种定位方案一段时间以后，有可能发现原有定位效果并不理想，不能达到营销目标；或者没有足够的资源实施这一方案；或者为发展新市场的需要；或者竞争的需要。此时应该对产品进行重新定位。

5.5　市场营销组合策略

市场营销策略的起始点在于满足顾客的需求，因而企业利用种种可控因素，例如产品、定价、渠道、促销，去达成这一目标，而这些可控因素的利用即企业的市场营销策略。

5.5.1　产品策略

产品是市场营销组合中最重要也最基本的因素。企业制定营销组合策略，首先必须决定开发什么样的产品满足目标市场需求。

1. 产品整体概念

产品是人们通过购买或租赁所获得需要的一种满足。凡是提供给市场、用于满足人们某种需要的任何产品或服务都是市场营销学所讲的产品。在营销学中，产品是一个整体概念，包括三个层次的内容，即核心产品、形式产品和附加产品，三者关系如图 5-5 所示。

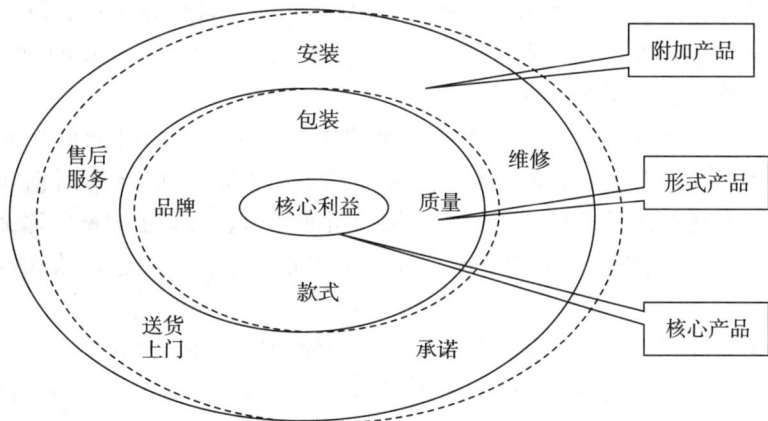

图 5-5　产品整体概念

（1）核心产品。核心产品是指向购买者提供的基本效用或利益。消费者购买商品并不是为了获得产品本身，而是为了获得能够满足某种需求的使用价值。核心产品是消费者追求的最基本内容，也是他们所真正要购买的东西。因此，企业在设计开发产品时，必须首先界定产品能够提供给消费者的核心利益，以此作为立足点。

（2）形式产品。形式产品是核心产品所展示的全部外部特征，即呈现在市场上的产品的具体形态或产品核心功能、效用借以实现的外在形式，主要包括品牌商标、包装、款式、颜色、特色、质量等。即使是纯粹的服务产品，也具有相类似的形体上的特点。产品的基本效用必须通过特定形式才能实现，市场营销人员应该努力寻求更加完善的外在形式来满足顾客的需要。

（3）附加产品。附加产品是消费者在购买形式产品时获得的全部附加服务和利益，给消费者带来最大的满足。其内容主要有承诺，如保修期限、退货等，还有送货、安装、维修、培训等服务活动。随着竞争的加剧，提供更好的附加产品更具实际意义。李维特教授预言，未来的竞争不在于企业能生产什么产品，而在于能为产品提供什么样的附加利益。

在现代市场营销观念中，强调的是如何把以顾客为中心的思想落到实处，应用产品整体概念，有利于企业贯彻实施以顾客为中心的营销思想；有利于企业完善产品的功能，挖掘新的市场机会；为企业的产品差异化提供新的线索；整体产品概念要求企业重视各种售后服务，有利于企业产品的顺利交换。

2. 产品组合决策

（1）产品组合及相关概念。产品组合是指企业生产或经营的全部产品线和产品项目的有机组合或结构，以及企业的业务经营范围。

产品线指一组密切相关的产品，又称产品系列或产品品类。所谓密切相关，指这些产品或者能够满足同种需求；或者必须配套使用，销售给同类顾客；或者经由相同的渠道销售；或者在同一价格范围内出售。

产品项目指在同一产品线或产品系列下不同型号、规格、款式、质地、颜色或品牌的产品。例如百货公司经营金银首饰、化妆品、服装鞋帽、家用电器、食品、文教用品等，各大类就是产品线；每一大类里包括的具体品牌、品种为产品项目。

企业产品组合可以从宽度、长度、深度和关联度四个维度进行分析。

产品组合宽度指企业生产经营的产品线的数量。大中型的多元化经营的企业集团产品组合的宽度较宽，而专业化的企业和专营性商店生产和经营的产品品类较少，产品组合的宽度较窄。

产品组合的长度指企业生产经营的全部产品线中所包含的产品项目总数，产品线的总长度。每条产品线的平均长度，即企业全部产品项目数除以全部产品线所得的商，企业产品的项目总数越多，产品线越长，反之则越短。

产品组合的深度指企业生产经营的每条产品线中，每种产品品牌所包含的产品项目的数量。一个企业每条产品线中所包含的产品品牌数往往各不相等，每一产品品牌下又有不同的品种、规格、型号、花色的产品项目。例如，百货公司的休闲装有9种规格，那么它的深度就是9。专业商经营的产品品类较少，但同一产品种类中规格、品种、花色、款式较为齐全，产品组合的深度较深。

产品组合的关联度指企业生产和经营的各条产品线的产品在最终用途、生产条件、销售渠道及其他方面相互联系的密切程度。该百货公司四条产品线都是人们的穿着用品，产品的最终用途相同，可以通过相同的分销渠道销售，其关联度较为密切。

企业产品组合的宽度、长度、深度和关联度不同，就构成不同的产品组合。分析企业产品组合，具体而言就是分析产品组合的宽度、长度、深度及关联度的现状、相互结合运作及发展态势。在一般情况下，扩大产品组合的广度有利于拓展企业的生产和经营范围，实行多元化经营战略，可以更好地发挥企业潜在的技术、资源及信息等各方面优势，提高经济效益，还有利于分散企业的投资风险；延伸产品线的长度，使产品线充裕丰满，使企业拥有更完全的产品线，有助于扩大市场覆盖面；加强产品组合的深度，在同一产品线上增加更多花色、品种、规格、型号、款式的产品，可以使企业产品更加丰富多彩，满足更广泛的市场需求，提升产品线的专业化程度，占领同类产品更多的细分市场，增强行业竞争力；加强产品组合的相关性，可以强化企业各条产品线之间的相互支持，协同满足消费者，有利于资源共享，降低成本，可以使企业在某一特定的市场领域内增强竞争力和市场地位，赢得良好的企业声誉。因此，产品组合策略也就是企业根据市场需求、营销环境及自身能力和资源条件，对自己生产和经营的产品从宽度、长度、深度和关联度等四个维度进行综合选择和调整的决策。

（2）产品组合调整策略。对企业现行产品组合进行分析和评估之后，找出存在的问题，就要采取相应措施，调整产品组合，以求达到最佳的组合。产品组合的调整策略有以下几种：

1）扩大产品组合。扩大产品组合即扩展产品组合的宽度或深度，增加产品系列或项目，扩大经营范围，生产经营更多的产品以满足市场的需要。当市场需求不断扩大，营销环境有利，企业资源条件优化时，就需要扩大企业产品组合以赢得更大发展。或者当企业预测到现行产品线的销售额和利润率在未来可能下降时，就必须及时考虑在现行产品组合中增加新的产品线，或加强其中有发展潜力的产品线。

2）缩减产品组合。缩减产品组合即降低产品组合的宽度或深度，剔除那些不获利或获利能力小的产品线或产品项目，集中力量生产经营一个系列的产品或少数产品项目，提高专业化水平，力争从生产经营较少的产品中获得较多的利润。当市场不景气或原料、能源供给紧张，企业费用水平太高时，缩减产品线能使企业的总利润增加。

3）高档产品策略。高档产品策略即在同一产品线内增加生产高档次、高价格的产品项目，以提高企业现有产品的声望。企业可以在下列情况下考虑实施高档产品策略：高档产品的市场销售形势看好，利润率高；高档产品市场上竞争者实力较弱，可以取而代之；企业的实力增加，希望发展高中低档各类产品。

实施高档产品策略有一定的风险。在中低档产品线中推出高档产品，容易引起购买者混淆，难以树立高档产品的独特形象。

4）低档产品策略。低档产品策略即在同一产品线内增加生产中低档次、价格低廉的产品项目，以利用高档名牌产品的声誉，吸引因经济条件所限而购买不起高档产品但又羡慕和向往高档名牌的顾客。

低档产品策略适用于企业的下列情况：企业高档产品成长发展较慢，为了维持销售，占领和开拓市场，将产品线扩展，增加产品项目，增加中低档产品；企业的高档产品遇到了强硬的竞争对手，进入中低档产品市场可以获得回旋余地；企业进入高档产品市场，建立高品质名牌形象，扩大声誉的目的已经达到，生产中低档产品可以丰富产品品种，增加花色，扩大市场；填补市场空缺，抵制竞争者进入中低档产品市场同企业抗衡。

低档产品策略对企业也同样存在风险，因为在高档产品线中推出低档产品，容易影响和损害企业及原有品牌产品的形象，降低原有产品的档次，还可能刺激本来生产低档产品的企业进入高档产品市场，促使竞争加剧。

（3）对产品组合的分析和管理。企业在安排它的产品的各条产品线和各条产品线中的产品项目时，总希望挑选一个最佳的产品组合，即优化产品组合。优化产品组合的过程，通常是分析、评价和调整现行产品组合的过程。由于产品组合状况直接影响到企业的销售额和利润水平，所以企业必须经常对现行产品组合作出系统的分析、评价和管理，通过增设、加强和剔除某些产品线和产品项目，优化产品组合宽度和深度的关系，以达到提高销售额和利润的目标。在此以波士顿矩阵法为例讲述产品组合分析法。这种方法建议企业对其经营的所有产品用"市场增长率 – 市场占有率矩阵"进行分类，如图5-6所示。

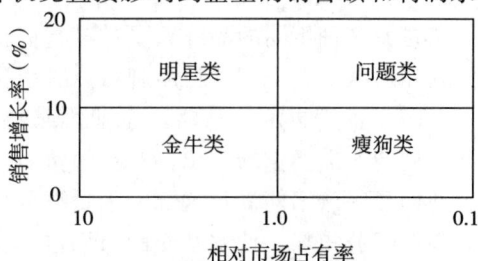

图 5-6　波士顿矩阵

按照图5-6中所示的分类方法，可将产品分为四类。①明星产品。这类产品线市场占有率和市场增长率都很高，具有一定的竞争优势。但是由于市场增长率很高，市场竞争激烈，需要大量资金以支持快速成长，所以并不能为企业带来丰厚的利润。随着市场占有率增长速度逐步减慢，将变为金牛产品，可为企业创造丰厚的利润。②金牛产品。这类产品线有较低的市场增长率和较高的市场占有率，能为企业赚取大量的利润，并可以支持企业的明星类、问题类和瘦狗类产品。③问题产品。这类产品线具有高的市场增长率和低的市场占有率，将需要巨额资金，有较大的风险。所以，经营者对此类产品必须谨慎考虑，花费更多的资金去提高市场占有率是否有利。④瘦狗产品。这类产品的市场增长率和市场占有率都很低，既没有竞争优势，又没有发展前途，应该逐步淘汰。

3. 品牌策略

品牌是产品整体的一部分，在进行产品整体决策时，必然要作出品牌策略。随着营销管理的发展，品牌策略对企业产品营销的作用也越来越重要。品牌是一个名称、术语、符号或图案设计，或者是它们的不同组合，用以识别某种产品或劳务，使之与竞争对手的产品和劳务相区别。品牌是一个笼统的总名词，它包括品牌名称（如"长虹"）、品牌标志（"奥迪"的四个连环圆圈）和商标等。企业在经营过程中，一般使用以下品牌策略。

（1）品牌化策略。品牌化策略即决定产品是否使用品牌。使用品牌对大多数产品来说有着积极的作用，如规定品牌名称，有利于企业管理生产、订货和销售等一系列活动；通过商标注册，可以使企业的产品特色得到法律的保护，防止他人抄袭、假冒；良好的品牌有助于吸引更多的品牌忠诚者，树立良好的企业形象；同时，消费者通过品牌也可以了解各种商品质量的好坏，购物更有目的性。

（2）品牌归属策略。一旦决定对产品使用品牌，就必须决定采用制造商的品牌还是采用中间商的品牌，或这两种品牌混合使用。

（3）统一品牌策略。企业对其全部产品使用统一品牌的策略，使用这一策略，有利于企业利用已有的声誉迅速增强消费系列产品的声誉，消除顾客对新产品的不信任感，并能减少广告宣传等促销费用。同时，企业的统一品牌策略也更容易给公众留下深刻的印象，从而有利于树立企业鲜明的形象。

（4）个别品牌策略。企业对不同产品采用不同品牌的策略，使用这种策略能严格区分高、中、低档产品，使顾客易于识别并选购自己满意的产品，而且不会因为个别产品的声誉不好而影响其他产品，甚至整个企业的声誉。当企业的产品类型不多，产品系列之间关系程度较小，企业的生产条件、技术专长在各产品上有较大差别时，采用个别品牌策略较为有利。

（5）品牌扩展策略。企业利用其成功品牌名称的声誉来推出改良产品或新产品，也可以推出不同功能特点、不同质量水平、不同规格，甚至不同包装和造型的产品的策略。企业采用这一策略，可以节省宣传新品牌的促销费用，使新产品能迅速顺利地进入市场。

（6）多品牌策略。企业对同一种类产品使用两个或两个以上的品牌。采用多品牌策略的优点是：多种不同的品牌只要被零售商接受，就会占用较多的货架面积，而使竞争产品的陈列空间相对减少；采用多种品牌可以吸引更多的品牌转换者，提高市场占有率。

（7）品牌再定位策略。企业因某些市场因素发生变化，而对品牌进行重新定位的策略。在下列情况需要重新定位：有些消费者的偏好发生了变化，形成某一特定偏好的消费群，而本企业的品牌已不能满足这部分消费群的偏好时；竞争者将品牌定位在靠近本企业品牌的附近，并夺取部分市场，使本企业的市场占有率减小时，企业有必要对品牌再次定位。

4. 包装策略

从市场营销学的角度来看，包装是指设计并生产容器或包装物，并将产品盛装或包扎起来的一系列活动。包装的作用主要有：保护商品；便于运输、携带和储存，也便于消费者使用商品；促进销售；提高产品的价值。

企业在设计产品包装时，应遵循以下原则：执行国家的法律、法规，美观大方，突出特色，保护生态环境，心理、文化适应原则。包装与产品本身相适宜。

可供企业选择的包装策略有以下几种：

（1）类似包装策略。类似包装策略是指企业所生产经营的各种产品在包装上采用相同的图案、色彩或其他共有特征，使消费者通过类似的包装联想起这些商品是同一企业的产品，具有同样的质量水平。类似包装策略不仅可以节省包装设计成本，树立企业整体形象，扩大企业影响，而且可以充分利用企业已拥有的良好声誉，有助于消除消费者对新产品的不信任感，进而有利于带动新产品销售。它适用于质量水平相近的产品。但是，由于类似包装策略容易对优质产品产生不良影响，所以对于大多数不同种类、不同档次的产品一般不宜采用这种包装策略。

（2）分类包装策略。分类包装策略是指企业依据产品的不同档次、用途、营销对象等采用不同的包装。比如把高档、中档、低档产品区别开来，对高档商品配以名贵精致的包装，使包装与其商品的品质相适应；对儿童使用的商品可配以色彩和卡通形象等来增强吸引力。

（3）配套包装策略。配套包装策略是指企业把相互关联的多种商品，置入同一个包装容器之内一起出售，比如工具配套箱、家庭用各式药箱、百宝箱、化妆盒等。但要注意，在同一个包装物内必须是关联商品，如牙膏和牙刷组合包装、一组化妆品组合包装等。

这种策略为消费者购买、携带、使用和保管提供了方便，有利于企业带动多种产品的销售，尤其有利于新产品的推销。需注意市场需求的具体特点、消费者的购买能力和产品本身的关联程度大小，切忌任意配套搭配。

（4）再利用包装策略。再利用包装又称多用途包装，是指在包装容器内的商品使用完毕后，其包装并未作废，还可继续利用。可用于购买原来的产品，也可用作其他用途，比如啤酒瓶可再利用，饼干盒、糖果盒可用来装文具杂物，药瓶作水杯用，塑料袋作手提包用等。

这种策略增加了包装物的用途，刺激了消费者的消费欲望，扩大了商品销售，同时带有企业标志的包装物在被使用过程中可起到广告载体的作用。

（5）附赠品包装策略。附赠品包装策略是目前国际市场上比较流行的包装策略，在我国市场上现在运用也很广泛。这种策略是指企业在某商品的包装容器中附加一些赠品，以引起购买的兴趣，诱发重复购买。比如儿童食品的包装中附赠玩具、连环画、卡通图片等，化妆品包装中附有美容赠券等。有些商品包装内附有奖券，中奖后可获得奖品；如果是用累积获奖的方式，效果更明显。

（6）更新包装策略。更新包装策略是指企业为克服现有包装的缺点，适应市场需求，而采用新的包装材料、包装技术、包装形式的策略。

在现代市场营销中，商品的改进也包括商品包装的改进，这对商品的销售起着重要作用。有的商品与同类商品的内在质量近似，但销路却不畅，可能就是因为包装设计不受欢迎，此时应考虑变换包装。推出富有新意的包装，可能会创造出优良的销售业绩。如把饮料的瓶装改为易拉罐装，把普通纸的包装改为锡纸包装，采用真空包装等。

5.5.2 定价策略

为了有效地开展市场营销、增加销售收入和提高利润，企业不仅要给产品制定基本价格，而且需对制定的基本价格适时地进行修改。价格是市场营销中十分敏感而又难以控制的因素，直接关系到市场对产品的接受程度，影响着市场需求和企业的利润，涉及生产者、经营者和消费者等多方利益。

| 经 | 典 | 案 | 例 | **长虹：风风雨雨价格战**

四川长虹电子集团的前身，是1958年创建的军工企业"国营四川无线电厂"，位于四川省绵阳市。1965年，"国营四川无线电厂"更名为"国营长虹机器厂"。1973年长虹厂率先在军工系统成功研制出第一台电视机，注册商标"长虹"，长虹品牌由此创立。1973年，成功生产出"长虹牌"电视机，1992年，跻身中国电视五大品牌行列。1993～1998年，"长虹牌"彩电从国内同等竞争对手中杀出重围，成功地登上"中国彩电大王"的宝座。长虹股票于1994年3月在上海证券交易所挂牌上市，并很快成为"龙头股"。1998年长虹提出"世界品牌，百年长虹"的战略目标，长虹彩电以正式走向全球市场为新起点，长虹产品由彩电向空调器、数字视听、电子产品、电池等相关产业拓展。2004年，长虹品牌价值达330.73亿元，成为中国最有价值的知名品牌。

在发展过程中，长虹通过多次降价活动，成长为我国的"彩电大王"，同时也成为我国家电行业的一面旗帜，将家电行业带动成为我国最具市场经济特征的行业之一。长虹今天的表现归功于长虹的几次主动降价行动。

第一次，开启自主调价之路。1988年彩电严重紧缺，抢购倒卖之风盛行，普通老百姓以高于国家牌价1倍的价格还很难买到彩电。在国家牌价的制约下，出现了"百姓多花钱，厂家挣不到钱"的局面。长虹以略高于国家牌价而低于黑市的价格卖给省工商银行一批彩电开始了自己的自行价格调整旅程。1989年国内彩电生产厂引进了大量彩电生产线，同时国家开征彩电消费税，彩电市场顿时供过于求，厂家彩电积压严重。光上半年长虹就积压近20万台彩电，占用资金3.2亿元，资金严重紧张。在请示省物价局

后，1989年8月9日长虹进行自行降价活动，每台彩电降价350元，长虹积压彩电一销而空，同时也提升了长虹在彩电行业的地位，为此长虹也受到"不让涨价你涨价，不让降价你降价"的责难，引发了一场"长虹现象"大讨论。1989年9月，围绕1988和1989年长虹两次价格调整，由《中国体改研究会通讯》发起，《中国电子报》积极响应的"长虹现象"大讨论在全国范围内轰轰烈烈地展开。1991年3月，国家统计局公布：长虹1990年首次荣登彩电行业销售冠军。

第二次，也是一场具有决定意义的降价行动，国产彩电开始"当家做主"。1996年，进口品牌在25英寸以上大屏幕彩电市场占有绝对优势，在北京、上海、广州的市场份额更是高达80%以上，但众多合资厂尚未投入规模生产。1996年3月26日，长虹彩电凭借"同样的技术、同样的质量"，举起降价大旗，首次向洋彩电宣战。面对铺天盖地的洋彩电，长虹宣布在全国范围内降价18%，带动国产彩电夺取市场份额，由此国产彩电在国内中低端彩电市场占据了绝对主导地位。而长虹的市场占有率由1995年的22%提高到1996年的27%左右，彩电销量比上年同期增长61.96%。长虹在1996年发起的价格战对于国产彩电的翻身功不可没。

第三次（1999～2001年），长虹针对传统彩电的洗牌行动，逐步向高端市场挺进。对于长虹来说，1998年是一个转折点。长虹为了遏制对手，从当年8月份起大批量购进彩管，最多时控制了国内彩管70%以上，使应付款项、票据从35.51亿元直线上升到61.9亿元，当年长虹计划生产彩电800万台，但实际销量只有600多万台，到1998年年末，长虹库存达到77亿元，比上年增加一倍。同时1998年郑百文问题爆发，在暴露

的时候，这条渠道的销售收入占长虹总营业额的 30%。由于"郑百文事件"，1998 年上半年长虹的销售费用由 1997 年同期的 1.98 亿元上升至 3.46 亿元，增加了 14.75%，而销售收入却下降了 14.2%。到 1999 年，长虹销售业绩同比下滑 14.5%，销售成本反而上升 25.5%。"囤积彩管"事件不仅使企业不得不承担起 70 亿元库存的压力，也使 TCL、创维、康佳这三剑客对抗长虹的联盟更加坚固。其结果是，长虹从习惯先声夺人沦为在频繁的价格战中疲于应付。在这一年，长虹主业收入锐减 4 亿元。经过 1997 年和 1998 年由别人发起的价格战，长虹的彩电霸主地位岌岌可危。为了挽回颓势，1999 年 4 月，长虹彩电开始降价行动。但康佳对长虹降价早有应对，降价幅度超过长虹 80～300 元。长虹主营利润由 1998 年的 31.6 亿元下降到 1999 年的 15.7 亿元，净资产收益率仅 4.06%，1999 年下半年长虹利润仅 1 亿多元。

国内彩电市场 2000 年销量为 2 000 万台，而生产能力却超过了 4 000 万台，重复建设导致的过度竞争迫使产品同质化的企业为了生存，只有不断举起价格利刃展开肉搏。2000 年伊始，国内彩电业便笼罩在全行业亏损 147 亿元的浓重阴影中。为了避免发生 1999 年惨烈的价格战，2000 年 6 月 9 日，9 大彩电企业在深圳召开的"中国彩电企业峰会"上，签下了彩电销售最低价协约，旋即被国家计委宣布违法。在不到一个月后，各地彩电掀起了规模空前的降价狂潮，29 寸彩电最低跌至 1 680 元，而此时彩电峰会上的一纸协定墨迹未干。这之后，同盟军内纷纷"背叛"，同盟者厦华、熊猫率先降价，到了 8 月，盟主康佳和根本没参加同盟的四川长虹分别宣布大幅度调低彩电售价，其中康佳最大降幅为 20%，而长虹的降幅更高，达 35%。此次彩电降价是 1996 年四川长虹挑起价格战以来，规模和降价幅度最大的一次。在这次降价中，29 英寸纯平彩电售价不到 2 000 元。截至 2000 年 12 月中旬，长虹销售收入已突破 800 亿元，其中主要产品彩电的销售量已达 4 500 万台。2000 年，长虹彩电总销量 694 万台，索尼彩电销量为 50 万台，但两者的利润却几近相同。长虹彩电 2000 年度再次成为销量第一名，在行业大滑坡的情况下，市场占有率重新回升到 25%。

2000 年，在国产品牌全线降价的同时，进口品牌发起大规模反扑，率先在中国市场推出最先进的产品，并靠越来越接近的价格和已有的品牌优势，将 29 英寸以上大屏幕彩电的市场份额从 15% 提升到 30%，在市场占有率十强中占得三席。虽然经过几次价格战，淘汰了许多彩电企业，但到 2001 年全国彩电行业还有七八十家生产企业、100 多条生产线、5 000 万台的年生产能力，而国内销售量仅有 2 000 万台，经过努力出口达到 1 000 万台，还有 2 000 万台的闲置生产能力。为了夺取被跨国公司占据的市场和进一步清理国产品牌，2001 年 4 月中旬，由长虹发起的"五一战役"将这次意料中的价格战提前了半年。4 月 13 日，长虹将其十多个品种的高档彩电在全国范围内大幅度降价，而这些彩电大都是以前被人们认为高不可攀的大屏幕超屏彩电。在市场畅销的 29 英寸大屏幕"国礼精品"彩电从 4 000 元左右直接降到了 2 000 元左右，价格仅为进口品牌同档次机器的 40%～50%。

第五次（2002 年至今），开创国产彩电主导高端之路。1998 年，我国背投电视销量为 4 795 台，2000 年超过 10 万台，2001 年则达到了 35 万台，连续 4 年超过 300% 的增幅。2001 年 1 月 1 日，中国首台精密显像电视——长虹精显彩电诞生，从而一举打破了彩电高端核心技术一直由跨国彩电巨头垄断的局面。同年 7 月，领先世界水平的第三代 60 赫兹数字变频逐行扫描背投彩电在长虹诞生，至此，中国彩电业在高端核心技术上全面受制于人已经成为历史。2002 年年初，长虹研制出领先世界水平的第三代 75 赫兹数字变频逐行扫描背投彩电。在长虹产品投放市场以前，彩电高端产品一直是日韩企业的天下。出于技术、利润周期的考虑，日韩企业在背投市场上采用区别对待策略：在发达国家市场投放第三、四代背投，而在中国市场则主要投放第一、二代背投，从而用普通背投延长自己在中国市场的利润赚取时间。2002 年 4 月 29 日，长虹投影公司宣布即日起将全面停止内销一、二代（即 50Hz 及 100Hz）普通背投彩电的生产，将全部精力转移到第三代及第四代 60/75Hz + 逐行扫描背投彩电的生产和销售。此时，离 2001 年 1 月 1 日中国首台精密显像电视在长虹成功下线仅 16 个月。2002 年 5 月，长虹率先强力推出精显背投，打响了国内彩电业全面进军高端市场的第一枪；之后，跨国公司才开始向国内企业转让高端背投技术，于是 TCL、创维、海信等国内彩电品牌相继推出了等离子、液晶彩电等高端产品，7 月，TCL、创维先后以 29 800 元的超低价启动了等离子彩

电市场。至此，国内彩电企业成功地完成了由低端市场向高端市场的转型。在 2002 年中报中，低迷长达 5 年之久的长虹终于拥有了从前的感觉。8 月 10 日公布的中报显示，长虹彩电等主营业务收入同比增长 65.38%，净利润同比增长 435.67%，彩电出口额达 27.96 亿元，同比增长 1789%，在中国彩电行业中排名第一。另外，长虹精显背投彩电仅用了一年时间，就直逼东芝和索尼，无可争议地成为中国背投彩电的代言人。2001 年 10 月，长虹背投市场占有率不足 1.5%，而 2002 年同期市场占有率则高达 18.5%。

2003 年 4 月 8 日，中国彩电大王长虹在捧回 2002 全国彩电销量冠军后不到半个月时间内，又出重拳，推出"长虹背投普及风暴"活动，在高端市场全面反击跨国背投品牌。长虹精显王背投彩电价格全线下调。平均降价幅度为 25%，最高降幅达 40%。进一步巩固和增加了自己背投的市场份额。2004 年 10 月，长虹开始"虹色十月"行动，"虹色十月打造新一代数字阶级"活动在全国如火如荼地进行。

1. 影响定价的主要因素

影响产品定价的因素是多方面的，包括定价目标、成本、市场需求、竞争者的产品和价格等。一般来说，产品定价的上限通常取决于市场需求，下限取决于该产品的成本、费用等。在上限和下限内如何确定价格水平，则取决于一个企业的定价目标、政府的政策、法规和竞争者同类产品的价格，其中竞争因素构成了对价格上限的最基本影响，而企业定价目标则提出了最低限价的问题。

2. 定价方法

企业产品价格的高低受市场需求、成本费用和竞争等因素的影响和制约，企业在制定价格时应全面考虑这些因素。企业定价有三种导向，即成本导向、需求导向和竞争导向。

（1）成本导向定价法。这种定价方法是以产品成本为主要依据，综合考虑其他因素来制定价格的方法。由于产品成本的形态与在成本基础上核算利润的方格不同，成本导向定价法又分为以下几种形式：

1）成本加成定价法，即在单位产品成本的基础上加一定比例的利润作为产品的销售价格。其计算公式为：

$$商品价格 = 单位产品总成本 + 单位产品预期利润 \tag{5-2}$$

2）边际成本定价法。这种方法主要是用来调整价格的。当企业在一定的销售量基础上再扩大销量时，就可以用原销售量、原销售价格下的销售收入总额，加上边际成本来确定产品的

调整价格。计算公式如下：

$$单位产品现定价格 = [（原销价 \times 原销量） + 边际成本] / 现定产量 \qquad (5\text{-}3)$$

3）盈亏平衡定价法，即根据盈亏分界点来确定产品的最低价格。最低价格是企业盈利为零时的价格水平。计算公式是：

$$销售收入 = 销售价格 \times 销售量；总成本 = 固定成本 + 单位变动成本 \times 销售量 \qquad (5\text{-}4)$$

式（5-3）中的销售收入如果与总成本相等，则企业不亏不盈，此时的价格为保本价格，即最低价格。该方法侧重于对成本费用补偿的考虑，这一点对那些产品组合深度和宽度较大的企业尤为重要。

（2）需求导向定价法。需求导向定价法是以消费需求为基本依据，确定或调整企业营销价格的定价方法。只有当价格与消费者的价格承受力、价格理解力以及心理满足感相适应时，才能促成购买、实现交易，这种价格才是合理的价格。以需求为导向的价格制定方法主要有以下几种：

1）可销价格倒推法。产品的可销价格就是消费者或进货企业能够接受的价格。可销价格倒推法是根据消费者可以接受的价格水平，或下一个环节的买主愿意接受的利润水平来倒推计算产品销售价格的定价方式。

2）理解价值定价法。理解价值定价法是企业根据消费者对商品价值的感觉而不是按卖方成本来确定价格的一种定价方法。消费者对商品价值的感受和理解，是他们根据自己对产品的功能、效用、质量、档次等各方面的印象，即根据商品性能价格比的问题，对价格作出的评判。企业定价前要先搞好产品的市场定位，以产品性能、品质、服务和广告宣传等各方面的特色或优势来影响消费者，从而提高其对价格的心理承受能力。

3）需求差异定价法。需求差异定价法是以同种商品因条件变化而产生的需求强度差异性作为定价的基本依据。如，人们对于食品、礼品、装饰品和时装的需求强度，在春节前明显高于春节后；对饮料的需求强度，在饭店、餐馆中显然要高于在街上的食品店里；顾客的年龄、职业、阶层等差异也会产生需求强度的不同，因此，即便是同样的商品，也应因人、因时、因地而在价格上有所差别。

（3）竞争导向定价法。竞争导向定价法是以市场上同类竞争产品的价格为定价依据，并根据竞争变化来调整价格的定价方法。企业广泛采用的有以下三种：

1）随行就市定价法。随行就市定价法是根据行业的平均价格水平或竞争对手的现行价格为基础制定本企业产品价格的定价方法。采取这种定价方式的益处在于：与竞争者和平相处可避免因价格竞争带来的风险；与竞争产品价格保持一致能保证企业获得适中利润，市场通行价格易于被消费者接受，从而保证产品销路的稳定。

2）竞争价格定价法。竞争价格定价法是以主动竞争为特征的一种定价方法。这种方式多为经济实力雄厚、信誉好、产品知名度高的企业所采用。具体的价格制定过程是：首先，将测算的本企业产品价格与同类竞争产品价格进行比较，得出价格差异的结果；其次，将本企业产品的产量、成本、性能、品质、式样等方面情况与竞争产品作对比，分析价格差异的原因；第三，根据上述综合分析对本企业产品进行市场定位，明确产品的优势、特色或声誉；最后，按预定的定价目标确定产品价格，并随时根据竞争状况的改变对价格进行调整。

3）密封投标定价法。密封投标定价法主要用于投标交易方式。在企业的经营活动中，投标竞争是价格竞争的方式之一，竞争的结果便是实际成交价格的形成。企业参加竞标是希望中标，而能否中标在很大程度上取决于企业与竞争者投标报价水平的比较。因此，投标报价要尽可能准确。企业应事先估算完成招标任务所消耗的成本、预测竞争者的价格意向，在此基础上提出自己的报价。一般来说，报价高，利润大，但中标机会小，如果因价高而招致败标，则利润为零；反之，报价低，中标机会大，但利润低，其机会成本可能大于其他投资方向。

3. 定价策略

定价不仅是一门科学，而且是一门艺术。定价方法侧重于从量的方面对产品的基础价格做出科学的计算，而定价策略则是运用定价艺术和技巧，根据市场的具体情况制定出灵活机动的价格。

（1）价格折扣策略。企业为了鼓励顾客及早付清货款、大量购买、淡季购买，可酌情降低基本价格，这种价格调整叫作价格折扣。价格折扣策略主要有以下几种：

1）现金折扣。现金折扣即对现款交易或按期付款的顾客给予价格折扣。其目的在于鼓励顾客提前付款，以加速企业的资金周转，减少利率风险。现金折扣的大小一般根据提前付款的天数和风险成本来确定。

2）数量折扣。数量折扣是指卖方为了鼓励客户大量购买，或集中购买他一家的商品，根据购买数量给予不同的价格折扣。数量折扣分为累计数量折扣和非累计数量折扣两种形式。

3）功能折扣。功能折扣即厂商依据各类中间商在市场营销中所担负的不同职能，给予不同的价格折扣。如给批发商的折扣较大，给零售商的折扣较小，使批发商乐于大批进货，并有可能进行批转业务。使用功能折扣，目的在于刺激各类中间商充分发挥各自组织市场营销活动的功能。

4）季节折扣。季节折扣是企业给购买过季商品的顾客的减价。例如，旅馆、航空公司等在旅游淡季给旅客以季节折扣。

5）价格折让。例如，一台冰箱标价 4 000 元，顾客以旧冰箱折价 500 元，购买时只需支付 3 500 元，这叫以旧换新折让。又如，经销商同意参加制造商的促销活动，制造商卖给经销商的物品可以打折，叫作促销折让。

（2）心理定价策略。心理定价策略是一种运用心理学原理，根据不同类型顾客购买商品时的心理动机来确定价格，引导消费者购买的价格策略。心理定价策略主要有以下几种：

1）尾数定价策略。尾数定价策略亦称非整数定价策略。是指保留价格尾数，以零头数标价的价格策略。例如，某种商品的价格定在 9.95 元，而不是 10 元。这样使价格水平保留在低一位数的档次，容易给消费者以便宜感。另一方面又因为标价精确，会使消费者觉得企业定价认真，从而产生信赖感。这种定价策略主要是通过满足人们求实的消费心理，以物美价廉的特点赢得顾客的好感。因此，对于一些需求价格弹性较强的商品，采用尾数定价策略容易收到吸引顾客、扩大销量的效果。

2）整数定价策略。整数定价策略即企业采用合零凑整的方式，为产品制定整数价格。例如，将一套西装的价格定在 800 元，而不是 798 元，这是为迎合另一部分人"求名"的消费心理而采取的定价策略。对于一些名店、名牌商品或高档商品，采用整数价格会抬高商品的"身价"进而提高消费者的"身份"。此外，整数定价策略还有便于结算、增加企业盈利等优点。

3）声望定价策略。声望定价策略是针对消费者"优质高价"的心理，对享有盛誉的产品制定较高的价格。现代市场交易十分复杂，消费者对各种商品的了解程度很低，价格经常被人们当作商品质量的判断标准，特别是对于名优产品的识别，消费者的价格取向意识表现得尤为强烈。因此，企业可对性能优良、独具特色的名牌产品制定高价，以提高产品的市场地位，增强产品的吸引力。

4）招徕定价策略。商品价格若低于其市场的通行价格，总会引起消费者的兴趣，这是一种"求廉"的消费心理。有些零售商业企业就是利用消费者的这种心理，有意把店中的几种商品价格降低，以此招徕顾客上门，借机带动店中其他商品的销售，提高销售总收入。

5）习惯定价策略。习惯定价策略即按照消费者的习惯价格心理制定价格。日常生活必需品的价格，通常易于在人们心目中形成一种习惯性标准。高于习惯价格常被认为是不合理的涨价，低于习惯价格又可能使消费者怀疑是否货真价实。因此，对于这类日常消费品的价格应力求稳定，避免价格波动带来不必要的损失。

（3）差价策略。差价策略是根据销售地区、销售季节和产品质量的差别，将同样的产品以不同价格出售的定价策略。差价策略有以下几种：

1）地区差价策略。地区差价策略即企业以不同的价格策略在不同地区营销同一种产品，以形成同一产品在不同空间的横向价格策略组合。差价形成的原因不仅是因为商品运输和中转费用的差别，而且在于各地区的市场具有不同的消费水平、文化传统，从而表现为不同的需求弹性。明显的例子就是沿海与内地的价格差别、国内市场与国际市场的价格差别。

2）季节差价策略。季节差价策略即对相同产品，按销售时间上的差别而制定不同的价格。这种差价策略适用于销售淡旺季明显的节令性商品。例如，应季时装、空调器、取暖炉等。对过季商品的降价出售，可减少企业的仓储费用和加速资金周转。

3）质量差价策略。一般来讲，高质量的产品，包含着更多的劳动消耗，理应实行较高的价格。但是在市场上，产品质量的高低则由消费者来评判。一件优质产品必须经过消费者的认同，成为名牌产品，才能产生质量差价。因而，质量差价策略须与其他营销策略相配合才能实现。

（4）阶段定价策略。在不同的阶段，定价策略也有所不同。

1）试销阶段的定价策略。试销期是新产品刚刚投放市场的时期，所以这个阶段的定价策略也叫新产品定价策略。此种方法又可以分为以下三种定价策略。撇油价格策略，这是一种高价投放新产品的定价策略。价格定得高，就像从牛奶中撇取奶油，以期在较短时间内获得最大利润。这种价格策略的优点是企业可尽快收回新产品开发的投资，高价格为以后施行降价策略留有充分的余地；缺点是高价会抑制产品销路，厚利容易吸引竞争者。渗透价格策略，与撇油价格相反，渗透价格是低价格投放新产品的策略。这种价格策略能够使产品迅速渗入市场，扩大市场份额。渗透价格策略的优点在于，低价格有利于迅速打开新产品的销路，提高市场占有率；薄利不易于诱发竞争行为，便于企业长期占领市场。其缺点是本利回收期较长且价格变动余地小。满意价格策略，这是一种折中价格策略，它汲取上述两种定价策略的长处，采取两种价格之间的适中水平来定价。这种价格既能保证企业获得合理的利润，又能为消费者所接受，从而使双方满意，故称之为满意价格。这种价格策略的优点是风险较小，在正常情况下盈利目标可如期实现；缺点是比较保守，容易失去高额利润或高市场份额的机会。

2）畅销阶段的定价策略。产品的畅销期是企业销售量和利润两高的黄金时期。这一阶段如果市场上竞争者不多，消费者也已接受了新产品进入市场时的价格，企业就应采取稳定价格策略，维持原价格水平，争取获得较大的利润。如果新产品投放市场时定价较高，成批生产后成本下降较快，市场上又有竞争者，企业则要采取降低价格的策略，通过降价提高产品的竞争力，扩大市场占有率。

3）饱和阶段的定价策略。这个阶段，企业处于激烈竞争的市场环境中，面临销量和利润开始下降的状况，一般愿意采用竞争价格策略，以便抵制竞争者，保持原有的销售量。为此，企业可选择"驱逐"定价策略，即以保本价格为最低限，以低价逼迫竞争者退出市场，占领其空出的市场份额，尽可能地延长本企业产品的市场寿命。

4）滞销阶段的定价策略。处于滞销阶段的产品行将淘汰，步入衰退期，此时企业可采取"削价处理"的价格策略。通过大幅度降价的诱惑力来争取顾客、处理库存，以便使积压产品迅速脱手，尽早收回资金，投入新产品的营销。

4. 价格调整策略

企业制定价格后，还得经常监测环境的变化，并适当调整价格，以求更好地在市场上生存和发展。

（1）降价策略。企业降价可能有如下一些原因：

1）企业生产能力过剩，急需要扩大销量来缓解库存压力，但此时通过加强推销、改进产品或者其他措施都不能达到目的。不过，企业降价容易引起价格战。

2）企业希望通过降价来夺取竞争者的市场份额。日本汽车工业的杰出代表丰田公司在20世纪50年代初为了打开销路，占领市场，在同行业中以最高的广告费用和最低的价格出售产品。在美国市场上，丰田汽车平均价格比美国车便宜1 300美元，以低价竞争的姿态出现在各大竞争对手面前，先后击败福特汽车公司、克莱斯勒汽车公司。到20世纪90年代，丰田公司位居世界汽车工业公司第二位，仅次于通用汽车公司。

3）企业的成本降低使产品有降价的空间。或者是企业希望通过降价来扩大市场份额，进而达到成本降低的目的。因为有些产品的潜在顾客由于受其消费水平的限制而放弃购买，企业降价无疑可使这一部分顾客转化为现实顾客，从而增大企业的销量。但此时降价的风险也较高：首先顾客可能会误认为是产品的质量降低；其次，价格降低在一定时期可买到市场份额，但买不到顾客忠诚，随着竞争者的价格降低，顾客又会转向竞争者。

4）在经济萧条时期，消费者的购买力下降，他们只愿意买较为便宜的东西，此时企业不得不降价，以适应消费者的购买力水平。

企业降价既可直接将企业产品的目录价格或标价绝对下降，也可灵活地采用变相降价的方式。如通过提供各种折扣、优惠；提供多种免费服务；在价格不变的情况下，提高产品质量，增加产品的性能，增大单位包装的产品含量；允许顾客延期付款等。由于这种价格技术较为灵活与隐蔽，不会很快招致竞争者的攻击。

（2）提价策略。提价往往容易给企业带来不利影响，如竞争力的下降、消费者的不满、经销商的抱怨等，甚至还会受到政府的干预和同行的指责。然而，一次成功的提价却能大幅度地提高企业利润。

企业提价的原因往往有如下几个。一是为了缓解成本攀升的压力。企业成本的提高可能是由于单方面的原材料价格上涨，或者是由于生产或管理费用提高，或者是由于通货膨胀引起的普遍物价上涨。为了保证利润率不因此而降低，企业不得不采取提价策略。二是企业的产品供不应求。对某些产品来说，在需求旺盛而生产规模又不能及时扩大而出现供不应求的情况下，可以通过提价来遏制需求，同时又可以取得高额利润，缓解市场的供需矛盾。如我国在黄金周、春节期间的飞机票价格上涨。

企业提价可采取如下几种方式：

1）直接提高商品目录的价格。在企业提价原因不明的情况下，很容易招致消费者的反感。

2）在通货膨胀时期，延缓报价。企业决定暂时不规定最后价格，等到产品制成时或交货时方规定最后价格。对于生产周期较长的商品，如大型机械设备、轮船、飞机的制造，采用延缓报价可减少通货膨胀对企业造成的不利影响。

3）采用价格自动调整条款。企业要求顾客按当前价格付款，但在交货时可按某种价格指数调整价格，如在交货时支付由于通货膨胀引起增长的全部或部分费用。这一般适用于施工时间较长的工程，如建筑业。

4）将免费项目独立出来收费。如免费送货、免费的零配件都可被重新加以定价。

5）减少或取消价格折扣。如数量折扣、现金折扣等。

在方式选择上，企业应尽可能多地采用间接提价，把提价的不利因素减到最低程度，使提价不影响销量和利润，而且能被潜在消费者普遍接受。同时，企业提价时应采取各种渠道向顾客说明提价的原因。另外，在确定价格调整幅度时，企业应考虑到消费者的反应。

当然，企业也可采取其他方法来避免提价：在价格不变、包装不变的情况下，减少产品的分量；降低产品的质量；减少产品的功能；使用廉价的材料等。但是如果这些方法运用不当，容易引起顾客的不满，降低企业形象，给企业的长远发展带来不利影响。

5.5.3　渠道策略

渠道对于企业来说十分重要，但由于它同时具有非常强大的惯性，不能轻易地被改变，因此企业非常有必要在建立渠道之初就尽量地做到尽善尽美。企业在建立渠道时，一般需要考虑渠道的长度、宽度和各种渠道的联合策略等。

1. 分销渠道的含义及功能

分销渠道是指产品从生产领域进入消费领域过程中，由提供产品或服务有关的一系列相互联系的机构所组成的通道，即促使产品能顺利地经由市场交换过程，转移给消费者消费使用的一整套相互依存的组织。渠道的成员包括：生产商、中间商、服务性企业和用户。

分销渠道具有市场调研、促进销售、寻求顾客、分类编配、洽谈生意、物流运输、财务信用、承担风险等功能。

2. 分销渠道长度策略

谈到渠道的长度策略，我们先来解释一下什么是渠道级数。渠道级数是指产品所经过渠道的环节数目。每个中间商，只要在推动产品及其所有权向最终买主转移的过程中承担了若干工作，就是一个渠道级。由于生产者和最终消费者都担负了工作，他们也是渠道的组成部分。我们用中介机构的级数来表示渠道的长度，如图 5-6 所示。

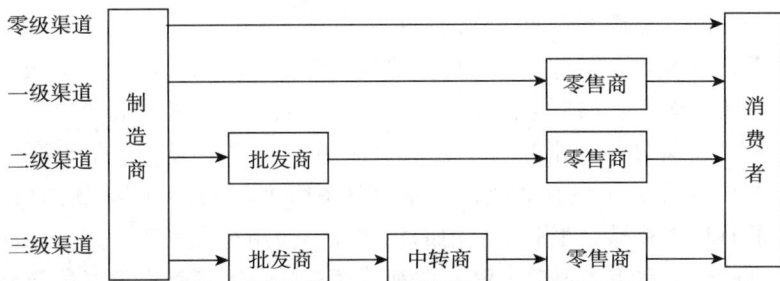

图 5-6　渠道级数类型

（1）零级渠道。零级渠道是由生产者直接销售给消费者，有时又称为直销。直接营销的主要方式是上门推销、邮购、制造商自设商店、电视直销和电子通讯营销。

（2）一级渠道。一级渠道包括一个销售中介机构。在消费者市场，这个中介机构通常是零售商。在工业市场，它常常是一个销售代理商或经销商。

（3）二级渠道。二级渠道包括两个中介机构。在消费者市场，它们一般是一个批发商和一个零售商。在工业市场，它们可能是一个工业分销商和一些经销商。

（4）三级渠道。三级渠道包括三个中介机构。通常由一个批发商、一个中转商（专业批发商）和一个零售商组成。

级数更高的营销渠道也还有，但是不多。从生产者的观点看，渠道级数越高，控制也越成问题，制造厂商一般总是和最近的一级中间商打交道。

渠道的长度策略是指企业根据产品特点、市场状况和企业自身条件等因素来决定渠道的级数。

一般来说，技术性强的产品需要较多的售前、售后服务水平，保鲜要求高的产品都需要较短的渠道；而单价低、标准化的日用品需要长渠道。从市场状况来看，顾客数量少，而且在地理上比较集中时，宜用短渠道；反之，则宜用长渠道。如果企业自身的规模较大，拥有一定的推销力量，则可以使用较短的渠道；反之，如果企业的规模较小，就有必要使用较多的中间商，则渠道就会较长。

此外，企业渠道级数的多寡还取决于企业的经营意图、业务人员素质、国家政策法规的限制等因素。例如，美国施乐公司在全世界销售复印机都是采用直接销售形式，但是在中国行不通，只能通过经销商分销。

3. 渠道的宽度策略

渠道宽窄取决于渠道的每个环节中使用同类型中间商数目的多少。企业使用的同类中间商多，产品在市场上的营销面广，称为宽渠道。反之，企业使用的同类中间商少，分销渠道窄，称为窄渠道，它一般适用于专业性强的产品，或贵重耐用的消费品，通常由一家中间商统包，几家经销，它使生产企业容易控制营销，但市场营销面受到限制。企业在制定渠道宽度策略时面临着如下三种选择：

（1）独家分销。独家分销是指在一定地区、一定时间内只选择一家中间商经销或代理，授予对方独家经营权。这是最窄的一种分销渠道形式。生产和经营名牌，高档消费品和技术性强、价格较高的工业用品的企业多采用这一形式。

独家性分销渠道的优点是：中间商能获得企业给定的产品的优惠价格，不能再代销其他竞争性的相关产品。对于独家经销商而言，经营有名气的企业产品，可凭名牌产品树立自己在市场上的声望和地位，同时可获得制造商广泛的支持，所以能提高中间商的积极性。对于企业而言，易于控制产品的零售价格，易取得独家经销商的合作。其缺点则有：因缺乏竞争，顾客的满意度可能会受到影响，经销商对制造商的反控力较强。

此种模式适用于技术含量较高、需要售后服务的专用产品的营销，如机械产品、耐用消费品、特殊商品等，具体而言，如新型汽车、大型家电、某种品牌的时装等。

（2）密集分销。密集分销是指在同一层次上使用较多的中间商，即凡符合厂家最低要求的中间商均可参与分销渠道。一般来说，产品的营销密度越大，销售的潜力也就越大。价格低、购买频率高的日用消费品，工业用品中的标准件、通用小工具等，多采用此种分销方式。

密集分销渠道的优点是市场覆盖率高、便利顾客。其缺点则是市场竞争激烈，价格竞争激烈，导致市场混乱，有时会破坏厂家的营销意图；渠道的管理成本（包括经销商的培训、营销系统支持、交易沟通网络的建设等费用）很高。

（3）选择性分销。选择分销指制造商在同一层次上或一定区域内，精选少数符合要求的中间商，经销本企业的产品，选择分销通常由实力较强的中间商组成，能有效地维护制造商品牌信誉，建立稳定的市场和竞争优势。这是介于独家分销商和广泛分销商之间的一种中间形式，这类渠道多为消费品中的选购品和特殊品以及工业品中的零配件等。如果中间商选择得当，采用此种分销方式可以兼得前两种方式的优点。

选择分销的优点是：比密集性分销能取得经销商更大的支持，同时又比独家分销能够给消费者购物带来更大的方便。一般来说，消费品中的选购品和特殊品适宜采用选择分销渠道。其缺点有：中间商的竞争较独家分销渠道时激烈，而且选择符合要求的中间商较困难。消费者和用户在选购商品时会进行商品的比较，所以没有密集分销渠道那么方便。

4. 渠道的联合策略

20 世纪 80 年代以来，分销渠道系统突破了由生产者、批发商、零售商和消费者组成的传统模式，有了新的发展，形成了整合渠道系统，如垂直渠道系统、水平渠道系统和多渠道营销系统等，从而克服了传统渠道系统成员之间的松散关系所带来的各自为政、各行其是，为追求其自身的利益最大化而不惜牺牲整个渠道系统利益的缺陷。

（1）垂直营销系统的发展。垂直营销系统是近年来渠道发展中最重大的发展之一，它是作为传统营销渠道的对立面而出现的。传统营销渠道由独立的生产者、批发商和零售商组成。每个成员都是作为一个独立企业实体追求自己的利润最大化，即使它是以损害系统整体利益为代价也在所不惜。没有一个渠道成员对于其他成员拥有全部的或者足够的控制权。传统渠道可以说是一个高度松散的网络，各成员间各自为政，各行其是。

垂直营销系统则正相反，它是由生产者、批发商和零售商所组成的一种统一的联合体。某个渠道成员拥有其他成员的产权，或者是一种特约代营关系，或者这个渠道成员拥有相当实力，迫使其他成员合作。垂直营销系统可以由生产者、批发商、零售商中的任一组织担任支配者。这种系统的特征在于专业化管理和集中执行的网络组织，它们有计划地取得规模经济和最佳市场效果。垂直营销系统有利于控制渠道行动，消除渠道成员为追求各自利益而造成的冲突。它们能够通过其规模、谈判实力和重复服务的减少而获得效益。这种模式在西方非常流行，如在消费品市场上已占有了 70% ~ 80%，居于市场主导地位。

垂直营销系统主要有三种类型：公司式、管理式和契约式。

1）公司式垂直营销系统。公司式垂直营销系统是由同一个所有者名下的相关生产部门和分配部门组合成的。垂直一体化能向后或向前一体化，能对渠道实现高水平的控制。如假日旅馆正在形成一个自我供应的网络。

2）管理式垂直营销系统。管理式垂直营销系统不是由同一个所有者属下的相关生产部门和分配部门组织形成的，而是由一家规模大、实力强的企业出面组织的。名牌制造商有能力从再售者那儿得到强有力的贸易合作和支持。因此，柯达、吉利和宝洁等公司能够在有关商品展销、货柜位置、促销活动和定价政策等方面获得其再售者强有力的贸易合作和支持。

3）契约式垂直营销系统。契约式垂直营销系统是由各自独立的公司在不同的生产和分配水平上组成，它们以契约为基础来统一行动，以求获得比其独立行动时所能得到的更大的经济和销售效果。契约式垂直营销系统近年来获得了很大的发展，成为经济生活中最引人瞩目的发展之一。契约式垂直营销系统有三种形式。

一是批发商倡办的自愿连锁组织。批发商组织独立的零售商成立自愿连锁组织，帮助他们和大型连锁组织抗衡。批发商制定一个方案，根据这一方案，使独立零售商的销售活动标准化，并获得采购经济的好处。

二是零售商合作组织。零售商可以带头组织一个新的企业实体来开展批发业务和可能的生产活动。成员通过零售商合作组织集中采购，联合进行广告宣传。利润按成员的购买量进行分配。非成员零售商也可以通过合作组织采购，但是不能分享利润。

三是特约代营组织。在生产分配过程中，一个被称为特约代营的渠道成员可能连接几个环节。特约代营是近年来发展最快和最令人感兴趣的零售形式。尽管基本思想还是老的，但是有些特约代营的形式却是崭新的，其方式可分为三种：第一种是制造商倡办的零售特约代营系统，如福特公司特许经销商出售它的汽车，这些经销商都是独立的经销人员，但是同意满足有关销售和服务的各种条件；第二种是制造商倡办的批发特约代营系统，如可口可乐饮料公司特许各个市场上的装瓶商购买该公司的浓缩饮料，然后由装瓶商充碳酸气，装瓶，再把它们出售给本地市场的零售商；第三种是服务公司倡办的零售特约代营系统。由一个服务公司组织整个系统，以便将其服务有效地提供给消费者。这种形式多数出现在出租汽车行业、快餐服务行业和旅馆行业。

（2）水平营销系统的发展。另一个渠道发展形式是由两个或两个以上的公司联合开发一个营销机会。这些公司缺乏资本、技能、生产或营销资源来独自进行商业冒险，或发现与其他公司联合开发可以产生巨大的协同作用。公司间的联合行动可以是暂时性的，也可以是永久性的，也可以创立一个专门公司，这被称为共生营销。

（3）多渠道营销系统的发展。过去，许多公司只向单一的市场使用单一渠道进入市场。今天，随着顾客细分市场和可能产生的渠道不断增加，越来越多的公司采用多渠道营销。这是指一家公司建立两条或更多的营销渠道以到达一个或更多的细分市场时的做法。蒂尔曼将多渠道零售组织定义为"所有权集中的多种经营商业帝国，通常由几种不同的零售组织组成，并在幕后实行分配功能和管理功能的一体化"。如彭尼公司既经营百货商店，也开设大众化的商场和专业商店。

通过增加更多的渠道，公司可以得到3个重要的利益：增加市场覆盖面、降低渠道成本和更趋向顾客化销售。公司不断增加渠道是为了获得它当前的渠道所没有的顾客细分市场（如增加乡村代理商以覆盖人口稀少的地区农业顾客市场）；或者，公司可以增加能降低向现有顾客销售成本的新渠道（如电话销售而不是人员访问小客户）；或者，公司可以增加其销售特征更适合顾客要求的渠道（如利用技术型推销员销售较复杂的设备）。

关于多渠道营销系统是否会造成渠道成员之间的"不平等竞争"。现在正在成为一个讨论的热点。但无论如何，渠道联合正在使企业从分散无序的游击战走向集约规模的阵地战。

5. 分销渠道设计的因素

有效的渠道设计是从确定目标市场开始的。最佳渠道是对目标市场的覆盖能力最强，对目标市场的顾客满意程度最高，对生产者能提供较多利润的渠道，它受到消费者、产品、企业、中间商竞争、经济环境等特性因素的影响。

（1）顾客特性。渠道设计受到顾客人数、地理分布、购买频率、平均每次购买量，以及对不同市场营销方式的接受程度等特性的影响。如果顾客人数庞大，生产者使用多环节，而每一环节都有较多的中间商的长渠道会更有效。如果顾客人数多，而地理分布集中，那么生产者更宜使用直接分销的短渠道，从而节约营销费用。如果顾客是少量多次购买，生产者可使用较长的分销渠道减少因少量频繁的订货而增加的成本，相反顾客购买的数量大而次数少，则宜于使用短渠道。

（2）产品特性。不同产品的特性影响生产者对营销渠道的设计。易腐、易损产品宜选择直接分销，以避免长渠道的流通时间过长和多次反复搬运装卸造成的损失；需要安装与维修服务的产品，适合直接营销或通过授权专卖的经销商的渠道；单位价值高的产品，生产者宜选择直接分渠道；季节性、时尚性的产品，宜选择较短的渠道，使产品迅速送达顾客；而生产与消费存在时空差别的产品，可选择多环节的长渠道，以使生产和消费保持连续性。

（3）中间商特性。渠道设计还必须考虑中间商履行营销职能的优势和劣势，因为生产者利用代理商销售虽然可以降低成本，但中间商在处理促销、商谈、储藏、联系和信用等方面的能力是不相同的。

（4）竞争特性。竞争者使用的分销渠道是其他生产者避免使用的渠道。如某化妆品公司，为避免与其他化妆品生产者竞争，不去争夺零售店内的稀缺空间，而是采取登门推销的方式，也可以获利丰厚。但也有一些产业的生产者希望他们的产品在经营竞争者产品的商店或附近商店经营，与竞争者的产品抗衡。

（5）企业特性。企业的长期发展目标、规模、财力、产品组合程度、过去的业务、经验及现行营销策略等因素都影响着生产者对营销渠道的选择。企业的整体规模对拥有的市场范围、获得大客户、争取中间商的合作具有决定性。企业的财力状况能够决定哪些营销职能可以自己承担，哪些职能委托给中间商。企业过去的业务经验，过去曾经使用某种特定类型的中间商，会使企业形成渠道偏好。

（6）环境特性。在经济萧条时，市场需求下降，生产者希望以较低价格出售产品，因此要以最经济的方式将产品送至市场，并取消增加产品价格的不必要服务，这样就使生产者选择较短的分销渠道。

6. 分销渠道的管理

生产者在选择了渠道模式和确定了具体的中间商以后，还要对渠道进行有效的管理，不断鼓励渠道成员，检查渠道成员，并对效能不佳的渠道及成员进行改进、调整。

（1）渠道的合作、冲突与竞争。渠道的合作是指同一渠道不同企业之间为了谋取共同的利益而结成联盟。生产者、批发商和零售商互相补充彼此的需要，进行合作，他们共同努力创造的利润通常比每一个参与者单独经营所得到的利润要大得多。不仅如此，他们还通过合作能够更有效地了解市场，服务和满足目标市场。

渠道冲突是指同一渠道中不同环节以及同一环节中不同成员之间的矛盾。同一渠道中不同环节的矛盾被称作纵向渠道矛盾，如经销商报怨生产者在价格方面控制得太严，而提供的服务太少。当渠道成员都力求自身利益最大化时，就有可能损害其他成员的利益。

渠道竞争是指平行的渠道成员或系统因服务同一目标市场而发生的竞争。平行的渠道成员之间的竞争也称为横向竞争，生产者在同一环节上利用不同中间商销售产品，如家用电器生产者利用百货公司、折扣商店等向消费者推销电器而展开的竞争，渠道系统竞争是指不同的渠道系统服务同一目标市场时展开的竞争。如传统的渠道系统、连锁商店、零售合作社、食品特许专卖系统展开的竞争。渠道的正常竞争有利于促进渠道成员的发展，也有利于消费者。

|经|典|案|例|　　格力空调：离开国美，走自己的路

珠海格力集团公司是珠海市目前规模最大、实力最强的企业之一。集团拥有的格力、罗西尼两大品牌于 1999 年 1 月和 2004 年 2 月被国家工商局认定为中国驰名商标。2003 年，格力集团共实现营业收入 198.42 亿元，位列中国企业 500 强第 88 名。集团下属的珠海格力电器股份有限公司是中国目前生产规模最大的空调生产基地，现有固定资产 7.6 亿元，拥有年产空调器 250 万台（套）的能力。经过多年的发展，格力空调已奠定了国内空调市场的领导者地位，格力品牌在消费者中享有较高的声誉。据国家轻工业局、央视调查中心的统计数据，从1996年起，格力空调连续数年产销量、市场占有率均居行业第一。现在，格力空调产品覆盖全国并远销世界100多个国家和地区。

多年以来，格力空调一直采取的是厂家—经销商/代理商—零售商的渠道策略，并在这种渠道模式下取得了较高的市场占有率。然而近年来，一批优秀的渠道商经过多年发展，已经成长为市场上一支非常重要的力量，其中尤以北京国美、山东三联、南京苏宁为代表的大型专业家电连锁企业的表现最为抢眼。这些超级终端浮出水面，甚至公开和制造企业"叫板"。自2000年以来，这些大型专业连锁企业开始在全国各大中城市攻城略地，在整个家电市场中的销量份额大幅度提高，其地位也直线上升。

2004年2月，成都国美为启动淡季空调市场，在相关媒体上刊发广告，把格力两款畅销空调的价格大幅度下降，零售价原为1 680元的1P挂机被降为1 000元，零售价原为3 650元的2P柜机被降为2 650元。格力认为国美电器在未经自己同意的情况下擅自降低了格力空调的价格，破坏了格力空调在市场中长期稳定、统一的价格体系，导致其他众多经销商强烈不满，并有损于其一线品牌的良好形象，因此要求国美立即终止低价销售行为。格力在交涉未果后，决定正式停止向国美供货，并要求国美电器给个说法。"格力拒供国美"事件传出，不由让人联想起2003年7月份发生在南京家乐福的春兰空调大幅降价事件，二者如出一辙，都是商家擅自将厂家的产品进行"低价倾销"，引起厂家的抗议。

2004年3月10日，四川格力开始将产品全线撤出成都国美6大卖场。四川格力表示，这是一次全国统一行动，格力在全国有20多家销售分公司，其中有5家公司与国美有合作，产品直接在国美销售，导致这次撤柜的主要原因是与国美在2004年度的空调销售政策上未能达成共识。3月11日，国美北京总部向全国分公司下达通知，要求各门店清理格力空调库存。通知称，格力代理商模式、价格等已经不能满足国美的市场经营需求，要求国美各地分公司做好将格力空调撤场的准备。

面对国美的"封杀令"，格力并没有退让。格力空调北京销售公司副总经理金杰表示："国美不是格力的关键渠道，格力在北京有400多个专卖性质的分销点，它们才是核心。谁抛弃谁，消费者说了算。"格力空调珠海总部新闻发言人黄芳华表示，在渠道策略上，格力不会随大流。格力空调连续数年全国销量第一，渠道模式好与坏，市场是最好的检验。格力电器公司总经理董明珠接受《广州日报》记者采访时表示，格力只与国美的少数分店有合作，此事对格力空调的销售几乎没有什么影响，自己的销售方式也不会为此做出改变。对一个企业来说，对任何经销商都应该是一个态度，不能以大欺小，格力对不同的经销商价格都是一样的。格力在各地设立自己的销售公司主要是为了在各个区域进行市场规范管理，保持自己的品牌形象，而销售公司靠服务取得合理利润，价格一直贴近市场，格力空调去年500万台的销量就证明了这一点，因此格力不会改变这种销售方式。对于今后能否与国美继续合作，格力坚持厂商之间的合作必须建立在平等公正的基础上，违背这种合作原则只能一拍两散。

（2）渠道成员的管理。生产者还要对中间商不断地检查、激励、评定，从而最大限度地调动中间商的积极性，保证分销渠道的顺畅与高效。

生产者激励中间商应以适度激励为基本原则。生产者对中间商的过分激励，给予中间商慷慨的优惠条件，虽能激发中间商的销售兴趣，以至于付出很大努力产生高销售量但未必能获得高利润；同样，对中间商的低激励，也会造成低销售量低利润的结果。对中间商激励的具体措施有如下方面：向中间商提供适销对路、物美价廉的产品；合理分配利润；促销支持；资金支助；生产者将获得的市场信息、生产信息及时通报给中间商。

生产者在处理与中间商关系上通常有三种做法：一是设法得到中间商的合作。生产者可以使用贸易关系的优惠条件、较高额利润奖金等额外酬劳以及广告补助、展览津贴等促销资助去刺激中间商的积极性，从而得到中间商的合作，也可以利用自身拥有的优势。二是与中间商结成伙伴。生产者根据平等互利互惠原则，与中间商共同议定在市场开发、市场覆盖、产品提供、技术服务和市场信息等方面的协议，使双方长期合作，共同发展。三是通过建立一套有计划的实行专业化管理的垂直营销系统，把生产者与中间商的需要结合起来，实现双方的密切合作。生产者可在这一系统中与中间商共同规划销售目标、存货水平、商品陈列、培训员工以及广告宣传计划，使中间商认识到作为这一系统的成员，可以从中获得更大的利益，因而更愿意合作。

|经|典|案|例|　　　　　　　**娃哈哈联销体协议**

娃哈哈为了与经销商形成一个风险共担、利益共享的经济联合体，制定了保证金制度。协议中规定联销体成员的责任：①结清历史欠款。②给娃哈哈打一定金额的保证金（一般为年预计销售额的10%）。③在保证金额度内订货，每月可分两次结清货款，超过保证金额度的订货必须先打款。④不得以低于公司规定的最低价格出货。⑤保证特定区域内的铺货、配送。娃哈哈方的责任：①区域内独家供货。②根据对方保证金金额，按月返还略高于银行利率的返息（如当年银行月息为1.2%，则娃哈哈的返息为1.5%；若银行月息为0.8%，则娃哈哈的返息为1%）。③保证金金额内最优惠价供货。④产品紧张，保证金金额内优先发货。⑤年底根据对方销量和公司利润状况，给予一定比例的返利（俗称模糊返利）。⑥负责广告促销等市场支持工作。

5.5.4　促销策略

成功的市场营销活动不仅需要制定适当的价格、选择合适的分销渠道向市场提供令消费者满意的产品，而且需要采取适当的方式进行促销。正确制定并合理运用促销策略是企业在市场竞争中取得有利的产销条件、获取较大经济效益的必要保证。

促销是企业通过人员和非人员的方式，沟通企业与消费者之间的信息，引发、刺激消费者的购买欲望，使其产生购买行为的活动。促销工作的实质与核心是沟通信息，促销的目的是引发、刺激消费者产生购买欲望。促销在企业营销活动中具有传递信息，强化认知；突出特点，诱导需求；指导消费，扩大销售；滋生偏爱，稳定销售的作用。

1. 促销组合的概念

促销组合是一种组织促销活动的策略思路，它包括广告、公共关系、营业推广、人员推销四种基本促销方式。

广告是一种以付费形式通过一定媒体对产品或企业进行宣传的促销方式，其具体手段种类繁多，常见的有：电视广告、互联网广告、报纸广告、杂志广告、广播广告、产品包装、产品说明书、户外广告、海报招贴和传单、售货现场陈列、视听资料、邮寄广告、产品目录，等等。公共关系是以非付费方式借助大众传播媒体的新闻报道间接宣传企业及其产品的一种促销方式，其常见的具体手段或工具包括新闻发布会、公益服务活动、经过策划的公关事件或专题活动、演讲、研讨，等等。营业推广是通过各种具有短期刺激作用的特定活动促使潜在购买者更快或更多地购买某一产品的一种促销方式，其具体手段中比较常见的有：赠送样品、优惠券、价格折扣、有奖销售、对经销商的各种折扣或奖励，等等。人员推销是以推销人员直接说服顾客购买为基本内容的一种促销方式，包括上门推销、电话推销、展销会或交易会推销、零售现场推销，等等。常见的促销组合工具如表 5-3 所示。

表 5-3　常见的促销组合工具

广　告	营业推广	公共关系	人员推销
电视广告	销售竞赛、抽奖	记者招待会	销售介绍
报纸广告	奖金和礼品	研讨会	销售会议
报纸杂志广告	样品试用试尝	慈善捐赠	电话营销
电影广告	交易会	赞助	样品试用
路牌广告	价格优惠券	社区关系	展览会
邮寄广告	附赠品积分	形象识别媒体	
海报和宣传页	以旧换新	公关广告	

2. 影响促销组合的因素

公司在设计促销组合时，应考虑几个因素，如销售产品的市场类型，采用推动还是拉引战略，怎样使有准备的消费者购买，产品在产品生命周期中所处的阶段，以及公司的市场排列等。

（1）产品市场类型。促销工具的有效性因消费者市场和工业市场的差异而不同。经营消费品的公司一般都把大部分资金用于广告，随之而来的是销售促进、人员推销与公共关系，而经营工业品的公司则把大部分资金用于人员推销，随之是销售促进、广告和公共关系，具体如图 5-7 所示。

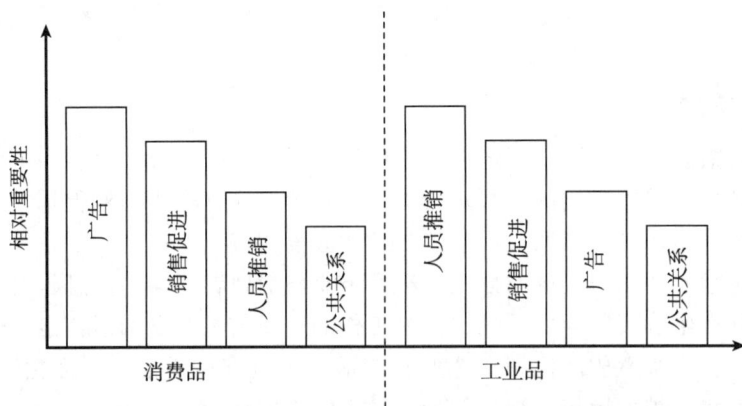

图 5-7　不同促销工具在消费品与工业品中的相对比重

（2）推拉战略。企业的促销总策略有"推动策略"和"拉引策略"之分（见图 5-8）。推动策略是企业把商品由生产者"推"到批发商，批发商再"推"到零售商，零售商再"推"到消费者。显然，企业采取推动策略，人员推销的作用最大。拉引策略是以最终消费者为主要促销对象。企业首先设法引起购买者对产品的需求和兴趣，购买者需要通过中间商满足购买需求，中间商受利润驱动向厂商进货。可见，企业采用拉引策略，广告是最重要的促销手段。

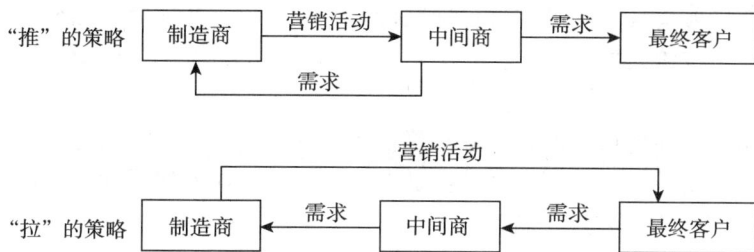

图 5-8　推位战略示意图

（3）购买者的准备阶段。促销工具在不同的购买准备阶段往往有着不同的成本效益。在知晓阶段，广告和公关的作用较大；在认识和喜欢阶段，广告作用较大，其次是人员推销和公共关系；在偏好和确信阶段，人员推销和公共关系的作用较大，广告次之；在购买阶段，人员推销和销售促进的作用最大，广告和公共关系的作用相对较小。

购买者的不同购买阶段如图 5-9 所示。

图 5-9　购买者购买阶段

（4）产品生命周期。产品所处的生命周期阶段不同、促销的重点不同，所采用的促销方式也就不同。一般来说，当产品处于投放期，促销的主要目标是提高产品的知名度，因而广告和公共关系的效果最好，营业推广也可鼓励顾客试用。在成长期，促销的任务是增进受众对产品的认识和好感，广告和公共关系需加强，营业推广可相对减少；到成熟期，企业可适度削减广告，应增加营业推广，以巩固消费者对产品的忠诚度；到衰退期，企业的促销任务是使一些老用户继续信任本企业的产品，因此，促销应以营业推广为主，辅以公共关系和人员推销。

（5）促销费用。四种促销方式的费用各不相同。总的说来，广告宣传的费用较大，人员推销次之，营业推广花费较少，公共关系的费用最少。企业在选择促销方式时，要综合考虑促销目标、各种促销方式的适应性和企业的资金状况进行合理的选择，以求符合经济效益原则。

3. 人员推销

（1）人员推销的含义与特点。人员推销是指企业派出推销人员直接与顾客接触、洽谈、宣传商品，以达到促进销售目的的活动过程。人员推销是一种传统的促销方式，在现代企业市场营销活动中仍起着十分重要的作用。国内外许多企业在人员推销方面的费用支出要远远大于在其他促销方面的费用支出。实践表明，人员销售与其他促销手段相比具有不可替代的作用。企业可以采取多种形式开展人员推销，可以建立自己的销售队伍，使用本企业的销售人员来推销产品。推销队伍中的成员又称推销员、销售代表、业务经理、销售工程师。企业还可以使用合同销售人员，按其销售额付给佣金。

（2）人员销售的特点。与广告、销售促进等促销方式相比，人员销售有其特有的优势。

亲切感强。推销人员深深知道，满足顾客需要是保证销售达成的关键。因此，推销人员总愿意在许多方面为顾客提供服务，帮助他们解决问题。因此，推销人员通过同顾客面对面交流，消除疑惑，加强沟通。同时，双方在交流过程中可能建立起信任和友谊关系。

说服力强。推销人员通过现场示范，介绍商品功能，回答顾客问题，可以立即获知顾客的反应，并据此适时调整自己的推销策略和方法，容易使顾客信服。

针对性强。广告所面对的范围广泛，其中有相当部分根本不可能成为企业的顾客。而人员推销总是带有一定的倾向性访问顾客，目标明确，往往可以直达顾客，因而无效劳动较少。

竞争性强。各个推销人员之间很容易产生竞争，在一定物质利益机制驱动下，会促使这一工作做得更好。

尽管人员推销有上述优点，但并不意味着在所有的场合都适合采用这一方式。人员推销成本费用较高，在市场范围广泛而买主又较分散的状态下，显然不宜采用此方法；相反，市场密集度高，买主集中（如有些生产资料市场），人员销售则可扮演重要角色。由于人员销售可以提供较详细的资料，还可以配合顾客需求情况，提供其他服务，所以它最适于推销那些技术性较强的产品或新产品；而一般标准化产品则不必利用人员销售，以免增加不必要的支出。

（3）销售人员的条件。一个理想的销售员应该具有何种特征呢？其基本条件主要有以下几点：

1）心理健康。健康不仅仅是未患疾病，还包括心理和社交活动正常，心理和社交活动正常对推销人员很为重要，这包括：对现实与他人的认识趋于准确客观。心理健康者对现实世界及他人的认识是客观的，很少受主观偏见的影响，这样才能根据正确的信息采取行动；对事实持现实的态度。心理健康者是现实的，他们往往能承受各种挫折，对人也不会过分苛刻拥有；拥有广泛而深厚的人际关系。推销人员善于与他人接近，能和大多数人和睦相处，经常表现出友善、耐心和合作的愿望。

2）意志坚强。意志使人自觉地确定目的，并根据目的来支配调节自己的行动，克服各种困难，从而实现目的心理过程。意志的作用在于自觉努力去保证意识目的的实现，并使主体克服各种障碍，并服从前进的目标。

明确自己的责任。在市场经济条件下，推销员工作十分重要，推销工作上去了，企业整体发展也有了保证。为此，推销员要有强烈的责任感。

深知工作性质。推销人员就是和不同的顾客打交道。从了解顾客、上门、与顾客接洽直到成交，每一关都是荆棘丛生，没有平坦大道可走。面对困难，坦然相迎。同时，推销员将公众利益、企业利益结合起来，所以应该理直气壮，为此感到自豪，不卑不亢，无惧无畏。

以勤为径，百折不挠。美国推销协会的一项调查表明，48%的推销员在第一次拜访用户后便放弃了继续推销的意愿；25%的推销员在第二次拜访用户后放弃了继续推销的意愿；12%的推销员在第三次拜访用户后放弃了继续推销的意愿；5%的推销员在第四次拜访用户后放弃了继续推销的意愿，只有10%的推销员锲而不舍，而他们的业绩占了全部销售额的80%。

3）具有复合的个人特性。一个理想的销售员应该具有何种特性呢？有人认为销售员应该是外向的和精力充沛的，然而有许多成功的推销员却是内向的和态度温和的。其实，销售员的个人特性是由他们的责任决定的，如表5-4所示。

表5-4   销售人员的个人特性

销售人员的责任	有关个人的特性
挖掘潜在顾客的需要	主动、机智、富有想象力、具有分析能力
宣传产品	知识丰富、热诚、富有语言天分、有个性
说服顾客	具有说服力、坚持久力、机智多谋
答辩	有自信心、知识丰富、机智、有远见
成交	具有持久性、有冲劲、有自信心
日常访问报告、访问编排	有条不紊、诚实、留意小节
以服务建立企业信誉	友善、有礼貌、乐于助人

本章小结

本章介绍了市场营销管理的基本知识。对市场营销管理的基本概念、市场营销观念的演进、市场营销环境分析、消费者行为分析、STP 营销战略、营销 4P 组合的产品策略、价格策略、渠道策略和促销策略进行了详细的介绍。

关键术语

市场	需求
市场营销观念	市场营销环境
波特五力竞争模型	复杂购买行为
市场细分	目标市场选择
市场定位	产品
产品组合	品牌
包装	折扣定价

撇脂定价	渗透定价
需求导向定价法	分销渠道
密集分销	选择分销
独家分销	促销组合
推式策略	拉式策略
人员推销	

阅读指南与课外学习

1. 阅读指南

要了解更多的市场营销知识，请阅读以下著作：

（1）菲利普·科特勒. 市场营销原理[M]. 何志毅，等译. 北京：机械工业出版社，2006.

（2）吴健安. 市场营销学[M]. 3 版. 北京：高等教育出版社，2007.

（3）罗纳德 B 马克斯. 人员推销[M]. 郭毅，江林，等译. 北京：中国人民大学出版社，2002.

2. 网上资源

（1）http://www.cmmo.cn/（销售与市场）。

（2）http://www.emkt.com.cn/（中国营销传播网）。

（3）http://www.mrcc.org.cn/（中国市场营销研究中心）。

（4）http://www.marketingpower.com（美国市场营销学会）。

复习思考题

（1）简述市场营销观念的演变历程。

（2）微观营销环境由哪些方面构成？

（3）宏观营销环境由哪些方面构成？

（4）简述波特的五力竞争模型。

（5）简述影响消费者购买行为的因素。

（6）简述消费者购买行为的类型。

（7）简述消费者购买行为决策过程。

（8）简述目标市场选择的五种模式。

（9）简述有效市场细分的条件。

（10）简述市场细分的依据。

（11）何为产品整体概念？阐述产品整体概念的营销意义。

（12）简述品牌策略类型。

（13）简述包装策略类型。

（14）简述价格策略类型。

（15）简述影响促销组合的因素。

▍训练项目　　　　　营销策划方案

【目标】

1. 培养与别人沟通与交涉的能力。

2. 培养学生对所学知识的运用能力。

【内容与组织】

1. 以模拟公司为单位，利用课余时间实地调查实地企业的各种资料信息，运用 SWOT 分析法分析其营销环境。其中既包括企业的内部环境，也包括企业的外部环境；既要考虑企业的现实环境，也要考虑企业的未来环境。确定现有主要产品的优势、劣势、机遇和挑战。

2. 对企业所经营的产品进行市场细分、目标市场选择、市场定位，确定企业的营销战略。

3. 各模拟公司围绕着如何树立实地企业的形象，以宣传推销其产品为主题，做营销专题策划活动方案，包括产品策略、品牌策略、包装策略、价格策略、渠道策略和促销策略。

（1）制定目标。详细制定此次策划活动的目标，包括初期目标和最终目标。

（2）设计与抉择方案。为实现目标，要合理配置人、财、物等诸种资源，选择正确的实施途径与方法，制定系统的策划方案。

（3）编制策划书。要依据计划目标与所确定的最优方案，按照计划要素与工作要求，编制营销策划书。

【成果与检测】

1. 以模拟公司为单位提交交流总结报告。

2. 以模拟公司为单位提交专题策划方案。

3. 在小组评分基础上，教师进行综合评分。

第6章

质 量 管 理

▌学习目标

通过学习本章，使学生了解质量的要素组成，理解质量管理的发展阶段，掌握质量管理的方法，掌握 ISO 9000 质量管理体系的精髓，了解质量管理的原则，掌握实施六西格玛管理的 DMAIC 方法。

▌引导案例

为 了 生 存

"为什么要开展六西格玛管理?"摩托罗拉的回答是：为了生存。

从 20 世纪 70 年代到 80 年代，摩托罗拉在同日本的竞争中失掉了收音机和电视机的市场，后来又失掉了 BP 机和半导体的市场。1985 年，摩托罗拉公司面临倒闭。一家日本企业在 70 年代并购了摩托罗拉的电视机生产公司，经日本人的改造后，很快投入了生产，其不良率只有摩托罗拉管理时的 1/20。他们使用了同样的人员、技术和设计。很显然，问题出在摩托罗拉的管理上。

在市场竞争中，严酷的生存现实使摩托罗拉的高层接受了这样的结论："我们的质量很臭。"在公司 CEO 的领导下，摩托罗拉开始了六西格玛质量之路。今天，摩托罗拉成为世界著名品牌。1998 年，摩托罗拉公司获得了美国鲍德里奇国家质量管理奖。他们成功的秘密就是六西格玛质量之路，是六西格玛管理使摩托罗拉从濒临倒闭发展到当今世界知名的质量与利润领先的公司。

质量是生产力水平的综合反映，是市场竞争力的集中体现，是消费者的利益所在，是企业的信誉和生命。质量、成本、交货期、服务及响应速度，是决定企业市场竞争成败的几个关键要素，而质量是首要的竞争要素。日本企业在第二次世界大战之后迅速崛起，特别是汽车行业、家用电器和电子行业，从市场的追随者成为全球市场的领导者，靠的就是过硬的质量。质量是企业管理的基本问题之一，也是企业获取竞争优势得以可持续发展的主要来源。质量水平决定着企业的生存和发展，质量的高低更是决定着一个国家的竞争力。

地球是圆的，世界是平的，各国企业纷纷寻找行业内的标杆企业，通过学习来实现质量的超越。因此，企业要想跻身国际市场，基业长青，首先要做的就是不断提升质量水平。我国高度重视先进质量管理方法的推广应用，工业和信息化部 2009 年 11 月发布了关于推广先进质量管理方法的指导意见，提出要在引进吸收国外先进质量管理方法的基础上，及时总结、提炼我国企业的先进管理模式和成功经验，着力提升推广应用先进质量管理方法的范围、层次和水平。

6.1　质量及质量管理

6.1.1　质量的概念

1. 质量的定义

质量是我们现实生活和工作中最普及的词语，我们常常谈及产品质量好不好、工作质量高不高、服务质量好不好的事情。每年的"3·15"晚会使得全国民众对质量的认知达到了更高的水平。那么，到底什么是质量呢？关于质量的内涵，专家、时期不同，观点各异，几种主要的界定如下。

世界著名的质量管理专家朱兰（Joseph M. Juran）从用户的角度出发，曾把质量概括为产品的"适用性"（fitness for use）。

另一位质量管理大师克劳斯比（Philip B. Crosby），则站在生产者的角度，曾把质量概括为产品符合规定要求的程度，强调质量的符合性。

ISO 9000 族标准是国际标准化组织制订出来的全世界第一套关于质量管理的国际标准，它集中了各国质量管理专家和众多成功企业的经验，蕴含了质量管理的精华。国际标准化组织 ISO 9001：2008 从顾客的角度出发，将质量定义为：一组固有特性满足要求的程度，而且强调顾客和其他相关方对产品、体系或过程的质量要求是动态的、发展的和相对的。它将随着时间、地点、环境的变化而变化。所以，应定期对质量进行评审，按照变化的需要和期望，相应地改进产品、体系或过程的质量，确保持续地满足顾客和其他相关方的要求。

在这个"以顾客为中心"的时代，对质量的界定应更多考虑顾客的需求，也就是产品的适用性。所谓适用性，就是产品或服务满足顾客要求的程度。质量不等同于档次，高级轿车和拖拉机很好地满足了不同顾客的需求，能使顾客满意的质量就是好的。

质量有广义和狭义之分，广义的质量只指产品、过程或服务满足规定要求的特征的总和。根据这一定义，质量可分为产品质量和工作质量。产品质量是指产品适合于规定用途，满足社会和人们一定需要的特征。工作质量是指企业的管理工作、技术工作和组织工作对达到质量标准和提高产品质量的保证程度。狭义的质量是指产品质量。产品质量包括内在质量特征，如产品的结构、性能、精度和纯度、物理性能、化学成分等；外部质量特征，如产品的外观、形状、色泽、手感、气味、光洁度等。质量特征可概括为产品性能、寿命、可靠性、安全性和经济性五个方面。

2. 质量要素

回顾前人的研究成果，我们可以把质量要素或特征归纳为以下 11 个方面：

（1）性能。它是指产品所达到的技术水平和状态。以笔记本电脑为例，性能包括内存容量、处理器处理速度、散热性、噪音性、续航能力和便携性，立体音响的信噪比、灵敏度、可塑性等。

（2）特色。它是指产品自身具有的不同于竞争者的功能。比如，iPhone4 和 iPad 的无键盘操作，红旗 Linux 操作系统界面的友好性。

（3）可靠性。它是指产品在规定的时间条件下完成规定的功能的准确性和可能性。例如，低温状态下汽车发动机打火成功的概率；快件在规定时间送达顾客手中的概率；光驱的纠错与识别能力。

（4）可维护性。它是指产品是否容易维护和修理。

（5）耐用性。它是指产品达到规定使用寿命的可能性。例如，节能灯管的使用寿命是否达到规定时间。

（6）一致性。它是指产品符合产品说明书和服务规定的程度。例如，笔记本电脑内存容量是否达到说明书规定的水平，百公里油耗是否超过说明书上规定的公升数，电冰箱能耗级别是否与实际相符等。

（7）美观性。它是指产品的外观材质、内部布局是否具有独特的吸引力和艺术性。

（8）环保性。它是指产品在制造、使用、报废等整个生命周期过程中对使用者及环境的影响是否达到产品规定的标准。比如，汽车尾气排放是否达到欧 IV 标准等。

（9）经济性。它是指产品的性价比水平。

（10）附加功能。它是指为进一步增加顾客的满意度而提供的产品功能。电视的电视机配备遥控器，手机的拍照与视听功能、电饭煲的定时功能和手表的声呐功能。

（11）口碑。它是指顾客对产品的总体评价水平。

6.1.2 质量管理的发展阶段

现代意义的质量管理活动是从 20 世纪初开始的。根据解决质量问题的手段与方式不同，一般可以将质量管理划分为三个阶段。第二次世界大战以前可以看作第一阶段，人们通常称之为质量检验阶段；第二阶段是从第二次世界大战开始到 20 世纪 50 年代的统计质量控制阶段；第三阶段是从 20 世纪 60 年代开始的全面质量管理阶段。

1. 质量检验阶段

质量检验阶段也叫事后检验阶段，一般以 20 世纪初至 40 年代以前为界。这一阶段主要是通过检验的方式来控制和保证产出或转入下道工序的产品质量，主要特点是事后把关。其演进的历程为工人自检、工长监督检查、检验员专检。其倡导者是美国的泰勒，他是科学管理运动的奠基人，首次将质量检验从生产职能中分离出来，建立了专职的检查部门和检验制度。专门的质量检验机构负责对产品进行检验，挑出不合格品，这种做法有利于保证出厂产品质量，而且对提高劳动生产率、固定资产的利用以及产品质量的提高都有显著的效果。质量检验由专门部门和专业人员负责，使用专门的检验工具，业务比较专精，对保证产品质量起到把关的作用。但是，只有检验部门

泰勒

负责，没有其他管理部门和全体职工参加，尤其是直接操作者不参与质量检验和管理，就容易与检验人员产生矛盾，不利于质量的提高。

质量检验阶段存在两个主要问题：一是事后检验，即在产品完工以后才进行检验，剔除废品和次品，在原材料、人工和费用成本等方面所造成的损失，无法在生产过程中进行预防和控

制，不能事先预防废次品的产生和避免所造成的损失，因此人们称为"死后验尸"；二是采取全数检验，不仅检验工作量大，检验周期长，而且检验费用太高，尤其是破坏性检验条件下更是无法进行，从而促进统计质量管理阶段的诞生。

2. 统计质量控制阶段

统计质量控制产生的历史背景是 20 世纪 40 年代以后，生产力进一步发展，大规模生产形成，如何控制大批量产品质量成为一个突出问题。这时英、美等国相继颁布新的公差标准，对于批量生产产品的互换性和通用性起了一定的保证作用，同时一些统计学家着手研究用统计方法代替单纯用检验方法来控制产品质量。1924 年，美国贝尔实验室的美国数理统计专家休哈特（W. A. Shewhart）提出统计过程控制理论，提出用数理统计方法进行质量管理，并首创了质量控制图，发表著名的"控制图法"；1930 年，同样是来自贝尔实验室的道奇和罗米格提出了抽样检验理论，并编制了抽样数表，为统计质量管理奠定了理论和方法基础。不过，直到第二次世界大战，统计质量控制方法才得到广泛应用。

休哈特

第二次世界大战开始以后，战争对武器弹药等军需品的生产质量提出了新的严格要求。缺乏事先控制和破坏性检验保证的军需产品的质量，必然影响战争的进行；这就迫切需要把数理统计的新方法应用于质量管理。于是，不仅在国防军火部门采用卓有成效的统计质量管理，而且在其他部门，如民用工业部门、运输、保险部门得到推行，使统计质量管理得到很大发展。这种方法实现了从被动的事后把关到生产过程的积极预防的转变。相对于检验把关的传统管理来说，统计质量管理是概念的更新，检查职能的更新，是质量管理方法的一次飞跃。

尽管统计质量控制方法是科学的、经济的，不过，由于过分强调数理统计方法在质量管理中的作用，统计技术难度大，缺少方法的普及教育，主要靠专家和技术人员，人们误以为质量管理是专职质量工程师的事；难以调动广大工人参与质量管理的积极性；仅偏重于工序管理，而没有对产品质量形成的整个过程进行控制。

战后物资生产的大发展使得人们对产品质量要求越来越高，世界市场的竞争空前激烈，员工的能动性和参与企业管理对于企业的成功愈加成为不可或缺的因素。人们开始普遍认识到，仅仅依靠制造领域的统计质量控制已经不能满足顾客对质量的要求，也远远不足以应付日益严峻的挑战。曾就职于美国芝加哥西方电气公司霍桑工厂检验部的质量专家朱兰博士出版了《朱兰质量控制手册》（1928 年）后，又于 1951 年出版了《朱兰质量手册》。朱兰博士明确提出，为了对质量进行有效的控制，除了统计质量控制之外，还有许多其他的重要质量职能必须予以关注，他将"人的因素"加入到质量管理过程，使质量管理超越了过去的统计学。自 20 世纪 60 年代以后，质量管理开始进入了全面质量管理阶段。

3. 全面质量管理的形成阶段

在质量管理的理论体系形成与发展过程中，以美国的戴明（W. Edwards Deming）、朱兰、休哈特、克劳斯比和日本的田口玄一、石川馨（Ishikawa Kaori）为代表的现代质量管理大师，做出了巨大贡献，提出了许多著名的质量管理思想，形成了全面质量管理的理念基础。戴明博士于 1986 年在其《走出危机》一书中提出，为了向以顾客满意为宗旨的质量型组织转变，组织的管理者必须关注 14 个要点，或必须承担 14 个方面的义务，提出了"系统驱动行为"的思想，阐明了通过改进系统，实现劳动生产率、质量的提高和成本下降的机制；朱兰提出的质量即"适用性"的概念、质量改进三部曲、关键的少数原理等；休哈特提出的统计控制方法；石川馨关于质量管理教育、普及和统计方法的开发和应用的思想等。20 世纪 70 年代，日本质量大师田口玄一博士提出田口质量理论，他认为，产品质量首先是设计出来的，其次才是制造出来的，将质量控制从制造阶段进一步提前到设计阶段。这句经典的质量理念传入中国，对中国企业也产生了重大影响，质量管理也越来越受到人们的重视。质量管理的一些概念和方法先后被制定为中国的国家标准，其中，ISO 9000 直接被我国全盘吸纳为国家质量标准体系 GB/T 19000。

费根鲍姆　　　　　　　　戴明　　　　　　　　　朱兰

20 世纪 50 年代以来，出现了许多大型、精密、复杂的工业工程和工业产品（如火箭、人造卫星、宇宙飞船等），这些产品对安全性、可靠性等要求越来越高，这就使产品质量成为企业十分突出的问题。仅在质量过程实施质量控制，已不足以保证产品质量，它要求运用"系统"的概念，把质量问题作为一个有机整体加以综合分析研究，实行全员、全过程、全面的质量管理，以达到用最经济的手段生产出用户满意的产品；这里的质量不仅包括产品质量还包括工作质量、采购质量、服务质量等，它颠覆了质量责任的 80/20 规则，即生产人员要负主要质量的传统做法，如采购的外协件质量水平或售后服务不到位都会直接影响甚至决定着顾客对产品的满意程度，即对质量的评价，这是一个质量观上的巨大突破。

1956 年，时任美国通用电气公司的费根鲍姆发表了题为 "Total Quality Control" 的论文，首先提出了"全面质量管理"（TQC）的概念，并于 1961 年出版了同名著作。费根鲍姆将质量控制扩展到产品寿命循环的全过程，强调全体员工都参与质量控制；不过美国强调职业主义（professionalism），全面质量管理是以质量管理专家为主导的质量管理；而在日本，质量管理则是依靠工人进行自我控制的无缺陷运动和 QC 小组、新点子建议制度、跨功能团队等为主要形式的遍及各部门、各岗位的全民运动式质量管理（total quality management，TQM）。乃至后来各国质量奖所体现的卓越绩效模式、精益制造模式、六西格玛管理乃至风靡全球企业界的 ISO 9000 族标准都体现出全面质量管理的思想。

美国质量管理大师威廉·戴明博士提出"产品质量是生产出来的，不是检验出来的"这一理念之前，早期的质量管理仅限于质量检验，仅能对产品的质量实行事后把关。威廉·戴明的这句质量名言指出，只有在生产过程中的每个环节严格按照生产工艺和作业指导书要求进行，才能保证产品的质量。如果忽略过程控制，只靠检验，是不可能保证产品质量的，因为质量检验只能剔除次品和废品，并不能提高产品质量。也就是说，质量控制的重点决不能放在事后把关，而必须放在制造阶段，即生产过程阶段。

戴明有一句至理名言：生活处于质量堤坝后面（Life behind the quality dikes），表示质量的重要性。戴明的另一个独特看法是："94% 的质量问题不是工人造成的，而是制度（也就是管理）造成的。"戴明坚持认为，去鼓励工人提高质量没有多大用处，因为多数提高质量的事是他们力所不及的，如得到合适的工具、合适的材料、良好的训练和切实可行的生产程序；戴明还提出了"PDCA 环"成为质量改善和提升的基本方法。戴明思想从 1950 年开始，在日本国内广泛传播，掀起了日本举国上下的质量运动，在战后日本的经济重建中发挥了巨大作用，尤其是在质量管理方面做出了划时代的业绩，对企业的质量观的形成意义是深远的，日本于1951年推出的国家质量奖以戴明的名字命名，从1954年开始，日本企业的质量管理水平开始在世界范围内领先。

戴明是一位在美国成长起来的质量管理学者，但在他80岁之前在美国并不有名。直到1980年6月，美国国家广播公司作了题为"如果日本可以，为什么我们不能"的报道后，戴明才在美国名声大振。美国人开始重新起用戴明，并把他的思想"引进"美国国内，对企业推行的六西格玛也有较大影响。从日本到美国，大师的地位由此奠定。

1926年6月，另一位美国质量大师克劳斯比出生于美国西弗吉尼亚州的一个医生家庭。他高中一毕业就赶在第二次世界大战结束前加入了美国海军做军医，退役后又上了医学院。但他并没有成为"克劳斯比医生"，而是从军工企业开始了自己的职业生涯。他的第一份工作就是在生产B-47飞机的克罗斯莱公司雷奇蒙德工厂，担任飞机发射控制系统的初级电子测试技师。"我是从商界的底层起步的……检查员、测试员、助理领班、初级工程师、总工程师、总监、集团公司副总裁——所有这些我全做过。"克劳斯比将他的经历称之为一种"指甲黑黑的教育"。克劳斯比后来在马丁公司负责潘兴导弹的质量控制。当时，潘兴导弹在第七次发射中意外失败，这也是马丁公司首次在全美国新闻界和国防部高级官员面前展示他们的导弹。1961年9月，克劳斯比临危受命，并由此提出了著名的"零缺陷"概念。这在当时质量管理界的影响，相当于从"地心说"到"日心说"的那种革命性转变。他的核心理念体现在：①零缺陷。多年来，人们认为"人非圣贤，孰能无过？"凡有人参与的事，就永远不可能完美，产品缺陷理所当然，在所难免。克劳斯比认为，酿成错误的因素有两种：缺乏知识和漫不经心。知识是能衡量的，也能经由经验和学习而充实改进；漫不经心是一个态度问题，经彻底的反省觉悟，是有可能改进的。因此，实现产品的"零缺陷"是完全可能的，质量标准就是"零缺陷"。②第一次做对。多年来，企业的服务系统要花一半的营运费用在做错事的代价上，做错事情的代价大约是减少销售收入的25%，而企业却认为是天经地义的。③预防系统。传统的观念把重点放在产品完工后的检验和售后服务补救，好比生病后医生的诊断和治疗，企业质量人员好像是到处救火的消防员，质量人员与生产制作人员上演的是交警与出租车司机的故事，玩着猫捉老鼠的游戏。克劳斯比认为，质量的系统是预防，是提高自己的免疫力不得病。④质量人。传统的观念把质量理解为程序、标准、工具。克劳斯比的管理思想是从人的价值层面、精神领域入手，通过改变人们的态度与习惯，改变人们做人做事的方式，从而保证产品的质量。所有层次的员工都是"厨师"，他们能按要求每次制作相同的煎蛋，他们自己知道如何做好工作，他们不需要有检验员倚着肩膀检查。综观克劳斯比的质量观可以发现，尽管他的理论大都是对传统的颠覆性革命，但都非常脚踏实地，操作性非常强。这分明是一种实用主义的管理哲学。

20世纪60年代，当人们热衷于用"传统的智慧"争论"针尖上到底能站几个天使"的时候，克劳斯比却当头棒喝：天使本来就不应该站在针尖上；当人们在冥思苦想"第3次做对与第5次做对谁更经济"的时候，克劳斯比却快刀斩乱麻：第一次做对，就可以避免这个代价，质量就是符合要求，质量就是利润，质量就是竞争力。零缺陷可能永远达不到，但不应为缺陷水平设定一个非零指标，即没有最好，只有更好。1979年，当克劳斯比成为ITT（国际电报电话）公司主管质量的副总裁之后，说服总裁在全公司全员树立质量意识。其著作《质量是免费的》（Quality is free，1979）《质量无泪》（Quality without tears，1984）等掀起了一场席卷全球的"质量革命"浪潮，因此他被誉为当代"伟大的管理思想家"、"零缺陷之父"、"世界质量先生"，引发全球质量活动由生产制造业扩大到工商企业领域。

| 阅 | 读 | 材 | 料 |

木桶效应与质量管理

一只木桶能装多少水,不是取决于木桶上最高的那块木板,而是取决于最低的木板,企业产品质量的高低,不是取决于品质最好的那个零部件,而是取决于品质最次的那个零部件,这就是著名的被企业称为的"木桶效应"。作为决定产品的主要因素——人,也是如此。一个产品由数百种零件总装而成,各种零件鱼目混珠,参差不齐;人的文化状况、技术素养、熟练程度都会产生不同的差异,因人而异,因地而异,因时而异,所以零件的合格与否、人的素质状态决定着产品质量。对零件来说,即使是1%的零件不合格率,对单缸一天三四千台的产量来说都是一个庞大的数目,更何况对于一年上百万台的产量;而对于组成整机的各道工序,哪怕是其中某一个环节出了问题,也会对产品质量造成瑕疵,更不用说关键工序了,关键工序出了问题,整个产品的性能都将得不到保证。

如何才能确定哪一块是那块低的木板,制定怎样的制度才能保证那块低木板"拔地而起",组成产品的零件千千万,练就一双火眼金睛非常重要;同样,一个企业中不可能全部是高技术、高素养的熟练工人,相互间总会有些差异,而这些差异决定了操作质量的高低,决定了产品质量的高低,提高员工的整体素质,进行大范围的岗位练兵,尽可能地减少工作中的瑕疵,建立完善的质量互检体系,使整个的生产过程处于受控状态,是提高产品质量的当务之急。

工作中,我们的产品质量一般是采用事后检验的方法,对产品的制造过程进行检验,一般都是有专职的检验人员执行,在市场发生质量问题后,根据反馈的信息开质量分析会,通过"教育+罚款"的模式追究当事人或者相关责任人的责任。事实证明,这种方法已经不能够适应现代化的企业管理,不仅仅是这种传统的管理方法提高了产品的制造成本,造成的质量损失和效益损失过

高,存在的质量问题也得不到根本的解决。更为严重的是,在目前市场竞争日益严峻、稳定的产品质量成为提高市场占有率的必要条件,任何的产品质量及整改产生的时间差都将对产品的销售造成不可估量的损失,使企业的效益受损。

解决"木桶效应"的最好方法是不断地进行质量改进,更好地实施"事前防范",加强质量预警措施。而质量改进是一个系统工程,它牵涉的管理制度的制定与不断完善、人员的培训、工艺制度的改进与落实、工装设备的改进、零件检验制度的完善与现场不合格零件的管理等一系列相关的环节,其中每一项都应该扎实地落实、不断地改进。质量的提高过程就是质量的不断改进过程,每一项都是环环相扣的系统工程,质量事故的发生不是单一的、孤立的结果,它是管理制度、工装设备、工艺执行、计量器具等综合因素的结合体,其中的缺陷必须不断地排查、不断地分析改进、不断地总结,建立明确的目标,进行细化与量化,在不断地分析中找出新问题、提出新要求,用制度杜绝隐患,用设备保证工艺,从而达到不断完善的目的,通过不断的质量改进提高产品质量。

我们的质量管理工作要落后发达国家许多,我们的不合格品率依然使用百分之几的统计方法计算,而发达国家把千分之二三作为可以接受的不合格率,而高科技产品已按ppm(百万分之一)和ppb(十亿分之一)甚至一次合格、一次成功和零缺陷的目标和水平进行管理。日本在20世纪80年代就已经把质量管理的重点放到了产品开发的源流管理上。在质量管理上,我们有许多地方需要改进,需要完善,更需要学习,"木桶效应"使我们在质量管理上看到了解决问题的关键,我们只有不断地吸收新的管理思路,接受先进的管理方法,找到差距,才能在不断的质量改进中提高我们的产品质量。

资料来源:《企业管理》1999 年第 4 期。

6.2 质量管理方法

6.2.1 PDCA 循环工作方法

PDCA 循环的工作方法是 1950 年美国质量管理专家戴明提出来的管理思想，后来被称为戴明循环。PDCA 由英文的计划（plan）、执行（do）、检查（check）、处理（action）几个词的第一个字母组成，它反映了质量管理必须遵循的四个阶段。这四个阶段又可分为八个步骤：

第 1 步，调查研究，分析现状，找出存在的质量问题。

第 2 步，根据存在问题，分析产生质量问题的各种影响因素，并逐个因素加以分析。

第 3 步，找出影响质量的主要因素，并从主要影响因素中着手解决质量问题。

第 4 步，针对影响质量的主要因素，制订计划和活动措施，而且应尽量做到明确具体。

以上四个步骤就是 P 阶段的具体化。

第 5 步，按照既定计划执行。即 D 阶段。

第 6 步，根据计划的要求，检查实际执行结果。即 C 阶段。

第 7 步，根据检查结果进行总结，把成功的经验和失败的教训总结出来，对原有的制度、标准进行修正，巩固已取得的成绩，同时防止重蹈覆辙。

第 8 步，提出这一次循环尚未解决的问题，并将其转到下一次 P、D、C、A 循环中去。

以上第 7、8 步是 A 阶段的具体化。

PDCA 循环有以下三个特点：

（1）大环套小环，互相促进。PDCA 循环不仅适用于整个企业，而且适用于各个车间、科室和班组以至个人。根据企业总的方针目标，各级各部门都要有自己的目标和自己的 PDCA 循环。这样就形成了大环套小环，小环里边又套有更小环的情况。整个企业就是一个大的 PDCA 循环，各部门又都有各自的 PDCA 循环，依次又有更小的 PDCA 循环，具体落实到每一个人。上一级的 PDCA 循环是下一级 PDCA 循环的依据，下一级 PDCA 循环又是上一级 PDCA 循环的贯彻落实和具体化。通过循环把企业各项工作有机地联系起来，彼此协同，互相促进，如图 6-1 所示。

（2）不断循环上升。四个阶段要周而复始地循环，而每一次循环都有新的内容和目标，因而就会前进一步，解决一批问题，质量水平就会有新的提高。就如上楼梯一样，每经过一次循环就登上一级新台阶，这样一步一步地不断上升提高（见图 6-2）。

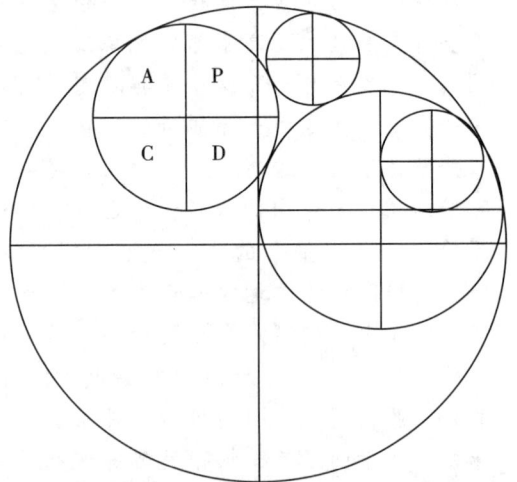

图 6-1 PDCA 循环特点——环环相套

（3）推动 PDCA 循环关键在于 A 阶段。所谓总结，就是总结经验，肯定成绩，纠正错误，提出新的问题以利再干。这是 PDCA 循环之所以能上升、前进的关键。如果只有前三个阶段，没有将成功经验和失败教训纳入有关标准、制度和规定中，就不能巩固成绩，吸取教训，也就不能防止同类问题再度发生。因此，推动 PDCA 循环，一定要始终抓好总结这个阶段。

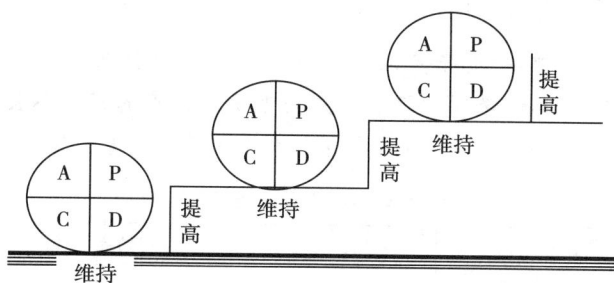

图 6-2　PDCA 循环特点——不断提高

6.2.2　质量管理常用的统计分析方法

质量管理的统计方法，就是利用一般的统计方法或数理统计方法，对产品质量数据进行科学的加工、整理，找出质量变化的规律性，进而采取措施，保证和提高产品质量。常用的统计方法有以下几种。

1. 分层法

就是一种分组方法，将数据依照使用目的，按其性质、来源、影响因素等进行分类，把性质相同、在同一生产条件下收集到的质量特性数据归并在一起的方法。

对质量数据分类的标志主要有：时间、操作者、使用的设备、原材料、操作方法、测量人员或仪器、取样方法等。例如，按班组分类，某车间三个班组共加工某种零件 400 件，其中不合格品 50 件，如表 6-1 所示。

表 6-1　不合格品按班组分组

班组	甲	乙	丙
不合格品（件）	12	30	8

从表 6-1 中可以看出，乙班组出现不合格品数最多，应在乙班组中查找原因。

2. 排列图法

排列图是为寻找主要问题或影响质量的主要因素所使用的图。它是由两个纵坐标、一个横坐标、几个按高低顺序依次排列的长方形和一条累计百分比曲线所组成的图。

（1）排列图的作图步骤。

- 将用于排列图所记录的数据进行分层。分层的方法如分层法所述。
- 确定数据记录的时间。汇总成排列图的日期，没有必要规定期限，只要能够汇总成做排列图所必需的足够的数据即可。
- 按分类项目进行统计。统计按确定数据记录的时间来做，汇总成表，以全部项目为 100% 来计算各个项目的百分比，得出频率。
- 计算累计频率。
- 准备坐标纸，画出纵横坐标。注意纵横坐标要均衡匀称。
- 按频数大小顺序作直方图。
- 按累计比率做排列曲线。
- 记载排列图标题及数据简历。

填写标题后还应在空白处写清产品名称、工作项目、工序号、统计期间、各种数据的来源、生产数量、记录者及制图者等项。

[**例6-1**] 某厂车间生产某一电子产品，质量不良项目有插头焊接缺陷、网线外露、内毛边、成型不足、绝缘缺陷、其他等项。记录一周内某班所生产的产品不良情况数据，并分别将不良项目归结为表6-2②、③项。计算频率和累计频率见表6-2④、⑤项。

表6-2　不良项目统计表

①序号	②缺陷项目	③频数	④频率（%）	⑤累计频率（%）
A	插头焊接缺陷	48	50.53	50.53
B	网线外露	28	29.47	80.00
C	内毛边	10	10.53	90.53
D	成型不足	4	4.21	94.74
E	绝缘缺陷	3	3.16	97.90
F	其他	2	2.1	100
合计		95	100	—

作排列图如图6-3所示。

（2）排列图分析。绘制排列图的目的在于从诸多的问题中寻找主要问题并以图形的方法直观地表示出来。通常把问题分成三类。A类问题属于主要或关键问题，在累计百分比前80%左右；B类问题属于次要问题，在累计百分比的80%～95%；C类问题更是次要，在累计百分比95%～100%，但在实际应用中切不可机械地按80%来确定主要问题，它只是根据"关键的少数、次要的多数"的原则，给以一定的划分范围而言。ABC三类应结合具体情况来选定。

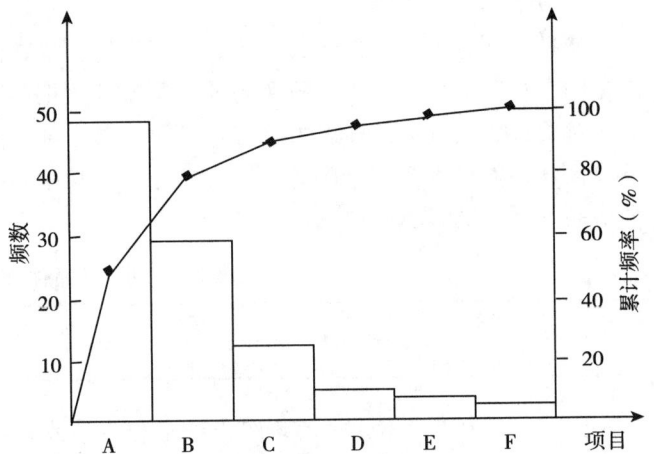

图6-3　排列图

排列图把影响产品质量的主要问题直观地表现出来，使我们明确应该从哪里着手来改进产品质量。集中力量解决主要问题收效显著。上例中主要问题是插头焊接缺陷和网线外露，若将插头焊接缺陷问题解决了，就解决了问题的一半；再将第二项网线外露的问题解决，那么80%的问题都得到了解决。排列图不仅解决产品质量问题，其他工作如节约能源、减少消耗、安全生产等都可以用排列图改进工作，提高工作质量。

3. 因果分析图法

在实际设计、生产和各项工作中，常常出现质量问题，为了解决这些问题，就需要查找原因，考虑对策，采取措施，解决问题。然而，影响产品质量的因素是多种多样的。若能真正找到质量问题的主要原因，便可针对这种原因采取措施，使质量问题得到迅速解决，因果图就是用来分析影响产品质量各种原因的一种有效方法，对影响产品质量的一些较为重要的因素加以分析和分类，并在同一张图上把它们的关系用箭头表示出来，以对因果作明确系统的整理。因果图又称鱼刺图或特性要因图。

（1）因果图的画法。应用因果图的步骤如下：

- 简明扼要地规定结果，即规定需要解决的质量问题。如主轴颈出刀痕、烟支空松、复印机复印效果不好、青霉素瓶消毒后胶塞水分高，等等。
- 规定可能发生的原因的主要类别。这时可以考虑4M1E因素作为因素的主要类别，即人员、机器设备、材料、方法、测量和环境等。
- 开始画图。把"结果"画在右边的矩形框中，然后把各类主要原因放在它的左边，作为"结果"框的输入，如图6-4所示。
- 寻找所有下一个层次的主原因并画在相应的主（因）枝上，继续一层层地展开下去，如图6-5所示。一张完整的因果

图展开的层次至少应有二层，许多情况下还可以有三层、四层或更多的层。

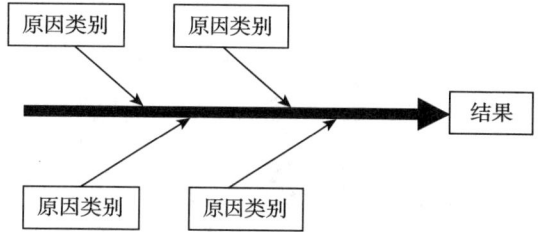

图 6-4　因果图框架

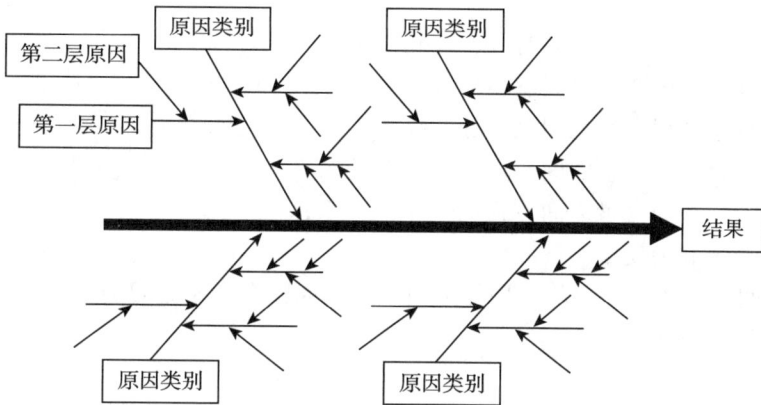

图 6-5　因果层次展开示意图

- 从最高层次（即最末一层）的原因（末端因素）中选取和识别少量（一般为3~5个）看起来对结果有最大影响的原因（一般称重要因素，简称要因），并对它们做进一步的研究，如收集资料、论证、试验、采取措施、控制等。

（2）注意事项。

- 原因类别可以参考人员、机器、材料、操作方法、环境等方面来分类，此外可以依据具体情况确定，比如还包括如动力、管理、计算机软件等因素。
- 绘制因果图要发扬民主，集思广益，畅所欲言，结合别人的见解改进自己的想法。
- 主要原因可以用排列图、专家意见、试验验证等方法确定，然后加以标记。
- 最后细分出来的原因应该是具体的，即可以直接采取措施的原因。

4. 相关图法

客观事物之间常常是相互联系的，在质量控制中，众多的质量特性数据之间也有其内部联系、制约和转化关系。有些变量之间有依存关系，但是又不是确定性的函数关系，而是由一个自变量对应一个因变量的统计分布，这种变量之间的关系称为相关关系。

相关图又称散布图，是进行相关分析的图形，它可以直观地表示出变量之间的相关程度。观察相关图主要是看点的分布状态，判断自变量 X 与因变量 Y 有无相关性、相关的状态和密切程度。常见的相关图形态有以下几种，如图6-6所示。

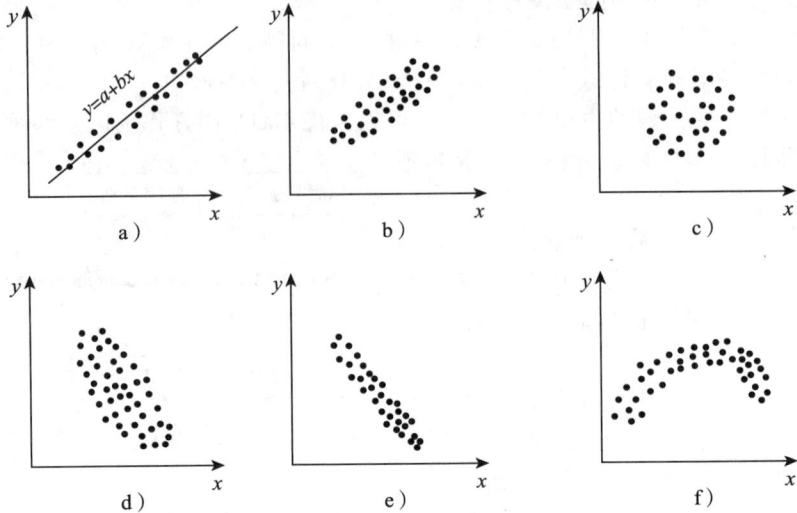

图 6-6　相关图

（1）表示自变量和因变量之间有强的正相关关系；
（2）表示自变量和因变量之间有弱的相关关系；
（3）表示自变量和因变量之间没有相关关系；
（4）表示自变量和因变量之间有弱的负相关关系；
（5）表示自变量和因变量之间有强的负相关关系；
（6）表示自变量和因变量之间有曲线相关关系。

检查变量之间的相关程度，除了用相关图大致判断两个变量之间的相关性外，还要用数理统计的方法进行相关分析。

5. 直方图法

直方图又称质量分布图，它是将产品质量的分布情况用一系列直方矩形表示，根据直方形的分布形状及与公差界限的距离来分析整个生产过程是否正常，以及工序能力的强弱。

（1）直方图形状分析。直方矩形的分布情况一般有以下几种情况，如图 6-7 所示。

1）正常形。直方以中间为峰，左右两边大体是对称地分散开来，说明生产情况正常，如图 6-7a 所示。

2）锯齿形。大都是测量方法或测量读数有问题，也可能是数据分组过细造成的，如图 6-7b 所示。

3）孤岛形。远离分布中心的一方，另有一小部分直方，说明生产中有某种异常情况或是测量错误，如图 6-7c 所示。

4）双峰形。往往是由于将不同的加工者、不同机床、不同操作方法、不同批材料等加工的产品混在一起造成的，如图 6-7d 所示。

5）偏峰形。直方的高峰偏向一端，有时是由于加

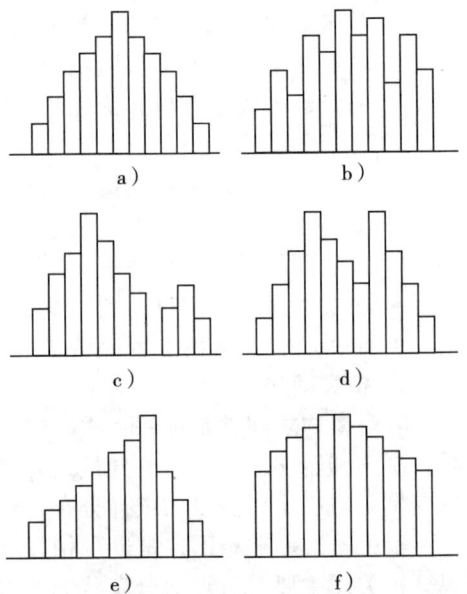

图 6-7　直方图

工习惯造成的，有时是由于超差的产品进行返修造成的，如图 6-7e 所示。

6）直方的峰不是中间高、两边低，而是形成一个宽平的峰。这种情况往往是由于生产中有某种缓慢的倾向在起作用所造成的，如工具的磨损、操作者的疲劳等，如图 6-7f 所示。

（2）工序能力分析。如上的观察是对工序加工能力的一种分析方法，衡量工序能力高低的综合指标是工序能力指数，用 C_P 表示。它用公差范围和质量分布范围的比例关系反映工序满足质量要求的程度。工序能力指数的计算分几种情况，此处简单介绍当公差中心 M 和质量分布中心 μ 重合时 C_P 的计算，如图 6-8 所示。

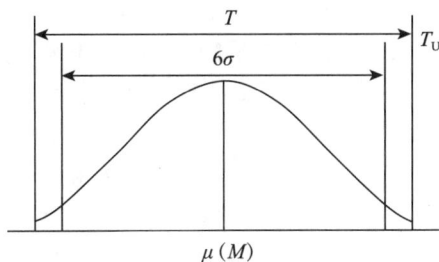

图 6-8　工序能力图

C_P 值的计算：

$$C_P = \frac{T}{6\sigma} = \frac{T_U - T_L}{6\sigma} \tag{6-1}$$

σ 可以用抽取样本的实测值计算出样本标准偏差 S 来估计。这时，

$$C_P = \frac{T}{6S} = \frac{T_U - T_L}{6S} \tag{6-2}$$

式中，C_P 表示工序能力指数；T 表示公差范围；σ 表示反映质量特性的数据的标准差；T_U 表示公差上限；T_L 表示公差下限。

［例 6-2］ 已知某零件加工标准为 156 ± 2 mm，对 100 个样品算得 $\bar{x} = 156$ mm，$S = 0.48$ mm，求工序能力指数。

解 首先判断，分布中心与公差中心重合，则

$$C_P = \frac{T}{6\sigma} = \frac{T}{6S} = \frac{T_U - T_L}{6S} = \frac{4}{6 \times 0.48} = 1.39$$

由表 6-3 可知，工序能力指数 C_P 值越高，不合格率越低，设定高的工序能力指数 Cp 有利于保证质量。

表 6-3　工序能力指数对应的产品不合格率

C_P	不合格率	C_P	不合格率
1.67	6/10 000 000	1.1	1/1 000
1.5	7/1 000 000	1	3/1 000
1.33	6/100 000	0.67	4.55/100
1.2	3/10 000	0.33	31.75/100

下面我们将美国和日本企业工序能力指数 C_P 进行一下对比。

1980 年美国绝大部分企业的 $C_P = 0.8$；1990 年 50% 的企业 $C_P = 1.0$；最优秀企业 $C_P = 2$；90 年代最佳企业 C_P 的目标是 8。而日本 1982 年绝大部分企业 $C_P = 2$；1990 年企业平均 $C_P = 1.0$；最优秀企业 $C_P = 8$；90 年代最佳企业 C_P 的目标是 15。由此可以看出日、美产品质量的差距，而这恰恰是第二次世界大战后的 30 年里，日本企业励精图治，在质量管理方面全面学习并超越美国的结果。这里还有一个真实的故事。20 世纪 80 年代，IBM 决定向日本的供应商订购一批电子元件，在采购清单上说明不合格品的限度为 10 000 件元件不得超过 3 个，日本供应商发货时附了一封信，内容说道："我们日本人理解美国的商业活动有些困难。但是，我们还是在每 10 000 个元件中装了 3 件不合格品，不过是分开包装的。我们相信，这是按照贵方订

单办理的。"

　　日本企业在质量管理上取得如此举世瞩目的成绩，其中还值得一提的是 ppm 管理，即百万分率的管理。ppm 是英文 parts per million 缩写，即要将工序不合格率降低到 ppm——百万分之一以下，这个水平和 20 世纪 90 年代中期美国摩托罗拉公司推行的举世瞩目的六西格玛管理相当。ppm 思想是 20 世纪 60 年代由日本松下电器公司萌发，历经十余年的探索成形的。该公司的电子元器件分公司同产业分公司的电视机事业部是密切的供需关系。前者负责供应元器件，后者把它们组装成一台台电视机，当时该公司事业部算了一笔账：每台电视机大约由 500 个元器件组成，如果元器件不合格率是 10ppm，那么，整机的不合格率是 1/200（以元件串联为假设），即每售出 200 台电视机就有 1 台因元器件不良而不合格，如果再考虑到装配过程本身也有同样的比率，那么每售出 100 台电视机就有 1 台因元器件不良而不合格。这种返修率（不合格率）是当时市场竞争和经营管理所不能容忍的，为了适应顾客的高质量要求，该公司事业部向元器件分公司提出供应 1ppm 级质量水平的质量要求。两者在长期的协作中形成了一种为提高产品质量的 ppm 思想，并在 70 年代把它转化为质量管理的制度、方法和实践，而后成为企业质量管理学习的典范。ppm 管理的主要手段一是全数检查保证法，日本企业质量把关由现场工人去执行，而非质检员；二是工序能力保证法，即让工序能力指数 C_p 达到 16.3 以上。

　　丰田公司在汽车制造领域非常杰出和优秀。公司讲求把质量问题解决在初始阶段，从而控制了缺陷和错误物流的递延，丰田公司提出了"三自"（自检、自分、自记）和"3N 原则"（不接收、不制造、不传递不合格品），"五个为什么"和创造了质量控制技术——自动化（autonomation，该思想源自丰田创业期的织布机产品），它是指赋予机器以人的智慧，出现异常就立即停机，防止了错误的继续传递，这种"防止失误装置"能够防止生产次品，及时制止过量制造，能自动控制现场发生的异常情况，使人从机器旁解放出来。2003 年提出"ED-ER"（early detection，early resolution，早发现、早解决）来持续改善质量。质量竞争力的形成，使得丰田公司从第一次石油危机后一直领跑全球汽车制造业，2008 年丰田终于超越通用，成就了自己百年的"一哥梦"，把霸占行业冠军宝座足有 77 年的通用汽车拉下马来。与此同时，由于丰田的快速扩张导致的脚踏门、安全气囊、发动机等质量问题，2005~2009 年，正是丰田频频召回的 5 年。2008 年大规模全球召回的汽车数量 800 万辆以上，甚至超过其 2007 年781 万辆的全球总销量，使得丰田公司问鼎召回之王，丰田的滑落是其逐渐抛却自己赖以生存发达的精益生产方式，究其根本原因，是其造车理念不知不觉已经从以质量为本变成以成本为主导致的。"质量神话"已是明日黄花，这是丰田的选择。

蠹立在日本爱知县丰田博物馆中央的织布机　　　　　　　丰田织布机的质量控制装置

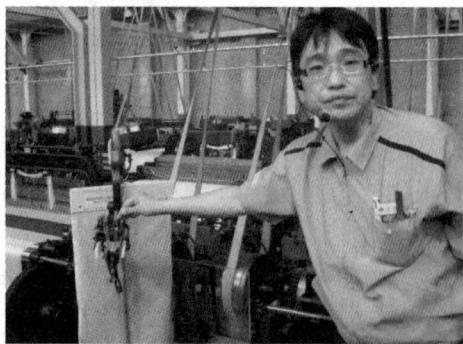

6. 控制图法

控制图是工序质量控制的主要手段，应用控制图可分析工序是否稳定以及控制工艺过程的质量状况。

在控制图中，横坐标表示取样时间或样品的序号，纵坐标则表示测得的质量特性数据值或其统计量，如平均值、标准差、不合格样品的数量等。按照工艺过程取样，随时将数据填写在图上，然后将各个数据点子按填写的先后顺序连线，即得到质量波动折线。控制图由中心线（CL）、上控制线（UCL）和下控制线（LCL）组成，其基本形式如图 6-9 所示。

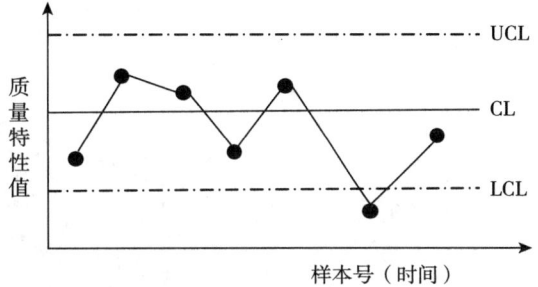

图 6-9　控制图

用控制图可识别生产过程的状态，根据样本数据形成的样本点位置以及变化趋势进行分析和判断生产过程是处于受控状态还是失控状态。

（1）受控状态。如图 6-10 所示，如果控制图上所有的点都在控制界限以内，而且排列正常，说明生产过程处于统计控制状态。

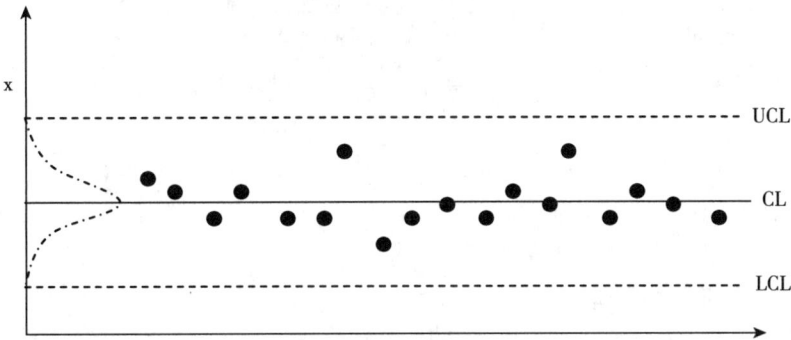

图 6-10　控制图的受控状态

在控制图上的正常表现为：

- 所有样本点都在控制界限之内；
- 样本点均匀分布，位于中心线两侧的样本点约各占 1/2；
- 靠近中心线的样本点约占 2/3；
- 靠近控制界限的样本点极少。

（2）失控状态。生产过程处于失控状态的明显特征是有一部分样本点超出控制界限，除此之外，如果没有样本点出界，但样本点排列和分布异常，也说明生产过程状态失控。典型失控状态有以下几种情况：

- 连续 7 点或 7 点以上出现在中心线一侧；
- 连续 7 点上升或下降；
- 样本点的周期性变化；
- 样本点分布的水平突变；
- 样本点的离散程度较大。

如果工序处于稳定状态，则受控状态下的控制图可以用于以后的工序控制，失控状态则要查明原因，采取措施。

|阅|读|材|料|　中国质量管理领域开创者刘源张的质量情结

在院士群体中，刘源张的经历不同寻常——留学日美15年，进过日本宪兵队长崎监狱，被誉为"中国质量管理之父"，是中国第一位国际质量科学院院士。"有容德乃大，无求品自高"是刘源张最喜欢的一句话。

质量缘

中学时代，成为一名工程师是刘源张的梦想。1942年，他从燕京大学去日本准备读机械工程，几经辗转，1949年，却进入东京大学读了经济学，开始了解到质量控制的概念，觉得质量领域还是挺有意思的。1950年，世界著名的质量管理专家戴明博士来日本讲学，刘源张通过日本质量学者石川馨拿到了戴明的演讲讲义，一个新天地打开了——那时统计一般是和社会学联系在一起的，叫社会统计，现在居然也用在了工业上！经由石川馨的介绍，在日本"科技联"研究质量理论。1950年10月，经导师推荐，刘源张赴美国加利福尼亚大学伯克利分校研究生院学习。一年之后，他转攻运筹学，而运筹学的一个分支就是质量可控性。

1956年，应时任中科院力学所所长钱学森之邀，刘源张回国，并在中科院力学所运筹学研究室建立了中国第一个质量管理研究组。

此后10年，刘源张开始介绍、研究、应用和推广这一新的管理理论和方法。并在纺织、机械、冶金、电子、通信行业的许多工厂里从事质量管理的试点工作。他认为，这种质量管理是一种能够提高和保障产品质量的新兴科学技术。

后来，刘源张开始将他的全面质量管理理论应用到实践中。他的理论先后在北京内燃机总厂、东风电视机厂、第二汽车制造厂等企业得到应用，并经国务院采纳在全国企业推广，产生重大影响。

1979年，他提出的"三全"和"三保"理论获中国科学院重大科研成果奖一等奖，他参与指导的"可靠性理论应用到建筑结构设计统一标准"获1986年国家技术进步奖二等奖。

1989年起，刘源张主持国家自然科学基金第一个管理科学重大项目"我国工业生产率理论的方法研究"，从管理学上开创劳动生产率的新研究，被评为管理科学研究的成功案例。2001年，他当选中国工程院院士。

如今虽然退休在家，夫人很希望和他一起去在国外的女儿身边颐养天年，可刘源张总舍不得离开，他放不下国内这摊子事。这一生，刘源张注定要和质量结缘。

坚持学习

一位年届87岁的老人手捧iPad，从中翻阅资料。这是一个颇有意味的场景，刘源张就是其中的主角。

刘源张对《中国科学报》记者表示，他买了iPad，正在不断学习使用方法，并常用其拍照储存一些资料，"很是方便"。

在他看来，乔布斯的"苹果"实现了质量管理的最高境界。

"符合标准的是最低层次的产品，往上一个层次就是产品对客户有没有魅力，而最高层次的质量就是超越客户的想象，在客户想到之前把产品做出来。"刘源张希望，现在的年轻人一定要坚持学习、懂学习，"这样才能有创新，才能做出好的产品"。

刘源张理解的学习有几层意思，首先是要大胆学习，不要不懂装懂。在参加国际会议时，他总是以身作则，坚持用英语交流。其次，要学习中国的传统文化，这对良好社会风气的营造很有意义。"另外还要学会提升观察力、分析力、判断力。"谈及此处，刘源张笑了，补充说："这对每个行业都很重要，特别是你们记者……我们国家现在的质量管理体系与国外还存在一定差距，缺乏创新意识和创新手段。很多企业为了利益可以忘记或者忽略质量的存在和价值。"刘源张感慨道，"还是要提倡学习的风气，提倡建立学习型企业。"

"老小孩"心态

和刘源张接触过的人，都会被他那孩童般的笑容感染。这位历经坎坷、年届九旬的老人，却能保持着如此豁达、清晰的精神状态。

问及秘诀，刘源张说了3个字：马大哈。

他解释说："一个人遭受的挫折越多，就越能学会调整心态、珍爱生活。"

不出差的时候，刘源张会自己在家下厨做早饭和午饭，并坚持看报纸和写日记，仍习惯于工作到深夜。

如今，他有了个新习惯——唱歌，专为老伴而唱。"听说唱歌能让人保持好心情。年轻的时候工作忙，陪老伴的时间很少，我现在尽量多陪陪她，弥补以前的欠缺。"

刘源张还曾担任亚太质量组织主席，1995年当选为国际质量科学院院士，亚太质量组织授予他"哈灵顿-石川"奖。这是中国质量界获得的最高个人荣誉奖。

最近，"费根鲍姆终身荣誉奖"的获得是他最为高兴的事。费根鲍姆终身荣誉奖由亚太质量组织设立，以全面质量管理的创始人费根鲍姆的名字命名。这一奖项旨在表彰为全球质量作出卓越贡献的专家。

在刘源张看来，费根鲍姆终身荣誉奖的意义在于，中国质量领域的工作得到了国际上的承认。

资料来源：黄明明. 刘源张：有容德乃大　无求品自高[N]. 中国科学报，2012-01-03（A1）.

6.3　ISO 9000 与质量认证

6.3.1　ISO 9000 认证概述

国际标准化组织（ISO）是世界上最主要的非政府间国际标准化机构，成立于第二次世界大战以后，总部位于瑞士日内瓦。该组织成立的目的是在世界范围内促进标准化及有关工作的发展，以利于国际贸易的交流和服务，并发展在知识、科学、技术和经济活动中的合作，以促进产品和服务贸易的全球化。ISO制定的各项国际标准是在全球范围内得到该组织的150多个成员的认可。ISO 9000认证标准是ISO在1987年提出的概念，延伸自旧有的BS 5750质量标准，是指由ISO/TC 176（国际标准化组织质量管理和质量保证技术委员会）制定的国际标准。ISO 9000不是指一个标准，而是一组标准的统称。ISO 9000是ISO发布的12 000多个标准中最畅销、最普遍的产品。

质量保证标准诞生于美国军品使用的军标。第二次世界大战后，美国国防部吸取第二次世界大战中军品质量优劣的经验和教训，决定在军火和军需品订货中实行质量保证，即供方在生产所订购的货品中，不但要按需方提出的技术要求保证产品实物质量，而且要按订货时提出的且已订入合同中的质量保证条款要求去控制质量，并在提交货品时提交控制质量的证实文件。这种办法促使承包商进行全面的质量管理，取得了极大的成功。1978年以后，质量保证标准被引用到民品订货中来，英国制订了一套质量保证标准，即BS 5750。随后欧美很多国家，为了适应供需双方实行质量保证标准并对质量管理提出的新要求，在总结多年质量管理实践的基础上，相继制订了各自的质量管理标准和实施细则。

ISO/TC 176 技术委员会是 ISO 为了适应国际贸易往来中民品订货采用质量保证做法的需要而成立的，该技术委员会在总结和参照世界有关国家标准和实践经验的基础上，通过广泛协商，于 1987 年发布了世界上第一个质量管理和质量保证系列国际标准 ISO 9000 系列标准。该标准的诞生是世界范围质量管理和质量保证工作的一个新纪元，对推动世界各国工业企业的质量管理和供需双方的质量保证、促进国际贸易交往起到了很好的作用。

6.3.2　ISO 9000 认证特点及适用范围

1. 标准特点

随着国际贸易发展的需要和标准实施中出现的问题，特别是服务业在世界经济的比重所占的比例越来越大，ISO/TC 176 第一版是 1987 年推出的，分别于 1994 年、2000 年对 ISO 9000 质量管理标准进行了两次全面的修订，而 2008 年则仅仅对 2000 版的较小修改。由于该标准吸收国际上先进的质量管理理念，采用 PDCA 循环的质量哲学思想，对于产品和服务的供需双方具有很强的实践性和指导性。所以，标准一经问世，立即得到世界各国的普遍欢迎，到目前为止世界已有 70 多个国家直接采用或等同转为相应国家标准，有 50 多个国家建立质量体系认证/注册机构，形成了世界范围内的贯标和认证热。

在中国，ISO 9001 质量管理体系标准得到了非常广泛的应用，我国直接把 ISO 9001 质量体系直接等同于 GB/T 19000。截至 2010 年年底，有 196 527 家企业通过了质量管理体系认证，颁发的质量管理体系认证证书数量居世界首位，极大地提升了中国企业的管理水平和能力。2010 年，ISO/TC 176 第一次在中国召开年会，并提出了该技术委员会新的战略规划：打造动态的 ISO 9000 生态系统。这一生态系统旨在提高 9000 族体系的能力，集中优势资源和精力，通过 ISO 9000 产品和市场营销支持系统使它们更易于使用，更易于推进到新的应用领域。本次年会对该战略规划的完善和充实进行了深度探讨，本次年会由中国国家标准化管理委员会承办，中国标准化研究院和珠海格力电器股份有限公司协办。

ISO 组织最新颁布的《ISO 9000：2008 系列标准》，2009 年 1 月开始推行，共有四个核心标准：

- ISO 9000：2008 质量管理体系 基础和术语
- ISO 9001：2008 质量管理体系 要求
- ISO 9004：2008 质量管理体系 业绩改进指南
- ISO 19011：2002 质量和（或）环境管理体系审核指南

其中，《ISO 9001：2008 质量管理体系要求》是认证机构审核的依据标准，也是希望进行认证的企业需要满足的标准。

2. 认证的好处

公司通过取得 ISO 9001 认证能带来如下益处：强调以顾客为中心的理念，明确公司通过各种手段去获取和理解顾客的要求，确定顾客要求，通过体系中各个过程的运作满足顾客要求甚至超越顾客要求，并通过顾客满意的测量来获取顾客满意程序的感受，以不断提高公司在顾客心中的地位，增强顾客的信心；明确要求公司最高管理层直接参与质量管理体系活动，从公司层面制定质量方针和各层次质量目标，最高管理层通过及时获取质量目标的达成情况以判断质量管理体系运行的绩效，直接参与定期的管理评审掌握整个质量体系的整体状况，并及时对于体系不足之处采取措施，从公司层面保证资源的充分性；明确各职能和层次人员的职责权限以及相互关系，并从教育、培训、技能和经验等方面明确各类人员的能力要求，以确保他们是胜任的，通过全员参与到整个质量体系的建立、运行和维持活动中，以保证公司各环节的顺利运作；明确控制可能产生不合格产品的各个环节，对于产生的不合格产品进行隔离、处置，并通过制度化的数据分析，寻找产生不合格产品的根本原因，通过纠正或预防措施防止不合格发生或再次发生，从而不断降低公司发生的不良质量成本，并通过其他持续改进的活动来不断提高质量管理体系的有效性和效率，从而实现公司成本的不断降低和利润的不断增长；通过单一的第三方注册审核代替累赘的第二方工厂审查，第三方专业的审核可以更深层次地发现公司存在的问题，通过定期的监督审核来督促公司的人员按照公司确定的质量管理体系规范来开展工作；获得质量体系认证是取得客户配套资格和进入国际市场的敲门砖，也是目前企业开展供应链管理很重要的依据。

3. 适用范围

ISO 9001：2008 标准为企业申请认证的依据标准，在标准的适用范围中明确本标准是适用于各行各业，且不限制企业的规模大小。目前国际上通过认证的企业涉及国民经济中的各行各业。

4. 申请认证的条件

组织申请认证须具备以下基本条件：具备独立的法人资格或经独立的法人授权的组织；按照 ISO 9001：2008 标准的要求建立文件化的质量管理体系；已经按照文件化的体系运行三个月以上，并在进行认证审核前按照文件的要求进行了至少一次管理评审和内部质量体系审核；现在的 ISO 9000：2008 体系里有 22 个标准和 3 个指导性文件，从 1987 年到目前为止 ISO 9000 体系一直都在增加标准，最新的标准是 2008 年版本，整体条文并未改变，细节有所加强。

5. ISO 9000 质量管理体系的精髓在于预防

质量是由人去控制的，只要是人，难免犯这样或那样的错误。那么如何预防少犯错或者尽量不给你犯错的机会，这就是 ISO 9000 族标准的精髓。预防措施是一项重要的改进活动，它是自发的、主动的、先进的。可以说，组织采取预防措施的能力，是管理实力的表现。有些组织五年十年审核下来，没有一张预防措施记录单。

当然，ISO 9000 族标准是站在顾客角度看问题的，顾客希望企业有预防问题发生的能力，所以这是顾客选择供方的一个考虑因素。

标准要求组织建立文件化的预防措施程序，很多组织将这个程序和纠正措施程序合并在一起写，特别是中小型企业，这不违反标准要求。

采取预防措施是一种决策。决策需要数据分析，需要有证据来源。这些数据可以有：过程控制的统计，生产报表、质量报表；制造商推荐的机器设备使用要求，如允许范围、使用年限；监视计算机服务器容量的使用；机器负荷的监视；员工的迟到率、缺勤率和流失率；服务调查；市场调查、顾客订货量；供方业绩表现等。

如果数据分析的结果是趋向于将发生问题/事故，那采取一些预防措施应该是相关责任岗位的本能反应，比如，计划和实施设备维修、指示和派员督导、报错技术（也称为"防呆"）、设备改造、防护器材等。

对组织管理者来说，为预防措施提供资源是一种保证。采取预防措施的积极性，是一种企业文化的表现，而企业文化是由最高管理者慢慢教化培养出来的。

组织应该建立机制，奖励采取预防措施的行为，深度地解决发现的问题。由于组织原有的体系是一个有机的整体，我们在采取有力的措施时，要考虑这些措施会不会影响到原有的体系，防止出现意想不到的问题。百分之百地解决问题，只是一种理想状态。企业在发展过程中，问题是解决不完的。

6.3.3 质量管理原则

ISO 9000：2008 族标准在引言中提出的八项质量管理原则，是组织成功实施质量管理、达到预期效果的指南。

（1）以顾客为关注焦点（customer focus）。组织依存于顾客。因此，组织应当理解顾客当前和未来的需求，满足顾客要求并争取超越顾客期望。

（2）领导作用（leadership）。领导者确立组织统一的宗旨和方向。他们应当创造并保持使员工能充分参与实现组织目标的内部环境。

（3）全员参与（involvement of people）。各级人员都是组织之本，只有他们的充分参与，才能使他们的才干为组织带来收益。

（4）过程方法（process approach）。将活动和相关的资源作为过程进行管理，可以更高效地得到期望的结果。

（5）管理的系统方法（system approach management）。将相互关联的过程作为系统加以识别、理解和管理，有助于组织提高实现目标的有效性和效率。

（6）持续改进（continual improvement）。持续改进总体业绩应当是组织的一个永恒目标。

（7）基于事实的决策方法（factual approach to decision making）。有效决策是建立在数据和信息分析的基础上。

（8）与供应方互利的关系（mutually beneficial supplier relationship）。组织与供方是相互依存的，互利的关系可增强双方创造价值的能力。

这八项质量管理原则形成了 ISO 9000 族质量管理体系标准的基础。

6.3.4 质量管理体系的基础

ISO 9000：2008 标准第 2 章阐述了质量管理体系的基础。它是将八项质量管理原则应用于质量管理体系的要求，着眼于指导组织如何以正确的指导思想和方法来建立、实施和持续改进质量管理体系，确保质量管理体系运行的有效性和效率。质量管理体系基础分 13 节。

1. 质量管理体系的理论说明

（1）质量管理体系能够帮助组织增进顾客满意；分析顾客要求；规定相关的过程，并使其持续受控，以实现顾客能接受的产品。

（2）能提供持续改进的框架，以增加顾客和其他相关方满意的机会。

（3）能提供持续满足要求的产品，向组织及其顾客提供信任。

（4）顾客的需求和期望是不断变化的，因此组织务必关注顾客要求的变化，不断地改进产品质量和过程质量。

2. 质量管理体系要求与产品要求

2008 版 ISO 9001 标准规定了质量管理体系要求，其要求是通用的，适用于所有行业或经济领域，不论其提供何种类别的产品，标准本身不规定产品要求，产品要求可由顾客规定，或由组织通过预测顾客的要求规定，或由法规规定等。在某些情况下，产品要求和有关过程的要求可包含在诸如技术规范、产品标准、过程标准、合同协议和法规要求之中。

3. 质量管理体系方法

2008 版 ISO 9000 标准为了帮助组织采取合适的方法，有计划、有步骤地建立和实施质量管理体系取得预期效果，特别提出八个工作步骤：

（1）确定顾客和其他相关方的需求和期望；

（2）建立组织的质量方针和质量目标；

（3）确定实现质量目标必需的过程和职责；

（4）确定和提供实现质量目标必需的资源；

（5）规定测量每个过程的有效性和效率的方法；

（6）应用这些测量方法确定每个过程的有效性和效率；

（7）确定防止不合格并消除产生原因的措施；

（8）建立和应用持续改进质量管理体系的过程。

4. 过程方法

2008 版 ISO 9000 标准提出："任何使用资源将输入转化为输出的活动或一组活动可视为一个过程。"

过程是指将输入转化为输出的一组相互关联或相互作用的活动。质量管理体系也是通过一系列过程来实施的。该标准指出："为使组织有效运行，必须识别和管理许多相互关联和相互作用的过程，通常一个过程的输出将直接成为下一个过程的输入，系统地识别和管理组织所应用的过程，特别是这些过程之间的相互作用称为过程方法。"

5. 质量方针和质量目标

质量方针是"由组织最高管理者正式发布的该组织的质量宗旨和方向。"它标志了一个组织在质量方面所奉行的宗旨，阐明了该组织在质量工作中的总要求。2008 版 ISO 9000 标准指出，建立质量方针和质量目标为组织提供了关注的焦点。两者确定预期的结果，并帮助组织利用其资源达到这些结果。质量方针为建立和评审质量目标提供了框架。质量目标是"在质量方面所追求的目的"，需要与质量方针和持续改进的承诺相一致，其实现须是可测量的。质量目标的实现对产品质量、运行有效性和财务业绩都有积极影响，因此对相关方的满意和信任也产生了积极影响。

6. 最高管理者在质量管理体系中的作用

标准中指的最高管理者就是我们经常所说的领导，领导作用是质量管理八项原则之一。组织的领导层是实施质量管理并取得成功的关键，在正式发布了组织有关质量宗旨方向和目标的基础上，还必须在组织内部创造一个由组织的各级人员充分参与和发挥其才能的工作环境，为实现组织的质量目标作出应有的贡献。

7. 文件

（1）文件的价值。文件能够沟通意图、统一行动，使其有助于：满足顾客要求和质量改进；提供适宜的培训；重复性和可追溯性；提供客观证据；评价质量管理体系的有效性和持续适宜性。文件的形式本身并不是目的，它应是一项增值活动。

（2）质量管理体系中使用的文件类型：①质量手册；②质量计划；③规范；④指南；⑤程序文件、作业指导书和图样；⑥记录。

8. 质量管理体系评价

（1）质量管理体系过程的评价。为了保持和不断完善质量管理体系，应当定期客观地评价质量管理体系的现状。标准并提出了三种质量管理体系评价类型，即质量管理体系审核、质量管理体系评审和自我评定。

（2）质量管理体系审核。分第一方审核，即内部审核；第二方审核，由组织的顾客或由其他人以顾客的名义进行审核；第三方审核，由外部独立的组织进行。这类组织通常是经过认可的，提供符合要求的认证或注册。

（3）质量管理体系评审。这是由组织最高管理者按照质量管理体系的现状对实现质量方针和质量目标的适宜性、充分性、有效性和效率进行定期系统的评价，确定应采取的措施。这种评审可包括考虑质量方针和目标的需求以响应相关方需求和期望的变化。

（4）自我评定。这是一种参照质量管理体系或优秀模式对组织的活动和结果所进行的全面系统的评审。自我评定可提供一种对组织业绩和质量管理体系成熟程度的总看法，它还有助于识别组织中需要改进的领域并确定优先开展的事项。

9. 持续改进

改进质量管理体系的目的在于增加顾客和其他相关方满意的机会。改进是一种持续的活动，循序不断地进行，是无止境的。

10. 统计技术的作用

应用统计技术可帮助组织了解变异，从而有助于组织解决问题并提高有效性和效率。这些技术也有助于更好地利用可获得的数据进行决策。统计技术有助于对变异进行测量、描述、分析、解释和建立模型，甚至在数据相对有限的情况下也可以实现。这种数据的统计分析能对更好地理解变异的性质、程度和原因提供帮助，从而有助于解决甚至防止由变异引起的问题，并促进持续改进。

11. 质量管理体系与其他管理体系的关注点

2008 版 ISO 9000 标准指出："质量管理体系是组织的管理体系的一部分。一个组织的管理体系的各个部分，连同质量管理体系可以合成一个整体，从而形成使用共有要素的单一的管理体系。这将有利于策划、资源配置、确定互补的目标并评价组织的整体有效性。"因此，组织应关注以下几点。

（1）一个组织的管理体系可包含若干不同的管理体系，如质量管理体系、环境管理体系、财务管理体系等。

建立质量体系的目的是为了使建立和实现的质量目标能满足顾客和其他相关方的需要、期望和要求，而质量目标和其他目标如生产成本、资金利用、利润增长、安全生产、环境保护、职业健康等构成了组织目标，这就要求组织通过建立若干个管理体系分别去实现组织的各项互为补充的目标。

（2）组织应对管理体系的建立进行总体策划，力求将其他管理体系与质量管理体系所共用的要素融合在一起，这有利于组织合理配置资源，确定相互补充的目标，并评定组织总体的有效性。

（3）ISO/TC 176 质量管理和质量保证技术委员会与 ISO/TC 207 环境管理技术委员会成立了专门的协调和合作工作组，致力于将《ISO 9001 质量管理体系——要求》和《ISO 14001 环境管理体系——规范使用指南》这两个标准协调和兼容，为组织的环境管理体系的有关部分有可能与质量管理体系整合为一个使用共有要素的管理体系创造条件。

12. 质量管理体系与组织优秀模式之间的关系

ISO 9000 族标准和组织优秀模式提出的质量管理体系方法依据共同的原则。它们两者均使组织能够识别它的强项和弱项；包含对照通用模式进行评价的规定；为持续改进提供基础；包含外部承认的规定。

由此可见，两种方法都是依据规定的模式要求进行评价。通过评价使组织能识别哪几个方面是强项并占有一定的优势，哪些方面还是薄弱环节，以便开展持续改进，以改善本组织的质量能力，而且质量管理体系和组织优秀模式都以规定的细则作为外部审核检查和认可的依据，所以两者可以互相补充。

ISO 9000 族质量管理体系与优秀模式之间的差别在于它们应用范围不同。ISO 9000 族标准提出了质量管理体系要求和业绩改进指南，质量管理体系评价可确定这些要求是否得到满足。优秀模式包含能够对组织业绩进行比较评价的准则，并能适用于组织的全部活动和所有相关方。优秀模式评定准则提供了一个组织与其他组织的业绩比较的基础。

13. 术语

2008 版 ISO 9000 标准列出了 10 大类 80 个有关质量管理体系的术语，紧紧围绕着 ISO 9000 族标准的内容，具有针对性、系统性、实用性和方便使用的特点。由于篇幅所限，各个术语定义在此不再介绍，请参阅《ISO 9000：2008 质量管理体系的基础和术语》标准。《ISO 9001：2008 质量管理体系的要求》标准和《ISO 9004：2000 质量管理体系的业绩改进指南》标准同样不再介绍。

6.3.5　质量认证

1. 质量认证及其由来与发展

认证是指第三方机构书面保证（合格证书）产品、过程或服务符合规定要求的程序。这是指的对质量的认证。另外对"质量体系认证"是指由第三方认证机构依据公开发布的质量体系标准，对供方（生产方）的质量体系实施评定，评定合格的由第三方认证机构颁发质量体系认证证书，并予注册公布，证明供方在特定的产品范围内具有必要质量保证能力的活动。

认证的最大特点是由第三方进行的证明活动。现代的第三方质量认证制度起始于英国，于 1903 年便开始使用第一个质量标志，即风筝标志，至今在国际上仍享有较高的信誉。此后从 20 世纪 30 年代开始，质量认证得到了较快的发展，到 20 世纪 50 年代在工业发达国家中已基本普及，而其他发展中国家一般是从 20 世纪 70 年代开始实行质量认证制度。

随着社会经济的发展，质量认证制度本身也有了较大的发展。起初各认证机构仅对产品本身进行检验和试验，认证只能证明供方的产品符合规范的要求，并不能担保供方以后继续遵守技术规范。后来认证机构增加了对供方质量保证能力的检查和评定，以及获证后的定期监督，从而证明供方生产的产品持续符合标准。到 20 世纪 70 年代，质量认证制度又有了新的发展，出现了单独对供方的质量体系进行评定的认证形式。这种质量体系认证，在很大程度上使需方相信供方已建立能始终保证按需方提出的要求进行生产的质量体系。为了协调和推动认证工作，ISO 于 1970 年正式成立了认证委员会，其目的在于寻求鉴定产品质量的最佳方法，研究认证制度等，并制订、颁发指导文件和标准。由于国际认证制度的发展，在扩大认证委员会业务范围的同时，于 1985 年 ISO 决定把认证委员会改名为合格评定委员会（CASCO），大力促进各国和各地区的合格评定工作。至 1995 年初，由 ISO/CASCO 组织制定、ISO 和 IEC 联合发布的有关认证的 ISO/IEC 国际指南已达 21 个，其中包括完全针对质量体系认证的 ISO/IEC48《供方质量体系的第三方评定与注册导则》。此外另有多项国际指南即将正式发布或正在制定，其中包括：ISO/IEC 指南 61《认证机构评定和认可制度的基本要求》和 ISO/IEC 指南 62《质量体系评定和认证/注册机构的基本要求》，以及有关质量认证互认协议签订和保持的国际指南等。

2. 产品质量认证与质量体系认证的区别

产品质量认证与质量体系认证是有区别的。

（1）认证的对象不同。前者是对产品，包括有形产品和无形产品（如服务），后者是对供方的质量体系进行认证，这与产品或服务没有直接关系，两者是独立的。

（2）认证的依据不同。产品质量认证的依据是经过标准化机构正式发布由认证机构认可的产品标准和有关技术规范；质量体系认证的依据是特定的质量体系标准，如 ISO 9000 族标准或地区和国际标准化机构发布的类似标准。

（3）认证机构不同。产品质量认证机构和质量体系认证机构都必须是第三方性质的机构，而且要得到社会和政府的承认，以确定其权威性。

（4）认证获准表示方式不同。产品质量认证获准的表示方式是颁发"认证证书"和"认证标志"；质量体系认证获准的表示方式是认证机构对认证合格单位准予注册并以质量体系认证企业名录形式公开发布。

3. 质量体系认证程序

（1）质量体系认证申请。供方向认证检查机构提出认证申请（申请书由各质量体系认证机构统一发给申请方）。

（2）认证机构接到申请后对申请方进行了解，确定是否接受申请。如果接受，则向申请方发出接受申请通知书；如果不接受，则向申请方发出不接受申请的通知书。

（3）如果接受申请，申请方做好与认证有关工作的安排，预交认证费用。

（4）认证机构和供方一起根据需要，确定质量体系认证依据。

（5）申请认证方准备质量体系有关文件，提供给认证机构进行审阅。

（6）认证机构评定质量体系文件，并通知供方对不符合要求处或重大遗漏处进行修正与补充。

（7）供方作好进行现场评审前的一切准备工作。

（8）现场审核。认证机构的评定组按照选定的质量体系标准、质量体系有关文件，到供方生产现场进行初评。初评结束，评定组将结果书面通知供方，并对不符合要求的限期改正。

（9）供方对提出的问题进行修改。

（10）批准注册发布，并公开公布。

（11）获准认证后的监督管理。对质量体系认证注册的有效期一般为 3 年，此期间认证机构进行监督管理，包括：供方通报、监督审核、认证暂停、认证撤销、认证有效期延长等。

（12）重新评定。每隔 3 年需对供方质量体系重新评定。

4. 质量认证的作用

质量认证制度之所以得到世界各国的普遍重视，关键在于它是一个公正的机构对产品或质量体系作出正确、可靠的评价，从而使人们对产品质量建立信心，这对供方、需方、社会和国家的利益都有重要意义。

（1）提高供方的质量信誉和市场竞争力。企业通过公正机构对其产品或质量体系的认证，获取合格证书和标志，通过注册和公布，取得质量上的信誉，有利于在激烈的市场竞争中取胜。

（2）促进企业完善质量管理体系，提高管理水平。企业要取得第三方认证机构的质量体系认证或按典型的产品认证制度实施的产品认证，都需要对其质量管理体系进行检查和完善，以提高其对产品质量的保证能力，并且对认证机构对其质量体系实施检查和评定中发现的问题及时进行纠正，这对企业完善其质量管理体系起到有力的促进作用，从而提高企业的管理水平。

（3）有利于保护消费者的利益。实施质量认证，对通过产品质量认证或质量体系认证的企业，准予使用认证标志或予以注册公布，使消费者了解哪些企业的产品质量有保证，从而可以帮助消费者防止误购不符合标准的产品，起到保护消费者利益的作用。

（4）减少社会重复评定费用。每个需方在采购产品时都需要进行检验。如果所供产品的供方取得了权威第三方机构的产品质量认证，具有较高的质量信誉，则各需方对购进产品质量的检验均可大大地减少，可节省大量的检验费用和时间。据统计，不同用户或机构对一个企业质量体系评定，其中有 80% 以上的工作是重复的，如果一个供方质量体系按国际公认的标准评定并通过注册，则评定只需限于余下的 20% 特殊要求部分工作，这样既省时间又省钱。

6.4 质量成本

6.4.1 质量成本的概念与项目

1. 质量成本的概念

所谓质量成本，是指为了确保和保证满意的质量而发生的费用以及没有达到满意的质量所造成的损失。[⊖]

2. 质量成本项目

从质量成本的定义中可看出质量成本的总体轮廓，但我们分析质量成本的目的在于具体实施，这就有必要把质量成本的概念具体化，明确哪些成本属于质量成本的范畴，一般认为应由预防成本、鉴定成本、内部故障成本和外部故障成本 4 个二级子目构成。这 4 个二级中又包括多项具体三级细目。但到底有多少项三级细目尚未有一个统一的规定，只是按具体情况而定，下面根据有关资料对 4 个二级子目和 20 个三级细目分述如下。

（1）预防成本。预防成本的费用包括以下几项。①质量工作费。质量工作费是指企业质量体系为预防、保证和控制产品质量，开展质量管理所发生的办公宣传、收集情报、制定质量标准、编制质量手册、质量计划、进行质量审核、工序能力研究、开展质量管理活动等所支付的费用。②质量培训费。为达到质量要求提高人员素质，对有关人员进行质量意识、质量管理、检测技术、操作水平等的培训费用。③质量奖励费。为确保和改进产品质量而支付的各种奖励费用，如 QC 小组成果奖、产品升等创优奖、质量管理先进奖及有关质量合理化建议奖等符合国家规定的奖励支出。④产品评审费。新产品设计方案的评审、试制产品质量的评审所发生的费用。⑤质量改进措施费。建立质量体系，提高产品质量及工作质量，改进产品设计、调整工艺、开展工序控制、进行技术改进的措施费用（属成本开支范围的）。⑥工资及福利基金。质量管理科室及车间从事专职的质量管理人员的工资及福利基金。

（2）鉴定成本。为评定是否符合质量要求而进行的试验、检验和检查的费用，包括以下几项。①检测试验费。对进厂的材料、外协外购件、配套件、工量具以及生产过程中的在制品、半成品、产成品，按质量要求进行检查、测试、试验、检测及对设备的检测维修、校正所发生的费用。②工资及福利基金。指专职检验和计量人员的工资及福利基金。③办公费。为检验、试验所发生的办公费。④检测设备折旧费。

（3）内部故障成本。交货前因产品未能满足质量要求所造成的损失，包括以下几项。①废品损失。指无法修复或经济上不值得修复的在制品、半成品、产成品报废而造成的净损失。②返修损失。对不合格的产成品、在制品及半成品进行返修所耗用的材料和人工费用。③停工损失。指由于质量问题而引起的停工损失。④事故分析处理费。对质量问题进行分析处理所发生的直接损失。⑤产品降级损失。指产品因外表或局部的质量问题达不到质量标准，又不影响主要性能而降级处理所造成的损失。

（4）外部故障成本。交货后因产品未能满足质量要求所发生的费用，包括以下几项。①保修费用。按合同规定在保修期内为用户提供修理服务所发生的费用。②退货损失。产品出厂后由于质量问题而造成的退货、换货所发生的损失。③索赔费用。产品出厂后由于质量缺陷而赔偿用户的费用。④诉讼费。指用户认为产品质量低劣，提出申诉要求索赔，企业为处理申诉所支付的费用。⑤产品降价损失。产品出厂后因低于质量标准而进行降价所造成的损失。

以上关于质量成本的 4 个二级子目和 20 个三级细目，是质量成本的基本内容，可供我们在开展质量成本工作时参考。

6.4.2　质量成本统计

1. 质量成本统计目前存在的问题

质量成本统计工作是开展质量成本管理和分析的最基础工作。但目前的会计统计账目基本上不能反映质量成本的情况，与质量成本管理不相适应，主要有以下几个方面：

（1）从质量成本所包含的范围来看，在过去的会计工作中，只统计和核算可修复废品和不可修复废品的损失，这远远小于质量成本应该包括的范围。

（2）从质量成本统计的时间来看，过去只统计事后的废品损失，而对设计、试制和对用户进行质量指导、质量调查、维修服务等费用，没有单独列出，只统计生产过程发生的部分，而生产过程之前之后的质量成本没有统计。

（3）从质量成本计算的作用来看，过去只是事后的单纯的废品成本计算和分析，现在要做到事前的质量成本决策，事中的质量成本控制，事后的质量成本分析和信息反馈。

2. 开展质量成本分析和管理的注意事项

要开展质量成本分析和管理有必要对目前的会计和统计工作做一些补充；针对质量成本的特点，建立一套统计方法和统计制度。根据国内外的实践经验，应做好以下几个方面：

（1）质量成本统计归口。如设置质量成本一级账户。在一级账户下按"预防、鉴定、内部故障、外部故障成本"设二级账户，下面再设若干明细项目进行统计和核算。或者设置帐外记录，由各工序各质量成本控制网点进行登记，然后由专人汇总核算，试行一段时间后逐步过渡到一、二级账目上来加以反映。

（2）分产品、分工序建立质量成本账册，按明细项目登记质量成本，并由专人负责。

（3）定期编制和填写产品质量成本报告表。

（4）定期计算有关产品质量的技术指标和有关质量成本的指标，如产品合格率、产品等级率、废品率、停工工时、返修工时，各部分质量成本在质量成本总额中所占的比例，质量成本在总成本和销售总额中所占的比例等。

3. 质量成本数据的收集

质量成本数据的具体统计可通过以下渠道收集：

（1）使用会计科目中的现成数据。

（2）使用现有报表中的数据。

（3）设置专门的质量成本调查表收集数据。

（4）建立临时报表来收集数据。

（5）对目前确实很难准确计算的费用，可以采用估计、测算分摊等办法来获得。

6.4.3　质量成本比例与分析

由于各个企业的产品性能、服务对象、规模以及人数等不同，质量成本总额不可能相同，即便是情况大致相近的企业，质量成本总额也可能相差甚远，但根据研究，对于企业来说也有共同的规律，如图 6-11 所示。

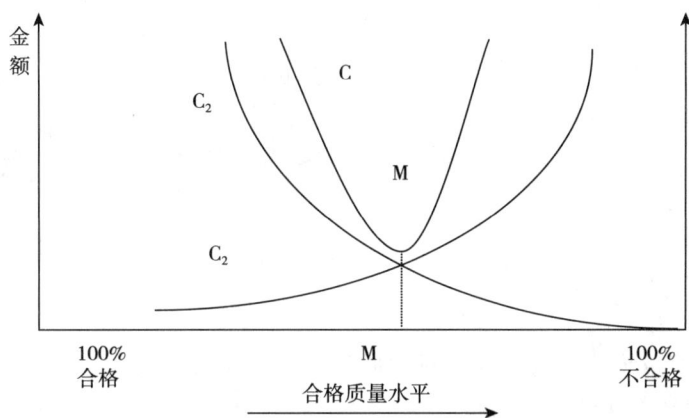

图 6-11　质量成本项目的相互关系

（1）在简单的低公差的工业部门，质量成本的总额一般不超过销售总额的 2%。

（2）在异常情况下，如高精密度、高可靠性、高复杂性的情况下，质量成本总额可能超过销售总额的 25%。

（3）如果把内部故障损失成本与外部故障损失成本统称为质量损失成本，那么在消费品工业中，质量损失成本一般几倍于鉴定成本。

（4）预防成本一般不到全部质量成本的 10%，普遍认为接近 10% 较好。

（5）质量损失成本的较理想比例占质量成本总额的 50% 左右。

6.4.4　质量总成本分析

只计算质量总成本和各项质量成本在质量总成本中所占的比例，虽可以说明各项质量成本的比例是否合理并找出改善措施，但还不足以说明企业所支出的质量总成本是高还是低，是合理还是不合理。而且由于各个时期企业的总成本、总产值和销售收入各不相同，所以单独计算质量总成本和各项质量成本的数值，在不同的时期便不具备可比性。因此，应该以企业的总成本、总产值和销售总收入作为比较的基数，将质量总成本和各项质量成本语这些基数进行比较，建立一系列的分析比较指标，通过这些指标来分析不同时期企业的质量管理工作和改善产品质量对企业经济效益所作的贡献，以及由于产品质量问题给企业带来的经济损失。

分析比较质量总成本的指标主要有以下几个：

（1）质量成本率

$$质量成本率 = \frac{质量总成本}{企业总成本} \times 100\% \qquad (6-3)$$

（2）产值质量成本率

$$产值质量成本率 = \frac{质量总成本}{企业总产值} \times 100\% \qquad (6-4)$$

（3）销售额质量成本率

$$销售额质量成本率 = \frac{质量总成本}{销售收入总额} \times 100\% \qquad (6-5)$$

（4）质量损失成本率

$$质量损失成本率 = \frac{内部损失成本 + 外部损失成本}{企业总成本} \times 100\% \qquad (6-6)$$

（5）产值质量损失成本率

$$产值质量损失成本率 = \frac{内部损失成本 + 外部损失成本}{企业总产值} \times 100\% \qquad (6-7)$$

（6）销售额质量损失成本率

$$销售额质量损失成本率 = \frac{内部损失成本 + 外部损失成本}{企业销售收入总额} \times 100\% \qquad (6-8)$$

6.5　六西格玛管理

1987 年，摩托罗拉为了应对日本公司在质量方面所造成的威胁，CEO 盖尔文作为先驱启动了 6σ 方案，以六年内达到 6σ 为目标，由于 6σ 是一种几乎追求零缺陷的质量标准，在成功启动 6σ 之后，摩托罗拉公司平均每年提高 12.3% 的生产率，由于质量缺陷造成的费用消耗减少了 84%，运作过程中的失误率降低 99.7%，摩托罗拉于 1988 年就获得了首届美国国家质量奖——马尔科姆·鲍德里奇奖。在摩托罗拉的示范下，实施 6σ 的著名跨国公司的数量呈指数增长，在 1999 年《财富》全球 500 强企业中，有 40 个公司实施了 6σ，其中包括 IBM（1989 年）、通用电气（1995 年），在成功引入 6σ 之后，通用电气（GE）公司曾公开宣布：公司之所以能够保持利润持续快速增长，最关键的原因之一就是公司实行了依靠质量取胜的 6σ 管理。

2001 年 8 月，在国家经贸委、中国质量管理协会的支持下，三家从事 6σ 管理教育、咨询和实施的机构在北京举办第一届 6σ 管理高层研讨会，国内的海尔、小天鹅等企业也开始尝试引入 6σ 管理。2002 年 11 月，上海航空公司开始推行 6σ 培训，国内的服务行业也开始上马 6σ 管理，国家经贸委 2002 年第 30 号公告明确提出要抓好 6σ 管理方法的试点工作，说明虽然我国上马 6σ 的企业为数甚少，但政府正在主导引入。

6.5.1　6σ 的统计学意义

σ 是希腊字母，在统计学上，其含义是标准差，即偏离标准规格的程度。自 1924 年休哈特提出用数理统计方法进行质量管理以来，通常把质量控制的规格界限设定在 ±3σ（即 3 倍标准差），在 3σ 情况下，合格率为 99.73%，而 6σ 情况下，产品的合格率达到 99.999%，在实际过程中，某一过程的结果不只是在均值上下波动，因为存在各种不确定的波动，均值也会偏移，其偏移量通常取 $\pm 1.5\sigma$。实际上，如果考虑到均值发生 $\pm 1.5\sigma$ 偏移，那么所说的 6σ 质量标准实际上其规格限是 4.5σ（$6\sigma - 1.5\sigma = 4.5\sigma$），在标准正态分布表上查 P（$x \geq 4.5\sigma$ 或 $x \leq -4.5\sigma$）的概率是 3.4×10^{-6}，意味着过程结果落在规格上限和规格下限以外的可能性是 3.4×10^{-6}，这也就是缺陷出现的概率。同理，3σ 质量标准缺陷出现的概率需从标准正态分布表上查 P（$x \geq 1.5\sigma$ 或 $x \leq -1.5\sigma$）得到，是 6.68×10^{-2}，如果用 DPMO（defects per million opportunities）来表示每百万次中的缺陷数，那么在 3σ 标准下，每百万个产品中出现的缺陷数为 66 807 个，而 6σ 时每百万个产品中出现的缺陷数仅为 3.4 个，可以看出如果实现了 6σ 质量标准，产品几乎是零缺陷，如表 6-4 所示。

表6-4　不同质量水平的质量水平

σ 值	正品率（%）	DPMO
1.0	30.85	691 500
2.0	69.15	308 537
3.0	93.32	66 807
4.0	99.38	6 210
5.0	99.977	233
6.0	99.999 66	3.4

6.5.2　6σ 管理的实施

6σ 战略的实施策略通常分成全组织实施、在制造部门实施以及在个别项目中实施，三种实施策略并无好坏之分，要根据公司的具体业务和特点选择。表 6-5 比较了这三种实施策略的特点和受益差别。

GE 将 6σ 战略作为公司的整体战略，全员参与，将全员培训作为公司的核心战略。全组织实施的优势在于公司用同一种语言——σ 语言，高度认知统一的方法。但劣势是投资巨大，公司需要对大批员工进行专业培训。此外，有可能产生形式主义。

很多制造业占很大比重的公司，6σ 战略的实施是从制造部门开始的。制造部门实施战略的特点是工程师接受培训，只在制造领域实施 6σ，其他部门不涉及变革。摩托罗拉公司就属于这一类型。这种策略的优势是：重点集中，而且工程师接受相关知识较容易。但缺点是：整个组织缺乏共同语言。

个别项目实施 6σ 方案的优势在于灵活，投入少。不考虑组织变革和战略层次的安排，只需学习 6σ 的工具，改变个别流程。劣势是受益有限，如表 6-5 所示。

表6-5　不同推行战略的特点及受益比较

推行战略	变革范围	战略	受益
全组织实施	整个公司	核心战略	投资大，受益大
制造部门实施	局限于制造部门	非核心战略	在制造部门受益明显
个别项目实施	仅改变个别流程	不涉及战略	受益不大，无法影响公司总体业绩

1. 实施 6σ 的 DMAIC 模型

GE 公司总结了众多公司实施 6σ 的经验，系统地提出了实施 6σ 的 DMAIC 模型。

（1）D 是定义（define），要确认机会，定义改进活动的目标。高层次目标可以是企业的战略目标，如高的投资回报率和市场份额。在作业层目标可以是增加某个制造部门的产出。在项目这一级，目标可以是降低缺陷率和增加产出率。

（2）M是测量（measure），通过对现有过程或体系收集数据，依据合理的、可靠的衡量标准，以监督过程的进度，反映出当前实际状态。

（3）A是分析（analyse），通过各种分析工具，解释数据，发现问题，建立因果关系，以确定应用哪些方法来消除目前业绩与目标之间的差异。

（4）I是改进（improve），针对确定的原因开发解决方案。为了达到预定的目标值，需要应用项目管理、目标管理等管理方法实现改进，并应用统计方法来确认是否获得改进。

（5）C是控制（control），控制过程或者体系，确保改进或成果得到维持，如通过修订激励机制、方针、目标等使改进后的体系或过程制度化。

在实施 6σ 的过程中，DMAIC 模型紧紧围绕着公司目标有步骤地进行着。为了达到公司目标，这一模型过程往往循环运用。

另外，为了使得管理体系的改进能够顺利进行，完整的 6σ 实施框架还应包括四项因素：高层管理承诺、有关各方参与、培训方案、测量体系。

2. 高层管理者作用

高层管理者作为项目的倡导者和经费预算者对整个 6σ 的实施举足轻重，同时，高层管理人员为跨部门、跨职能的流程改进起到了协调作用，排除一切妨碍计划执行的障碍。GE 的 1996 年度会议上，韦尔奇举行 6σ 五年计划的启动仪式并发表演讲。他非常清楚地表明：我们已经为自己确立了一个适当的目标，到 2000 年成为一个 6σ 质量公司……我们已经挑选、培训并恰当地安排了领导 6σ 工作的主要人员……我们的资金平衡表将允许我们花费达到目标所需的任何费用。

3. 有关各方的参与

要完成 6σ 质量改进项目，光有高层管理承诺是不够的，组织中的员工是 6σ 活动中最重要的群体，他们承担绝大部分的改进项目。韦尔奇在上面的演讲时明确表示："在我们位于克罗顿维尔[○]的领导能力发展机构和我们的企业中，我们具有无与伦比的教育能力，要用 6σ 方法来培训所有的 222 000 位 GE 人。" 6σ 在 GE 启动 3 年之后，韦尔奇总结说：他的雇员以一种责任感、激情和热情的心态采用了 6σ，这在以前的公司中从未见过。

4. 培训

为了保障 6σ 有力的实施，一个完整的培训方案必不可少，大多数的 6σ 公司采用了借用自柔道的带级体系，有绿带（green belt）、黑带（black belt）、黑带大师（master black belt）和倡导者（champion），每一层都有不同程度的培训内容和职责。其中黑带是专职的质量改进专家，一般由组织中挑选出来的非常优秀的年轻领导担任，是其中至关重要的一层。而黑带大师是具有黑带资格的管理者，并不一定专职从事 6σ 项目，负责培训、指导黑带、绿带，参与项目的讨论与评价，并能提出建议及要求，他们具备丰富的统计知识。至于倡导者一般来自最高执行层如韦尔奇这样的人物。绿带课程一般面向技术人员和中层干部，他们是半专职的 6σ 人员。

5. 测量体系

6σ 框架以 DPMO 作为衡量过程性能的体系，测量过程中对顾客重要的特性，及时揭示不

○　克罗顿维尔是坐落在纽约州哈得逊河谷的一个小城，距纽约市区 30 千米。

良的过程性能，如何合理地把过程中并不直观的不良过程波动用数据衡量出来对测量体系是种挑战，因此测量体系要用到较深的统计学分析，模糊数学分析，合理科学的测量体系对整个 6σ 项目的顺利进展至关重要。

6.5.3　6σ 管理的人力资源要求

1. 黑带等人员数目的确定

在前面的培训方案中所提到的绿带、黑带、黑带大师、倡导者，是 6σ 团队的重要组成部分，黑带人员数目的确定，各个公司根据自己的实际情况及业务流程可以很不相同。通常生产制造业每 100 个员工需要一个黑带，而服务业每 50 个员工就需要一个黑带，每个商业部门或营业地点需要一个黑带大师，或大概每 1000 名员工至少需要一个黑带大师。经验表明：每 20 名员工就至少应有一个绿带，每 100 名员工需要培养一个黑带，每 30 个黑带中培养一个黑带大师，每个部门或生产地点应有一个倡导者。比如联合信号是一个拥有 7 万名员工的跨国公司，它的业务包括化学制品、纤维、塑料以及太空和汽车产品。联合信号也是世界上运用 6σ 战略非常成功的公司。他们参加 6σ 培训获得各级认证的员工数目如下：倡导者 20 名，黑带大师 70 名，黑带 2000 名，绿带 18 000 名。

2. 人力资源培训课程

（1）黑带的培训。黑带的培训通常分为四个阶段，需要 4 个月的时间，其中每个阶段有 1 周的课堂学习，其余 3 周是在自己岗位上进行实践。这一过程将一直持续到黑带所有课程完结并能成功实施具体方案为止。黑带课程培训完毕后，必须经过几个项目的实践过程，大约需要 1 年时间。黑带通过所有课程的认证及项目实践后，公司与培训机构应给黑带颁发黑带资格证书。

第一个阶段黑带培训内容包括：质量管理的发展历程；6σ 统计学原理；DMAIC 方法论；6σ 的项目管理；抓住业务机遇；了解客户需求；建立有效团队；绘制流程图；确定关键措施；Minitab 软件介绍。

第二个阶段黑带培训内容包括：数据收集方法；测量系统分析；根本原因分析与认证；寻找关键质量指标；顾客满意度测评；流程分析；作图分析方法；失效模式影响分析；几种重要的概率分布；统计过程控制。

第三个阶段黑带培训内容包括：中心极限定理；参数估计；置信区间；假设检验；方差分析；多变量分析；列联表分析；相关分析；回归分析。

第四个阶段黑带培训内容包括：6σ 改进与控制概论；过程改进图表技术；简单的试验设计技术；正交试验设计；复杂情况的正交设计；均匀设计；Minitab 软件中的几种试验设计技术。

（2）绿带的培训。绿带的培训课程应在 6 天左右，培训内容包括：质量管理的发展历程；6σ 的基本理念；6σ 的统计学原理；DMAIC 模型。绿带的培训与黑带的课程类似，但在统计工具方面主要学习一些初等技术与方法。对假设检验、方差分析、回归分析、试验设计只介绍基本概念和简单情形。

质量是企业的生命。改革开放 30 多年来，外资企业在中国的管理实践直接影响了国内企业质量管理领域的积极探索，从海尔公司锤击 76 台有问题冰箱砸出全新的质量观开始，中国企业为提高质量水平，一直在努力。首秦金属材料有限公司以较高的标准全面推进 6σ 管理；天业通联作为一家上市公司，质量管理则从 100ppm 做起；而为我国航空航天事业做出重要贡献的秦皇岛星箭特种玻璃有限公司则在质量上精益求精，产品质量达到100%优秀率等，我们有理由相信中国企业必将持续通过提升质量，赢得世界的尊重和肯定。

▌本章小结

本章从质量管理演进的进程出发，介绍了有关质量管理学的基础知识和基本理论；对质量的要素组成、质量管理的发展阶段进行了介绍；对质量管理的方法、ISO 9000 质量管理体系的精髓和掌握实施 6σ 管理的 DMAIC 方法进行了比较系统的分析。

▌关键术语

质量	全面质量管理	ISO 9000	6σ
PDCA	质量成本		

▌阅读指南与课外学习

1. 阅读指南

要了解更多的质量管理的知识，请阅读以下著作：

（1）伍爱. 质量管理学［M］. 3 版. 广州：暨南大学出版社，2006.

（2）梁工谦. 质量管理学［M］. 北京：中国人民大学出版社，2010.

（3）刘书庆，杨水利. 质量管理学［M］. 北京：机械工业出版社，2004.

2. 网上资源

（1）http://www.caq.org.cn（中国质量协会官方网）。

（2）www.zdchina.com.cn（克劳斯比品质学院）。

（3）http://www.6sq.net/portal.php（六西格玛品质网）。

▌复习思考题

1. 试述什么是质量、产品质量、质量特性和质量管理。

2. 质量管理的发展一般分为哪些阶段？

3. PDCA 循环有哪些特点？

4. 质量管理常用的统计分析方法有哪些？

5. 排列图法、因果分析图法各有什么作用？

6. 车床加工某零件的尺寸要求为 2±0.025，从该零件加工过程中随机抽样求得样本均值为 2，样本标准差 S 为 0.005 2，则该工序的工序能力指数为多少？

7. 质量管理体系中有哪些文件类型？

8. 质量成本定义是什么？

9. 什么是 6σ 管理？

10. 实施 6σ 管理的 DMAIC 方法是什么？

第7章

物 流 管 理

▍学习目标

通过学习本章，你可以了解物流概念的演变及物流的价值；理解现代物流的特征；掌握物流的基本功能和增值功能；掌握供应物流和销售物流的机理，重点掌握两种主要的物流管理模式 Milk Run 和 VMI；了解降低物流成本的途径。

▍引导案例

海尔的过站式物流

对生产企业来说，物质资源的节约和劳动消耗的降低都可以降低成本，这两方面都处于生产环节，没有多少潜力可挖，但是存在于流通领域的物流费用却很大，所以有效降低物流费用就成为生产企业关注的热点。据有关数据统计：美国平均商品物流费用占销售价格的 7.53%，英国为 11.6%，澳大利亚则高达 21.2%，可见其利润潜力是巨大的。降低物流成本，可以提高企业产品的市场竞争力，可以提升分销渠道和产品的附加值。

"过站式物流"

海尔自创了"一流三网"，"一流"即订单信息流；"三网"分别是计算机信息网络、全球供应链网络和全球用户资源网络。"三网"同步运行，为订单信息流的增值提供支持。海尔物流通过它的"一流三网"实现了零库存、零距离、零运营资本的目标。

传统管理下的企业根据生产计划进行采购，是为库存采购，企业里有许许多多"水库"。海尔打破了过去仓库的概念，把仓库变成了一个只为下一站配送而暂停的站，所以也把它称作"过站式物流"。海尔现在实施信息化管理，通过3个JIT（JIT采购、JIT原材料配送、JIT成品分拨物流），打通这些"水库"，把它变成一条不断流动的河。

海尔认为，按照订单生产，是解决库存问题的根本，同时利用完备的网络资源实现"三个零"的目标。没有订单的生产，其结果只能是生产库存，库存积压会直接导致企业资金周转不灵。要解决没有市场的库存，其结果只能是降价，最终耗费掉企业宝贵的资源。现在的海尔，在经销商下完订货单后，海尔的工作人员就将信息从商流工贸公司的信息系统终端输进海尔信息系统，完成对订单的上传。订单信息同时在相关部门的电脑终端上响应，并在推进本部的电脑终端上立即转化为生产订单。海尔物流立体仓库的中央控制中心随即将产品分解成配件需求，自动统计并排查配件库存，将海尔国际物流中心配件立体仓库已有和待采购的配件分类进行操作。

对库存紧缺的配件，系统自动生成采购订单，并显示在采购 JIT 工作人员的电脑终端上，根据采购订单实施网上 JIT 采购。这个信息同时将出现在原材料分供方的电脑终端上，分供方依托海尔的 BBP 系统（原材料网上采购系统）确认供货需求信息，并按要求配送到海尔物流立体仓库。立体仓库关于配件备齐的信息随即转化为生产申请，得到获准之后，信息即刻在海尔国际物流中心，即海尔物流中心的配件立体仓库的电脑终端上显示出来。通过 JIT 原材料配送操作，分别将配件送到预定的生产线工位上，柔性化的生产线在运转中根据系统指令实现生产自动切换，即可生产出满足客户订单需求的产品，产成品一下生产线，随即被转运进入海尔国际物流中心成品立体仓库。全国主干线 JIT 成品分拨配送系统在平均 2 天时间内将产品发运到 42 个遍布全国的海尔物流配送中心，各地配送中心再将经销商需求的产品配送到客户指定地点。这些配送操作在物流中心城市 8 小时到位，区域配送 24 小时到位。

"一条流动的河"

信息系统消灭库存通过 BBP 系统交易平台，海尔每个月平均接到 8 000 多个销售订单，这些订单的品种达 9 000 多个，需要采购的物料品种达 26 万多个。在这种复杂的情况下，海尔物流自整合以来，呆滞物资降低了 73.8%，仓库面积减少了 50%，库存资金减少了 67%。海尔国际物流中心（海尔配件立体仓库）货区面积 7 200 平方米，但它的吞吐量却相当于普通平面仓库的 30 万平方米。同样的工作，海尔物流中心只有 10 个叉车司机，而一般仓库完成这样的工作量至少需要上百人。因此，海尔仓库不再是储存物资的水库，而是"一条流动的河"。海尔物流从根本上消除了呆滞物资，消灭了库存。

当然上述过程的实现基于海尔完善的计算机网络，在这个网络中应用最彻底的是海尔的物流管理系统。这个系统采用了 SAP 公司提供的 ERP 系统和 BBP 系统。在企业外部，海尔的 CRM（客户关系管理）和 BBP 电子商务平台的应用架起了与全球用户资源网、全球供应链网络沟通的桥梁，实现了与用户的零距离。目前，海尔的采购订单 100% 由网上下达，使得采购周期由原来的平均 10 天降低到现在的 3 天。

这些先进的物流设备和物流管理大大降低了人工成本、机会成本，节省了时间，增强了顾客满意度，从而大大降低了物流成本。

物流、商流、信息流被称为现代经济运行的三大支撑。在发达国家，物流被誉为"第三利润源泉"、"经济领域的黑暗大陆"、21 世纪的"黄金产业"，其水平已经成为一个国家综合国力的重要标志。物流在美国、欧洲、日本等发达国家发挥了重大作用，物流费用一般占 GDP 的 10% 以内，而我国的物流占比则高居 20% 左右，这主要由于我国长期受"重商流"、"轻物流"的影响，使得我国物流产业发展严重滞后。在经济全球化的今天，提高物流管理水平已上升为国家和企业创造竞争优势与提升竞争力的重要手段。

现代物流起源于美国，发展于日本，成熟于欧洲，拓展于中国。这是现代物流历史发展的一条公认的轨迹。随着我国经济和科技的发展，大力发展我国物流产业和加强企业物流管理已经成为政府、企业和学术界的共识。我国许多城市如深圳、上海、大连、天津把发展物流业纳入城市经济发展规划，2009 年，我国把物流业列为国家十大振兴产业之一。随着电子商务的快速发展，无论是消费者还是网店商家，都更加深切地感受到了现代物流配送的价值，物流使淘宝网、京东商城及当当网这种新兴零售业态快速崛起，铸造了新的商业模式。

7.1　物流的基本内涵

> |阅|读|材|料|　　　　　　　　什么是物流
>
> 从家惠超市的货架上随手取下一瓶洗发水，你能想到这瓶洗发水从走下流水线到你手中，究竟被多少辆卡车运转到多少个物流中心？历经多少道批发商以及多少人的手才被送上货架上？它要经过多少道工序才变成你看到的样子？更重要的是，需要怎样做才能更经济地将这瓶洗发水送到零售商店里去？在这每一道工序或环节中起到衔接、转运和增值作用的就是我们所说的"物流"。

7.1.1　物流概念的演变

物流（logistics）并非新概念，从建造金字塔到救济非洲灾民，"加强实物和信息的有效流动以满足客户需求"的原则一直都没有改变过。在人类战争的历史长河中，胜利方多是因为拥有强大的物流能力，而失败方则往往缺乏物流保证，正所谓，兵马未动，粮草先行，物流的地位可见一斑。

物流的概念最早是美国少校琼西·贝克于 1905 年提出的，他说，那与军备的移动和供应相关的战争艺术的分支就叫"物流"。在过去 100 年间，随着社会的进步，物流理论得到了极大的丰富和发展，由初期的兵站后勤发展到生产物流、销售物流，由过去主要关注储存与运输的结合，发展到一体化物流乃至面向市场的供应链物流。

不同的国家对物流的定义都有所不同，即使一个国家，时代不同，对物流定义的表述也有变化。如 1986 年，美国物流管理协会对物流所做的定义是："以适合于顾客的要求为目的，对原材料、在制品、制成品与其关联的信息，从产业地点到消费地点之间的流通与保管，为求有效率且最大的'对费用的相对效果'而进行计划、执行、控制。"其理由是，物流已不仅仅从产品出厂开始，而是包括从原材料采购、加工生产到产品销售、售后服务，直到废旧物品回收等整个物理性的流通过程。1998 年，美国物流管理协会对物流的概念又做出了符合时代发展特征的调整，在定义中使用了供应链的概念，即物流是供应链程序的一部分，其专注于物品、服务及相关信息从起点到消费点的有效流通和储存的计划、执行与控制，以满足顾客需求。日本在 1964 年开始使用物流这一概念，1965 年，日本在政府文件中正式采用"物的流通"这个术语，简称为"物流"。1981 年，日本综合研究所编著的《物流手册》对"物流"含义的表述是：物质资料从供给者向需要者的物理性移动，是创造时间性、场所性价值的经济活动。

而"物流"这个概念传入我国主要是通过两个途径：一个是在 20 世纪 80 年代初随着"市场营销"理论的引入而从欧美传入，因为在欧美所有的市场营销教科书中，都毫无例外的要介绍 physical distribution，这个单词直译为"实体分配"或"实物流通"，所谓"实体分配"指的就是商品实体从供给者向需求者进行的物理性移动；另一个途径是 physical distribution 从欧美传入日本，日本人将其译为日文"物流"，20 世纪 80 年代初，我国从日本直接引入"物流"这一概念使用至今。

我国国家标准（GB/T 18354—2001）将企业物流定义为"企业内部的物品实体流动"。

2001 年 3 月，我国国家经贸委⊖发布的《关于加快我国现代物流业发展的若干意见》中对现代物流的概念进行了较为完整的描述，即现代物流泛指原材料、产成品从起点至终点伴随相关信息有效流动的全过程。将运输、仓储、装卸、加工、整理、配送与信息等方面有机结合起来，形成完整的供应链，为用户提供多功能、一体化、集成化的综合性服务。物流一体化与供应链管理是 20 世纪末最有影响的工商管理趋势之一。

7.1.2　物流的功能

物流的功能由六项基本活动组成：运输、仓储、流通加工、包装、搬运、信息。

1. 运输

运输是使物品发生场所、空间移动的物流活动。运输系统是由包括车站、码头的运输节点、运输途径、交通设施等在内的硬件要素以及交通控制和营运管理等软件要素组成的有机整体。运输体系中的运输主要指长距离两地点间的商品和服务移动，而短距离少量的输送称为配送。运输具有扩大市场、稳定价格、促进社会分工、扩大流通范围等社会经济功能。因此，运输对发展经济、提高国民生活水平有着巨大的影响，现代的生产和消费就是靠运输事业的发展来实现的。运输方式有：公路、铁路、水运、空运、管道运输等。图 7-1 和图 7-2 是两类主要的运输机具。

图 7-1　几种主要水运船舶

图 7-2　几种主要运输车辆

运输的选择需要综合考虑，要权衡运输系统所要求的运输服务和运输成本，可以使用单一运输方式，也可以将两种以上不同的运输方式组合起来使用，我们称之为**多式联运**（multi-model transportation）。多式联运经营人与发货人和分段承运人之间的合同关系，构成了多式联运的主要特征，即经营者与发货人签订一个运输合同，选择最佳运输方式和运输路线，组织完成全程运输任务，提供"一次托运、一次收费、统一理赔、一单到底、全程负责"的一条龙运输服务。多式联运的方式有：① 海 – 空（sea-air）联运；②海 – 铁（sea-train）联运；③航空 – 公路（air-road）联运；④铁路/公路 – 内河（rail/road-inland）联运；⑤海上 – 内河（sea-inland）联运；等等。另外，运输路径的选择至关重要，它会直接影响物流的运输成本。

一般地，运输费用会占到物流成本的一半以上，因此，提高物流效率要特别注意不合理运输：①迂回运输；②过远运输；③对流运输；④倒流运输；⑤回空问题；⑥运力选择不当；⑦托运方式选择不当。2011 年，我国货运量的 76% 左右通过公路运输方式完成。汽车公路运输适于中短路途运输，有许多本应通过铁路运输的货物受制于我国铁路运输能力不足，而改走公路运输，这也是我国物流成本居高不下的主因之一。河南省安阳"八挂来往"和浙江传化

⊖　国家经贸委 2003 年被撤销，同年，商务部设立。

物流基地搭建的物流运输信息平台有效解决了公路运输的回空问题，物流的经济效益、社会效益和生态效益凸显，成为全国物流业界的典范。

2. 仓储

在《中华人民共和国国家标准物流术语》中只有"仓库"和"仓库管理"的概念，没有"仓储"一词。现代"仓储"不是传统意义上的"仓库"、"仓库管理"，而是在经济全球化与供应链一体化背景下的仓储，是现代物流系统中的仓储，它表示一项活动或一个过程，在英文中对应的词是 warehousing，是以满足供应链上下游的需求为目的，在特定的有形或无形的场所，运用现代技术对物品的进出、库存、分拣、包装、配送及其信息进行有效的计划、执行和控制的物流活动。随着物流向供应链管理的发展，企业越来越多地强调仓储作为供应链中的一个资源提供者的独特角色。仓库再也不仅是存储货物的库房了。

仓储角色的变化，用一句话概括，就是仓库向配送中心的转化。传统仓库与配送中心的本质区别是：仓库侧重于管理空间，而配送中心更侧重于管理时间（即物品周转速度），所以说，二者的本质区别是配送中心既管理空间又管理时间。

仓储是物流与供应链中的库存控制中心。库存成本是主要的供应链成本之一。在美国，库存成本约占总物流成本的 1/3。因此，管理库存、以高效的周转（时间）来减少库存持有量（空间）、控制库存成本就成为仓储在供应链框架下降低供应链总成本的主要任务。仓储管理的使命在于"以时间换空间"。

仓储是物流与供应链中的调度中心。仓储直接与供应链的效率和反应速度相关。人们希望现代仓储处理物品的准确率能达到 99% 以上，并能够对特殊需求做出快速反应。当日配送已成为许多仓库所采用的一种业务方式。客户和仓库管理人员不断提高精确度、及时性、灵活性和对客户需求的反应程度等方面的目标。

仓储是物流与供应链中的增值服务中心。现代仓储不仅提供传统的储存服务，还提供与制造业的延迟策略相关的后期组装、包装、打码、贴唛、客户服务等增值服务，提高客户满意度，从而提高供应链上的服务水平。可以说，物流与供应链中的绝大部分增值服务都体现在仓储上。

仓储还是现代物流设备与技术的主要应用中心。供应链一体化管理是通过现代管理技术和科技手段的应用而实现的，这种应用更多地体现在仓储上。自动化立体仓库是物流现代化的主要载体。流程管理、质量管理、逆向物流管理等管理手段提高了仓储效率，促进了供应链上的一体化运作，而自动分拣技术、互联网技术、光导分拣、RFID、声控技术等先进的科技手段和设备的应用，则为提高仓储效率提供了实现的条件。图 7-3 是海尔自动化立体库，其中，原材料库：12 排 × 74 列 × 11 层 = 9768 个货格；成品库：16 排 × 74 列 × 8 层 = 9472 个货格；堆垛机：直线式——每巷道一台；入出库输送系统：AGV（见图 7-4）+ 巷内输送机。

图 7-3　海尔自动化立体库

图 7-4　激光导引小车 AGV

3. 流通加工

流通加工是在流通阶段所进行的为保存而进行的加工，或为进行同一机能形态转换而进行的加工。具体包括切割、细分化、钻孔、弯曲、组装等调整性的生产活动，还包括单位化、标签粘贴、备货、商品检验等为使流通顺利进行而从事的辅助作业。流通加工是物流系统的构成要素之一。国民经济增长，国民收入增多，消费者的需求出现多样化。越是在这样的情况下，越有必要开展流通加工。流通加工的目的：适应多样化的顾客的需求；保持并提高商品（如食品）的保存机能，当提供给消费者时保证其新鲜；提高商品的附加值；规避风险，推进物流系统化。流通加工从简单地粘贴标签，直到需要高科技才能完成的加工，加工形态是多种多样的。流通加工受技术革新的影响，今后将越来越趋向多样化。为适应消费的多样化和由激烈的市场竞争引起的特色化战略的展开，流通加工的意义日益增加。

流通加工的内容按照加工对象的不同可分为：食品的流通加工、消费资料的流通加工、生产资料的流通加工。

流通加工最多的是食品。为便于保存，提高流通效率，食品的流通加工是不可缺少的。例如：鱼和肉类的冷冻、生奶酪的冷藏、将冷冻的鱼肉磨碎以及蛋品加工、生鲜食品的原包装、大米的自动包装、上市牛奶的灭菌和摇匀。

消费资料的流通加工以服务顾客、促进销售为目的。例如：衣料品的标识和印记商标、粘贴标价、安装做广告用的幕墙、家具等的组装、地毯剪接。

具有代表性的生产资料加工是钢铁的加工：钢板的切割，使用矫直机将薄板卷材展平，纵向切割薄板卷，使之成为窄幅（钢管用卷材），用气割厚板，而切断成形钢材。这种加工以适应顾客需求的变化，服务顾客为目的。

流通加工不仅能够提高物流系统的效率，对于生产的标准化和计划化，对于提高销售效率和商品价值及促进销售将越来越重要。

4. 包装

包装是指物品在运输、仓储、交易、使用时，为保持物品的价值、性状，使用适当的材料、容器进行保管的技术和被保护的状态。包装是在商品输送或保管过程中，为保证商品的价值和形态而从事的物流活动。按形态分类，大致可分为逐个包装、内包装和外包装三种；按功能分类，可分为工业包装和商业包装。工业包装是以运输、保管为主要目的的包装，也就是从物流需要出发的包装，亦称运输包装，是一种外部包装（包含内部包装）。

工业包装主要有保护功能、定量（单位化）功能、便利功能和效率功能。保护功能包括：避免搬运过程中的脱落和运输过程中的振动或冲击，防止物品由于承受重物而造成破损；避免异物的混入和污染；防湿、防水、防锈、遮光，防止因为化学或细菌的污染而出现腐烂变质；防霉变、防虫害。定量功能包括：整理成为适合搬动、运输的单元；整理成适合使用托盘、集装箱、货架或载重汽车、货运列车等运载的单元。便利功能包括：形状便于运输、搬动或保管；便于实施运输、搬动或保管等物流作业；便于生产；便于废弃物的处理。效率功能包括：有利于提高生产、搬运、销售、输配送、保管等效率。

商业包装也叫零售包装或消费者包装，主要是根据零售业的需要，作为商品的一部分或为方便携带所做的包装，亦即逐个包装。商业包装的主要功能是定量功能、标识功能、商品功能、便利功能和促销功能，主要目的在于促销或便于商品在柜台上零售或为了提高作业效率。

这里应注意在有些情况下工业包装同时又是商业包装，如装橘子的纸箱子（15千克装）应属工业包装，连同箱子出售时，也可以认为是商业包装。为使工业包装更加合理并有利于促进销售，在有些情况下，也可以采用商业包装的办法来做工业包装，如家电用品就是兼具商业包装性质的工业包装。

5. 搬运

搬运是指在物流过程中，对货物进行装卸、搬运、堆垛、取货、理货分类等或与之相关的作业。物品由生产到消费的流动过程中，搬运作业是不可缺少的，搬运的好坏影响着物流成本，搬运不好会把物品弄脏或造成破损，进而影响包装成本。因此，合理搬运是提高物流效率的重要手段之一。

搬运作业有六个方面：①装卸：将物品装上运输机具或从运输机具上卸下；②搬运：使物品在较短的距离内移动；③堆码：将物品或包装货物进行码放、堆垛等的有关作业；④取出：从保管场所将物品取出；⑤分类：将物品按品种、发货方向、顾客需求等进行分类；⑥理货：将物品备齐，以便随时装货。

合理化搬运要注意以下几个问题。

（1）不要做多余的作业。搬运本身就有可能成为沾污、破损等影响物品价值的原因，如无必要，尽量不要搬运。

（2）提高搬运活性。放在仓库的物品都是待运物品，因此应使之处在易于移动的状态。这种易于移运的状态，我们把它叫作"搬运活性"。为提高搬运活性，应当把它们整理归堆，或是包装成单件放在托盘上，或装在车上，放在输送机上。

（3）利用重力。利用重力由高处向低处移动，有利于节省能源，减轻劳力，如利用滑槽。当重力作为阻力发生作用时，应把物品装在滚轮输送机上。

（4）机械化。由于劳动力不足，应尽可能地使搬运机械化。使用机械可以把作业人员或司机从重体力劳动中解放出来，并提高劳动生产率。

（5）务使流程不受阻滞。应当进行连续作业，最为理想的是使物品连续地流动。

（6）单元货载。大力推行使用托盘和集装箱，推行将一定数量的货物汇集起来，成为一个大件货物以有利于机械搬运、运输、保管，形成单元货载系统。

（7）系统化。物流活动由运输、仓储、流通加工、包装、搬运等活动组成，应把这些活动当成一个系统处理，以求其合理化。

6. 信息

通过收集与物流活动相关的信息，使物流活动能有效、顺利地进行。目前很多企业的订货、库存管理、所需品的出货、商品接入、输送、备货等要素的业务流已实现了一体化。信息包括与商品数量、质量、作业管理相关的物流信息，以及与订货、发货和货款支付相关的商流信息。信息技术的广泛应用，是现代物流区别于传统物流的主要因素。物流管理软件包括运输管理系统（TMS）、仓储管理系统（WMS）、货代管理系统（FMS）、供应链管理系统（SCM）等。

物流信息技术主要包括条形码技术、RFID 技术、GPS/GIS 及物联网技术等，下面简单介绍其基本内容。

（1）条码技术。条码技术是在计算机的应用实践中产生和发展起来的一种自动识别技术，为我们提供了一种对物流中的货物进行标识和描述的方法。

条码是实现 POS 系统、EDI、电子商务、供应链管理的技术基础，是物流管理现代化、提高企业管理水平和竞争能力的重要技术手段。

（2）EDI 技术。EDI（electronic data interchange）是指通过电子方式，采用标准化的格式，

利用计算机网络进行结构化数据的传输和交换。构成 EDI 系统的 3 个要素是 EDI 软硬件、通信网络以及数据标准化。EDI 技术是电子商务的初始状态。

（3）射频技术。**射频识别技术**（radio frequency identification，RFID）是一种非接触式的自动识别技术，它通过射频信号自动识别目标对象来获取相关数据。识别工作无须人工干预，可工作于各种恶劣环境。短距离射频产品不怕油渍、灰尘污染等恶劣的环境，可以替代条码，例如用在工厂的流水线上跟踪物体。长距射频产品多用于交通上，识别距离可达几十米，如高速路不停车自动收费系统 ETC 或识别车辆身份等。

（4）GIS 技术。**GIS**（geographical information system，地理信息系统）是多学科交叉的产物，它以地理空间数据为基础，采用地理模型分析方法，适时地提供多种空间的和动态的地理信息，是一种为地理研究和地理决策服务的计算机技术系统。其基本功能是将表格型数据（无论它来自数据库、电子表格文件或直接在程序中输入）转换为地理图形显示，然后客户可以对显示结果进行浏览、操作和分析。其显示范围可以从洲际地图到非常详细的街区地图，显示对象包括人口、销售情况、运输线路和其他内容。

（5）GPS 技术。**GPS 技术**（global positioning system，全球定位系统）具有在海、陆、空进行全方位实时三维导航与定位能力。

GPS 还可以与 GIS 结合使用，在城市物流配送中发挥着重要作用。海烟物流和杭烟物流在这一领域取得了显著的效果。GPS 还可以应用于汽车自定位、跟踪调度和铁路运输管理，还以用于军事物流。

（6）物联网。顾名思义，**物联网**（the internet of things）就是物物相连的互联网。它是通过射频识别、红外感应器、全球定位系统、激光扫描器等信息传感设备，按约定的协议，把任何物品与互联网相连接，进行信息交换和通信，以实现对物品的智能化识别、定位、跟踪、监控和管理的一种网络。

物联网概念是麻省理工学院的自动识别中心的凯文·阿什顿（Kevin Ashton）教授在 1999 年研究 RFID 时最早提出来的。当时基于互联网、RFID 技术、物品编码 EPC 标准和无线数据通信技术等，构造了一个实现全球物品信息实时共享的实物互联网即物联网。

自 2009 年温家宝总理提出"感知中国"以来，物联网被正式列为国家五大新兴战略性产业之一，并被写入《政府工作报告》，可以说，物联网在中国受到了全社会的极大关注；同年，美国将物联网列为振兴经济的两大重点之一。

物联网的概念与其说是一个外来概念，不如说它已经是一个"中国制造"的概念，它的覆盖范围与时俱进，已经超越了 1999 年阿什顿教授和 2005 年 ITU（国际电信联盟）报告所指的范围，物联网已被贴上"中国式"标签。图 7-5 所示为物联网示意图。

图 7-5　物联网示意图

7. 物流的延伸功能

除了基本功能外，现代物流的功能得到了进一步的延伸，这种功能也称为增值性功能。增值物流服务是在完成物流基本功能基础上，根据客户需求提供的各种延伸业务活动。在竞争不断加剧的市场环境下，不但要求物流企业在传统的运输和仓储服务上有更严格的服务质量；同时，还要求它们大大拓展物流业务，提供尽可能多的增值性服务。这些功能与服务主要包括：增加便利性的服务、加快反应速度的服务、降低成本的服务和延伸服务等。

（1）增加便利性的服务。一切能够简化手续、简化操作的服务都是增值性服务。简化是相对于消费者而言的，并不是说服务的内容简化了，而是指为了获得某种服务，以前需要消费者自己做的一些事情，现在由物流服务提供商以各种方式代替消费者做了，从而使消费者获得的这种服务变得简单，而且更加方便，这当然增加了商品或服务的价值。在提供物流服务时，推行一条龙门到门服务、提供完备的操作或作业提示、免费培训、维护、省力化设计或安装、代办业务、24小时营业、自动订货、传递信息和转账、物流全过程追踪等都是对客户有用的增值性服务。

（2）加快反应速度的服务。快速反应是指：物流企业面对多品种、小批量的买方市场，不是储备了"产品"，而是准备了各种要素，在客户提出要求时，能以最快的速度抽取要素，及时"组装"，提供所需服务或产品。快速反应已经成为物流发展的动力之一。传统观点和做法将加快反应速度变成单纯对快速运输的一种要求，而现代物流的观点却认为，可以通过两条途径使过程变快，一是提高运输基础设施和设备的效率，比如修建高速公路、铁路提速、制定新的变通管理办法、将汽车本身的行驶速度提高等，这是一种速度的保障，但在需求方绝对速度的要求越来越高的情况下，它也变成了一种约束，因此必须想其他的办法来提高速度。第二种办法，也是具有重大推广价值的增值性物流服务方案，应该是优化配送中心、物流中心网络，重新设计适合客户的流通渠道，以此来减少物流环节、简化物流过程，提高物流系统的快速反应能力。长虹公司的物流变革就是这方面的典型案例。

（3）降低成本的服务。通过提供增值物流服务，寻找能够降低物流成本的物流解决方案。可以考虑的方案包括：采用TPL（第三方物流）服务商；采取物流共同化计划；同时，可以通过采用比较适用但投资较少的物流技术和设施设备，或推行物流管理技术，如运筹学中的管理技术、单品管理技术、条形码技术和信息技术等，提高物流的效率和效益，降低物流成本。减少物流运输的"回空"问题。中国的南北大众汽车公司在物流共同化上就进行了积极的探索。

（4）延伸服务。运用计算机管理手段，向上可以延伸到市场调查与预测、采购及订单处理；向下可以延伸到物流咨询、物流系统设计、物流方案的规划与选择、库存控制决策建议、货款回收与结算、教育与培训等。关于结算功能，物流的结算不仅仅只是物流费用的结算，在从事代理、配送的情况下，物流服务商还要替货主向收货人结算货款，如快递公司的COD（cash on delivery）模式。关于需求预测功能，物流服务商应该负责根据物流中心商品进货、出货的信息来预测未来一段时间内的商品进出库量，进而预测市场对商品的需求，从而指导订货。关于物流系统设计咨询功能，第三方物流服务商要充当客户的物流专家，为客户设计物流系统，代替他们选择和评价运输网、仓储网及其他物流服务供应商。关于物流教育与培训功能，物流系统的运作需要客户的支持与理解，通过向客户提供物流培训服务，可以培养其对物流中心经营管理者的认同感，可以提高客户的物流管理水平，并将物流中心经营管理者的要求传达给客户，也便于确立物流作业标准。

以上这些延伸服务最具有增值性，但也是最难提供的服务。目前，能否提供此类增值服务已成为衡量一家物流企业是否真正具有竞争力的标准。

7.1.3 物流的价值

物流的价值主要体现在时间价值、空间价值和形态价值三个方面。

1. 时间价值

物流的时间价值是指货物在运动过程中，根据市场需求，通过其科学合理的运作和调整物品的运动时间从而创造的价值。主要内容包括：

（1）缩短时间。缩短时间主要表现在运输方面。良好的运输管理可以有效地缩短货物的运输时间，创造时间价值，如货物的快速分拨能够减少滞留。物的"流"与"留"正是不同管理水平下的物流时间价值的差异化体现。比如一家工厂，在物流不发达的时候，使产品从出厂到顾客手中要1个月，货品要用4个仓库中转，现在通过调节物流环节，使产品从出厂到顾客手中只用10天，并用只用1个仓库中转，那么这个厂得到了什么呢？首先，这个厂的资金周转快了，也就是说原来要9万元的生产成本，现在只要3万就可以了，这就是时间价值。

（2）弥补时间差。弥补时间差主要表现在仓储方面。合理的仓储可以有效地解决生产与消费在时间上存在的矛盾，创造时间价值。如粮食与水果的储存、一些具有升值潜力的大宗商品的收储。

2. 空间价值

物流的空间价值也称场所价值，是指在货物的运动过程中，通过场所、位置的变化而实现和创造的价值。例如，集中生产场所流入分散需求场所创造价值，从分散生产场所流入集中需求场所创造价值，从甲地生产流入乙地需求场所创造价值。主要原因是供给和需求之间的空间差，商品在不同地理位置有不同的价值，通过物流将商品由低价值区转到高价值区，便可获得价值差，即空间（场所）价值。

3. 形态价值

物流的形态价值是指物流使物品形态发生变化所创造的价值。物品的形态价值主要表现为在物流活动过程中流通加工活动所创造的价值，因而也称加工价值。这些活动带有完善、补充和增加功能，能创造附加价值，如玻璃的套裁作业、煤炭的拣选和配比以及超市生鲜的包装等。

7.1.4　现代物流的特点

与传统物流相比，现代物流具有以下几个特点。

1. 物流信息化和电子化

信息流拉动物流，信息化水平决定着物流运作水平。物流信息化表现为物流信息的商品化，物流信息搜集的数据库化和代码化，信息处理的电子化和计算机化，物流信息传递的标准化和实时化，物流信息存储的数字化等。因此，条码技术、电子订货系统、电子数据交换系统、快速反应和有效的客户反应、物联网等技术和理念在物流中将会得到普遍应用。信息化是现代物流的基础，没有物流的信息化，就不会有及时、高效的物流运作。

物流信息的电子化就是把现代物流信息技术、通信技术以及网络技术等广泛应用于物流信息的处理和传输过程中，使物流各个环节之间、物流部门与其他相关部门之间、不同企业之间的物流信息的传递和处理突破空间与时间的限制，保持实物与信息流的高度统一和对信息的实时处理，以提高物流效率和服务水平。

2. 物流的系统化和网络化

只有从系统的角度出发，才能有效提升物流效率。现代物流不是运输、保管和装卸等活动的简单叠加，而是通过彼此的内在联系在共同目标下形成的一个系统，构成系统的功能要素之间相互联系、相互作用。在考虑物流最优化的时候，应从系统的角度出发、树立系统化观念，通过物流功能的最佳组合来实现物流整体的最优化目标。

物流经济就是网络经济。现代市场经济的发展，使生产和流通的空间范围日益扩大。为了保证商品高效率地分销和充足的材料供应，现代物流需要有完善、健全的物流网络体系，网络上点与点之间的物流活动应保持系统性、一致性。这样可以保证整个物流网络有最优化的库存总水平及库存分布，将干线运输与支持末端配送给结合起来，形成快速灵活的供应通道。

3. 物流总成本最小化

现代物流管理追求的是物流系统的最优化，人们从供应链的视角去研究物流，就是其具体体现。它要求实现物流总成本最小化，这是物流合理化的重要标志。但传统的物流管理往往将注意力集中于尽可能使每一项个别物流活动成本最小化，而忽视了物流总成本，忽视了物流要素之间存在着二律背反的关系，即一个部门的高成本会因其他部门成本的降低或效益的增加而抵消的相互作用关系。

从系统的观点看，构成物流的各功能之间存在着明显的效益背反关系。例如，采用高速运输会增加运输费用，但是，运输的迅速化会使库存量降低，从而节省了库存费用和保养费用，最终使物流总费用降低。现代物流就是要利用物流要素之间存在的二律背反关系，通过物流各个功能活动的相互配合和总体协调，从而达到物流总成最小化的目标。

4. 物流服务社会化

传统的物流是以企业自设物流部门、实行自我服务为主的物流体系。这种物流体系不仅会造成物流资源的浪费，而且物流效率低，缺乏竞争力。在信息经济时代，由于经济的发展和先进科学技术的应用，社会分工进一步细化，许多生产企业和流通企业为了发挥竞争优势、提高经济效益，把物流服务从企业内部转移出来，寻求社会化服务，促进了物流业发展。目前，企业物流需求通过社会化物流服务满足的比例在不断提高，第三方物流已成为现代物流的主流形态。

5. 物流反应的快速化和柔性化

物流反应的快速化是指在现代物流信息系统、作业系统和物流网络的支持下，物流活动应能适应市场状况和消费者需求的快速变化，为客户和消费者提供快速服务，以提升物流服务质量。这就要求现代物流系统加强管理，应用先进的作业技术来提高及时配送、快速补充订货以及迅速调整库存结构等能力。

物流反应的柔性化是指物流作业要以顾客的物流需求为中心，快速满足生产和消费的多样化、个性化需要。随着经济的发展和人民生活水平的不断提高，生产与消费需求的多样化、个性化日益复杂，物流需求呈现出小批量、多品种、高频次的特点。订货周期变短、时间性增强、物流需求的不确定性提高，这就要求现代物流系统能根据顾客需求的变化及时地调整物流作业，最大限度地满足顾客的需要。

7.2 物流管理的内容

7.2.1 物流的分类

对于物流活动有多种分类方法，如按照使用价值分类，可分为宏观物流和微观物流；按照物流活动的空间范围分类，可分为地区物流、国内物流、国际物流；按照物流系统性质分类，可分为社会物流、行业物流、企业物流。典型的制造型公司物流分类主要按照作用和功能分类。

1. 供应物流

为生产企业提供原材料、零部件及其他物品时，物品在提供者与需求者之间的实体流动称为供应物流，也就是物资生产者、持有者和使用者之间的物流。对于工厂而言，是指生产活动所需要的原材料、备品备件等物资的采购、供应活动所产生的物流；对于流通领域而言，是指交易活动中从买方角度出发的交易行为中所发生的物流。

企业为保证本身生产的节奏，不断组织原材料、零部件、燃料、辅助材料供应的物流活动，这种物流活动对企业生产的正常、高效进行起着重大作用。供应物流不仅是一个保证供应的目标，而且还是在最低的成本、以最小的消耗、最大的保证来组织供应物流活动的限定条件下，这就给企业带来了很大的难题。企业竞争的关键在于如何降低这一物流过程的成本，可以说它是企业物流的最大难点。为此，企业供应物流就必须解决有效的供应网络问题、供应方式问题、零库存问题等。

企业的流动资金大部分是被购入的原材料及半成品等所占用的，供应物流的严格管理及合理化对于企业的成本有重要影响。

2. 销售物流

生产企业、流通企业出售商品时，产品在供方与需方之间的实体流动称为销售物流，也就是产品的生产者或持有者到用户或消费者之间的物流。对于工厂是指售出产品，而对于流通领域是指交易活动中从卖方角度出发的交易行为中的物流。

销售物流是企业为保证本身的经营效益，伴随销售活动，不断将产品所有权让渡给用户的物流活动。在现代社会中，市场是一个完全的买方市场，因此，销售物流活动便带有极强的服务性，以满足买方的需求，最终实现销售。在这种市场前提下，销售要直到商品送达用户并经过售后服务才算终止，因此，销售物流的空间范围很大，这便是销售物流的难度所在。在这种前提下，销售物流的特点便是通过包装、送货、配送等一系列物流实现销售，这就需要研究送货方式、包装水平、运输路线等并采取各种诸如少批量、多批次、定时、定量配送等特殊的物流方式，因而，其研究领域是很宽的。

通过销售物流，企业得以回收资金并进行再生产活动。销售物流的效果关系到企业的存在价值是否被社会承认。销售物流的成本在产品及商品的最终价格中占有一定的比例。因此，在市场经济中为了增强企业的竞争力，销售物流的合理化是可以收到立竿见影的效果的。目前，商业企业已经实现了商流与物流的分离，这是社会专业化分工的结果，而且，物流必须为商流服务。

3. 生产物流

在生产过程中，原材料、在制品、半成品、产成品等在该企业内部的实体流动称为生产物流。生产物流是制造产品的企业所特有的，它和生产流程同步。原材料、半成品等按照工艺流程在各个加工点之间的移动、流转形成了生产物流。如果生产物流中断，生产过程也将随之停顿。

生产物流也可以理解为企业在生产工艺中的物流活动。这种物流活动是与整个生产工艺过程伴生的，实际上已经构成了生产工艺过程的一部分。企业生产过程的物流大体为：原料、零部件、燃料等辅助材料从企业仓库或企业的门口开始，进入到生产线的开始端，再进一步伴随生产加工过程一个一个环节地流动，在流动的过程中，本身被加工，同时产生一些废料、余料，直到生产加工结束，再流至产成品仓库，便终结了企业生产物流过程。

过去，人们在研究生产活动时，主要注重一个一个的生产加工过程，而忽视了将每一个生产加工过程串在一起，使得一个生产周期内物流活动所用的时间远多于实际加工的时间。所以对生产物流的研究可以大大缩减生产周期，节约劳动力。

生产物流合理化对工厂的生产秩序、生产成本有很大影响。生产物流均衡稳定可以保证在制品的顺畅流转，缩短生产周期。在制品库存的压缩，设备符合均衡化，也都和生产物流的管理与控制有关。

4. 回收物流

不合格物品的返修、退货以及周转使用的包装容器从需方返回到供方所形成的物品实体流动称为回收物流。在生产及流通活动中有一些材料是要回收并加以利用的，如作为包装容器的纸箱、塑料瓶、酒瓶等，有质量问题的汽车的召回、建筑行业的脚手架也属于这一类物资。还有可用杂物的回收、分类和再加工，例如，旧报纸、书籍通过回收、分类，可以再制成纸浆加以利用，特别是金属废弃物，由于金属具有良好的再生性，可以回收并重新熔炼成有用的原材料。

企业在生产、供应、销售的活动中总会产生各种边角余料和废料，回收这些东西是需要伴随物流活动的，而且，在一家企业中，回收物品处理不当，往往会影响整个生产环境，甚至影响产品质量，也会占用很大空间，造成浪费。

回收物资品种繁多，流通渠道也不规则，且多有变化，因此，管理和控制的难度较大。

5. 废弃物物流

将经济活动中失去原有使用价值的商品，根据现实需要进行收集、分类、加工、包装、搬运、储存等，并分送到专门处理场所时形成的物品实体流动，叫作废弃物物流。生产和流通系统中所产生的废弃物，如开采矿山时产生的土石，炼钢生产中的钢渣、工业废水以及其他一些无机垃圾等，如果不妥善处理，不但没有再利用价值，还会造成环境污染，而且就地存放会占用生产用地以致妨碍生产。对这类物资的处理过程产生了废弃物物流。废弃物物流经济效益不大，但具有不可忽视的社会效益。为了减少资金消耗、提高效率、更好地保障生活和生产的正常秩序，对废弃物综合利用的研究很有必要。

一般地，物流活动由企业内部的物流部门执行，也可外包给专业化的第三方物流企业。

7.2.2　物流管理的原则

1. 服务原则

物流系统是起着"桥梁、纽带"作用的流通系统的一部分，它具体地连接着生产与再生产，因此要求有很高的服务性。

物流管理的组织目标可以用美国密歇根大学的斯麦基教授倡导的"8R"来概括，即合适的产品或服务（right product or service）、合适的状态与包装（right condition and packaging）、合适的数量（right quantity）、合适的成本费用（right cost）、合适的时间（right time）、合适的用户（right customers）、合适的地方（right place）、合适的信息（right information）。物流系统采取送货、配送等形式，就是其服务性的体现。在技术方面，近年来出现的"准时供货方式"、"柔性供货方式"等，也是其服务性的表现。

2. 快速、及时原则

及时性不但是服务性的延伸，也是流通对物流提出的要求。快速、及时不仅是一个传统目标，更是一个现代目标，因为随社会大生产的发展，这一要求更加强烈了。在物流领域采取的诸如直达物流、联合一贯运输、高速公路、时间表系统等管理和技术，就是这一目标的体现。

3. 节约原则

节约是经济领域的重要目标，在物流领域中除流通时间的节约外，由于流通过程消耗大而又基本上不增加或提高商品使用价值，所以，以节约来降低投入，是提高相对产出的重要手段。

4. 规模化原则

物流规模是物流管理的一项重要原则，以此来追求"规模效益"。生产领域的规模生产是早已为社会所承认的。由于物流系统比生产系统的稳定性差，因而难于形成标准的规模化格式。在物流领域以分散或集中等不同方式建立物流系统，研究物流集约化的程度，就是规模优化这一目标的体现。

5. 库存调节原则

库存调节原则既是服务性的延伸，也是宏观调控的要求，当然，这涉及物流系统本身的效益。在物流领域中正确确定库存方式、库存数量、库存结构、库存分布就是这一目标的体现。

阅|读|材|料　　　　　　　**像送鲜花一样配送啤酒**

"像送鲜花一样配送啤酒，把最新鲜的啤酒以最快的速度、最低的成本让消费者品尝。"青啤人如是说。为了实现这一目标，青岛啤酒股份有限公司与香港招商局共同出资组建了青岛啤酒招商物流有限公司，双方开始了啤酒物流的新鲜度管理。

自合作以来，青岛啤酒运往外地的速度比以往提高了30%以上，在一系列的整合后，青啤的每年过千万元亏损的车队转变成了一个高效的运输企业，而且就运送成本来说，由0.4元/千米降到了0.29元/千米，每个月下降100万元。山东省300千米以内区域的消费者都能喝到当天的啤酒，啤酒一出厂，直接用大头车上集装箱，运到时还是热乎乎的；300公里以外区域的消费者也能喝到出厂1天的啤酒，而原来则需要3天左右才能喝到。

7.2.3　物流管理的内容

从物流的职能角度，企业物流管理的内容可分为以下几种：

（1）运输管理。运输管理主要包括：运输方式及服务方式的选择；运输路线的选择；车辆调度与组织；等等。

（2）储存管理。储存管理主要包括：原料、半成品和成品的储存策略；储存统计、库存控制、保管和保养；等等。

（3）装卸搬运管理。装卸搬运管理主要包括：装卸搬运系统的设计、设备规划与配置和作业组织；等等。

（4）包装管理。包装管理主要包括：包装容器和包装材料的选择与设计；包装技术和方法的改进；包装系列化、标准化、自动化；等等。

（5）流通加工管理。流通加工管理主要包括：加工场所的选定；加工机械的配置；加工技术与方法的研究和改进；加工作业流程的制定与优化。

（6）配送管理。配送管理主要包括：配送中心选址及优化布局；配送机械的合理配置与调度；配送作用流程的制定与优化。

（7）物流信息管理。物流信息管理主要指对反映物流活动内容、物流管理要求、物流作用、物流特点的信息所进行的搜集、加工、处理、存储和传输等。目前，信息管理在物流管理中的作用越来越重要。

（8）客户服务管理。客户服务管理主要指对于物流活动相关服务的组织和监督，如调查和分析顾客对物流活动的反映，决定顾客所需要的服务水平、服务项目等。

鉴于物流在一家典型的制造企业中的贯穿作用，物流管理的内容还可分为采购与供应物流、生产物流、销售物流和回收物流。限于篇幅，本章只介绍采购与供应物流和销售物流两个部分，生产物流受企业自身生产组织影响较大，部分内容在生产管理这章会有部分体现，JIT物流是典型的生产物流管理模式。

7.3 采购与供应物流管理

7.3.1 采购流程的含义及变革

采购流程通常是指有生产需求的企业选择和购买生产所需的各种原材料、零部件等物料的全过程。采购流程可以用图 7-6 来表示。

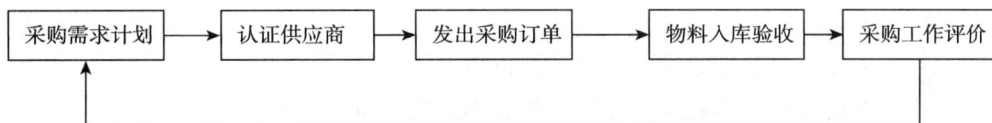

图 7-6 采购流程图

传统采购流程的特点主要表现为：传统的采购过程是典型的非信息对称博弈过程；供需关系是临时或短期的合作关系，这种合作关系造成了竞争多于合作；响应用户需求能力迟钝；对质量和交货期只能进行事后把关，采购方很难参与供应商的生产过程和有关质量控制活动。

同传统的采购流程相比，现在许多企业已经采取供应链管理来完成采购流程，称为基于供应链环境下的采购流程，目的是强调协同采购的理念。

现代采购流程的特点有：

（1）现代采购利用电话、传真、EDI、电子邮件等方式进行电子化订货。

（2）与传统的基于库存的采购不同，现代采购不是为了补充库存，而是为了直接满足需求。在供应链管理模式下，供应商的生产活动是受用户的采购订单驱动的，由采购订单驱动供应商，供应商生产出来直接供应到需求点。这样可以大大降低库存成本，提高物流的速度和库存周转率。

（3）与供应商形成战略协作伙伴关系，实现信息共享、资源共享、责任共担、利益共享。

（4）实施小批量、多频次连续补充货物机制，向零库存进军。

采购方式主要有定量订货法、定期订货法、准时采购方式与供应物流。定量订货法和定期订货法主要停留在经典库存模型的探讨层面，准时采购方式与供应物流对企业物流水平的提升影响巨大，是采购流程变革最为典型的方式，我们在这里仅介绍第三种方式。

7.3.2 准时采购方式与供应物流

采购与供应历来就是企业生产的重要前提，是一个问题的两个角度的表述。

1. 准时化采购与供应物流的产生

准时化采购与供应模式又称 JIT 采购。它有最大限度地消除浪费、降低库存、实现零库存的优点，是一种很理想的采购模式，它是由有名的准时化生产的管理思想演变而来的。

准时化生产方式（just in Time，JIT）是起源于日本丰田汽车公司的一种生产管理方法。它的基本思想是以"彻底杜绝浪费"、"只在需要的时候、按需要的量生产所需要的产品"。这也就是JIT的基本含义。这种生产方式的核心是追求一种无库存生产系统，或是库存量达到最小的生产系统。为此开发了包括看板在内的一系列具体方法，并逐渐形成了一套独具特色的生产经营系统。

2. 准时化采购与供应物流的原理

准时化采购与供应要求企业和供应商建立稳定的契约供需关系，由供应商进行多频次、小批量的连续供货，实现在合适的时间、把合适的物品、按合适的数量送到合适的地点的准时化供货。

JIT采购的原理主要表现为：

（1）与传统采购面向库存不同，准时化采购是一种直接面向需求的采购模式，它的采购送货是直接送到需求点上。

（2）用户需要什么，就送什么，品种规格符合客户需要。

（3）用户需要什么质量，就送什么质量，品种质量符合客户需要，拒绝次品和废品。

（4）用户需要多少，就送多少，不少送，也不多送。

（5）用户什么时候需要，就什么时候送货，不晚送，也不早送，非常准时。

（6）用户在什么地点需要，就送到什么地点。

3. 准时化采购与供应物流的特点

准时化采购与传统的采购方式有许多不同之处，主要表现在以下几个方面：①传统的采购模式通常是多头采购，供应商的数目较多，企业与供应商的关系是通过价格竞争而选择供应商的短期合作关系；②准时化采购采用的是较少的供应商，甚至只选择一个供应商，且与供应商的关系是长期合作关系；③准时化采购对供应商采取的这样的选择方法，其目的是降低成本和选择高服务质量的供应商；④准时化采购的另一个重要特点是要求准时交货，能否准时交货是用户评价供应商的一个重要条件；⑤准时化采购要求供应与需求双方信息高度共享，保证供应与需求信息的准确性和实时性。

准时化采购的特点突出表现在以下几个方面：

（1）采购商与少数供应商建立了稳固的战略合作伙伴关系，双方基于以前签订的长期协议进行订单的下达和跟踪，不再需要议价过程。

（2）在同步化供应链计划的协调下，制造计划、采购计划、供应计划能够同步进行，缩短了用户响应时间。

（3）采购物资直接进入制造部门，减少了采购部门的库存占用和相关费用。

（4）进行了企业和供应商之间的外部协同，提高了供应商的应变能力。

准时采购相对于传统采购的区别，如表7-1所示。

表7-1　准时化采购与传统采购的区别

比较项目	传统采购	准时化采购
供应商的选择	采用多源供应，短期合作	采用单源供应，关系稳定
供应商评价	合同履行能力	合同履行能力、生产设计能力、物料配送能力、产品研发能力
交货方式	由采购商安排，按合同交货	由供应商安排，确保交货准时性
进货检查	每次进货检查	有质量保证，免检

（续）

比较项目	传统采购	准时化采购
采购批量	大批量采购，送货频率低	小批量采购，送货频率高
运输	配送频率低，运输次数少	准时送货，运输次数多
包装	常规包装	有一定要求
信息交流	信息不对称	采购方、供应方高度信息共享，快速可靠，易建立信任

7.3.3 采购与供应物流的订购方式

企业基本的订购方式包括定量、定期、经济订购批量等方式。这些方式是就生产所需而采购，但是采购物流的终点是静止的库存。也就是说，为确保生产的连续性，往往采购费用的降低是以库存费用的增加为代价的。传统的生产企业中一般都设有库存量，采购物流的订货量与库存水平又是密切相关的，所以建立在合理库存理论上的订购方式通常在库存理论中有更详细的介绍，此处不再说明。

1. JIT 采购模式

作为由一系列供应商、制造商（采购商）组成的供应链系统中，准时生产是缩短生产周期、降低成本和库存，同时又能以最快的交货速度满足客户需求的最有效的做法。而供应商的"准时供应"则是"准时生产"的主要内容。换言之，采购供应的速度、效率，订单的执行情况会直接影响到本企业是否能够快速、灵活地满足下游客户的需求。JIT 采购模式是以系统优化为目标的订购方式，是一种理想的物资采购方式。它设置了一个最高标准、一种极限目标，即原材料和外购件的库存为零、缺陷为零。同时，为了尽可能地实现这样的目标，JIT 采购提供了一个不断改进的有效途径，即降低原材料和外购件库存—暴露物资采购问题—采取措施解决问题—降低原材料和外购件库存。

MRP 是生产部门企业用来制定物料需求计划、进行生产管理的一种应用软件。作为一种以物料需求计划为核心的生产管理系统，MRP 主要是针对多品种、小批量生产物流类型，使得采购物流系统的整体效率得到提高。

2. 与 JIT 方式配合的采购与供应物流

与 JIT 方式配合的采购与供应物流的优点主要体现在：一是对各种物料的订货量的准确性和相应的质量保证；二是批量运输的准确性和及时性。

从订货量方面看，对于最初原材料的采购，如果是开发新产品所需，可以通过生产与市场信息系统的计算机局域网（供应链关系的信息共享系统）等渠道，及时交换采购供应信息，及时确定采购量，进行网上采购。如果所需品种不变，则与固定供应商们（供应链关系中的上游厂家）建立一种及时采购与及时供应的利益伙伴关系，以保证所需数量的正确性和质量的优良性；对于生产物流中各道工序所需的零部件、半成品的数量，可视为是下道工序对上道工序的"采购量"或者是上道工序对下道工序的供应量，通过 JIT 独特的看板信号系统及时传递品种和数量信息，真正做到从采购物流就开始的 JIT 采购。实际上，看板上注明的数量值与传统的经济批量不同，看板上的经济批量是一个根据准结成本估算出的量，而不是根据库存、缺货损失估算的。从运输方面看，在考虑各种产品的生产周期前提下，无论是采购方要求供应商运货到生产地，还是委托给第三方物流企业运货到生产地，"及时、准确"原则都是衡量是否真正按 JIT 理念变革的有效尺度。

3. 结合 MRP 与 JIT 的采购与供应物流

MRP 与 JIT 中看板信号的结合要达到两个目的：一是及时、准确、平稳地启动末端工序看板，另一个是及时检测、校正所犯错误。对于及时、准确、平稳地启动末端工序看板，应该通过市场预测和销售网络管理及 EDI 提高销售计划的准确率，缩短计划周期。换言之，MRP 应在销售计划、销售开立订单、配送货、成品出仓等各个环节间顺次展开，即每一个环节都有一个预约量（或称已分配量）、计划增量（相当于 MRP 中计划入库量）、安全量及经济批量。看板最终在成品出仓这一环节启动。启动末端工序看板的数量及品种应根据预测和销售计划、开立订单、配送货、出仓，进行实时调整。

MRP 应该考虑未来可能出现的需求变动及流水线生产能力，使看板启动后形成平准化生产及供应排程。这种平准化排程要求至少按周做计划，按日来启动排列看板，并随着整个物流系统性能提高，将周期进一步缩短，使生产平稳而且具有可预见性，使产品数量及品种大致按需求量比例分布在越来越短的周期内，从而既降低存货，又降低缺货概率。

| 阅 | 读 | 材 | 料 |　　　　　　　　**循环取货方式**

当生产需要某种零件供给时，最简便的方法是从单个供应商处将大量的零配件一次性运输过去。然而，循环取货方式配送则是一次运输就从多个供应商处提取多品种、少批量的零配件。而且，这种与工厂生产合拍的运输计划能保持工厂最小的库存。通过有效的路径设计，可以有效地控制大批量、低频次配送的费用。

循环取货（Milk Run）也称为"牛奶取货"、"集货配送"、"多仓储间巡回装卸货混载运送"、"定时定点取货"，是一种制造商用同一货运车辆从多个供应处取零配件的操作模式，汽车厂的供应物流多用这种模式。具体运作方式是在每天固定的时刻，卡车从制造企业工厂或者集货、配送中心出发，到第一个供应商处装上准备发运的物料，同时卸下上一次收走货物的托盘或空容器，然后按事先设计好的路线到第二家、第三家，以此类推，最终将所有货物送到汽车整车生产商仓库或生产线的一种供应物流方式。这样做省去了所有供应商空车返回的浪费，同时使物料能够及时供应，发运货物少的供应商不必等到货物积满一卡车再发运，可保持较低的库存，最大限度实现了 JIT 供应。

对于某一个汽车整车生产商来讲，可能会有十几条甚至上百条的 Milk Run 路线，投入运营的车辆按照每日整车生产计划持续地进行零部件的运输。该词字面意思描述了送奶工给若干用户送奶并回收空奶瓶的过程。而在汽车物流中装载货物容器的空满正好与送牛奶过程相反，即到供应商处取货时留下空容器，把装满货物的容器带走，而在送牛奶过程中是在用户处留下牛奶而把空瓶带走。该物流方式适用于小批量、多频次的中短距离运输要求。该运输方式降低了汽车整车企业的零部件库存，降低了零部件供应商的物流风险，减少了缺货甚至停线的风险，从而使整车生产商及其供应商的综合物流成本下降。

从 2003 年 3 月起，上海通用汽车开始全面应用该循环取货方式。通过循环取货，零部件运输成本每年可以节约 300 万元人民币，下降了 30% 以上。上海通用汽车是一个典型的制造企业，各种车型零部件总量有 5400 多种。上海通用在国内外还拥有 180 家供应商以及北美和巴西两大进口零部件基地。目前上汽通用 80% 的供应商分布在上海市郊，少数供应商分布在江苏与浙江，这些数据都将进入系统。供应商的交货量对建立网络来说是一个非常重要的参数。有些供应商的交货量非常大，那么这些供应商就适合直接送工厂，而另一些供应商由于供货量比较小就需要在网络中整合。然而有时需要考虑装载量及卡车使用效率等问题，那些供货量较大的供应商的货物也需整合到网络中，分几次运输。此外，由于循环取货是 24 小时工作制，因此司机与卡车合理安排是非常重要的，这不仅需要考虑工厂生产对货物到达的需求，还需考虑司机工作的时间安排、人体工程等因素，这对于节约成本同样是至关重要的。图 7-7 所示为直接送货与循环取货的对比。

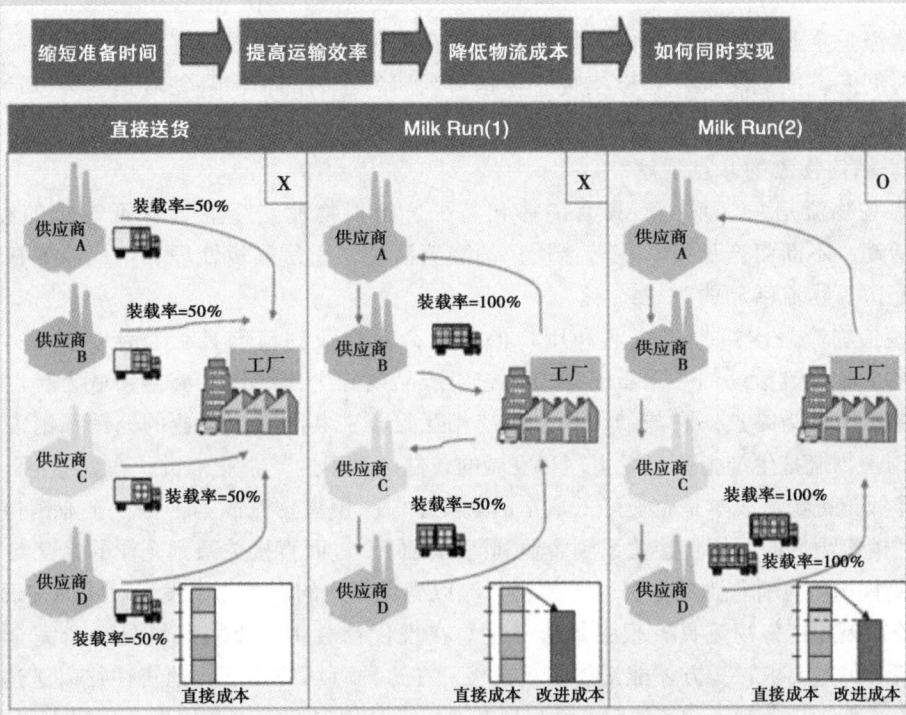

图 7-7　直接送货与循环取货对比示意图

可以看出，循环取货方式是一个优化的物流系统网络，其特色是多频次、小批量、定时性。通过有效的运输线路规划和物流体系设计，起到了降低运输成本的作用。

从直接的效益看，循环取货的价值是降低了物流成本。从供应链角度看，循环取货价值绝不限于此，通过循环取货方式，实现了各个供应商和总装厂协调，零部件取回的数量与时间是齐套的，这样就会减少总装的等待现象。一辆汽车，哪怕缺一个零件，也不能下线。所以对于汽车这种产品的生产，循环取货能够确保零部件齐套准时，提高系统效率。另外，这种方式改变物流运输策略，能够大大降低在制品库存：以前各个供应商各自执行物流功能，为追求运输经济性，每次肯定会有一定批量，不同零件的经济批量不是一样的，这样就可能给总装厂带来在制品库存。而循环取货方式可以采用齐套的方式取用零件，大大降低在制品数量。

这种方式实施的难度在于根据生产计划具体内容确认取货的时间和数量，需要各个供应商的生产计划与总装的协调。

这种策略的推行改变了物流执行主体，原先由各个供应商执行，改变之后有总装厂执行，涉及利益变化，需要在供应链上下游达成一致。

循环取货对于装配型的生产制造企业有很大的参考借鉴作用，对于其他类型的企业则不一定合适，比如对于生产矿泉水的企业。需要零件种类不多，齐套关系也不是特别强，所以优化价值不是特别大，但是也可以采用实现一定优化。

7.4　销售物流

7.4.1　销售物流的概念

销售物流是企业在销售过程中，将产品的所有权让渡给用户的物流活动，是产品从生产地到用户的时间和空间的转移，是以实现企业销售利润为目的的，销售物流是包装、运输、仓储等诸环节的统一。

1. 关于销售物流的几点理解

（1）销售物流是一个系统，具有一体化特征。销售物流是企业为保证本身的经营效益，伴随销售活动，不断将产品所有权转给用户的物流活动，它是订货处理、产成品库存、发货运输、销售配送等物流活动的有机统一。

（2）销售物流是连接生产企业和用户的桥梁，是企业物流与社会物流的另一个衔接点。销售物流是企业物流活动的一个重要环节，它以产品离开生产线进入流通领域为起点，以送达用户并经售后服务为终点，它与社会销售系统相互配合，共同完成企业的分销和销售任务。

（3）销售物流是生产企业赖以生存和发展的条件。对于生产企业来讲，物流是企业的第三利润源泉，降低销售物流成本是企业降低成本的重要手段。销售物流成本占据了企业销售总成本的20%左右，销售物流的好坏直接关系到企业利润的高低，进而直接关系到企业的生存与发展。

（4）销售物流具有很强的服务性。销售物流以满足用户的需求为出发点，从而实现销售和完成售后服务，因此销售物流具有很强的服务性。在现代社会中，市场环境是一个完全的买方市场，只有满足买方要求，卖方才能最终实现销售。在这种市场前提下，销售往往以送达用户并经过售后服务才算终止。销售物流的服务性表现在要以满足用户的需求为出发点，树立"用户第一"的观念，要求销售物流必须快速、及时，这不仅是用户和消费者的要求，也是企业发展的要求。

（5）销售物流以实现销售为目的。销售物流过程的终结标志着商业销售活动的终结。销售物流是以实现销售为目的的，它的所有活动及环节都是为了实现销售利润，因此物流本身所实现的时间价值、空间价值及加工价值在销售过程中都处于从属地位。

企业销售物流是企业物流的一个重要环节，它与企业的销售系统相结合，共同完成产品的销售任务。一般的企业销售物流流程如图7-8所示。

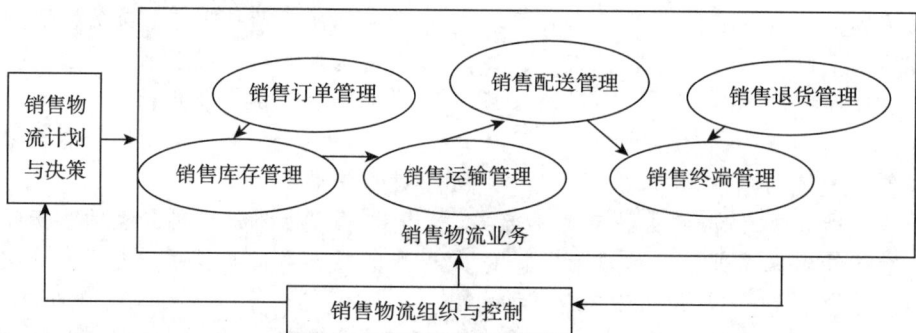

图 7-8　销售物流流程图

注：销售物流归根到底是由客户订单驱动的，而物流的终点又是客户。因此，在销售物流之前，企业要进行售前的各种市场活动，包括确定客户（潜在客户、目标客户）、与客户的联系、产品展示、客户询价、报价、报价跟踪等。

2. 销售物流的功能

（1）进行市场调查和需求预测。销售物流包括大量工作，首要任务是进行销售预测，然后在此基础上制订生产计划和存货计划。

（2）开拓市场和制定销售产品的方针与策略。在进行产品销售活动中，开拓市场和制定销售产品的方针与策略是销售物流的一项重要内容，主要包括销售渠道、营销组合、产品定价等。

（3）编制销售计划。编制销售计划主要包括正确确定计划期产品销售量和销售收入两个指标。

（4）组织、管理订货合同。包括组织签订合同、检查执行合同和处理执行合同中的问题。

（5）组织产品推销。包括产品的商标与装潢设计、广告宣传、试销试展、派员推销以及市场信息反馈等。

（6）组织对用户的服务工作。包括产品安装调试，使用与维修指导，实行"三包"，提供配件以及售前、售后征求用户意见等。

（7）进行成本分析。对销售功用与销售成本进行分析，不断提高销售的经济效益和销售管理工作水平。一般认为，营销物流总成本的主要构成部分是运输（46%）、仓储（26%）、存货管理（10%）、接收和运送（6%）、包装（5%）、管理（4%）以及订单处理（3%）。

7.4.2　销售物流服务

1. 销售物流服务的定义

销售物流服务是指企业向客户提供及时而准确的产品输送服务，是一个广泛满足客户的时间和空间效用需求的过程。

2. 销售物流服务的目标

销售物流服务的目标主要表现在以下几个方面：

（1）提高销售收入。销售物流服务通常是企业物流的重要因素，销售物流活动能提供时间和空间效用来满足客户需求，是企业物流功能的产出或最终产品。所以，提高客户服务水平，可以增加企业销售收入，提高市场占有率。

（2）提高客户的满意程度。客户服务是由企业向购买其产品或服务的人提供的一系列活动。一般来说，客户关心的是购买全部产品，即不仅仅是产品的实体，还包括产品的附加价值。销售物流服务就是提供这些附加价值的重要活动。良好的销售物流服务能提高产品的价值和附加价值，更能提高客户的满意程度。

（3）留住老客户，争取新客户。据贝恩咨询公司的研究显示，服务质量、留住客户和公司利润率之间有着非常高的相关性。物流领域高水平的顾客服务能吸引客户并留住客户，对于客户来说，频繁地改变供应来源会增加其物流成本及其风险性。

（4）降低销售物流成本。物流管理要求以最小的总物流成本产生最大的时间和空间效用。企业非常重视采取各种创新性的方法来降低物流成本。因此，从管理的角度来看，客户服务水平对物流系统起着制约作用，运输、仓储、订单处理等各项物流成本的增加或减少都依赖于客户所期望的服务水平。

综上所述，提高销售物流的客户服务水平是提高企业竞争优势的重要途径，企业的销售物流服务与产品质量、质量管理具有同等重要性，需要引起企业管理者的高度重视。

3. 销售物流服务的构成要素

为客户提供快速的、满意的物流服务，需要从以下几个方面考虑：

（1）时间。目前很多企业对物流服务要求的标准水平，用现代服务业的行话说，已经从"97 - 3"提高到"98 - 2"，其含义是：97%的企业要求物流服务的时效从3天72小时，提高到98%的企业要求时效为2天48小时。很多企业接到生产指令后，从原材料供给到送达供应商手中，全部周期仅仅为48小时。

对销售物流而言，时间因素重点指订货周期（提前期），即从客户确定对某种产品有需求到需求被满足之间的时间间隔。

（2）可靠性。"97 - 3"到"98 - 2"除了上面讲的时间外，还有一个意思就是差错率由3%下降到2%，也就是说目前供应商要求制造企业的供货差错率低于2%。因此企业在销售物流整个过程中要考虑货物的安全性，保证产品在预定的时间、以足够的数量及承诺的质量送到供应商手中。

正确供货的可靠性也非常重要。当客户收到与所订货物不符时，将给客户造成停工待料损失或不能及时销售产品。在销售物流领域中，订货信息的传送和订货挑选可能影响企业的正确供货。因此，为了做到正确供货，在订货信息传递阶段，使用电子数据交换（EDI）系统可以大大降低出错率。

（3）信息共享度。当前供应商与企业之间的关系，已经由原来的短期买卖关系转变为长期合作伙伴关系，双方追求的是一种"双赢"的关系。企业和供应商要达到双赢就需要双方都尽心尽力地为销售产品努力。因此，企业与供应商之间要经常沟通，信息共享与否会直接影响到销售的状况。

（4）便利性。便利性是指服务水平必须灵活便利。从销售物流服务的观点来看，所有客户对销售物流服务有相同的要求，有一个或几个标准的服务水平适用于所有客户是最理想的，但却是不现实的。为了更好地满足客户需求，就必须确认客户的不同要求，根据客户规模、区域分布、购买的产品及其他因素将客户需求进行细分，为不同客户提供适宜的服务水平，这样可使物流管理者针对不同客户以最经济的方式满足其服务需求。

总的来说，企业的产品只有经过销售才能实现其价值，从而创造出利润，实现企业的价值。因此提供优质的销售物流服务，和供应商相互配合与合作，才能真正达到双赢。

4. 销售物流客户服务能力

销售物流客户服务能力是指销售物流服务的基本水准，也是客户服务最基本的方面，包括可得性、作业绩效和时效性。

（1）可得性。可得性是指当客户需要货物时，物流企业拥有的存货能够不断地满足其需要。可得性可以通过各种方式来实现，最基本的方法是按照预期的客户订货进行存货储备。可得性一般可用缺货频率、供应比率、订货完成率三个绩效指标来衡量。

1）缺货频率。缺货频率是指缺货发生的概率。当需求超过产品可得性时，就会发生缺货。缺货频率是用来衡量一种特定的产品需求超过其可得性的次数。将全部产品所有的缺货次数汇总起来，可以反映企业实现其基本服务承诺的状况。因此，可以说缺货频率是衡量存货可得性的起点。

2）供应比率。供应比率是用于衡量缺货的程度或影响大小的比率。供应比率通常是按照客户服务目标予以区分的，于是对缺货程度的衡量就可以构成企业在满足客户需求方面的跟踪记录。如一位客户订货50个单位产品，但只有47个单位产品可得，那么订货供应比率为94%。要能够有效地衡量供应比率，一般在评估程序中还要包括在一段特定时间内对多位客户订货的完成情况进行衡量。同时，供应比率还可用来衡量按特定产品提供的服务水准。一般来说，供应比率高，客户会感到满意；反之，则不满意。

3）订货完成率。订货完成率用于衡量物流企业完成客户所预订的全部产品的时间。它把存货的充分可得性看作一种可接受的完成标准。可以说，缺货频率、供应比率均为零缺陷，则订货完成率就为客户享受完美订货的服务提供了潜在时间。

将以上三个衡量指标结合在一起，就可以判断、识别一家物流企业满足客户期望的程度，成为评估适当可得性水平的基础。

（2）作业绩效。作业表现为物流企业从客户订货到产品交付使用的全部运作过程。作业一般通过速度、一致性、灵活性、故障恢复能力等来衡量所期望的完成周期。速度指从客户订货开始到货物实际到达的时间；一致性指物流企业必须随时按照递送承诺加以履行的物流处理能力；灵活性指处理异常（一次性改变装运交付地点、供给中断等）的客户服务需求的能力；故障恢复能力指物流企业要有能力预测服务过程中可能出现的故障或服务中断，并有适当的应急计划来完成恢复服务。当实际的服务故障发生时，应启动应急计划。应急计划还应包括客户期望恢复标准的确认和衡量服务一致性的方法。

（3）时效性。在销售物流服务活动中，还包括能否迅速提供有关物流作业和客户订货状况的精确信息。

另外，客户服务能力的一个重要组成部分是持续改善。物流管理人员应关心如何尽可能少地发生故障，以完成作业目标，而完成作业目标的一个重要方法就是从发生的故障中吸取教训，改善作业系统，以防止故障再次发生（日本人在这一方面进行过很多努力，这种做法称之为再发防止）。

总之，理想的销售物流服务水平要求达到：适当的质量、适当的数量、适当的时间、适当的地点、适当的价格、良好的印象。

7.4.3　销售物流的组织与控制

1. 销售物流的组织结构形式

销售物流组织结构的形式是基于企业管理组织下的从事销售物流的组织体系。按照不同的划分标准，它可以划分为多种不同的形式。

（1）按组织物流主要依据的不同划分。按组织物流主要依据的不同，物流组织结构形式可以划分为职能式组织结构形式、产品式组织结构形式、市场式组织结构形式和地区式组织结构形式。

1）职能式组织结构形式。这种组织结构以职能为主要特征来组织销售物流，整个销售物流的各环节由各个不同的职能部门来共同完成，如图 7-9 所示。

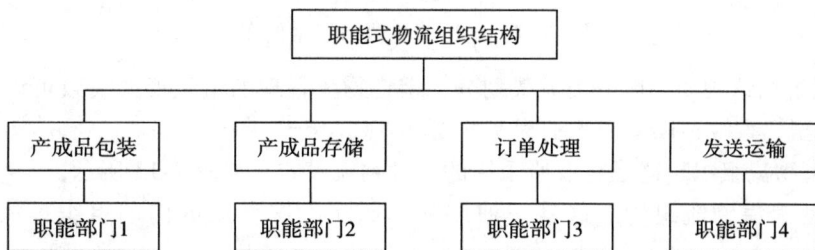

图 7-9　职能式物流组织结构图

2）产品式组织结构形式。这种组织结构以产品为主要特征来组织销售物流，整个销售物流的各环节按不同的产品分别由各个不同的职能部门来共同完成，如图7-10所示。

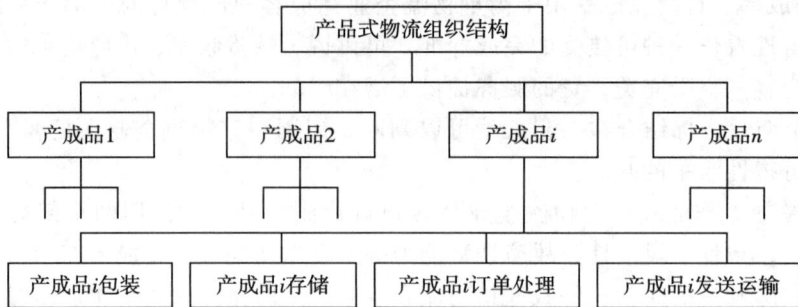

图7-10　产品式物流组织结构图

3）市场式组织结构形式。这种组织结构以市场为主要特征来组织销售物流，整个销售物流的各环节按不同的市场分别由各个不同的职能部门来共同完成，如图7-11所示。

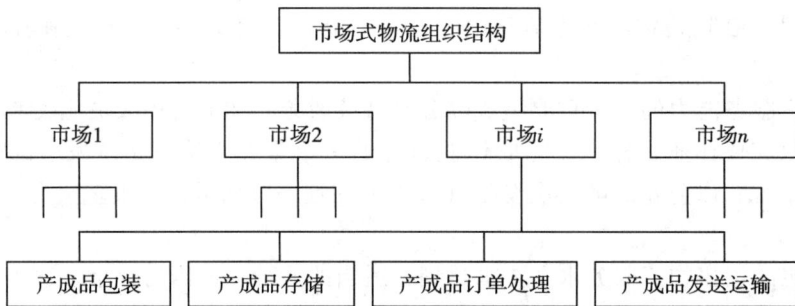

图7-11　市场式物流组织结构图

4）地区式组织结构形式。以地区为主要特征来组织销售物流，整个销售物流的各环节按不同的地区分别由各个不同的职能部门来共同完成。如图7-12所示。

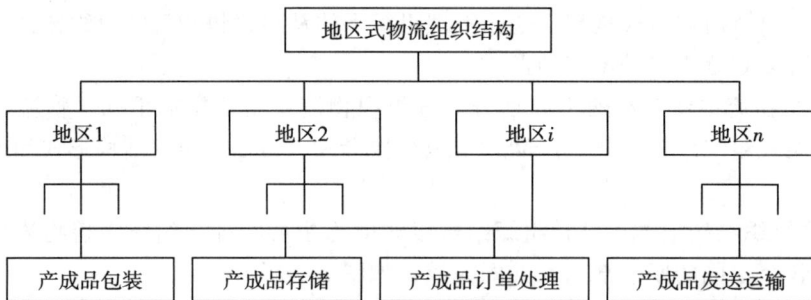

图7-12　地区式物流组织结构图

（2）按照组织结构的一般分类方式划分，销售物流管理的组织形式大致可以采用传统型、直线型、参谋型、直线参谋型和水平型5种划分方式。

1）传统型物流组织。这是企业所采用的一种物流模式，如图7-13所示。

2）直线型销售物流组织。这是一种按基本职能组织物流部门的组织模式，如图7-14所示。

在这种模式中，物流经理处于整个物流活动的中心地位。他全面负责企业的物流活动，从进到存，再到销售等。此外他还要对物流总成本的降低负责。在这种组织模式中，物流部门的参谋职能仍然保留在各种职能部门内部。

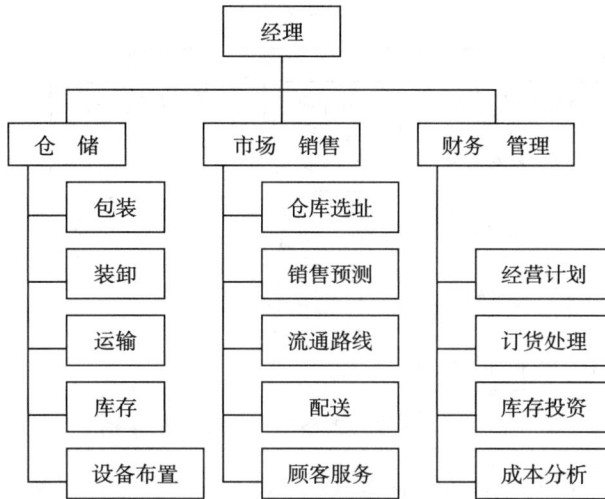

图 7-13　传统型销售物流组织结构

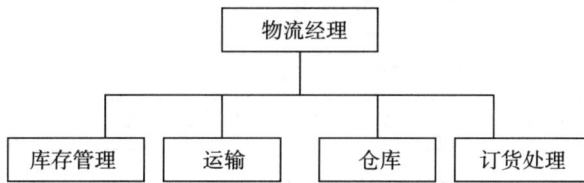

图 7-14　直线型销售物流组织结构

3）参谋型销售物流组织。这是一种按照各个参谋职能组织物流部门的物流组织模式。典型的物流组织模式如图 7-15 所示。它只是把有关物流活动的参谋组织单个抽取出来，基本物流活动仍然放在原来的部门中进行。物流经理负责参谋职能。

图 7-15　参谋型销售物流组织结构

4）直线参谋型销售物流组织。这是将直线型与参谋型组织形式相结合形成的模式，如图 7-16 所示。

直线参谋型组织形式可以克服直线型和参谋型的缺点，它是一种同时有直线型和参谋型双重功能的组织形式。在这种组织中，物流经理对物流管理全过程负责。

5）水平型物流组织。上面的四种组织结构都属于垂直型的组织结构，目前一种明显的趋势是，企业正在以信息技术为支持，实现以过程为导向的管理模式，从而改变传统的垂直职能组织分割的管理组织形式。有人称这种以过程为导向的水平组织为"21 世纪的完美组织"。其实，采用这种着眼于过程的水平组织更有远见，更有利于物流过程的整合。

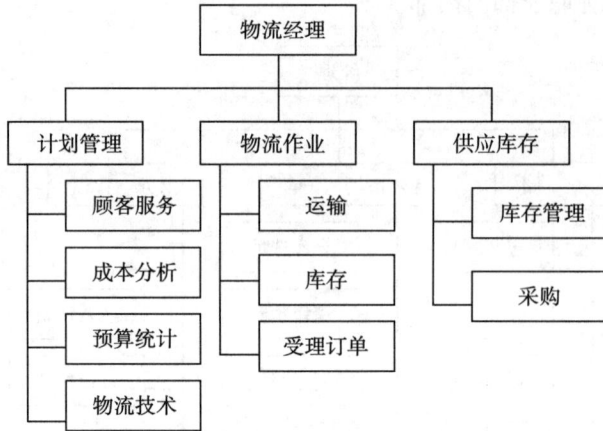

图 7-16　直线参谋型销售物流组织结构

可以将销售物流过程划分为：订单管理流程和配送战略过程。以这两个流程为导向，可以构建如图 7-17 所示的销售物流水平组织结构。

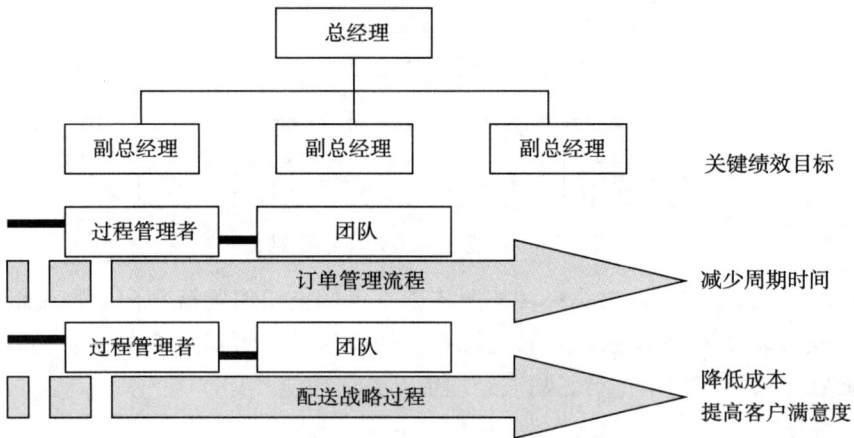

图 7-17　销售物流水平组织结构

从图 7-17 可以看出，对于每一个过程都要组成一个特定的团队来完成具体的工作。公司的高层管理人员组成过程管理者对团队进行领导，而建立这个水平组织的指导思想就是实现每个过程关键的绩效指标。

水平组织具有广泛的沟通网络，这样可以使得相关知识得以运用，信息能够被妥善地处理。同时，由于关键资源能够被几个重要的项目或产品分享，资源的利用效率自然较高。此外，员工接触频繁，可以增加互相交流，互相学习。但是水平组织也有其不足之处，就是由于有较多的管理者，不利于统一指挥。

2. 销售物流的内容

（1）产成品包装。包装是企业生产物流系统的终点，也是销售物流系统的起点。产品的包装通常分为内包装和外包装，也就是销售包装和运输包装。销售包装是与产品直接接触的包装，是企业销售工作的辅助手段，许多生产企业都通过销售包装来进行新产品推销的工作或企业形象的宣传工作。产品的运输包装主要是在产品的运输过程中起到保护作用，避免运输、搬运活动中产生产品的碰撞、雨淋等毁损现象。产品包装，尤其是产成品的运输包装在销售物流过程中起着便于保护、仓储、运输、装卸搬运的作用。因此，在包装材料、包装形式上，既要考虑储存、运输等环节的方便，又要考虑材料及工艺的成本费用。

（2）产成品储存。无论是生产企业还是服务企业，要想将自身为客户提供的服务维持在一个比较高的水平上，即为保证客户需求能够得到及时、足量的满足，就必须留有一定的产品库存。这是因为，任何企业的生产经营活动都存在着一系列的不确定因素和需求的波动，这些不确定因素和需求的波动影响着企业经营活动的稳定性和持续性，因此绝大多数企业都会通过保留一定数量的产品库存来避免这些不确定因素所带来的经营风险。如果消费者对企业产品的消费需求有明显的周期性或季节性变化，企业要保证生产的持续性和产品供给的稳定性，产品库存的重要性和必要性就更加突出了。

（3）订单处理。为使库存保持在最低水平，客户会在考虑批量折扣、订货费用和存货成本的基础上，合理地频繁订货。企业为客户提供订货方式越方便、越经济，越能影响客户，如免费电话服务、预先打印好订货表，甚至为客户提供远程通信设备。客户非常关心交货日期，希望供货方能够将订单处理与货物装运的进程及时通知客户，特别当与预期的服务水平已经或将要发生偏差时，更是这样。随着计算机和现代化通信设备的广泛应用，电脑订货方式被广泛采纳，企业跟踪订货状态的能力也大大提高，使得客户与供应商的联系更加密切。对于购买生产线产品的工业客户来说，了解订货与装运状态虽然重要，但他们最关心的还是保持生产原料可靠的连续供应，因此他们更关心交货日期的可靠性。

（4）销售渠道的选择。销售渠道的结构有以下几种：

1）生产者—消费者。销售渠道短。

2）生产者—批发商—零售商—消费者。销售渠道长。

3）生产者—零售商或批发商—消费者。销售渠道长度介于以上两者之间。

正确运用销售渠道，可使企业迅速、及时地将产品送达用户手中，达到扩大商品销售、加速资金周转、降低流通费用的目的。

（5）发送运输。运输方面的服务包括：运输速度快，及时满足客户需要；运输手段先进，减少运输送中的商品损坏率；运输路径合理组织，尽可能缩短商品运输里程；运输线路选择合理，减少重复装卸和中间环节；运输工具使用适当，根据商品的特性选择最佳运输工具；运输时间合理，保证按时将商品送到指定地点或客户手中；运输安全系数高，避免丢失、损坏等情况发生。

（6）装卸搬运。客户希望在物料搬运设备方面的投资最小化，例如，客户要求供应商以其使用尺寸的托盘交货，也有可能要求将特殊货物集中在一起装车，这样他们就可以直接再装运，而不需要重新分类。

7.4.4　销售物流的管理

1. 销售物流管理的目标

销售物流管理的目标是要追求销售物流的合理化，也就是要做到：

（1）在适当的交货期，准确地向顾客发送商品。

（2）对于顾客的订单，尽量减少商品缺货。

（3）合理设置仓库和配送中心，保持合理的商品库存。

（4）使运输、装卸、保管和包装等操作省力化。

（5）维持合理的物流费用。

（6）使订单到发货的信息流动畅通无阻。

（7）将销售额信息迅速提供给采购部门、生产部门和销售部门。

2．销售物流管理的原则

企业实施销售物流管理应遵循以下七项原则：

（1）根据客户所需的服务特性来划分客户群。

（2）根据客户需求和企业可获利情况设计企业的物流网络。

（3）倾听市场的需求信息，及时发现需求变化的早期警报，并据此安排和调整计划。

（4）实施"延迟"策略。

（5）与渠道成员建立双赢的合作策略。

（6）在整个分销渠道领域构筑高效的信息平台。

（7）建立整个销售物流的绩效考核准则，销售物流管理的最终验收标准是客户的满意程度。

3．销售物流的合理化及其实现

（1）销售物流合理化的形式。销售物流合理化的形式有大量化、计划化、商物分离化、差别化、标准化等多种形式。

1）大量化。通过控制客户的订货，增加运输量，使发货大量化。一般可通过延长备货时间得以实现，如家用电器企业规定 3 天之内送货。这样做能够掌握配送货物量，大幅度提高配送的装载效率。现在，以延长备货时间来增加货运量的做法，已被所有的行业广泛采用。

2）计划化。对客户的订货按照某种规律制订发货计划，并对其实施管理。例如，按路线配送、按时间表配送、混装发货、返程配载等各种措施被用于运输活动之中。

3）商物分离化。商物分离的具体做法，是将订单活动与配送活动相互分离。这样，就把自备载货汽车运输与委托运输乃至共同运输联系在一起了。

4）差别化。根据商品周转的快慢和销售对象规模的大小，把仓储地点和配送方式区别开来，是利用差别化方法实现物流合理化的策略。即实行周转较快的商品群分散保管，周转较慢的商品群尽量集中保管，以做到压缩流通阶段的库存，有效利用保管面积，使库存管理简单化。此外，也可以根据销售对象决定物流方法。

5）标准化。销售批量规定订单的最低数量，会明显提高配送效率和库存管理效率。比如成套或者成包装数量出售，如某一级烟草批发商进货就必须至少以一箱（50 条）为一个进货单位。

（2）销售物流合理化的实现。

1）销售物流的综合成本控制。为了实现销售活动，仓储、运输、包装等各职能部门所投入的成本称为职能成本。系统成本则是整个销售物流活动过程中各职能成本的总和。

2）直销方案的综合物流费用分析。把商品直接销售到用户手中，这种销售物流方案一般会耗费较高的物流成本费用，因为通常直销的货物数量不会很大，而且运输频率高，因此运送成本较高。但是这种直销一般是针对急需的用户采用，一旦延误，很有可能失去用户。如果失去销售机会而损失的成本大于物流成本，则企业还是应采取直销方案。

3）销售物流的统一管理。在销售物流过程中，仓储、运输、包装决策应该是互相协调的。

因此，企业应将销售物流活动统一管理，协调各职能部门的决策，全权负责，这对于满足用户需求、节约企业的物流投入是非常有利的。

| 阅 | 读 | 材 | 料 | 一种典型的物流管理模式——VMI

在日益激烈的市场经济环境下，在供应链的系统论、集成论等新思维影响下，许多大型企业如沃尔玛、宝洁、通用电气、通用汽车等公司都与合作伙伴建立了战略联盟，依托战略联盟关系在探索零库存管理方法和策略方面，进行了不懈的努力。虽然零库存理论是一种挑战极限的库存管理模式，其实践运作十分困难，然而沃尔玛、雀巢、家乐福等公司的实践证明，VMI（vender management inventory，供应商管理库存），便是一种具有可操作性的、有效的挑战零库存的策略。业界称道的宝玛联盟（宝洁-沃尔玛的合作）被看作宝洁公司销售物流成功的典范。

所谓VMI，是一种以用户和供应商双方都获得最低成本为目的，在一个共同的协议下由供应商管理库存，并不断监督协议执行情况和修正协议内容，使库存管理得到持续改进的合作性策略。这种库存管理策略打破了传统的各自为政的库存管理模式，体现了供应链的集成化管理思想，适应市场变化的要求，是一种新的、有代表性的库存管理思想。目前，VMI在分销链中的作用十分重要，因此被越来越多的人所重视。在VMI系统中，核心企业既可以在供应链的上游，也可以在供应链的下游，而当在下游时它又既可以是供应链的中间环节，也可以在供应链的末端。显然，在不同情况下，VMI的运作模式都是不相同的，主要有三种情况：供应商—零售商（核），核心企业（一般为制造商）—分销商（或零售商），供应商—制造商（核）。

对于供应商管理的库存，因为有最低与最高库存点，所以按时交货可通过相对库存水平来衡量。例如：库存为零，风险很高；库存低于最低点，风险相当高；库存高于最高点，断货风险很小但过期库存风险升高。这样，统计上述各种情况可以衡量供应商的交货表现。根据未来物料需求和供应商的供货计划，还可以预测库存点在未来的走势。

VMI管理模式的核心思想是供应商通过共享用户企业的当前库存和实际耗用数据，按照实际的消耗模型、消耗趋势和补货策略进行有实际根据的补货。由此，交易双方都变革了传统的独立预测模式，尽最大可能地减少由于独立预测的不确定性导致的商流、物流和信息流的浪费，降低了供应链的总成本。

1. VMI的特点

一方面，信息共享，零售商帮助供应商更有效地做出计划，供应商从零售商处获得销售点数据并使用该数据来协调其生产、库存活动及零售商的实际销售活动；另一方面，供应商完全管理和拥有库存，直到零售商将其售出为止，但是零售商对库存有看管义务，并对库存物品的损伤或损坏负责。实施VMI有很多优点。

首先，供应商拥有库存，对于零售商来说，可以省去多余的订货部门，使人工任务自动化，可以从过程中去除不必要的控制步骤，使库存成本更低，服务水平更高。

其次，供应商拥有库存，供应商会对库存考虑更多，并尽可能进行更为有效的管理，通过协调多个零售生产与配送，进一步降低总成本。

最后，供应商能按照销售时点的数据，对需求做出预测，能更准确地确定客货批量，减少预测的不确定性，从而减少安全库存量，存储与供货成本更小，同时，供应商能更快地响应用户需求，提高服务水平，使得用户的库存水平也得以降低。

此外，实施 VMI 应注意以下几个问题：

（1）信任问题。这种合作需要一定的信任，否则就会失败。零售商要信任供应商，不要干预供应商对发货的监控，供应商也要多做工作，使零售商相信他们不仅能管好自己的库存，也能管好零售商的库存。只有相互信任，通过交流和合作才能解决存在的问题。

（2）技术问题。只有采用先进的信息技术，才能保证数据传递的及时性和准确性，而这些技术往往价格昂贵，利用信息技术将销售点信息和配送信息分别传输给供应商与零售商，利用条码技术和扫描技术来确保数据的准确性，并且库存与产品的控制和计划系统都必须是在线的、准确的。

（3）存货所有权问题。确定由谁来进行补充库存的决策以前，零售商收到货物时，所有权也同时转移了，现在变为寄售关系，供应商拥有库存直到货物被售出。同时，由于供应商管理责任增大，成本增加了，双方要对条款进行洽谈，使零售商与供应商共享系统整体库存下降。

（4）资金支付问题。过去，零售商通常在收到货物 1～3 个月以后才支付货款，现在可能不得不在货物售出后就要支付货款，付款期限缩短了，零售商要适应这种变化。

2. 推动 VMI 运行的先决条件

企业在实施 VMI 前，应该对自己所处的环境和自身的条件加以分析与比较。主要考虑的因素如下。

（1）企业在供应链中的地位。即是否为"核心企业"或者是否为供应链中至关重要的企业。它要求实施企业必须有具备较高管理水平的人才和专门的用户管理职能部门，用以处理供应商与用户之间的订货业务、供应商对用户的库存控制等其他业务；必须有强大的实力推动 VMI，使供应链中的企业都按照它的要求来实行补货、配送、共享信息等目标框架协议。

（2）企业在供应链中的位置。VMI 一般适合于零售业与制造业，最典型的例子就是沃尔玛和戴尔集团。他们有一个共同的特点，就是在供应链中所处的位置都很接近最终消费者，即处在供应链的末端。其中有一个主要原因就是，VMI 可以消除"牛鞭效应"⊖的影响。

（3）信誉良好的合作伙伴。在实施 VMI 的过程中，要求零售商（在制造业为生产商）提供销售数据，而供应商要按时准确地将货物送到客户指定的地方，这一点对生产商的要求尤其高。

（4）VMI 系统的供应链结构。由于核心企业在供应链中所处的位置不同，形态也有所不同，一般按核心企业的位置不同分为供应链下游为核心企业和供应链上游为核心企业两类。由于核心企业在 VMI 系统中的位置不同，导致核心企业与其合作伙伴的合作方式不同，比如核心企业在上游时，它们一般选择自营物流，而在下游时可以选择自营物流，也可以选择外包物流。这会导致 VMI 运行结构发生变化。

3. VMI 在海尔的应用

海尔的供应商提供物料，并将它们存储在海尔的物流中心，物料在寄存耗用之前，物料的物权属于供应商，供应商通过海尔的 B2B 网站，随时查看库存信息；当生产用料时，在海尔的 ERP 系统中作寄售释放，此时系统会将其物权转移到海尔公司下，在系统中产生结算的凭证，供应商提出支付后给予结算。

海尔之所以实现了 VMI，是因为它已经具备了以下四个必备条件：

第一，ERP。2000 年 10 月，海尔 ERP 成功上线，该系统集成了销售管理的功能，

通过对这些功能的扩展，可以建立完善的销售网络管理系统。实现了库存状态的透明化以及业务处理的标准化，使供应商对海尔的库存状态能随时进行跟踪调查和检查。

第二，基于互联网的电子数据传递。海尔 B2B 网站是基于互联网建立的与供应商之间零距离的信息沟通手段，供应商可借助互联网，通过高速数据专用线与互联网实现连网，通过路由器与自己的局域网相连，再由局域网内服务器为供应商的库存管理部门提供各种信息存取、处理等服务。

第三，条码技术的应用。海尔的出入库实现条码扫描，实现了对物料的准确识别，便于供应商随时跟踪和检查海尔的库存状况，快速反应需求。

第四，供应商与海尔之间互动双赢的合作框架协议。海尔通过与供应商协商来确定库存检查周期、库存的维持水平、订货点等有关库存控制的核心问题，以及合作双方如何进行信息的交流和存取、订单的传递和处理等有关业务流程的问题。

目前 80% 以上的海尔供应商实现了 VMI 管理，不但实现了零库存的目标，而且降低了供应商的库存，使库存信息达到共享，实现了供应商的成本最低，提高了整条供应链的响应速度，达到了互动双赢。

海尔实施 VMI 可以降低存货，提高海尔的核心竞争力；减少供应商的数目；通过改进供应商之间、供应商与用户之间的流程节约采购时间，提高供应链的持续改进能力；加强供应商的伙伴关系；降低采购订单、发票、付款、运输、收货等的交易成本。实施 VMI，可以实现海尔和供应商的双赢。

7.5 企业物流成本

物流成本是指产品空间位移（包括静止）过程中所耗费的各种资源的货币表现，是物品在实物运动过程中，如包装、运输、仓储、流通加工、信息等各个环节所支出的人力、物力、财力的总和。

物流成本包括从原材料供应开始一直到将商品送达消费者所发生的全部物流费用。然而在传统上，物流成本在企业会计核算上并没有统一的科目，物流成本的计算总是被分解为各个独立的部分，制造企业习惯把物流费用计入产品成本，商业企业物流费用与商品流通费用混在一起。因此，无论是制造企业还是商业企业，都难以按照物流成本的内涵完整地核算出物流成本。

物流成本之所以难以计算，主要是物流成本具有隐含性特征。在物流成本中，有不少是物流作业部门无法控制的，如保管费中就包括了由于过多进货或过多生产而造成积压的库存费用以及紧急运输等例外发货的费用。从销售方面看，物流成本并没有区分多余的服务和标准服务的不同，如物流成本中包含过多的促销费用。物流成本之间存在此消彼长的特点，在物流功能之间，一种功能成本的削减会使另一种功能成本增加。因为各种费用相互关联，必须考虑整体物流系统的最低成本。

物流战略已经成为大企业提高竞争力的重要手段，我国多数企业还没有意识到物流成本控制的重要性。事实上，企业物流成本是除了原材料成本之外最大的成本项目，我国物流成本一般占总成本的 20% 以上，经营鲜活产品的企业物流成本要占 60% 左右甚至更多，而有效的物流管理可以节省 15%～30% 的物流成本，并且大大地减少库存和运输成本。相比而言，发达国家的物流成本一般控制在 10% 左右。中小企业本身在技术上和产品质量上都不及大企业，但中小企业在产品价格上和相对市场需求反而具有优势，因此通过物流管理更能在节省产品成本方面发挥自己的优势。

7.5.1　企业物流成本的特征

1. 物流成本削减的乘法效应

物流成本是以物流活动的整体为对象的，是唯一基础性的、可以共同使用的基本数据，可以说物流成本是进行物流管理、使物流合理化的基础。

2. 物流成本的效益背反

物流成本的效益背反主要体现在以下两个方面：

（1）物流成本与服务水平的效益背反。高水平的物流服务是由高的物流成本来保证的，企业很难既提高了物流服务水平，同时也降低了物流成本，除非有较大的技术进步。与处于竞争状态的其他企业相比，在处于相当高的服务水平的情况下，要想超过竞争对手，提出并维持更高的服务标准，就需要有更多的投入，因此一家企业在做出这种决定时必须经过仔细研究和对比。

（2）物流各功能活动的效益背反。所谓"鱼和熊掌不可兼得"，物流的各项活动处于这样一个相互矛盾的系统中，想要较多地达到某个方面的目的，必然会使另一方面受到一定的损失，这便是物流各功能活动的效益背反。

依据物流成本的这一特征，在设计物流系统时，要综合考虑各方面因素的影响，使整个物流系统达到最优，任何片面强调某种物流功能的企业都将会蒙受不必要的损失。物流系统就是以成本为核心，按最低成本的要求，使整个物流系统化。它强调的是调整各要素之间的矛盾，把它们有机地结合起来，使成本最小，以实现部门的最佳效益。

7.5.2　企业物流成本的分类

我们从企业角度来考察物流成本。最狭义的物流成本仅把生产厂家向外部支付的物流费用算作物流成本。若再加上企业内消费掉的物流费用，则是一般的生产企业的狭义物流成本。若在此基础上再将材料的物流费用包括进来的话，就形成了生产企业广义物流成本，再将销售业的费用也包括进来才是最广义的物流成本。

根据以活动为基础确定物流成本的方法，可将物流成本归类为三大项：直接成本、间接费用和日常费用。

直接成本是那些为完成物流工作而引起的费用，这种成本不难找出。运输、仓储、原材料管理以及订货处理及库存的某些方面的直接费用是能从传统成本中提取出来的。

间接费用是较难分离的，因为与间接因素有关的费用往往涉及固定资本的分摊。物流活动的间接费用的确定经常决定于管理者的判断，一般在每件平均成本的基础上分配间接费用。

成本分配中最为关注的费用是日常费用。

7.5.3　影响企业物流成本的因素

1. 竞争性因素

企业处于这样一个复杂的市场环境下，不仅包括产品价格的竞争，还包括顾客服务的竞争，而高效的物流系统是提高顾客服务水平的重要途径。

影响顾客服务的主要因素有以下几个方面。

（1）订货周期。企业物流系统的高效必然可以缩短企业的订货周期，降低顾客的库存，从而降低顾客的库存成本，提高企业的顾客服务水平，增强企业的竞争力。

（2）库存水平。企业的库存成本提高，可以减少缺货成本，即缺货成本与存货成本成反比。库存水平过低，会导致缺货成本增加，但库存水平过高，虽然会降低缺货成本，但是存货成本会显著增加，因此，合理的库存应保持在使总成本最小的水平上。

（3）运输。企业采用更快捷的运输方式，虽然会增加运输成本，却可以保证运输质量，缩短运输时间，提高企业竞争力，但这要建立在对顾客服务水平和自身成本的权衡上。

2. 产品因素

（1）产品价值。一般来说，产品价值越大，对其所需使用的运输工具要求越高，仓储和库存成本也随产品价值的增加而增加。

（2）易损性。易损性的产品对运输和库存都提出了更高的要求。利用特殊尺寸的搬运工具或在搬运过程中需要加热或制冷等，这些都会增加物流成本。

3. 空间因素

若工厂距离市场太远，则必然要增加运输费用。还可以在该市场建立小型库存储备，这两方面都将影响物流成本。

7.5.4　降低企业物流成本的途径

降低物流成本是企业的"第三利润源泉"，传统的企业总是关注制造成本的降低和销售利润的提高，随着顾客对交货的要求越来越高，物流成本也随着顾客服务水平而水涨船高，物流成本的降低成为企业获得利润的重要方面。

1. 物流合理化

物流合理化就是使一切物流活动和物流设施趋于合理，以尽可能低的成本获得尽可能好的物流服务。这里包括运输方式和运输路线的选择、仓库的选择，采用科学的货物堆码技术。

2. 物流质量

这是因为只有不断提高物流质量，才能不断减少和消灭各种差错，降低各种不必要的费用支出，降低物流过程的消耗，从而保持良好的信誉，吸引更多的客户，形成规模化的集约经营，提高物流效率，从根本上降低物流成本。

3. 物流速度

提高物流速度，可以减少资金占用，缩短物流周期，降低储存费用，从而节约物流成本。美国生产企业的物流周期为平均每年 16~18 次，而我国还不到 2 次，生产同样的东西，我们需要的资金是对方的 8~9 倍。在我国，通过提高物流效率来降低物流成本的空间非常巨大，这里蕴含着一个亟待开采的大金矿。

4. 物流人才

要想发展物流，实现现代化物流，就必须重视物流人才的培养与培训。

企业物流管理作为企业管理的一个组成部分，通过使物流功能达到最佳组合，在保证物流服务水平的前提下，实现物流成本的最小化，这是现代企业物流管理的根本任务所在。

当前既能提供成本优势，又能提供价值优势的管理领域很少，而物流管理则是这些并不多的管理领域中的一个。一家企业若拥有高效、合理的物流管理，既能降低经营成本，又能为顾客提供优质的服务；既能使企业获得成本优势，又能使企业获得价值优势。因此，企业物流管理已成为现代企业管理战略中的一个新的着眼点。近年来，企业对物流管理日益重视，逐渐把企业的物流管理当作一个战略新视角，制定各种物流战略，以增强企业的竞争力。

把企业物流管理上升到战略地位经历了一个过程。从纯粹为了降低企业内部的物流成本，到为提高企业受益而加强内部物流管理，通过向顾客提供满意的物流服务来带动销售收入的增长，发展到现在从长远和战略的观点去思考物流在企业经营中的定位，甚至超越本企业从供应链的角度管理企业的物流。

▋ 本章小结

本章从物流概念的演进出发，介绍了企业物流管理的基本理论。对物流概念的演变及物流的价值、现代物流的特征、物流的基本功能和增值功能及供应物流和销售物流的机理进行了分析，重点介绍了两种主要的物流管理模式 Milk Run 和 VMI，分析了降低物流成本的途径。首先，本章介绍了物流的基本内涵；接着，本章讨论了企业物流管理的基本内容和原则；然后，本章阐述了采购与供应物流，特别是 JIT 供应物流的基本内容；再次，本章还介绍了销售物流的内容；最后，本章对物流成本进行了剖析，重点介绍了循环取货和 VMI 是物流管理实践最有效的方式。

▋ 关键术语

物流	企业物流管理	循环取货	物流成本
JIT 采购与供应物流	VMI		

▋ 阅读指南与课外学习

1. 阅读指南

要了解更多的物流管理的知识，请阅读以下著作

（1）马士华. 供应链管理［M］. 北京：机械工业出版社，2005.

（2）魏修建. 现代物流与供应链管理［M］. 西安：西安交通大学出版社，2010.

（3）马丁·克里斯多夫. 物流与供应链管理［M］. 何明珂，译. 北京：电子工业出版社，2011.

（4）唐纳德·沃特斯. 物流管理概论［M］. 刘秉镰，译. 北京：电子工业出版社，2003.

（5）罗纳德 H 巴罗. 企业物流管理——供应链的规划、组织与控制［M］. 王晓东，等译. 北京：机械工业出版社，2002.

（6）詹姆斯 R 斯托克，等. 战略物流管理［M］. 邵晓东，等译. 北京：中国财政出版社，2003.

（7）米歇尔 R 利恩德斯，等. 采购与供应管理［M］. 张杰，张群，译. 北京：机械工业出版社，2001.

（8）邓风祥. 现代物流成本管理［M］. 北京：经济管理出版社，2003.

2. 网络资源

你可以借助以下物流专业网络进一步拓展物流视野：

（1）http：//www. itpub. net。

（2）http：//share. yoao. com。

（3）www. supply-chain. org。

（4）http：//www. cenet. org. cn（中国经济学教育科研网）。

（5）www. poms. org（美国生产与运作管理协会）。

（6）www. clm1. com（美国物流管理协会）。

复习思考题

1. 对比各种物流学说，谈谈物流的重要作用。

2. 谈谈企业物流管理的原则。

3. 现代物流管理的特点是什么？现代物流与传统物流有何主要区别？

4. 各种运输手段的运输特点和存在的问题是什么？

5. 物流增值功能的构成如何如何？

6. 谈谈企业物流成本的效益背反问题。

7. 企业实施 VMI 的条件是什么？

8. 影响企业物流成本的因素是什么？

9. 降低企业物流成本的途径有几个方面？

|案|例|分|析|一| 一汽大众汽车有限公司的生产物流

一汽大众汽车有限公司目前仅捷达车就有七八十个品种，颜色也有十七八种，而每辆车都有 2000 多种零部件需要外购。从 1997 年到 2000 年年末，公司捷达车销售量从 43 947 辆一路跃升至 94 150 辆，2011 年销量更是达到 21.78 万辆，过去 10 年间，总出货量全国第一，遥遥领先于同一级别其他汽车，是当之无愧的销售冠军。与这些令人心跳的数字形成鲜明对比的是，公司零部件居然基本处于"零库存"状态，而制造这一巨大反差的就是一整套较为完善的生产物流控制系统。

一个占地 9 万多平方米、可同时生产多种不同品牌的汽车、亚洲最大的整车车间，它的仓库也一定非常壮观吧，可这里的人会告诉你：我们这儿没有仓库，只有入口。

走进一个标有"整车捷达入口处"牌子的房子，只见在上千平方米的房间内零零星星地摆着几箱汽车玻璃和小零件，四五个工作人员在有条不紊地用电动叉车往整车车间送零件。在入口处旁边的一个小亭子里，一位保管员正坐在电脑前用扫描枪扫描着一张张纸单上的条形码——他正在把订货单发往供货厂。这时，一辆满载着保险杠的货车开了进来，两个工作人员见状立即开着叉车跟了上去。几分钟后，这批保险杠就被陆续送进了车间。据保管员讲，一汽大众的零部件送货形式有三种。第一种是电子看板，即公司每月把生产信息用扫描的方式通过电脑网络传送到各供货厂，对方根据这一信息安排自己的生产，然后公司按照生产情况发出供货信息，对方则马上用自备车辆将零部件送到公司各车间的入口处，再由入口处分配到车间的工位上。刚才看到的保险杠就采取这种形式。第二种叫作准时化，即公司按过车顺序把配货单传送到供货厂，对方也按顺序装货，直接把零部件送到工位上，从而取消了中间仓库环节。第三种是批量进货，供货厂每月对于那些不影响大局又没有变化的小零部件分批量地送一到两次。他说，过去这是整车车间的仓库，当时库里堆放着大量的零部件，货架之间只有供叉车勉强往来的过道，大货车根本开不进来。不仅每天上架、下架、维护、倒运需要消耗大量的人力、物力和财力，而且储存、运送过程中总要造成一定的货损货差。

现在每天平均两个小时要一次货，零部件放在这里的时间一般不超过一天。订货、生产零件、运送、组装等全过程都处于小批量、多批次的有序流动当中。公司原先有一个车队专门在各车间送货，现在车队已经解散了。为什么短短几年的时间一汽大众就会有如此大的变化？陪同记者采访的公司生产服务部的规划员丁一飞自豪地说：我们用不到 300 万元人民币打造了"傻子工程"。

在该公司流行着这样一句话："在制品是

万恶之源"，用以形容大量库存带来的种种弊端。在生产初期，捷达车的品种比较单一，颜色也只有蓝、白、红3种。公司的生产全靠大量的库存来保证。随着市场需求的日益多样化，传统的生产组织方式面临着严峻的挑战，1997年，"物流"的概念进入了公司决策层。考虑到应用德方的系统不仅要一次性投入1 500万美元，每年的咨询和维护费用也需数百万美元，中方决定自己组织技术人员和外国专家进行物流管理系统的研究开发。1998年年初，公司开发的物流控制系统获得成功并正式投入使用。如今，这个仅用了不足300万元人民币的系统已经受住了20多万辆车的考验。在整车车间，记者看到生产线上每辆车的车身上都贴着一张生产指令表，零部件的种类及装配顺序一目了然。计划部门按装车顺序通过电脑网络向各供货厂下计划，供货厂按照顺序生产、装货，生产线上的工人按顺序组装，一伸手拿到的零部件保证就是他正在操作的车上的。物流管理就这样使原本复杂的生产变成了简单而高效的"傻子工程"。令人称奇的是，整车车间的一条生产线过去只生产一种车型，其生产现场尚且拥挤不堪，而如今在一条生产线同时组装两到三种车型（捷达、宝来和速腾）的混流生产方式下，不仅做到了及时、准确，而且生产现场比原先节约人员近10%。此外，零部件的存储减少了，公司每年因此节约的成本达六七亿元人民币，同时，供货厂也减少了30%~50%的在制品及成品储备。先进的管理带来了实实在在的效益，也引发了一场深刻的管理革命。难怪公司总经理陆林奎感慨地说：一个单位谁是头儿？电脑！

随着物流控制系统的逐步完善，电脑网络由控制实物流、信息流延伸到公司的决策、生产、销售、财务核算等各个领域中，使公司的管理步入了科学化、透明化。现在公司主要部门的管理人员人手一台电脑，每个人以及供货厂方随时可以清楚地了解每一辆车的生产和销售情况，公司早已实现了"无纸化办公"，各部门之间均通过E-mail联系。德国大众公司每年的改进项目达1000多个，一汽大众依靠电脑网络实现了与德方同步改进，从而彻底改变了过去那种对方图纸没送来就干不了活儿的被动局面。工作方式的改善，不仅使领导层得以集中精力研究企业发展的战略性问题，也营造了一个充满激烈竞争的环境，促使每个员工不断提高自身的业务素质。透过"零库存"，我们看到，对于一家企业来说，领导者的超前意识、一批兢兢业业的专业技术人员和企业较强的开发能力是进行物流管理必不可少的前提。

讨论题：

（1）结合本案例，说明实现"零库存"的意义何在。

（2）结合本案例，说明企业实现"零库存"的途径有哪些。

（3）试说明一汽大众的计算机信息系统有何可借鉴之处。

（4）一汽大众的零部件送货形式有几种？

（5）一汽大众为什么要解散自有车队？

|案|例|分|析|二|　　　　　沃尔玛成功的秘密

美国《财富》杂志2012年7月10日公布了2012年度全球500家最大公司最新排名，美国零售商沃尔玛公司以4 218亿美元的营业额连续第11年名列榜首。这家企业的历史并不久远，但发展迅速。公司成立20年后，就成为美国最大的折扣百货店，30年后，成为世界最大的零售企业，40年后，成为全球按销售额排行第一的公司。一家企业能够获得如此巨大的成功，必然有其先进的管理手段等一系列成功要素，而该公司强大

的物流配送系统更能让我们从中得到启示。

一、配送渠道自主

20 世纪 70 年代，美国的配送渠道和技术手段还不算发达，这限制了沃尔玛有效地满足消费者需求的能力。从商店发出订单到收到货物，往往要长达 30 天之久，这在当时十分普遍。多数供应商也只能做到这一步而已。

在沃尔玛发展的早期阶段，由于其商店分布在各个小镇上，而且必须保证这些商店的货品供应，他们不得不在配送方面和时间比赛。那时候他们还没有意识到，效率和规模效益将会成为他们最大的竞争优势之一，这一点在今天已经被沃尔玛强大的配送系统所实现。而正是在那个时候，他们开始放弃一般的直接运送货品到商店的方式，转向新的配送理念：集中管理的配送中心。

沃尔玛一直以小镇策略作为其发展的方向，一是以州为单位，一步步向小镇扩张，直到整个州内遍布沃尔玛连锁店。如公司在阿肯色州西部市场饱和后，便转向俄克拉荷马州，然后是密苏里州、堪萨斯州。小镇策略推动着沃尔玛公司投资组建自己的库存配送系统。最初是为增加一次采购批量，同时也因为最初的供货商不愿跨越几十公里为小镇中的沃尔玛送货。后来自组配送中心大大加强了公司经营的灵活性和自主性，加强了与供应商谈判的地位，且最终通过采用新技术和有效的管理大大降低了配送成本。20 世纪 70 年代，整个零售行业都遭到挫折，大型连锁店，如西尔斯、凯玛特因多种原因，净利润均在下滑。略小一点的彭尼、吉伯森和蒙哥马利在 70 年代末也遇到种种麻烦，还有一批折扣百货连锁店因业内的激烈竞争而倒闭。这些商店共同遭遇挫折的一点原因是，它们的配送效率都下降了。而在小镇上发展的沃尔玛却未遇到太多挑战，一路顺利发展。多数情况下，沃尔玛店是周围几十公里内最大的综合性商店，在社区内占统治地位，因此不仅有能力吸引小镇的顾客，而且还吸引了周围广大地区的顾客。另外，由于它建店的地址选取在小镇，建店费用很低。此外，还有一个令其发展的重要原因是它有功能强大且完善的配送中心使其能灵活快速地运营。

二、发达的物流管理

物流配送是实行连锁经营不可缺少的重要组成部分。物流配送的水平在一定程度上体现着整个连锁企业的经营水平。沃尔玛不仅改变了竞争逻辑，对传统零售企业的经营战略进行了革命性的转变，即绕开中间商，直接从工厂进货，从而大大减少了进货的中间环节，为压低价格提供了更大的空间，而且沃尔玛还打破了传统零售行业的存货方式，实行"过站式"物流管理，即"统一定货、统一分配、统一运送"。由公司总部负责统一将来的商品全部送到指定的配送中心，而每家分店只是一个纯粹的卖场。

虽然配送系统有诸多好处，但是难于管理，因此让其他零售商不敢问津。而沃尔玛发展了一套适应配送系统的管理体系。为了让这套系统顺利运作，沃尔玛必须把传统的投资报酬标准放在一边，针对许多不同的互助支援系统，作大量的策略性投资，并保证各方面的通力合作。

（1）配送路线通畅。这要求配销中心、供应商以及"每一分店的每一销售店"之间连线作业，以保证各个环节畅通无阻。

（2）沃尔玛设立专门的卫星通信系统后，每天可以将销售点的资料快速、直接传送给 4 000 多家供应商，以便供应商及时备用，适应市场需求。

（3）沃尔玛拥有反应迅速的机动运输车队，这些车队连接着沃尔玛与供应商以及各个沃尔玛商店，为他们运送货物。

（4）从传统意义而言，零售业的采购、补货、定价以及推广等权利，都高度集中在公司的管理阶层。然而，沃尔玛的配送系统则改革了这一指挥控制模式。沃尔玛在采购权上进行了部分放权，分店也有权限据顾客需求和满意度选择和采购商品。

今天，沃尔玛有 30 家为美国本土商店服务的配送中心，为国际商店服务的有 12 家。42 个配送中心为全球 4 000 多个店铺提供配送服务。在美国，他们被战略性地安置在全国的各个销售区域——其中绝大多数离他们服务的商店只有一天的路程，有的是在大约 350 英里的范围之内。合起来算，他们占有 1 800 万平方英尺以上的销售空间。有 8 万种以上的商品在他们的商店里出售。而这其中有 85% 的货都是由他们的仓库直接供应的，相比之下，他们的竞争者只能达到 50%～60% 的水平。他们的零售商从在计算机上开出订单到得到补货的时间间隔平均只有两天左右，而他们的许多竞争者则至少需五天，只因为他们没有自己的销售网络。其实，单就节约的成本来看，公司花在配送中心的投资也是物有所值。沃尔玛把货品送到商店的成本低于 3%，而其竞争对手做同样的事情一般要付出 4.5%～5%。那就是说，当沃尔玛以同样的价格零售同样的商品时，他们比竞争对手多得 2.5% 的利润。

三、先进的配送硬件

沃尔玛的配送系统依靠高效的管理运行，同时也有赖于先进的硬件设施，主要包括公司快捷的运输车队和庞大的分销中心。

1. 快速反应车队

运输车队是沃尔玛分销系统的重要组成部分，为公司配送立下了汗马功劳。由于业务的拓展，后来，沃尔玛公司相应建立了几十家分销中心，安置在全美的各大销售区域。沃尔玛不仅在自己的配送中心储存更多的商品，而且不失时机地扩大了他们自己车队的规模。沃尔玛公司建立了全美国最大的卡车运输队，拥有超过 2 000 辆的公路长途运输卡车和 1.1 万辆以上的拖车。

为了具有沃尔玛公司所需要的那种灵活

性（即以超出他们要求的专门车队所做到的那样进行反应的能力），沃尔玛公司还拥有那些像商店里的职员一样献身于客户服务的司机。运输车队的司机们像商店里的职员一样忠于企业。山姆甚至说："当你外出在高速公路上试图超越一辆沃尔玛公司的卡车时，你可以打赌——那个坐在方向盘上的人是个真正的行家。他并不仅仅是在驾驶一辆卡车，而是在致力于为那些商店服务，因为他知道自己是沃尔玛公司的使者。"

就像严格要求每一个商店员工一样，沃尔玛对每一个卡车司机也同样严格要求，择优选拔。在沃尔玛，上万辆客车有条不紊地行驶在全美国的公路上。有一次，总经理戴维要求主管运输的副总经理李·斯科特试着在一天里找到车队的任何一辆卡车和拖车，只是为了证明他们能够做到这一点——当然沃尔玛也确实做到了。

2. 庞大的分销中心

零售店盈利的关键在于对库存的控制，而好的库存控制又建立在好的单件商品管理基础上。沃尔玛通过高效率的存货管理，使企业能迅速掌握销售情况、库存情况和市场需求趋势，以减少库存风险，降低资金积压，加速资金周转，取得竞争优势。

当沃尔玛的 30 个分销中心开始作业时，那真是一个壮观的景象。除非身临其境，否则你难以相信所有这一切。沃尔玛的分销中心是一个占地大约 110 万平方英尺的建筑物，其面积相当于 23 个美式足球场。从地面到屋顶堆满了各种各样的商品，从牙膏到电视机，从卫生纸到玩具，从自行车到烧烤架，总之应有尽有。这里的每样商品都有条形码，有一台计算机专门负责追踪每箱商品的位置和移动情况，从它的储存直到运送出去。那里大约有 600～800 名供职的员工，每天 24 小时里他们轮班工作。这个建筑物的一头是一个带有装卸门的运输码头，那里面同时可为 30 辆卡车装货——通常也总是有 30 辆在同时装货，另一头则是收货码头，约有 135 个供卸货用的车位。

沃尔玛的分销中心应用了两项先进的物流技术——交叉作业和电子数据交换（EDI）。供货商将货物运到配送中心之后，配送中心根据每个分店的需求量对商品进行就地筛选、重新打包。沃尔玛的价格标签和统一产品条形码早已经在供货商那里贴好，货物在配送中心的一侧作业完毕之后，被运送到另一侧，准备送到各个分店。配送中心配备有激光制导的传送带，足有几英里长，货物被成箱地送上传送带。

这些货物有仓库里的大约 13.68 千米长的激光引导传送带运入和运出。在配送中心，每件货品都贴有条形码，当一件商品储存进来或者运送出去时，有一台计算机专门追踪它所处的方位和变动情况。机器识别出物品上的条形码，然后把它引向正待当晚完成某家商店的定购任务的卡车。

任务繁重的时候，这些传送带一天处理约 200 000 件商品。这些商品通过长约 13.7 千米的激光控制的传送带在库房里进进出出。在 48 小时以内，装箱的商品从一个卸货处运到另一个卸货处，而不在库房里消耗宝贵的时间，这种类似网络零售商"零库存"的做法使沃尔玛每年都可以节省数百万美元的仓储费用。

当一切以全速运转时，你只能看到在这些传送带上来回翻飞的一些盒子和条框的影子，红色的激光到处闪耀，把这个箱子引向那辆卡车，或者把那个箱子引向这辆卡车。在外面的停车场，沃尔玛公司的卡车队整天轰隆隆地进进出出。这套繁忙的分销系统也从另一个方面说明了沃尔玛的生意是多么的红火。

讨论题：

决定沃尔玛物流竞争力的因素有哪些？

第8章

企业财务管理

学习目标

通过学习本章，使学生了解企业筹资管理、投资管理、流动资产管理和利润分配管理的内涵和基本内容，掌握企业资本成本的计算方法，熟悉投资项目评价以及流动资产管理的基本方法，明确企业利润分配的流程，能够熟练地运用比率分析法对企业的财务状况和经营成果进行分析。

引导案例

荣事达的财务管理

2000 年 2 月 17 日，荣事达集团与美国泰克公司共建的荣事达中央研究院在合肥落成开业，这是我国第一家堪称世界级的研究院，也是继 1996 年双方合资建厂后在家电新产品研发领域进行的又一次"握手"。正是在一次又一次的合资中，荣事达不断壮大了自身的实力，从 1992 年的 1 亿到 1999 年的 33 亿，总资产规模完成了令人惊叹的"核裂变"。

资产在买卖中增值

以固定资产 306 万元抵押借贷 2 700 万元是需要勇气的，荣事达在起步阶段就是这样冒着巨大风险积累了原始资本。用这些钱，它们引进当时最先进的日本三洋洗衣机的技术、设备，改善了企业的"硬件"。在企业赢得一定市场份额后，如果不把这种无形资产拿到市场上交换，它就一文不值，这是荣事达人的观点。他们正是在自身资产获利能力最强的时候把股份的 49% 主动出让给港商詹培忠，从而获得资金 1.04 亿元，"卖"的价钱比最初的"企业市值"翻了将近 4 倍。回过头，荣事达用这 1.04 亿元与日本三洋等 4 家企业合资建立了合肥三洋荣事达电器有限公司，引来了日方 1 个多亿的资金，使公司资本在 1993 ~ 1994 两年内翻了两番，实现了二变四、四变六的几何级数扩张。

小富不能即安

荣事达 1996 年使的一招"怪棋"令许多人不解，但事后证明这是个聪明的决断。它们以 1.55 亿元的高价收购了先前出让给港商的 49% 的股权，让对方赚了一笔，自己拿来后与美国泰克公司、香港爱瑞公司以 49%、49.5%、1.5% 的比例合资，成立了 6 家企业，此举引进外资 8 200 万美元，总注册资本达 13.4 亿元人民币。在评估中，荣事达的资本价值翻了一番，仅购回股份即获净收益 7 900 万元。荣事达的发展也引起了民间资本的注意力，1998 年，合肥民营企业家姜茹把自己的 2 000 万元投给荣事达集团，此时在业界引起极大反响。荣事达以信誉资本（占 20% 股权）、设备、土地、厂房等投入 2 040 万元占 51% 股权，与姜茹合资组建了荣事达电工有限责任公司。这 2 000 万元不仅为荣事达带来了资金，同时提高了其信誉度，许多民营企业找上门来要求合资合作，荣事达融资面更宽了。荣事达的董事长陈荣珍谈资本运营时有句话很中肯：我们买股份是为了更好地买，卖又是为了更好地买，资产在买卖的流通中才能不断增值。那么，荣事达为什么要马不停蹄地买卖自己的信誉资本、实际资本，把负债率迅速降到 30% 呢？

不能在一棵树上吊死

国企老板在概括国企困难时最时髦的一句话是：资金短缺。许多破产企业最后都是跟银行赖账。为什么国企的投资主体只能是银行，大家都得"吊死"在银行一棵"树"上呢？荣事达之所以高投资运营，就是在寻求多元化的融资渠道。它们在不同时期，根据社会的资金大环境选择合资对象，解决发展中最紧迫的问题。第一次抵押借贷是 1986 年，当时市场处于短缺经济时代，只要项目选得准，迅速形成规模，产品获利能力强，就可迅速完成原始积累，实践证明它们做到了。后来的三次合资主要是为了提高产品科技含量，扩大生产和市场规模，以自己的存量资产去吸引外商的增量资产，不仅吸引资本，也吸引国外的先进技术和管理经验。另外，荣事达在资本运营中将存量资产货币化，把股权卖给别人，把可能的风险转移，把资产以货币形式兑现，也是为了体现企业的活力，通过买卖把企业的有形资产、无形资产组合到最佳状态。正如集团董事长陈荣珍说的："港商买我的股份是因企业经营得好，能赚钱，后来又把钱收回来和美国人合资，是因为这样我赚的钱会更多。投资不是算计别人，而是'各算各的账，各赚各的钱'。"

必须具有国际领先的技术水平

荣事达在合资中具有一条重要原则，就是要求外方生产企业必须具有国际领先的技术水平。与日本三洋合资时就看准了其代表当今洗衣机最高水平的模糊控制技术，到今天荣事达生产的这种洗衣机仍占到国内同类产品市场份额的 80%，投资回报率逐年上升。正是资本运营带动荣事达集团的产品技术不断上台阶。中美合资后，美泰克公司为荣事达的产品提供在美国首屈一指的全无氟冰箱技术。荣事达计划在洗衣机年产 200 万台、保持市场占有率领先的情况下，进行产品结构调整，加大高新技术产品产值率。眼下，贴着"荣事达"标签的冰箱、微波炉等家电产品已全面上市。

资本运营的高风险促使荣事达不断提高企业的管理水平

在荣事达内部，中美合资、中日合资、中方资产呈三足鼎立之势，合资公司、中方企业都是独立法人实体，是规范的股份制公司，平等获利、风险共担。集团董事长陈荣珍说："如果你管不好，人家就要来管。不管谁的资金，送到我们手里，就要让它增值、获利，做不到这一点，股权结构就会改变。"目前改制后的荣事达已明确了集体资产归属权，并按相关法律明确了劳资、人事、财务关系，初步建立起现代企业制度。

讨论题：

（1）怎样认识财务管理是企业管理的中心，资本运作是财务管理的中心？

（2）纵观世界范围内财务管理的发展，大致经历了哪些阶段？各阶段的特点是什么？

（3）财务管理作为对资本的运作，具有哪些功能？

8.1　筹资管理

8.1.1　企业的资金循环

在企业的经营过程中，伴随着物资不断运动着的是物资的价值运动过程。由于这种价值运动过程可以用货币形式表现出来，而通常又将经营过程中的物资价值的货币表现称为资金，所以物资的价值运动过程称为资金运动。

企业的资金运动构成企业经济活动一个相对独立的方面，这就是企业的财务活动。

考察企业财务就是研究企业经营过程中的资金运动。随着再生产过程的不断进行，企业资金总是处于不断运动之中，企业的资金运动过程又是资金形态不断变化的过程。在物资购买阶段，企业资金由货币形态转化为固定资产、原材料等实物形态的资金——固定资产和储备资金；在生产阶段，已消耗的生产资料价值——固定资产损耗价值和储备资金以及劳动者创造的价值转移到产品中，资金形态转化为另一种实物形态的资金——生产资金和成品资金；通过销售阶段，成品资金形态又转化为货币资金形态。

企业资金在经营过程中从货币资金开始，经过若干阶段，依次转换其形态，又回到货币资金的过程称作资金循环。资金循环包括四个方面的内容，即资金筹集、资金的投放和使用、资金的耗费、收入的取得和分配。

上述资金运动的过程如图 8-1 所示。

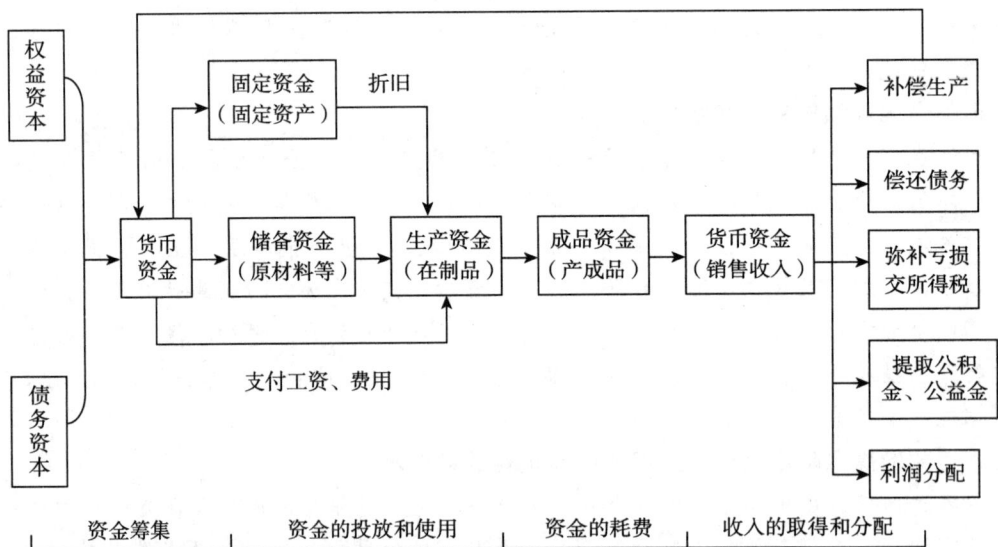

图 8-1　企业资金循环

企业的资金运动是在社会化大生产中进行的，企业组织资金运动，进行资金筹集、资金的投放和使用、资金的耗费、收入的取得和分配等财务活动，必然发生与有关方面的经济关系，即财务关系。财务关系主要包括以下五个方面。

（1）企业与投资者之间的财务关系。这种关系体现了所有权的性质，反映了所有者与经营者之间的产权和经营关系。

（2）企业与债权人之间的财务关系。这种关系体现了债权债务关系。

（3）企业与国家之间的财务关系。它体现了国家以政府管理者身份参与企业资金分配的关系，这种关系主要通过税收体现。

（4）企业与其他单位之间的财务关系。这种关系体现了企业之间的分工协作和经济利益关系。

（5）企业内部财务关系。这种关系表现在两个方面，一方面是指企业内部各单位之间的财务关系，另一方面是指企业与职工之间的财务关系。

综上所述，企业再生产过程中存在资金运动，它体现企业与各方面的经济关系，这就是企业财务的实质。

8.1.2 企业筹资的动机

企业筹资的动机主要表现在以下四个方面。

1. 创建动机

资金是企业生产经营活动的基本前提。企业的创建是以充分的资金准备为基本前提的。创建企业，首先必须筹集足够的资本金，然后取得会计师事务所的验资证明，并据此到工商管理部门办理注册登记，才能开展正常的经营活动。

2. 发展动机

企业要发展，就必须不断扩大生产经营规模，不断更新设备和技术改造，合理调整企业生产经营结构，并不断提高员工素质。所有这些，都是以资金的不断投放作为保证的。发展筹资动机的直接结果，是企业的资产总额和权益总额的增加。

3. 偿债动机

偿债动机指企业为了获得财务杠杆收益或为了满足生产经营周转的临时需要而举债，但债务到期必须偿还。如果企业现有的支付能力不足以偿还到期债务，或虽然企业尚有支付能力偿还到期债务，但偿还到期债务将影响其资本结构的合理性时，便产生了筹集资金的需求。

4. 外部环境变化

外部环境的每个变化，都会影响到企业的经营，如在通货膨胀下，不仅会由于原材料价格上涨造成资金占用量的大量增加，还会引起企业利润虚增而造成企业资金流失等。这些都会增加企业的资金需求，企业必须筹集资金来满足这些由于环境因素变动引起的资本需求。

8.1.3 企业筹资的原则

企业要做好筹资工作，必须遵循以下四条原则。

1. 合理性原则

筹集资金的目的在于确保企业生产经营所必需的资金。资金不足，固然会影响生产经营发展；而资金过剩，则可能导致资金使用效率的降低。所以在筹集资金之前，就要合理确定资金需要量，在此基础上拟定筹资计划，以需定资。

2. 效益性原则

企业筹集资金可以采用不同的渠道和方式，各种筹集方式的资金成本各不相同，筹资风险大小不一，取得资金的难易程度也不相同。企业筹集资金时应综合考虑各种筹资方式的成本和风险等因素，力争以最小的代价取得企业经营活动所需的资金。

3. 及时性原则

企业筹集资金应依据资金的投放使用时间来合理安排，使筹资和用资在时间上相衔接。避免超前筹资造成闲置、浪费和滞后筹资影响企业经营的正常进行。

4. 科学性原则

科学性原则就是要科学地确立企业资金来源的结构，实现筹资方式的最佳组合。科学地确定企业资金来源的结构包括两个方面内容：一是合理地安排权益资金和借入资金的比例；二是合理安排长期资本和短期资本来源的比例。要合理确定企业的资本结构，既要防止负债过多，导致企业财务风险过大；又要合理、有效地运用负债经营，提高自有资金收益水平。

8.1.4　企业资金的筹集

1. 筹资渠道

筹资渠道是指筹集资金的来源和通道，体现所筹集资金的源泉和性质。认识筹资渠道的种类及每种筹资渠道的特点，有利于企业充分开拓和正确利用筹资渠道。随着金融市场的建立和完善，企业的筹资渠道发生了显著的变化，正由单一渠道逐步向多渠道发展，由纵向渠道为主逐步向横向渠道为主转变。企业的筹资渠道主要有以下七种：

（1）国家财政资金。国家财政资金过去是企业的主要资金来源。现在国有企业，资金来源大部分是国家以拨款方式投资形成的。国家财政具有稳定的基础，财政资金是大中型企业的重要来源。但在供应方式上不一定都要采取拨款方式。

（2）银行信贷资金。银行一般分为商业性银行和政策性银行。商业性银行包括：中国工商银行、中国农业银行、中国银行、中国建设银行以及交通银行等，它们为各类企业提供商业性贷款；政策性银行包括：国家开发银行、中国进出口银行等，它们主要为特定企业提供政策性贷款。银行信贷资金有企业储蓄、单位存款等经常性增长，财力雄厚，能适应企业的资金需要，且有利于加强宏观调控，从而成为企业重要的筹资渠道。

（3）非银行金融机构资金。非银行金融机构包括：保险公司、信托投资公司、信用合作社、证券公司、租赁公司、企业集团的财务公司等。虽然非银行金融机构财力比银行要小，但非银行金融机构资金供应比较灵活方便，而且还可以为企业提供有关筹资的服务，所以这种筹资渠道具有广阔的发展前景。

（4）其他法人单位资金。其他法人单位资金，包括企业法人单位资金和社会法人单位资金，是企业法人和社会法人以其可以支配的资产对企业投资，或以其闲置资金与企业进行资金融通等形成的资金。

（5）民间资金。企业职工和城乡居民手中暂时不用的节余货币，银行难以全部集中，企业可以通过合理调整资金使用的经济关系，充分利用这一大有潜力的资金来源。这一资金渠道往往在动员闲置的消费基金方面将具有重要的影响。

（6）企业内部形成的资金。企业内部形成的资金，主要是计提折旧、资本公积金、提取的盈余公积、未分配利润而形成的资金，还包括一些经常性的延期支付的款项，如应付工资、应交税金、应付股利而形成的资金等。

（7）境外资金。境外资金包括境外投资者投入资金和借用外资，如进口物资延期付款、补偿贸易、国际租赁、在国外发行债券等。吸引外资，不仅可以满足我国企业对资金的需要，而且能够引进先进的技术和管理经验。

资金筹措是企业经营活动中的一项重要内容。改革开放以来，我国投资领域发生了重大变化，投资主体多元化、投资渠道多样化已成为投资体制改革的重要标志。从总体上看，企业的资金来源可分为投入资金和借入资金，前者形成企业的所有者权益，后者形成企业的负债。以上筹资渠道中，国家财政资金、其他法人单位资金、民间资金、企业内部形成资金、境外资金可以成为筹措企业权益资金的筹资渠道。银行信贷资金、非银行金融机构资金、其他法人单位资金、民间资金、企业内部形成资金境外资金可以成为筹措负债资金的筹资渠道。

2. 筹资方式

筹资方式是指筹集资金所采取的具体形式，它体现着不同的经济关系。认识筹资方式的种类及每种筹资方式的特点，有利于企业选择适宜的筹资方式，有效地进行筹资组合。对于各种筹资渠道的资金，企业可以采用不同的筹资方式进行筹集。

（1）吸收直接投资。吸收直接投资，是指企业以协议等形式吸收国家、其他法人单位、个人和外商等直接投资，形成企业资本金的一种筹资方式。资本金是企业在工商行政管理部门登记的注册资金总额。企业在设立时必须有法定资本金。企业资本金根据投资主体的不同，可分为国家资本金、法人资本金、个人资本金以及外商资本金。

1）国家资本金。国家资本金是有权代表国家投资的机构或部门以国有资产向公司投资而形成的资本金。

2）法人资本金。法人资本金是企业法人以其可支配的财产向公司投资而形成的资本金；或具有法人资格的事业单位和社会团体以国家允许用于经营的资产向公司投资而形成的资本金。

3）个人资本金。个人资本金是社会个人或公司内部职工以个人合法财产投入公司而形成的资本金。

4）外商资本金。外商资本金是外国投资者以及港、澳、台投资者向公司投资而形成的资本金。

（2）发行股票。股票是股份有限公司为筹集权益资金而发行的有价证券，是持股人持有公司股份的凭证，它代表持股人在公司中拥有的所有权。发行股票是股份有限公司筹措权益资金的一种基本方式。

股票可以按不同的方法和标准进行分为以下三类：

1）按股东所享受权利的不同分为普通股和优先股。普通股是股份有限公司发行的无特别股权的股份，也是最基本、最标准的股份。通常情况下，股份有限公司只发行普通股。普通股的股息是否支付、支付多少要视公司的经营情况而定，故普通股的收益率随企业盈利的涨落而起伏，风险较大。普通股的股东具有表决权、利润分配请求权、剩余财产分配请求权、优先认购权、股份转让权、对董事的诉讼权等。优先股的股息是固定的，相对于普通股来说，在利润分配和剩余财产分配时具有优先权，但优先股的股东在经营决策上没有表决权。

2）按股票是否记名，可分为记名股票和不记名股票。记名股票的股份转让有严格的法律程序与手续，需办理过户。《中华人民共和国公司法》（简称《公司法》）规定，向发起人、国家授权投资的机构、法人发行的股票，应为记名股票。

3）按股票是否标明票面金额，可分为面值股票和无面值股票。前者在票面上注明一定金额，后者则不注明金额，只注明占股本总额的一定的比例。目前，我国《公司法》不承认无面值股票，规定股票应记载股票的面额，并且其发行价格不得低于票面金额。

（3）银行借款。银行借款是指企业根据借款合同向银行以及非银行金融机构借入的、按规定还本付息的款项，是企业筹措长、短期资金的主要方式。

1）长期借款。长期借款是指企业向银行和其他金融机构借入的使用期限超过一年的款项，具体包括固定资产投资借款、更新改造借款、科技开发和新产品试制借款等。

2）短期借款。短期借款指企业向银行和其他非银行金融机构借入的期限在一年以内的借款，主要有生产周转借款、临时借款、结算借款等。

（4）商业信用。商业信用是指商品交易中延期付款或预收账款进行购销活动而形成的借贷关系。它是企业之间的直接信用行为，是企业筹集短期资金的一种重要方式，具体形式包括应付账款、应付票据、预收账款等。

（5）发行债券。债券是发行者为筹集资金向债权人发行的，在约定时间支付一定比例的利息，并在到期归还本金的一种有价证券。发行债券是企业筹集长期借入资金的一种重要的筹资方式。

（6）租赁。租赁是出租人以收取租金为条件，在契约或合同规定的期限内将资产租借给承租人使用的一种信用业务。租赁筹资是企业筹资的一种特殊方式。

（7）企业内部积累。

8.1.5　筹资渠道与筹资方式的配合

筹资渠道是指企业取得资金的来源或途径，筹资方式是指企业取得资金的具体方法和形式。筹资渠道与筹资方式既有联系又有区别，同一渠道的资金往往可以采用不同的筹资方式取得，而同一筹资方式又往往可以筹措到不同筹资渠道的资金。所以，应认真分析各种筹资渠道和筹资方式的特点及适应性，以确立最优化的筹资结构。

8.1.6　企业筹资决策

企业筹资不仅要满足正常的生产经营需要量，还必须遵循效益原则，这就要求企业筹资时必须考虑资本成本，使其达到最佳的资本结构。

1. 资本成本

资本成本是企业为筹集和使用资金付出的代价。广义上讲，企业筹集和使用任何资金，不论短期还是长期，都要付出代价。狭义的资本成本仅指筹集和使用长期资金的成本。由于长期资金也被称为资本，所以长期资金的成本也被称为资本成本。

资本成本包括资金筹集费和资金占用费两部分。

（1）资金筹集费。资金筹集费是指在资金筹集过程中支付的各项费用，如发行股票、债券支付的印刷费、发行手续费、律师费、资信评估费、公证费、担保费、广告费等。资金筹集费通常在筹集资金时一次性发生，因此在计算资本成本时可作为筹资金额的一项扣除。

（2）资金占用费。资金占用费是指企业在生产经营和筹资过程中因使用资金而支付的费用，例如股票的股利、银行借款和债券的利息等。

资本成本的概念广泛运用于企业财务管理的许多方面。对于企业筹资来讲，资本成本是选择资金来源、确定筹资方式的重要依据，企业力求选择资本成本最低的筹资方式。对于企业投资来讲，资本成本是评价投资项目、决定投资取舍的重要标准。资本成本还可用作衡量企业经营成果的尺度，即经营利润率应高于资本成本，否则表明业绩欠佳。

2. 资本成本的计算

企业长期资本一般有长期借款、债券、普通股、保留盈余等，其中前两种可统称为债务资本成本，后两种可统称为权益资本成本。因而资本成本相应地有长期借款成本、债券成本、普通股成本和保留盈余成本。

（1）长期借款成本。长期借款成本是指借款利息和筹资费用。

借款利息计入税前成本费用，可以起到抵税的作用。因此，一次还本、分期付息的借款成本为

$$K_1 = \frac{I_t(1-T)}{L(1-F_1)} \tag{8-1}$$

式中，K_1 表示长期借款资本成本；I_t 表示长期借款的年利息；T 表示所得税率；L 表示长期借款筹资额（借款本金）；F_1 表示长期借款筹资费用率。

当长期借款的筹资费（主要是借款的手续费）很小时，也可以忽略不计。

（2）债券成本。发行债券的成本主要指债券利息和筹资费用。债券利息的处理与长期借款利息的处理相同，应以税后的债务成本为计算依据。债券的筹资费用一般比较高，不可在计算资本成本时省略。按照一次还本、分期付息的方式，债券资本成本的计算公式为

$$K_b = \frac{I_b(1-T)}{B(1-F_b)} \tag{8-2}$$

式中，K_b 表示债券的资本成本；I_b 表示债券年利息；T 表示所得税率；B 表示债券的筹资额；F_b 表示债券筹资费用率。

（3）普通股成本。公司发行普通股筹资需支付发行费，但普通股的股利一般是不固定的，通常假设是逐年增长的。如果每年以固定的比率 G 增长，第 1 年股利为 D_0，第 2 年股利为 $D_0(1+G)$，第 3 年为 $D_0(1+G)^2$，第 n 年为 $D_0(1+G)^{n-1}$。因此，普通股成本的计算公式经推导可简化为

$$K_c = \frac{D_1}{P_0(1-F_c)} + G = \frac{D_0(1+G)}{P_0(1-F_c)} + G \tag{8-3}$$

式中，K_c 表示普通股成本；D_1 表示预计普通股年股利额；P_0 表示普通股市价；F_c 表示普通股筹资费用率；G 表示预计股利年增长率。

（4）留存收益成本。留存收益是企业缴纳所得税后形成的，其所有权属于股东。股东将这一部分未分配的税后利润留存于企业，其实质是对企业追加投资。如果企业将留存收益用于再投资所获得的收益低于股东自己进行另一项风险相似的投资的收益率，企业就不应该保留留存收益而应将其分派给股东。因此，留存收益成本的确定方法和普通股相同，只是不考虑筹资费用。其计算公式为

$$K_S = \frac{D_1}{P_0} + G \tag{8-4}$$

式中，K_S 表示留存收益成本；D_1 表示预期年股利额；P_0 表示普通股市价；G 表示普通股年增长率。

3. 筹资结构分析

筹资结构是指企业从不同渠道取得的资金占全部筹资额的比重。最优资本结构就是使企业加权平均资本成本最低的资本结构。

由于受多种因素的影响，企业不可能只使用某种单一的筹资方式，往往需要通过多种方式筹集所需资金。为进行筹资决策，就要计算确定企业全部长期资金的总成本——加权平均资本成本。加权平均资本成本一般是以各种资本占全部资本的比重为权数，对个别资本成本进行加权平均确定的。其计算公式为

$$K_W = \sum_{j=1}^{n} K_j W_j \tag{8-5}$$

式中，K_W 表示加权平均资本成本；K_j 表示第 j 种个别资本成本；W_j 表示第 j 种个别资本成本占

全部资本的比重。

[**例8-1**] 某企业现有资金来源渠道为普通股、银行借款、发行债券、保留盈余。各种筹资渠道的资本成本见表8-1，试从四组投资结构中选择最优方案。

表8-1 筹资方案比较 （%）

筹资方式	筹资方案				个别资本成本
	A	B	C	D	
保留盈余	45	50	55	40	8
银行借款	20	25	20	30	12
发行债券	15	15	10	20	16
普通股	20	10	15	10	13

解

$K_A = 8\% \times 45\% + 12\% \times 20\% + 16\% \times 15\% + 13\% \times 20\% = 11\%$

$K_B = 8\% \times 50\% + 12\% \times 25\% + 16\% \times 15\% + 13\% \times 10\% = 10.7\%$

$K_C = 8\% \times 55\% + 12\% \times 20\% + 16\% \times 10\% + 13\% \times 15\% = 10.35\%$

$K_D = 8\% \times 40\% + 12\% \times 30\% + 16\% \times 20\% + 13\% \times 10\% = 11.3\%$

通过以上计算可以看出，方案C的加权平均资本成本最低。故方案C所对应的资本结构为最优资本结构。

企业在进行投资决策时，应将资本成本与预计的资金利润率进行比较。如果资本成本大于资金利润率，则说明企业的筹资决策存在问题。从筹资的角度看必须采取措施，降低资本成本。可以考虑改变资金筹集方式，以降低加权平均资本成本，如考虑降低个别资本成本，选择利息较低的借款；调整资金来源结构，适当提高资本成本较低的资金在全部资金中的比重。在例8-1中，可增大保留盈余比重，如果不可能，则可增大借款比重，降低债券比重，以便降低加权平均资本成本。

8.2 投资管理

对于创造价值而言，投资决策是三项决策中最重要的决策。筹资的目的是投资，投资决定了筹资的规模和时间。投资决定了购置资产的类别，不同的生产经营活动需要不同的资产，因此投资决定了日常经营活动的特点和方式。

8.2.1 货币的时间价值

1. 什么是货币的时间价值

货币的时间价值，是指货币经历一定时间的投资和再投资所增加的价值，也称为资金的时间价值。

在商品经济中，有这样一种现象：即现在的1元钱比1年后的1元钱经济价值要大一些，即使不存在通货膨胀也是如此。为什么会这样呢？例如，将现在的1元钱存入银行，1年后可得到0.10元（假设存款的利率为10%）。这1元钱经过1年时间的投资增加了0.10元，这就是资金的时间价值。在实务中，人们习惯使用相对数字表示时间价值，即用增加价值占投入货币的百分数来表示。例如，前述货币的时间价值为10%。

由于货币随时间的延续而增值，现在的 1 元钱和将来的 1 元多钱甚至几元钱在经济上是等效的。换句话说，就是现在的 1 元钱和将来的 1 元钱经济价值不相等。由于不同时间单位货币的价值不相等，所以，不同时间的货币收入不宜直接进行比较，需要把它们换算到相同的时间基础上，然后才能进行大小的比较和比率的计算。

2. 现金流量与现金流量图

任何一项投资项目在实施过程中都有现金的收入与支出，所有现金收入就是现金流入，所有现金支出就是现金流出，现金的流入、流出统称为现金流量。我们以后常用到的现金流量有投资、年收益、经营费用、残值、现值、年均值等。

现金流量图是借助于时间坐标图来描述项目的现金流量的图形。利用现金流量图不仅能直观地反映现金运动的情况，而且能方便地进行货币时间价值的计算。现金流量图的一般形式如图 8-2 所示。

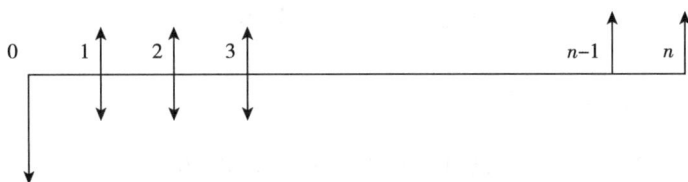

图 8-2　现金流量的一般形式

在图 8-2 中，水平线表示时间，分成若干间隔，每一间隔代表一个时间单位（计算周期）。图中带箭头的垂直线段代表现金流量，箭头向上表示现金流入，箭头向下表示现金流出，垂直线段的长度表示现金流量绝对值的大小。一般约定，箭尾都在时间坐标轴上，任何现金流量只发生在时点上，而不发生在两个时点之间，投资发生在期初，经营成本、销售收入及残值回收发生在期末。

3. 货币时间价值的计算

货币时间价值的计算有单利法和复利法。单利法就是只对本金计算利息，每期的利息不再加入本金中重复计算利息。单利法的缺点是每年所得的利息似乎不再投入周转了，这不符合资金运动的规律。从资金在社会再生产过程中运动的实际情况看，采用复利法比较符合资金运动规律。所以，在投资项目分析中均采用复利法。

复利是计算利息的一种方法。按照这种方法，每经过一个计算期，要将所生利息加入本金中再计利息，逐期滚算，俗称"利滚利"。

复利计算公式中使用的符号如下：i 表示年利率或期望收益率；n 表示计息周期；P 表示本金或现值；F 表示本利和或终值；A 表示年金，即年平均收入或支出额。

货币时间价值计算的常用公式有如下几种。

（1）复利终值公式，即已知期初一次性投入现值为 P，求 n 期末的本利和 F。计算公式为

$$F = P(1 + i)^n \tag{8-6}$$

式中，$(1 + i)^n$ 称为复利终值系数或 1 元的复利终值，用符号 $(F/P, i, n)$ 表示。

例如，$(F/P, 6\%, 3)$ 表示利率为 6% 的 3 期复利终值的系数，其值可查"复利终值系数表"。

F、P、i、n 4 个变量中，只要知道任何 3 个，就可求出第 4 个变量。

[例 8-2] 向银行借入 200 000 元，期限 4 年，年利率为 12%。复利计息，计算 4 年后应归还的本利和如下

$$F = 200\,000 \times (1 + 12\%)^4 = 200\,000 \times 1.573\,5 = 314\,700(元)$$

（2）复利现值公式，即已知未来值 F、年利率 i 及 n，求现值 P。计算公式为

$$P = \frac{F}{(1 + i)^n} = F \cdot (1 + i)^{-n} \tag{8-7}$$

式中，$(1 + i)^{-n}$ 是把终值折算为现值的系数，称复利现值系数，或 1 元的复利现值，用符号 $(P/F,\ i,\ n)$ 来表示。

[例8-3] 某项投资 4 年后可取得收入 120 000 元，年利率为 12%，复利计息，计算其收入现值如下

$$P = 120\,000 \times \frac{1}{(1 + 12\%)^4} = 120\,000 \times 0.635\,5 = 76\,260(元)$$

（3）年金现值公式，即已知年金 A，年利率 i，计息期 n，求现值 P。计算公式为

$$P = A \cdot \frac{1 - (1 + i)^{-n}}{i} \tag{8-8}$$

式中，$\dfrac{1 - (1 + i)^{-n}}{i}$ 为年金现值系数，记作 $(P/A,\ i,\ n)$。

[例8-4] 南方公司将在 4 年中的每年末取得投资收益 20 000 元，年利率为 10%，则其 4 年中所取得的投资收益的现值计算如下

$$P = 20\,000 \times \frac{1 - (1 + 10\%)^{-4}}{10\%} = 20\,000 \times 3.169\,9 = 63\,398(元)$$

（4）年金终值公式，即已知年金 A，年利率 i，计息期 n，求终值 F。计算公式为

$$F = A \cdot \frac{(1 + i)^n - 1}{i} \tag{8-9}$$

式中，$\dfrac{(1 + i)^n - 1}{i}$ 是普通年金为 1 元，利率为 i，经过 n 期的年金终值，记为 $(F/A,\ i,\ n)$。

[例8-5] 某企业 5 年中每年向银行存款 100 万元，年利率为 8%，求 5 年末存款本利和是多少？

已知 $A = 100$ 万元，$i = 8\%$，$n = 5$，$(F/A,\ 8\%,\ 5) = 5.867$，则

$$F = A\,(F/A,\ i,\ n) = 100 \times 5.867 = 586.7\ （万元）$$

8.2.2　投资评价的基本方法

1. 资本投资的概念

广义的投资，是指将来为了获得更多的现金流入而现在付出现金的行为。这里讨论的只是投资的一种类型，即企业进行的生产性资本投资。

企业的生产性资本投资与其他类型的投资相比，主要有两个特点：投资的主体是企业；投资的对象是生产性资本资产。

2. 投资项目评价的基本方法

对投资项目评价时使用的指标分为两类：一类是贴现指标，即考虑了时间价值因素的指标，主要包括净现值法、现值指数法、内含报酬率法等；另一类是非贴现的指标，即没有考虑货币时间价值因素的指标，主要包括回收期法、会计收益率法等。根据分析评价指标的类别，投资项目评价分析的方法也被分为贴现的分析评价方法和非贴现的分析评价方法两种。

（1）净现值法。这种方法使用净现值作为评价方案优劣的指标。所谓净现值，是指特定

方案未来现金流入现值与现金流出现值之间的差额。按照这种方法，所有未来现金流入和流出都要按预定的贴现率折算为它们的现值，然后再计算它们的差额。如净现值为正数，即贴现后现金流入大于贴现后现金流出，该投资项目的报酬率大于预定的贴现率。如净现值为负数，即贴现后现金流入小于贴现后现金流出，该投资项目的报酬率小于预定的贴现率。净现值反映投资的效益，记作 NPV。用数学公式表示为

$$NPV = \sum_{k=0}^{n} \frac{I_k}{(1+i)^k} - \sum_{k=0}^{n} \frac{o_k}{(1+i)^k} \tag{8-10}$$

[例 8-6] 设贴现率为 10%，有 3 个投资方案。有关数据如表 8-2 所示。

表 8-2　投资方案现金流量图　　　　　　　　　　（单位：万元）

时间	A 方案		B 方案		C 方案	
	净收益	净现金流	净收益	净现金流	净收益	净现金流
0				-9 000		-12 000
1		-20 000	-1 800	1 200	600	4 600
2	1 800	11 800	3 000	6 000	600	4 600
3	3 240	13 240	3 000	6 000	600	4 600
合计	5 040	5 040	4 200	4 200	1 800	1 800

净现值(A) = (11 800 × 0.909 1 + 13 240 × 0.826 4) - 20 000
　　　　　 = 21 669 - 20 000
　　　　　 = 1 669(元)

净现值(B) = (1 200 × 0.909 1 + 6 000 × 0.826 4 + 6 000 × 0.751 3) - 9 000
　　　　　 = 10 557 - 9 000
　　　　　 = 1 557(元)

净现值(C) = 4 600 × 2.487 - 12 000
　　　　　 = 11 440 - 12 000
　　　　　 = -560(元)

A、B 两项目投资的净现值为正数，说明该方案的报酬率超过 10%。如果企业的资金成本率或要求的报酬率超过 10%，这两个方案是有利的，因而是可以接受的。C 方案净现值为负数，说明该方案的报酬率达不到 10%，因而应予以放弃。A 和 B 相比，A 方案更好些。

净现值法具有广泛的适用性，在理论上也比其他方法更完善。净现值法应用的主要问题是如何确定贴现率，一种办法是根据资金成本来确定，另一种办法是根据企业要求的最低资金利润率来确定。前一种办法，由于计算资金成本比较困难，故限制了其应用范围；后一种办法根据资金的机会成本，即一般情况下可以获得的报酬率来确定，比较容易解决。

（2）现值指数法。这种方法使用现值指数作为评价方案的指标。所谓现值指数，是未来现金流入现值和现金流出现值之比，反映投资的效率，记作 PI。

$$PI = \frac{\sum_{k=0}^{n} \frac{I_k}{(1+i)^k}}{\sum_{k=0}^{n} \frac{O_k}{(1+i)^k}} \tag{8-11}$$

若 PI ≥ 1，则方案可行；若 PI < 1，则方案不可行。

现值指数法的主要优点是，可以进行独立投资机会获利能力的比较。在例 8-6 中，A 方案的净现值是 1 669 元，B 方案的净现值是 1 557 元。如果这两个方案之间是互斥的，当然 A 方案较好。如果两者是独立的，哪一个方案应优先给予考虑，可以根据现值指数来选择。B 方案现值指数为 1.17，大于 A 方案的 1.08，所以 B 优于 A。现值指数可以看成是 1 元原始投资可望获得的现值净收益，因此，可以作为评价方案的一个指标。它是一个相对数指标，反映投资的效率；而净现值指标是绝对数指标，反映投资的效益。

（3）内含报酬率法。内含报酬率法是根据方案本身的内含报酬率来评价方案优劣的一种方法。所谓内含报酬率，是指能够使未来的现金流入量现值等于未来现金流出量现值的贴现率，或者说是使投资方案净现值为零时的贴现率。

净现值法和现值指数法虽然考虑了时间价值，可以说明投资方案高于或低于某一特定的投资报酬率，但没有揭示方案本身可以达到的具体的报酬率是多少。内含报酬率是根据方案的现金流计算的，是方案本身的投资报酬率。用数学公式表示为

$$NPV = \sum_{k=0}^{n} \frac{NCF_k}{(1 + IRR)^k} = 0 \tag{8-12}$$

式中，IRR 表示项目的内部收益率。

决策的标准：若 $IRR > i$，则项目可行；若 $IRR < i$，则项目不可行。其中，i 表示行业基准收益率或投资者希望的报酬率。

（4）回收期法。回收期法是指投资引起的现金流入量累计到与原始投资额相等所需要的时间。记作 PP。

1）原始投资一次支出，每年净现金流入量相等时

$$PP = 原始投资额 / 每年现金净流入量 \tag{8-13}$$

2）当现金流入量每年不等，或原始投资分几年投入时，PP 应满足下式

$$\sum_{k=0}^{PP} I_k = \sum_{k=0}^{PP} o_k \tag{8-14}$$

回收期法计算简便，并且容易为决策人正确理解。它的缺点在于不仅忽视时间价值，而且没有考虑回收期以后的收益。事实上，有战略意义的长期投资往往早期收益较低，而中后期收益较高。回收期法优先考虑急功近利的项目，可能导致放弃长期成功的方案。它是过去评价投资方案常用的方法。目前，回收期法作为辅助方法使用，主要用来测定方案的流动性而非营利性。

（5）会计收益率法。这种方法计算简便，应用范围很广。它在计算时使用会计报表的数据，以及普通会计的收益和成本观念。计算公式为

$$会计收益率 = \frac{年平均净收益}{原始投资额} \times 100\% \tag{8-15}$$

表 8-2 中

$$会计收益率(A) = \frac{(1\,800 + 3\,240) \div 2}{20\,000} \times 100\% = 12.60\%$$

$$会计收益率(B) = \frac{(-1\,800 + 3\,000 + 3\,000) \div 3}{9\,000} \times 100\% = 15.60\%$$

$$会计收益率(C) = \frac{600}{12\,000} \times 100\% = 5.00\%$$

8.3 流动资产管理

8.3.1 现金管理

1. 现金的定义

现金是可以立即投入流动的交换媒介。它的首要特点是普遍的可接受性，即可以有效地立即用来购买商品、劳务或偿还债务，因此，现金是企业中流动性最强的资产。

对现金的定义有广义和狭义之分。

狭义的现金概念仅指库存现金。而广义的现金除了库存现金之外，还包括各种现金等价物，即随时可以根据需要转换为现金的货币性资产，如有价证券、银行存款和在途现金等。

对于库存现金，我国有明文规定，即各单位为应付日常零星开支可以留存一定限额的现金，而超过限额部分必须于当天存入银行。现金的收入、支出和保管业务由出纳员负责办理。

银行存款是指储存在银行的现金款项。每一企业除了按规定留存一定量现金外，其他现金都必须存入银行，包括企业的本票存款和汇票存款。银行存款的收支业务由出纳员负责办理。

有价证券是指能够自由转让的公司股票、公司债券以及各级政府发行的公债。这里讲的有价证券是指企业利用正常经营中暂时多余出来的现金去购买的可流通证券，其目的是作为短期投资，期望获取一定的利率差价收益，并不以取得长期投资收益为目的。所以，这种对企业来讲短期性质的有价证券实际是一种货币性资产，它可以根据企业的需要，随时在金融市场上抛售和变现。

2. 企业持有现金的动机

企业持有现金的动机主要有以下三个方面：

（1）支付的动机。企业持有现金以便满足日常支付的需要，如用于购买材料、支付工资、交纳税款、支付股利等。企业每天的现金收入和现金支出很少同时、等额发生，保留一定的现金余额可使企业在现金支出大于现金收入时，不致中断交易。支付需要现金的数量，取决于其销售水平。正常营业活动所产生的现金收入和支出以及它们的差额，一般同销售量呈正比例变化。其他现金的收支，如买卖有价证券、购入机器设备、偿还借款等，比较难预测，但随着销售数量的增加，都有增加的倾向。

（2）预防的动机。企业持有现金，以应付意外事件对现金的需求。企业预计的现金需要量一般是正常情况下的需要量，但有许多意外事件会影响企业现金的收入和支出。例如，地震、水灾、火灾等自然灾害，生产事故，主要顾客未能及时付款等，都会打破企业的现金收支计划，使现金收支出现不平衡。持有较多的现金，便可使企业更好地应付这些意外事件。预防动机所需现金的多少取决于现金收支预测的可信程度、企业临时借款能力和企业愿意承担的风险程度三个因素。

（3）投机的动机。这是指企业持有现金，以便在证券价格剧烈波动时从事投机活动，从中获得收益。当预期利率上升、有价证券的价格将要下跌时，投机的动机就会鼓励企业暂时持有现金，直到利率停止上升为止。当预期利率要下降，有价证券的价格将要上升时，企业可能会将现金投资于有价证券，以便从有价证券价格的上升中得到收益。

3. 最佳现金持有量的确定

（1）成本分析模式。成本分析模式是根据企业持有现金的机会成本、管理成本和短缺成本的分析来确定最佳现金持有量。

1）机会成本。现金作为企业的一项资金占用，是有代价的，这个代价就是它的机会成本。假定某企业的资本成本为10%，年均持有50万元的现金，则该企业每年的现金的成本为5万元（50×10%）。现金持有金额越大，机会成本就越高。企业为了经营业务，需要拥有一定的现金。付出相应的机会成本代价是必要的，但现金拥有量过多，机会成本代价大幅度上升，就不合算了。

2）管理成本。管理成本指企业为管理现金而发生的费用，如管理人员的工资、安全措施费等。现金管理成本不随企业现金持有量的多少而变动，是一种固定成本。

3）短缺成本。短缺成本指企业因现金短缺而遭受的损失。如不能按时支付购料款而影响与供应单位的关系，造成停工待料；因透支银行存款而影响企业与银行的关系，造成贷款困难等。企业持有现金的短缺成本随持有现金量的增加而下降。

根据成本分析模式，上述3项成本之和最小的现金持有量，就是最佳现金持有量。

最佳现金持有量的具体计算，可以先分别计算出各方案的机会成本、管理成本、短缺成本之和，再从中选出总成本之和最低的现金持有量即为最佳现金持有量。

[例8-7] 某企业根据历史经验和市场资金供应情况，测定其每年现金持有量可能为60 000～100 000元，现有以下5种现金持有方案，根据测算企业的投资报酬率为20%，现金持有的管理成本为18 000元，根据历史资料测算企业各种现金持有情况下，现金的短缺成本如表8-3所示。

表8-3　不同现金持有方案的成本表　　　　　　　（单位：元）

项目	方案				
	1	2	3	4	5
现金持有量	60 000	70 000	80 000	90 000	100 000
机会成本	12 000	14 000	16 000	18 000	20 000
管理成本	18 000	18 000	18 000	18 000	18 000
短缺成本	10 000	5 000	2 500	1 000	0
总成本	40 000	37 000	36 500	37 000	38 000

通过对上述各方案成本进行比较，便可发现第3个方案即现金持有量为80 000元时持有成本总额最低，企业最合算，所以，根据此方法，企业的最佳现金持有量应为80 000元。

（2）随机模式。随机模式是在现金需求量难以预知的情况下进行现金持有量控制的方法。对于企业来讲，现金需求量往往波动大且难以预知，但企业可以根据历史经验和现实需要，测一个现金持有量的控制范围，即制定出现金持有量的上限和下限，将现金量控制在上下限之内。当现金量达到控制上限时，用现金购入有价证券，使现金持有量下降；当现金持有量达到控制下限时，则抛售有价证券换回现金，使现金持有量回升。若现金量在控制的上下限之内，便不必进行现金与有价证券的转换，保持它们各自的现有存量。这种对现金持有量的控制，如图8-3所示。

图8-3中，虚线 H 为现金存量的上限，虚线 L 为现金存量的下限，实线 R 为最优现金返回线。从图中可以看到，企业的现金存量（表现为现金每日余额）是随机波动的，当其达到 A 点

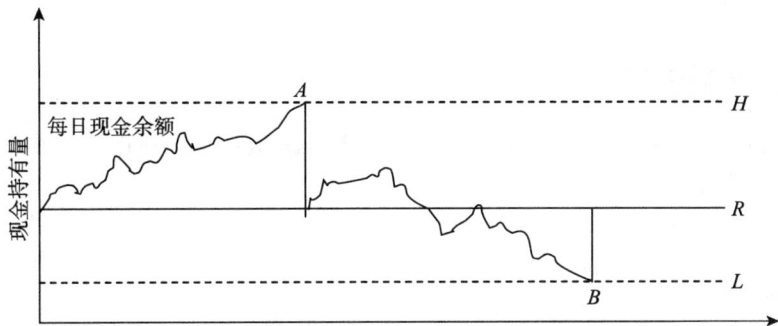

图 8-3 随机模式现金流量图

时，即到达了现金控制的上限，应用现金购买有价证券，使现金量回落到现金返回（R 线）水平；当现金存量降至 B 点时，即达到了现金控制的下限，企业则应转让有价证券换回现金，使其存量回升至现金返回线的水平。现金存量在上下限之间的波动属控制范围内的变化，是合理的，不予理会。以上关系中的上限 H、现金返回线 R 可按下列公式计算

$$R = \sqrt[3]{\frac{3b\delta^2}{4i}} + L \tag{8-16}$$

$$H = 3R - 2L$$

式中，b 表示每次有价证券的固定转换成本；i 表示有价证券的日利息率；δ 表示预期每日现金余额变化的标准差（可根据历史资料测算）。

而下限 L 的确定则要受到企业每日的最低现金需要、管理人员的风险承受倾向等因素的影响。

以上各种计算模式分别从不同的角度来计算最佳现金持有量，各有优缺点，在实际工作中，可结合起来加以运用。另外，现金持有量的多少是多种因素作用的结果，数学模型并不能把各种因素的变化都考虑进去，所以，在大多数情况下，还需财务管理人员根据经验加以确定。

4. 现金收支的管理

现金收支管理的目的在于提高现金的使用效率，做到既要满足企业生产经营的需要，又要节约使用资金，使企业的闲置资金占用处于最低水平。为达到这一目的，应当做好以下几方面的工作。

（1）力争现金流量同步。如果企业能尽量使它的现金流入与现金流出发生的时间趋于一致，就可以使其所持有的交易性现金余额降到最低水平。这就是所谓的现金流量同步。

（2）使用现金浮游量。企业开出支票，收票人收到支票并存入银行，至银行将款项划出企业账户，中间需要一段时间。现金在这段时间的占用称为现金浮游量。在这段时间里，尽管企业已开出了支票，却仍可动用在活期存款账户上的这笔资金。不过，在使用现金浮游量时，一定要控制好使用时间，否则会发生银行存款的透支。

（3）加速收款。这主要是缩短应收账款的时间。发生应收账款增加企业的资金的占用；但它又是必要的，因为它可以扩大销售规模，增加销售收入。但问题在于如何既利用应收账款吸引顾客，又缩短收账时间。这要在两者之间找到适当的平衡点，并需实施妥善的收账策略。

（4）推迟应付款的支付。推迟应付款的支付，是指企业在不影响自己信誉的前提下，尽可能地推迟应付款的支付期，充分利用供货方所提供的信用优惠。如遇企业急需现金，甚至可以放弃供货方的折扣优惠，在信用期的最后一天支付款项。当然，这要权衡折扣优惠与急需现

金之间的利弊得失而定。

8.3.2 应收账款管理

应收账款是指因对外销售产品、材料、供应劳务及其他原因，应向购货单位或接受劳务的单位及其他单位收取的款项，包括应收销货款、其他应收款、应收票据等。公司在出售商品或服务时，有一部分是以现金方式销售的，但很大一部分是采用赊销方式销售的。一旦赊销，公司的应收账款就要增加。因此，公司应收账款的管理的重要性取决于它的赊销程度。

1. 信用政策的确定

应收账款赊销效果的好坏，依赖于企业的信用政策。信用政策包括：信用期间、信用标准和现金折扣政策。

（1）信用期间。信用期间是企业允许顾客从购货到付款之间的时间，或者说是企业给予顾客的付款期间。例如，若某企业允许顾客在购货后的 50 天内付款，则信用期间为 50 天。

在不同行业，信用期间不同。例如，一家珠宝店销售订婚钻戒的信用条件也许是"5/30，N/120"。一家食品批发公司出售新鲜水果和家产品的信用条件也许是"N/7"。公司设置信用期限时，必须考虑如下三个因素。①购买者不会付款的概率。购买者处于高风险行业，公司也许提供相当苛刻的信用条件。②金额大小。如果金额较小，信用期限则可相对短一些，小金额应收账款的管理费用较高，而且，小客户的重要性也低一些。③商品是否易保存。如果存货的变现价值低，而且不能长时间保存，公司应提供比较有限的信用条件。信用期过短，不足以吸引顾客，在竞争中会使销售额下降；信用期过长，对销售额的增加固然有利，但只顾及销售的增长而盲目放宽信用期，所得的收益有时会被增长的费用抵消，甚至造成利润减少。因此，企业必须慎重研究，确定出恰当的信用期。

（2）信用标准。信用标准是指顾客获得企业的交易信用所应具备的条件。如果顾客达不到信用标准，便不能享受企业的信用或只能享受较低的信用优惠。

企业在设定某一顾客的信用标准时，往往先要评估它赖账的可能性。这可以通过"5C"系统来进行。所谓"5C"系统，是评估顾客信用品质的 5 个方面，即品质（character）、能力（capacity）、资本（capital）、抵押（collateral）和条件（conditions）。

1）品质。品质指顾客的信誉，即履行偿债义务的可能性。企业必须设法了解顾客过去的付款记录，看其是否有按期如数付款的一贯做法，及与其他供应商的关系是否良好。这一点经常被视为评价顾客信用的首要因素。

2）能力。能力指顾客的偿债能力，即其流动资产的数量和质量以及与流动负债的比例。顾客的流动资产越多，其转换为现金支付款项的能力越强。同时，还应注意顾客流动资产的质量，看其变现能力和支付能力。

3）资本。资本指顾客的财务实力和财务状况，表明顾客可能偿还债务的背景。

4）抵押。抵押指顾客拒付款项或无力支付款项时能被用作抵押的资产。这对于不知底细或信用状况存在争议的顾客尤为重要。一旦收不到这些顾客的款项，便以抵押品抵补。如果这些顾客提供足够的抵押，就可以考虑向他们提供相应的信用。

5）条件。条件是指可能影响顾客付款能力的经济环境。比如，万一出现经济不景气，会对顾客的付款产生什么样的影响，顾客会如何做，等等。这需要了解顾客在过去困难时期的付款历史。

2. 现金折扣

现金折扣是企业对顾客在商品价格上所做的扣减。向顾客提供这种价格上的优惠，主要目的在于吸引顾客为享受优惠而提前付款，缩短企业的平均收现期。另外，现金折扣也能吸引一些视折扣为减价出售的顾客前来购货，借此扩大销售量。折扣的表示经常采用如"5/10、3/20、N/30"这样的形式。这三种符号的含义为：5/10 表示 10 天内付款，可享受 5% 的价格优惠，即只需支付原价的 95%，如原价为 10 000 元，只付 9500 元；3/20 表示 20 天内付款，可享受 3% 的价格优惠，即只需支付原价的 97%，若原价为 10 000 元，只支付 9700 元；N/30，表示付款的最后期限为 30 天，此时付款无优惠。

企业采用什么程度的现金折扣，要与信用期间结合起来考虑。比如，要求顾客最迟不超过 30 天付款，若希望顾客 20 天、10 天付款，能给予多大折扣？或者，给予 5%、3% 的折扣，能吸引顾客在多少天内付款？不论是信用期间还是现金折扣，都可能给企业带来收益，但也会增加成本。现金折扣带给企业的好处，前面已经讲过，它使企业增加的成本，则是指价格折扣损失。当企业给予顾客某种现金折扣时，应当考虑折扣所能带来的收益与成本孰高孰低，权衡利弊，抉择决断。

3. 应收账款的收账

应收账款发生以后，企业应采取各种措施，尽量争取近期收回款项，否则会因拖欠时间过长而发生坏账，使企业蒙受损失。这些措施包括对应收账款回收情况的监督、对坏账损失的事先准备和制定适当的收账政策。

（1）应收账款回收情况的监督。企业发生的应账款时间有长有短，有的尚未超过收款期，有的则超过了收款期。一般来讲，拖欠时间越长，款项收回的可能性越小，形成坏账的可能性越大。对此，企业应实施严密的监督，随时掌握回收情况。实施对应收账款回收情况的监督，可以通过编制账龄分析表进行。

账龄分析表是一张能显示应收账款在外天数（账龄）长短的报告，其格式如表 8-4 所示。

表 8-4 账龄分析表（2011 年 12 月 31 日）

应收账款账龄	账户数量	金额（千元）	百分率（%）
信用期内	200	80	40
超过信用期 1~20 天	100	40	20
超过信用期 21~40 天	50	20	10
超过信用期 41~60 天	30	20	10
超过信用期 61~80 天	20	20	10
超过信用期 81~100 天	15	10	5
超过信用期 100 天以上	5	10	5
合计	420	200	100

利用账龄分析表，企业可以了解到以下情况：

1）有多少欠款仍在信用期内。表 8-4 显示，有价值 80 000 元的应收账款处在信用期内，占全部应收账款的 40%。这些款项未到偿付期，欠款是正常的；但到期后能否收回，还要到时再定，故及时的监督仍是必要的。

2）有多少欠款超过了信用期，超过时间长短的款项各占多少，有多少欠款会因拖欠时间太久而可能成为坏账。表 8-4 显示，有价值 120 000 元的应收账款已超过了信用期，占全部应收账款的 60%。不过，其中拖欠时间较短的（20 天内）有 40 000 元，占全部应收账款的 20%，这部分欠款收回的可能性很大；拖欠时间较长的（21~100 天）有 70 000 元，占全部应收账款的 35%，这部分欠款的回收有一定的难度；拖欠时间很长的（100 天以上）有 10 000

元，占全部应收账款的5%，这部分欠款有可能成为坏账。对不同拖欠时间的欠款，企业应采取不同的收账的方法，制定出经济可行的收账政策；对可能发生的坏账损失，则应提前做出准备，充分估计这一因素对损益的影响。

（2）收账政策的制定。企业对各种不同过期账款的催收方式，包括准备为此付出的代价，就是它的收账政策。比如，对过期较短的顾客，不过多地打扰，以免将来失去这一市场；对过期稍长的顾客，可措词婉转地写信催款；对过期较长的顾客，频繁地信件催款并电话催询；对过期很长的顾客，可在催款时措辞严厉，必要时提请有关部门仲裁或提请诉讼等。

催款收账要发生费用，某些催款方式的费用还会很高（如诉讼费）。一般说来，收账的花费越大，收账措施越有力，可收回的账应越大，坏账损失也就越小。因此制定收账政策，又要在收账费用和所减少的坏账损失之间作出权衡。根据收账政策的优劣在于应收账款总成本最小化的道理，可以通过比较各收账方案成本的大小对其加以选择。

8.3.3　存货管理

存货是指企业在生产经营过程中为销售或耗用而储备的物资，包括材料、燃料、低值易耗品、在产品、半成品、产成品、协作件、外购商品等。

1. 持有存货的原因

存货是企业流动资产中变现性最差的部分。然而，在现行条件下出于下列原因，企业必须持有一定数量的存货，以保证生产经营的正常进行。

（1）保证生产经营的需要。连续生产的企业需要均衡地投料、生产和销售，而供、产、销诸环节在时间和数量上却往往难以保持绝对平衡。为了保证生产经营活动的正常进行，企业必须进行适量的存货投资，以便建立与生产经营过程和规模相适应的存货体系。

（2）获得价格上的优惠。零星采购物资的单价通常比较高，而大批购买往往可获得商业折扣。这样一方面可降低购置成本，另一方面可减少采购费用，但同时也会增加存货的数量。

（3）把握获利的机会。在市场经济条件下，商品价格常常处于波动之中，企业可根据市场预测和反馈的信息，在价格上涨之前购入大批所需的物资或储存适量的产成品，以获取价差的收益。然而，这也会导致存货数量的增加。

2. 存货成本

所谓存货成本，是指与购买和维持存货有关的成本。其内容可归为以下三类。

（1）取得成本。取得成本是指为取得某项存货而支付的费用，可用 TCa 表示。具体包括以下两种。

1）订货成本。订货成本是指从企业向对方发出订单起，到所购物资运达企业，验收入库为止所发生的各种费用，包括订货业务费、差旅费、邮电费、仓库验收费等。

订货成本按其与订货次数的关系可分为两部分，一部分称为订货的固定成本，即总额与订货次数无关的成本，如常设采购机构的基本开支等，用 F_1 表示；另一部分称为订货的变动成本，是指其总额与订货次数有关的成本，如差旅费、邮电费等，这类费用的特点是每次订货的支出额固定，故也称为每次订货成本，用 K 表示。于是，全年订货成本用公式表示为

$$F_1 + \frac{D}{Q}K \tag{8-17}$$

式中，D 为某存货全年需要量，Q 为订货批量。

2）购置成本。所谓购置成本是指存货本身的价值，其高低取决于存货单价 U 与全年需要量 D 的乘积，即 DU。

存货的取得成本为订货成本与购置成本之和，用公式表示为

$$TCa = F_1 + \frac{D}{Q}K + DU \tag{8-18}$$

（2）储存成本。储存成本是指为保持存货而发生的成本，也称为持有成本，包括仓储费、保管费、保险费、存储损耗、存货占用资金成本等，用 TCc 表示。

储存成本也可分为固定成本和变动成本。其中固定成本是指与存货数量无关的成本，如仓库折旧费、仓库人员固定人工等，用 F_2 表示；变动成本是指其总额与存货数量有关的成本，如存货占用资金成本、保险费、存货破损、变质损失等，其总额与订货批量成正比。用公式表示为

$$（Q/2）\cdot Kc \tag{8-19}$$

式中 $Q/2$ 为平均存货量，Kc 为单位存货年储存成本。

储存成本用公式表示为

$$TCc = F_2 + \frac{Q}{2}K_c \tag{8-20}$$

（3）缺货成本。缺货成本是指存货不能满足生产或销售需要时发生的损失，包括材料供应中断造成的停工损失，产成品库存不足造成的拖欠发货损失和丧失销售机会所带来的损失等，用 TCs 表示。

综上所述，存货总成本 TC 用公式表示为

$$TC = TCa + TCc + TCs = F_1 + （D/Q）K + DU + F_2 + （Q/2）Kc + TCs \tag{8-21}$$

3. 经济订货量

所谓经济订货量，又称最佳批量，是指既能满足生产经营对存货的正常需要，又使存货总成本最低的某项存货批量。存货资产规划的核心问题，就是确定使 TC 最低的经济订货量 Q，继而确定最佳订货间隔期 T。

（1）经济订货量基本模型的建立。经济订货量基本模型需要设立的假设条件是：①企业能够及时补充存货，即需要订货时便可以立即取得存货；②能集中到货，而不是陆续入库；③不允许缺货，即无缺货成本，TCs 为零，这是因为良好的存货管理本来就不应该出现缺货成本；④需求量稳定，并且能预测，即 D 为已知常量；⑤存货单价不变，不考虑现金折扣；⑥企业现金充足，不会因现金短缺而影响进货；⑦所需存货市场供应充足，不会因买不到需要的存货而影响其他。

基于上述假定，存货总成本计算公式为

$$TC = F_1 + （D/Q）\cdot K + DU + F_2 + （Q/2）\cdot Kc \tag{8-22}$$

（2）经济订货量的确定。经济订货量 Q 计算的具体方法是将 TC 对 Q 求一阶导数，并令其为零，然后求出令 TC 有极小值的 Q^*。

$$Q^* = \sqrt{\frac{2KD}{K_c}} \tag{8-23}$$

这一公式称为经济订货量基本模型，求出的每次订货批量，可使 TC 达到最小值。

这个基本模型还可以演变为其他形式。

每年最佳订货次数公式为

$$N^* = \frac{D}{Q^*} = \frac{D}{\sqrt{\dfrac{2KD}{K_c}}} = \sqrt{\frac{DK_c}{2K}} \tag{8-24}$$

最佳订货周期公式为

$$t^* = \frac{1}{N^*} = \frac{1}{\sqrt{\dfrac{DK_c}{2K}}} \tag{8-25}$$

[**例8-8**] 某企业每年耗用某材料 3 600 千克，该材料单位成本 10 元，单位存储成本 2 元，上次订货成本 25 元。则

$$Q^* = \sqrt{\frac{2KD}{K_c}} = \sqrt{\frac{2 \times 3600 \times 25}{2}} = 300（千克）$$

$$N^* = \frac{D}{Q^*} = \frac{3600}{300} = 12（次）$$

$$t^* = \frac{1}{N^*} = \frac{12}{12} = 1（月）$$

经济订货量也可以用图解法求得：先计算出一系列不同批量的各有关成本，然后在坐标图上描出各有关成本构成的订货成本线、储存成本线和总成本线，总成本线的最低点（或者是订货成本线和储存成本线的交接点）相应的批量，即经济订货量。

不同批量下的有关成本指标见表8-5。

表8-5　不同批量下的成本指标

订货批量	100	200	300	400	500	600
平均存量	50	100	150	200	250	300
储存成本	100	200	300	400	500	600
订货次数	36	18	12	9	7.2	6
订货成本	900	450	300	225	180	150
总成本	1000	650	600	625	680	750

不同批量的有关成本变动情况可见图8-4，从以上成本指标的计算和图形中可以很清楚地看出，当订货批量为 300 千克时总成本最低，小于或大于这一指标都是不合算的。

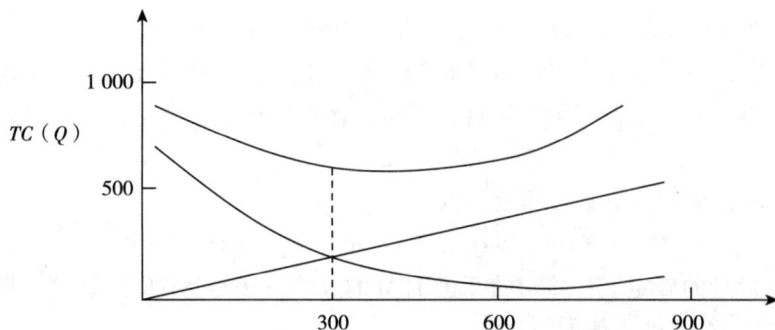

图8-4　成本变动情况图

4. 存货的日常管理

企业从事生产经营活动，一般都需要几十种甚至几百种存货。这些存货在价值、数量、材料采购的难易程度等方面都有很大差别，为了加强存货管理，节约资金占用，就必须采用科学

的方法进行管理。通常采用的方法为 ABC 分类法。

这种方法的基本原理是：处理任何事情，要分清主次轻重，区别关键的少数和次要的多数，根据不同情况进行分类管理。具体做法是：第一，计算存货在一定时期内的耗用总量，主要的存货可按品种计算，一般的存货可按类别计算；第二，计算每种存货耗用总额占全部存货耗用总额的百分比，并按大小顺序排列；第三，根据事先制定好的标准，把各项存货分为 A、B、C 三类。

然而每个企业生产经营活动特点各不相同，但就存货构成来看，一般情况下企业 A 类项目占存货项目比重的 5% ~ 20%，占耗用总额的 60% ~ 80%；B 类项目占存货项目比重的 20% ~ 30%，占耗用总额的 15% ~ 30%；C 类项目占存货比重的 60% ~ 70%，占耗用总额的 5% ~ 15%。将以上三类画成排列图，如图 8-5 所示。

A 类存货，属于消耗量大、比较贵重的存货。这类存货品种不多，但占用资金多，应定为管理的重点，实行重点控制，对库存盘点、来料期限、领发料等都要严格要求。

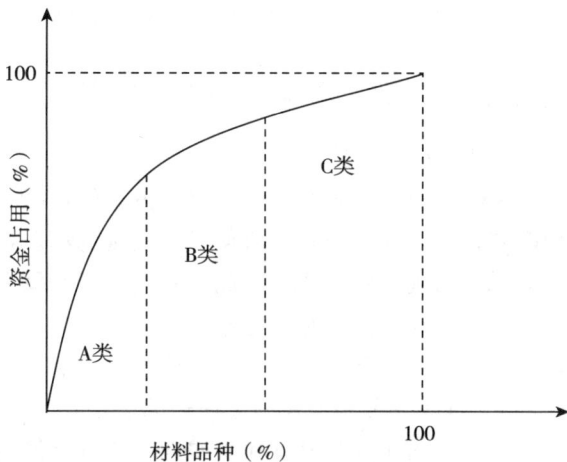

图 8-5 存货分布图

C 类存货，属于单价较低的存货，或不经常领用的零星器材、维修备用件等。这类存货品种繁多，但资金占用很少，应定为管理的一般对象，采用比较粗略的控制方法，可以适当加大保险储备，以防止缺料现象发生。

B 类存货介于 A 类和 C 类存货之间，可采用次于 A 类存货的方式管理。通常做法是根据其在生产中的重要程度和采购的难易分别采用 A 类或 C 类的管理方法。

8.4 利润管理

8.4.1 利润及其构成

利润是指企业在一定时期内从事各项经营活动所获取的财务成果。企业的利润总额是由营业利润、投资净收益和营业外收支净额组成。其计算公式如下

$$利润总额 = 营业利润 + 投资净收益 + 营业外收入 - 营业外支出 \tag{8-26}$$

1. 营业利润

营业利润是企业从事经营业务活动所取得的财务成果，它包括主营业务利润和其他业务利润，其计算公式为

$$营业利润 = 营业收入 - 营业成本 - 营业费用 \tag{8-27}$$

营业收入是指企业通过销售商品和提供劳务等经营活动实现的收入。

营业成本是企业为生产、销售商品和提供劳务等发生的直接材料、直接人工、商品进价、其他直接费用和制造费用等。

营业费用也称为期间费用，是直接计入当期损益的费用。包括企业行政管理部门为组织和管理生产而发生的管理费用和财务费用；为销售商品和提供劳务而发生的销售费用等。

2. 投资净收益

投资净收益是指企业对外投资取得的收益和扣除投资损失后的余额。

3. 营业外收支净额

营业外收支是指与企业生产经营无直接联系的收入和支出。营业外收入包括固定资产盘盈净收入、出售固定资产净收益、对方违约的赔款收入和无法支付的应付账款等。营业外支出项目一般包括固定资产盘亏、报废毁损和出售的净损失、赔偿金、违约金等。

8.4.2　利润分配的原则和程序

1. 利润分配的原则

利润分配是对利润的所有权和占有权进行划分，保证其合理归属与运用的管理过程。利润分配就是企业纯收入扣除所得税后实现的净利润的分配。这是涉及国家、企业、投资者和职工个人几方面利益的工作。因此，企业进行利润分配时应遵循如下原则。

第一，利润分配必须遵守国家财经法规，以保证国家的财政收入稳定增长和企业生产经营拥有安定的社会环境。为此应做到：税后利润分配应遵守国家制定的《公司法》、《企业财务通则》、行业财务制度及其他法规的规定。

第二，利润分配要有利于增强企业发展能力，要贯彻积累优先原则，先提取公积金，后分配投资者利润。

第三，利润分配必须兼顾企业所有者、经营者和职工的利益。

第四，利润分配要处理好企业内部积累与消费的关系，充分调动职工的积极性。

2. 利润分配的程序

通过净利润的分配，最终形成分给投资者的利润和企业留用的利润。按照现行制度规定，企业税后利润分配的项目及顺序如下。

（1）承担被没收的财物损失，支付各项税收的滞纳金和罚款。这一项目是指企业因违反有关法规而被没收的财物损失，以及因违反税收征管条例而被税务部门处以的滞纳金或罚款。它必须在企业税后利润中列支，不能在税前列支。否则，将会损害国家利益，失去依法惩处的警戒作用。

（2）弥补以前年度的亏损。按照现行制度的规定，企业当年发生亏损，可用下一年度的税前利润弥补；下一年度的利润不足弥补的，可以在五年内延续弥补；五年内不足弥补的，可以用税后利润弥补。税后利润补亏应在提取盈余公积金前进行，亏损未弥补完，不得提取盈余公益金。

（3）提取法定盈余公积金。法定盈余公积金是企业在弥补亏损后，向投资者分配利润之前，根据国家规定提取的盈余公积金。它的提取带有强制性，主要目的是用于企业积累，以抵御风险，维护企业的长期发展。法定盈余公积金应按税后利润扣除前两项分配后的余额 10% 提取，当达到注册资本的 50% 后，可不再提取。盈余公积金可用于弥补亏损、扩大生产经营规模、转增资本，也可用于分配股利。但企业用盈余公积金转增资本后，法定盈余公积金的余额不得低于注册资本的 25%。

（4）提取公益金。公益金是从税后利润中提取用于职工福利设施建设的资金，公益金的提取，是为了企业充分考虑职工集体福利设施的不断改善，保证职工的切身利益，而从法律角度所作的一项强制性规定。公益金的提取顺序是在法定盈余公积金之后，但在任意盈余公积金之前。提取比例是税后利润的 5% ~ 10%。

（5）向投资者分配利润。分配给投资者的利润，是投资者从企业获得的回报。对于股份制企业向投资者分配利润的顺序如下：

1）支付优先股股利。按照公司发行的优先股股数、面值和股利率计算支付。

2）提取任意盈余公积金。任意盈余公积金按照公司章程或股东大会决议提取。

3）支付普通股股利。公司弥补亏损和提取法定盈余公积金后所余利润，可按普通股股东所持有的股份比例分配。

股份制企业如果当年无利润，原则上不得分配股利，但用盈余公积金弥补亏损后，经股东大会特别决议，可按不超过股票面值6%的比例用盈余公积金分配股利，分配股利后，盈余公积金不得低于注册资本的25%。其目的是维护企业的信誉，避免股价大幅度波动。

8.5　财务分析

8.5.1　什么是财务分析

财务分析是指以财务报表和其他资料为依据和起点，采用专门的方法，系统分析和评价企业过去和现在的财务状况、经营成果及其变动，目的是为了解过去、评价现在、预测未来，帮助利益关系集团改善决策。

财务分析最基本的功能是将大量的报表数据转换成对特定决策有用的信息，减少决策的不确定性。财务分析是认识过程，通常只能发现问题，而不能提供解决问题的现成答案，只能做出评价而不能改善企业的状况。

8.5.2　财务分析的程序

（1）确立分析目的：为什么进行财务分析？

（2）明确分析范围：根据目的确定分析范围。

（3）收集分析资料：搜寻财务报表和其他信息资料。

（4）确定分析标准：经验数据、历史数据、同行业数据、本企业预定数据。

（5）选择分析方法：分析目的不同，选择的方法也不同。

（6）做出分析结论：为信息使用者提供有用的信息。

8.5.3　财务分析的方法

财务分析的方法有比较分析法和因素分析法两种。

1. 比较分析法

比较分析法是指对两个或几个有关的可比数据进行对比，揭示差异和矛盾。比较分析的具体方法种类繁多。

（1）按比较对象分类（与谁比）。

1）趋势分析，即与本企业不同时期（2~10年）的指标相比；

2）横向分析，即与同行业平均数或竞争对手的指标相比；

3）差异分析，即实际执行结果与计划（预算）指标比。

（2）按比较内容分类（比什么）。

1）比较会计要素总量，即比较报表项目的总金额。如：利润总额、净利润、净资产、总资产等。总量比较主要用于时间序列分析，如研究利润的逐年变化趋势，看其有多大的增长潜力。有时也用于同业对比，看企业的相对规模和竞争地位。

2）比较结构百分比，即把利润表、资产负债表、现金流量表转换成结构百分比报表。例如以收入为 100%，看利润表各项目的比重。结构百分比报表用于发现有显著问题的项目，揭示进一步分析的方向。

3）比较财务比率。财务比率是各会计要素的相互关系，反映其内在的联系。比率的比较是最重要的分析。它们是相对数，排除了规模的影响，使不同的比较对象之间建立起可比性。财务比率的计算比较简单，但对它加以说明和解释是相当复杂和困难的。

2. 因素分析法

因素分析法，是依据分析指标和影响因素之间的关系，从数量上确定各因素对指标的影响程度。

企业的活动是一个有机整体，每个指标的高低都受若干因素的影响。从数量上测定各因素的影响程度，可以帮助人们抓住主要矛盾，或更有说服力地评价经营状况。

因素分析的方法具体可分为以下 4 种：

（1）差额分析法，即对差额即增加额的分析。

（2）指标分解法，即将一个指标分解为几个指标，分析影响原因。

（3）连环替代法，即依次用分析值替代标准值，测定各因素对指标的影响。

（4）定基替代法，即分别用分析值替代标准值，测定对指标的影响。

8.5.4　基本财务比率

财务报表中有大量的数据，可以根据需要计算出很多有意义的比率，这些比率涉及企业经营管理的各个方面。财务比率可以分为以下四类：变现能力比率、资产管理比率、负债比率和盈利能力比率。

1. 变现能力比率

变现能力是企业产生现金的能力，它取决于在近期内变为现金的流动资产的多少。反映变现能力的财务比率主要有流动比率和速动比率。

（1）流动比率。流动比率是流动资产除以流动负债的比值，其计算公式为

$$流动比率 = 流动资产 / 流动负债 \times 100\%　\qquad (8-28)$$

流动资产一般包括现金、有价证券、应收账款及存货，流动资产的变现能力一般较强。流动负债一般包括应付账款、短期应付票据、本年到期的债务、应付未付的所得税及其他未付开支。通常偿付流动负债需要现金支付。

流动比率分析。生产企业的流动比率一般认为最低为 2 合适。这是因为流动性资产中变现能力最差的存货约占流动资产总额的一半，剩下的流动性较大的流动资产至少要等于流动负债，企业的短期偿债能力才会有保证。

计算出来的流动比率，只有和同行业平均流动比率、本企业历史的流动比率进行比较，才能知道这个比率是高还是低。一般情况下，营业周期、应收账款数额和存货周转速度是影响流动比率的主要因素。

（2）速动比率。流动比率虽然可以用来评价流动资产总体的变现能力，但短期债权人还

希望获得比流动比率更进一步的有关变现能力的比率指标。这个指标被称为速动比率，也被称为酸性测试比率。

所谓速动比率，是指从流动资产中扣除存货部分，再除以流动负债的比值。速动比率的计算公式为

$$速动比率 = 速动资产 / 流动负债 \times 100\% \tag{8-29}$$

式中，速动资产 = 流动资产 – 存货。

在公司的流动资产中，库存资产的流动性最小。在发生清偿事件时，库存资产蒙受的损失将大于其他流动资产。因此一个公司不依靠出售库存资产来清偿债务的能力是非常重要的。速动比率（酸性测试比率）是衡量这种能力的有用指标。

通常认为，正常的速动比率为 1，低于 1 的速动比率被认为是短期偿债能力偏低；如果公司的速动比率或酸性测试比率小于 1.0，则其发生清偿债务事件后，需要变卖库存资产还债，这种情况需要财务人员警惕可能发生的麻烦。

2. 资产管理比率

资产管理比率是用来衡量公司在资产管理方面效率的指标。资产管理比率包括：营业周期、存货周转率、应收账款周转率、流动资产周转率和总资产周转率。

从营业水平看。这些指标回答了这样的问题：资产负债表上的资产是否在有效运转；资产结构是否合理；所有的资产是否能有效利用（充分利用）；资产总量是否合理。

（1）营业周期。营业周期是指从取得存货开始到销售存货并收回现金为止的这段时间。营业周期的长短取决于存货周转天数和应收账款周转天数。营业周期的计算公式如下

$$营业周期 = 存货周转天数 + 应收账款周转天数 \tag{8-30}$$

把存货周转天数和应收账款周转天数加在一起计算出来的营业周期，指的是需要多长时间能将期末存货全部变为现金。一般情况下，营业周期短，说明资金周转速度快；营业周期长，说明资金周转速度慢。

（2）存货周转率。在流动资产中，存货所占的比重较大。存货的流动性，将直接影响企业的流动比率，因此，必须特别重视对存货的分析。存货的流动性，一般用存货的周转速度指标来反映，即存货周转率和存货周转天数。

存货周转率是衡量和评价企业购入存货、投入生产、销售收回等各个环节管理状况的综合性指标。它是销售成本被平均存货所除而得到的比率，或叫存货周转次数。用时间表示的存货周转率就是存货周转天数。计算公式为

$$存货周转 (次数) = 年销售成本 / 平均存货 \tag{8-31}$$

$$\begin{aligned} 存货周转天数 &= 360 / 存货周转率 \\ &= 360 / (年销售成本 / 平均存货) \\ &= (360 \times 平均存货) / 年销售成本 \end{aligned} \tag{8-32}$$

一般来讲，存货周转速度越快，存货的占用水平越低，流动性越强，存货转换成现金或应收账款的速度越快。提高存货周转率可以提高企业的变现能力，降低资金占用水平。存货周转分析的目的是从不同的角度和环节上找出存货管理中的问题，使存货管理在保证生产经营连续性的同时，尽可能少占用经营资金，提高资金的使用效率，增强企业短期偿债能力，促进企业管理水平的提高。

（3）应收账款周转率。

1）定义。应收账款周转率即年度内应收账款转换为现金的平均次数，它说明应收账款流

动的速度。

应收账款周转天数表示企业从取得应收账款的权利到收回款项、转换为现金所需要的时间。

2）计算公式。

$$应收账款周转率 = 销售收入净额 / 平均应收账款 \qquad (8-33)$$

$$应收账款周转天数 = 360 / 应收账周转率$$

$$= （360 × 平均应收账款） / 销售收入 \qquad (8-34)$$

其中，销售收入为扣除折扣和折让后的销售净额；平均应收账款为期初与期末应收账款的平均数

周转率高表明：收账迅速，账龄短，流动性强；可以减少收账费用和坏账损失。

应收账款周转率指标可以反映企业的信用管理能力。当然，应收账款周转天数与公司的信用政策有关。在分析时，需要参考行业平均值，也应该用公司的信用政策来评价。如果与行业平均值偏离过大，则应考虑公司的信用政策是否合理，或是否还有其他原因。应收账款的周转直接影响企业现金回收和短期债务的清偿，必须给予重视。

（4）流动资产周转率。这是指销售收与流动资产平均余额的比值。

$$流动资产周转率 = 销售收入 / 平均流动资产 \qquad (8-35)$$

$$流动资产周转天数 = 计算期天数 / 流动资产周转率 \qquad (8-36)$$

（5）总资产周转率。

$$总资产周转率 = 销售收入 / 总资产额 \qquad (8-37)$$

公司的营业额是利用公司的资产创造的。总资产周转率用来考察公司全部资产的利用情况，公司资产利用的越充分，给公司创造的效益越高。如果公司资产利用的效率较低，说明资产利用不充分，若公司有闲置资产，应设法变卖。若在建工程未完工，则占用的资产不能产生收益，在分析时应予以注意。

3. 偿债能力比率

公司债务问题是投资人员最为关注的问题之一。公司股东希望通过债务为公司提供更多的资金，为股东带来更多的收益。债权人则希望借贷公司的资本金达到一定比例，从而为债权人的贷出资金提供安全保障，保护债权人的利益。考察公司债务管理能力的比率有资产负债率、产权比率、有形净值债务率。

（1）资产负债率。它是指企业的负债总额与资产总额的比率，它衡量债务资金占总资金的份额。

$$资产负债率 = 负债总额 / 资产总额 × 100\% \qquad (8-38)$$

负债总额是流动负债与长期负债之和。新的贷款人喜欢公司有较低的负债率，当企业发生不能清偿事件时，贷款人的保障就多一些。而股东一般喜欢较高负债率，这样可以利用财务杠杆增加收益。当然，负债率高，企业财务风险也增大。

（2）产权比率。它是负债总额与所有者权益总额的比率，说明所有者权益对债权人权益的保障程度。侧重于揭示财务结构的稳健程度。

$$产权比率 = 负债总额 / 所有者权益总额 \qquad (8-39)$$

该比率越大，说明企业债务负担越重，偿债能力越差，财务风险越大；反之，偿债能力越强，财务风险越小。

（3）有形净值债务率。它是负债总额与有形净资产的比率。

$$有形净值债务率 = 负债总额 / (所有者权益 - 无形资产净值) \qquad (8\text{-}40)$$

该比率考虑企业无形资产价值的不确定性，因此，为了更清楚地反映企业真实的偿债能力，将无形资产的净值从所有者权益中扣除。

（4）利息保障倍数（已获利息倍数）。利息保障倍数是测量公司的收益支付利息成本开支能力的比率，它等于公司息税前收益除以利息支出。

$$利息保障倍数 = 息税前收益 / 利息支出 \qquad (8\text{-}41)$$

利息保障倍数高，说明企业支付利息的能力强，它会增强贷款人对公司支付能力的信任程度。如果公司有租金支出，则应予以考虑，相应的比率称为固定负担倍率。

从长期看，该比率至少大于 1，该比率应与本行业和企业连续几年的指标比较，也可以做长期负债与营运资金比率分析。

4. 盈利能力比率

公司大量决策和行动的综合结果，形成了获利能力，前面介绍的各种财务比率给出了公司经营过程的信息，它们最终将反映到公司的获利能力上。

（1）销售净利率。销售净利率是净利润与销售收入净额的比率。该指标是反映企业销售收入能力的。指标越高，说明企业获利能力越强，反之获利能力越差。

$$销售净利率 = 净利润 / 销售收入 \times 100\% \qquad (8\text{-}42)$$

（2）销售毛利率。销售毛利率是销售毛利与销售收入的比值。

$$销售毛利率 = 销售毛利 / 销售收入 \times 100\% \qquad (8\text{-}43)$$

式中，销售毛利 = 销售收入 - 销售成本。

（3）资产净利率（与投资额有关）。资产净利率是净利润与总资产的比率。该指标反映企业利用全部资产获利的能力。指标越高，说明企业的获利能力越强；反之，盈利能力越差。

$$资产净利率 = 净利润 / 总资产 \times 100\% \qquad (8\text{-}44)$$

这个比率描绘了公司运用资产的获利能力，比率的值越高，则获利能力越强，它是公司经营效率的综合反映。

（4）净资产收益率。净资产收益率是净利润与平均净资产的百分比，又叫权益报酬率，利用该指标可以反映利用股东投入资本获利的能力。

$$净资产收益率 = 净利润 / 平均净资产 \times 100\% \qquad (8\text{-}45)$$

▌本章小结

本章介绍了企业财务管理的基本知识，主要内容有企业筹资的渠道、方式以及资本成本的计算，货币时间价值、投资项目评价的基本方法，企业现金管理、应收账款管理和存货管理的基本方法，企业利润的构成及分配流程，企业财务分析的基本方法。

▌关键术语

筹资管理 投资管理 流动资产管理 利润分配管理 财务分析

▌复习思考题

1. 简述企业资金循环的过程。

2. 某企业欲筹资 5 000 万元，现有两个筹资方案，详细资料见下表：

若：债券票面利率为 12%，发行费率为 3%；银行借款的年利率为 10%；普通股票预计第 1 年发放股利率为 15%，以后每年增长

2%，发行费率为4%，所得税率为33%。

筹资方式	方案1	方案2
银行借款	1 000	500
发行债券	1 000	2 500
发行股票	3 000	2 000

要求：计算两个方案的加权平均资本成本并进行方案选择。

3. 某企业向银行贷款100万元，年利率为10%，3年后一次还本付息，求此项借款到期时，该企业应归还的本息之和是多少？

4. 某企业欲在5年后能有一笔10万元的基金存款，若银行的存款年利率为8%，则该企业现在应一次存入银行多少钱？

5. 某投资项目在5年建设期内每年末向银行借款100万元，借款年利率为10%，问该项目竣工时应付银行的本息的总额是多少？

6. 大华公司租赁设备一台，每年末支付租金1.2万元，若年利率为10%，问：5年应支付的租金总额的现值是多少？

7. 甲、乙两个互斥投资方案各年净现金流量如下所示，已知资本成本为10%，试分别用净现值法和现值指数法判断甲、乙两个方案的可行性并进行方案选择。

年份	0	1	2	3	4	5
甲方案	-10 000	3 000	3 000	3 000	3 000	3 000
乙方案	-10 000	1 000	2 000	3 000	4 000	5 000

8. 某公司为保障日常现金收支需要，任何时候银行结算户和库存现金余额均不能低于2500元，公司有价证券的年利率为10.8%，每次固定转换成本为30元，根据历史资料测算出现金余额变动的标准差为600元。

要求：

（1）计算公司最优现金返回线。

（2）计算公司现金控制的上限。

9. 某企业每年需要甲材料720千克，该材料的单价为20元，年单位储存成本为4元，平均每次进货费用40元。试计算该材料的经济进货批量、最佳订货次数及与此相关的总成本。

10. 简述企业利润分配的原则和程序。

| 扩 | 展 | 阅 | 读 |　　　　　**一家小企业的财务管理之道**

企业的生生死死是再寻常不过的事了，但能在风口浪尖上赚到钱的企业也不在少数。关键一点就是决策正确。一提决策好像就是一个很大的项目，要慎重再慎重。其实，任何事情只要按照优秀的理念踏踏实实地做，成功就不是什么遥不可及的事了。南京任杰电子公司是南京电子一条街上一个不足20人的小企业，但它能在电子产品的激烈竞争下始终保持较高的盈利水平，与其理财观念有很大的关系。

成本控制有张有弛

南京仁杰电子公司是一家成立于1995年的私营企业，注册资金300万人民币。该电子公司的经营范围是代理国内和国际品牌的通信产品，属于商品流通单位，也负责对终极用户的安装。

成本控制是许多中小企业所普遍重视的，但成本的节约应该是一种有取有舍有原则的节约。为了节约人员的开支，该公司对成本的控制采取了不同情况下不同对待的方法。对于少量的终极用户安装业务，多采用临时聘请熟识的工程队；对于机器的日常小规模维护，则采用对业务人员进行普及技术培训的方法；而针对高端机器的紧急修理则采取和上游厂商签订维护协议的方法。

中小企业应树立不断通过技术创新来降低产品成本的观念。以技术创新促进成本管理，从短期看，技术改造需投入，开发新产品也需投入，这都是增加成本的因素。但从长期看，不仅可以获取更大的效益，而且有利于争取竞争的主动权，它所带来的增利因素要大于其投入的成本因素。

人人参与成本管理

这个公司财务部有 4 名会计。虽然公司的会计人员很少，但他们的财务工作却对整体公司的运作起了强大的约束作用。南京仁杰电子公司推行的是"人人参与财务管理"的模式。在公司的走廊以板报的形式，由财务人员每天按照合同的具体条目更新现金回收状况。它的出现，引起了公司每个人的关注：业务人员经常来查对，讨论并通过它来跟进自己负责合同的收款进度；主管也可以通过它来获得对二级经销商汇款情况的估计。这样，每个人都可以从这里获得重要的信息。在公司，应收账款在收回前只不过被看成是一项市场费用，如果还没有收到货款，就不能算作销售已经完成，也没有客户满意度而言，当然也不会给相应的销售人员支付佣金。"人人参与财务管理"的模式，极大地调动了销售人员的积极性，杜绝了销售人员只管售货而不管实际收款的情况。

很大企业建立了销售收款责任制，销售人员不但要推销产品，还要负责收款，并把催讨货款与销售人员的奖金挂起钩来，这是防范应收账款风险的有效措施，但需注意激励和约束的平衡关系。如果企业的业务量较大，可以建立应收账款的计算机管理系统，利用计算机对客户进行适时监控。

重视存货管理

南京仁杰电子公司对每个月的销量进行细致的统计记录，并设定了管理软件中的库存模式，一旦存货低于警戒线即立即补货。长期经营的经验使公司的存货占用资金非常低。也因为公司的业务大都是定制的机器，所以和厂家的协调非常重要。该公司和长期合作的生产企业均有详细的协议。对于设置的付款比例是按照与买方合同的收款比例同步的，这样就大大降低了由于收款时间差距引起的对现金大量占用的风险，也对厂家对机器按照期间提供的售后服务起到了一定的牵制作用。而对于小型设备突然出现的需求量浮动，他们采用向同行调货的方式实现，虽然比直接从供货商调货价高，但由于次数少，相比起来比囤积大量库存但用流动资金要合算的多。

该公司规模不大，但注重吸收先进技术，运用管理软件进行库存管理，在保证存货供应的同时，节约了存货上占用的资金。目前大多数的贸易类企业采取了零库存的方式，按照订单制造直接供应给客户，避免了因存货价格波动导致损失的风险。也有很多企业实施企业流程再造（BPR），企业资源规划系统（ERP），这些都是提高企业运转速度的手段。

管理理论的百年回眸

1900～1910：秒表科学

19 世纪与 20 世纪之交，管理工作尚未得到界定。在 20 世纪的第一个 10 年里，有 3 个代表性人物对"管理"的确立有着特殊贡献。

第一个是美国人伊莱休·鲁特，他可以说是管理历史学上的一个注脚；第二个是法国人亨利·法约尔，他曾经长期被人们所忽视，但在早期管理思想家中，他的思想也许是最经得起时间考验的；第三个是美国人弗雷德里克·泰勒，他奠定了科学管理的理论基础，被称为 20 世纪最有影响力的人物之一。

19 世纪末，美国的军事机器在战争中显得老旧不堪，军中各个部门各行其道，缺乏协调。时任陆军部长的鲁特为建立军中各部门的协调机制，成立军事学院，创立参谋长联席会议。反对者认为"华盛顿和拿破仑都不需要战略委员会"，鲁特的回答异常简练干脆，"是的，他们已经逝去，我们现行的体制也应死去"。

鲁特在美国军队中发起的变革确实得到广泛的应用，彼得·德鲁克说，这些变革是"第一次有意识、有系统地应用了管理的原则"，现代管理由此开端。

当鲁特实践着我们现在所称的"管理"时，亨利·法约尔则为管理学的概念趋向实践奠定了基础。

法约尔在一家矿业公司当了 30 年的总裁。在此期间，他形成了完整的管理哲学。

首先，他认识到管理的普遍性。管理既可以应用于企业，也可以应用于其他组织。

其次，他认为管理是一门具有独立规律的学科。当时的"管理"还是一个几乎不存在的实体。法约尔创造的 14 条"一般管理原则"描绘了现代管理的"肉身"，这 14 条原则分别是：劳动分工、权力与责任、纪律、统一指挥、统一领导、个人利益服从整体利益、雇员的报酬、集中、等级制度、秩序、公平、人员保持稳定、创新意识和团结精神。

为了确保这些原则得到有效的实践，法约尔认为管理者需要行使计划、组织、指挥、协调和控制这 5 项职能。

法约尔考虑的是有关管理本质的理论问题，而美国人泰勒则是一个问题解决专家。他的信条是：将最先进的分析工具用于解决企业问题。这成为现代咨询业的模板。

泰勒被称为"科学管理之父"。科学管理起源于泰勒不能忍受工人们的"磨洋工"。他经常手持一个秒表，详细测量工作中每一个活动所需的时间，通过量化确定效率，从而建立起一个能有效完成任务的最优方式。

美国沃特唐军工厂引进泰勒的思想后，将浇注驮鞍前桥的人工成本从 1.17 美元降至 54 美分；制造 6 英寸炮架的人工成本从 10 229 美元降至 6 950 美元。

20 世纪的管理问题是追求更多的产量、更大的市场。而科学管理促进了产量的提高。泰勒的思想是属于那个时代的，也是服务那个时代的。如今的管理时尚——企业再造的基本思想就是，组织需要重新界定关键流程，尽可能使之柔性化，尽可能使之提高效率，这与泰勒思想的相似性是显而易见的。

泰勒理论中的管理者只是一个监督者、一个收集信息交给决策者的记录员和报告员，这就创造出一个全新的，致力于监督、衡量和观察的管理者类别。他们是组织阶层中一个单独的层次。我们现在把它称为中层管理。

彼得·德鲁克认为泰勒的思想是"继联邦宪法之后，美国对西方思想所做出的最持久的贡献之一"。随后亨利·福特的流水线工作方式，也不过是泰勒科学管理理论的逻辑拓展而已。

表 A-1 是 1900～1910 年管理大事件。

表 A-1

时间	事件
1900	美国人均周工资为 9.03 美元
1901	吉列安全剃须刀公司推出吉列品牌，世界上第一所工商管理研究院达特茅斯大学阿莫斯塔商学院开始颁授学位
1902	百事可乐公司成立
1903	福特汽车公司成立
1904	罗尔斯－罗伊斯公司成立
1906	道琼斯指数首次超过 100 点
1907	美国股市发生恐慌
1908	哈佛工商管理学院成立，通用汽车公司成立

1911～1920：福特时代

弗雷德里克·泰勒和亨利·福特是早期管理思想和实践上不可分割的一对人物，这两位人物对全世界都产生了巨大的影响。两人的观点极其相似，但却是平行发展，并没有直接的相互影响。

泰勒的科学管理思想提高了单位劳动力的生产率，1907～1915 年，单位劳动力的生产率平均每年提高 33%，而 1900～1907 年，这个数字仅为 9.9%。

亨利·福特吸收转换前人的生产经验，采用装配线的形式，将福特公司的劳动生产率提高了 10 倍，从而实现了真正的大规模生产。

福特创造出一个复杂的系列生产系统，确保零件、分组合件和组合件能在适当的时间运送到装配线上。早在那个时代，福特就从某种意义上实践了现代人所称的"准时化生产技术"（just-in-time）。此外，福特对于速度产生竞争优势的理解，也契合如今的时基竞争管理理论。

更有意思的是，当福特的竞争对手还在关注产品本身的时候，福特已经看到了社会对轿车的潜在需求。于是从 1908 年福特第一辆 T 型车面世后的 19 年时间里，福特公司只生产这一种车型。大规模制造伴随着成本的不断下降，T 型车几乎占据了一半的世界市场。福特的天才构想，套用今天的说法，就叫远见（vision）。

为了让 T 型车成为大众买得起的轿车，福特无休止地寻求生产成本的降低。福特的想法和泰勒极为相似，只是一个从成本出发，另一个从工作任务出发而已。

从管理层面来说，福特在人力资源管理方面也有着贡献。1913 年，由于工作时间长和工资待遇低，福特公司的人员流动率高达 380%。1914 年，福特采取限定工作时间和有吸引力的日工资制度，用"最明智的降低成本的决策"解决了人员流动的问题。

福特管人的方式令人震惊，他一刻也不能容忍工人按他们自己的方式来干活。福特管理下的公司在取得了最初的巨大胜利之后，发展也是有限的。很快就被后来者所超越。

从个人的角度来看，金钱、权力、气质和令人着迷的本性混合在一起，福特是一个鲁莽但有时又不能平衡的混合物。查理·卓别林的经典电影《摩登时代》是对滥用福特主义的绝妙讽刺。

在福特时代，一个日本人学习福特却没有盲从他，这就是松下幸之助。松下的理论是：成功的产品必须比竞争对手成本低 30%，但质量却要高 30%。松下与福特的差别还在于，他认为企业应当承担强烈的道德和伦理责任，企业不是简单的生产工具，而是承载了社会和个人利益的列车。从这点上看，松下幸之助发现科学管理也有瑕疵。

表 A-2 是 1911～1920 年管理大事件。

表　A-2

时间	事件
1911	泰勒著作《科学管理原理》发行
1912	泰勒在国会作证，管理突然成为公众关注的问题
1913	美国联邦储备局成立
1915	第 100 万辆福特汽车下线
1917	太平洋航空产品公司发展成波音公司
1918	松下公司成立
1919	希尔顿酒店公司成立
1920	美国城市人口超过农村

1921～1930：发现组织

人类进步的每一个阶段，总要考虑如何以最佳的方式将自己组织起来。但是我们的管理先驱们并没有把组织作为一个严肃的、值得关注的问题来对待，所以他们不了解组织的复杂关系。

如果说亨利·福特有如何组织他的工业巨人的思路，那也完全是一维的思路。他擅长处理的是生产、成本控制和产品的机械性复杂关系，组织性的复杂关系则被粗暴地对待。

泰勒对组织问题也很迟钝。他认为完善的计划可以保证完善的流程，这为企业提供了生存所需的结构。

福特和泰勒无法回答有关组织的问题，而德国社会学家马克斯·韦伯对组织的理论和实践进行了研究。

韦伯在他的著作《社会组织和经济组织理论》中阐述了自己观点，他认为在新兴的工业化社会里，组织的根本形式就是官僚体制。

这种官僚体制的特点是：层级制度、非人格性、执行既定原则、工作成绩决定升迁、劳动的专业化分工以及效率的原则。

许多公司按照与韦伯的想象相似的方式组织起来。官僚体制模式的基础是无条件的忠诚、屈服和荒谬可笑的层级设置，这竟成为组织的模式。在 20 世纪 20 年代，福特公司就是最好的例证。

许多理论家和实践者已经在思考组织的问题。1909 年，拉塞尔·罗布就指出："所有的组织都会因目标、追求的结果和获取成果的方式的不同而有所不同。"

作为罗布的听众，实践工作者切斯特·巴纳德在自己的著作《经理人员的职能》⊖中讨论的许多问题都触动了现代管理学的心弦。他是第一位将理性制定决策提升为管理的职业核心的人士。此外，他还强调沟通的必要性。他在书中写道："经理职能的关键首先是建立沟通的系统；其次是促进保证关键活动的安全；第三是构建和定义目标。"

由此，他将管理者的任务从简单的衡量、控制和监督拓展到关注更难以捉摸、更复杂的方向，诸如价值观和组织。

1920 年，通用管理层的小阿尔弗雷德·普雷查德·斯隆认识到总裁杜兰特的独裁管理风格已不能带领通用适应未来的挑战。于是他开始研究公司应该如何组织起来的问题。

1923 年，斯隆成为通用公司总裁，他在通用做出了两项成就。

第一，斯隆创造了一种新的高度职业化、不带感情色彩的聪明经理阶层，他们不再是依靠直觉，而是在可获得充分信息的基础上，去制定决策。

第二，他创造了事业部制这种新的组织形式，即一种将分权与协调、集中控制相结合的组织模型。

多个事业部的组织形式意味着，总经理有更多时间集中考虑战略问题，具体的经营决策则由一线人员制定，而不是由遥远的总部人员制定。

这种组织模式赋予事业部前所未有的责任。斯隆管理思想的核心是，要明确每个人的责任。

多个事业部的组织形式在大型组织的推广使分权成为一种趋势。《经济学人》杂志的评论说："亨利·福特为管理奠定了基础，而阿尔弗雷德·斯隆为此建立了向上发展的阶梯：他将管理变成可靠的、有效的、像机器一样的过程。"

斯隆的组织模式是适合那个时代的，但它的缺点在之后逐步显露出来。这种分权机构是围绕汇报机制和委员会机制运转的，这最终使组织笨拙。

表 A-3 是 1921~1930 年管理大事件。

表 A-3

时间	事件
1921	美国失业率超过 20%，索尼创始人盛田昭夫出生
1922	哈佛商学院院长亲自负责《哈佛商业评论》的出版，美国管理协会成立
1924	案例教学法成为哈佛商学院的主要教学方法
1925	西尔斯第一家零售店开张，奠定其最大百货商基础
1929	美国股市崩盘，大萧条开始，柯达发明了彩色电影胶片
1930	美国国家失业理事会成立

⊖ 本书中文版已由机械工业出版社出版。

1931~1940：关于人的探索

美国学者玛丽·帕克·福列特女士职业生涯中大部分时间花在社会工作中。尽管常常被人忽视，但她的思想的确领先于她所处时代几十年。她在20世纪的第一个10年就开始讨论团队合作和责任。现在这个问题作为"授权"的问题被重新提出来。

福列特是位开明的人文主义者，她在《动态的行政管理》一书中警告说："我们永远不能将人与机械截然分开。企业中人际关系的研究与生产经营中的技术研究密不可分。"她的思想中最核心的一条是："人是任何商业活动的核心，或者说，人是任何活动的核心。"事实确实如此。

福列特专门研究了冲突。她指出，处理冲突有3种方式：压制、妥协和整合。她认为，最后一种是处理冲突的唯一积极方式。当我们的思想不能挣脱非此即彼的桎梏，我们将会鼠目寸光，左右碰壁，成功渺茫。千万不要让非此即彼埋没了我们。

与福列特同时代的澳大利亚学者艾尔顿·梅奥提出了工作场合人性化的观点，但他仍认为工人的行为受到"感情逻辑"的支配，而老板们的行为则受到"成本和效率的逻辑"的支配。福列特和梅奥的观点是不一样的。

福列特对领导这个问题的看法也非常现代："最成功的领导者能预见而不是去实现未来前景。"她认为领导者的任务就是协调、勾画组织目标和预见先机——"我们期望领导者能开拓新道路和新机会"。她建议，领导者不应该见木不见林，为一叶所障目。"领导意味着使被领导者得到自由。老师能给予学生最好的服务就是提高其获得自由的能力——自由活动、思想的范围和控制的力量。"

尽管福列特在那个时代被许多人忽视，但在萧条与罢工冲击下的20世纪30年代，企业中人性方面的问题却是持久的。罗斯福新政把"工业民主"一词提到了工商业界议事日程的最前面。那些20世纪30年代成立的企业在商业实践中都体现出了这种新人性主义。

表A-4是1931~1940年管理大事件。

表 A-4

时间	事件
1931	《财富》报道：超过500万工人工作完全屈服于机器
1932	道琼斯指数达到其历史最低点：41.22点
1933	美国棉纺工业规定了周工作时间和男工最低工资
1934	美国证券交易委员会成立
1935	罗斯福总统签署了《社会保障法案》
1936	丰田喜一郎将家族企业易名为丰田，转产汽车，亨利·福特成立了福特基金会
1937	美国规定了女工最低工资，戴尔·卡内基的《如何赢得朋友和影响他人》出版
1938	切斯特·巴纳德的《经理人员的职能》出版
1940	麦当劳兄弟开了第一家餐馆

1941~1950：战争的教训

战争总是能以令人惊叹的程度集中管理思想。第二次世界大战更是管理实践和理论发展历程中最重要的事件之一。它把新生的人际关系学派和此前 40 年中已经得到熟练掌握的大规模生产技术结合在一起。

但这不是一场仅仅由制造业生产能力决定的战争。战时需求也巩固了管理咨询顾问和商学院的作用，哈佛商学院在战争期间暂停了所有正常的平民项目，专为军队做战争管理培训；咨询公司博斯艾伦的"管理工程师"帮助美国海军克服军队官僚机构中的繁文缛节，以获得快速解决方案：艾尔顿·梅奥等管理研究人员主持培训，教育领导人如何与人合作以及如何把人作为独立的个体等。

在这场战争中，增加了一个特别成分：营销。战争标志着大规模营销的到来，而且以一种不寻常的方式出现。己方士兵和盟军都被看作未来的消费者，战时生产成为公众印象中建立名声和产品印象的时代，为未来播种希望。

战争期间，为了提高劳动生产率，沃尔特·谢沃尔德的质量控制法让整个军事工业生产变得快速可靠。他的基本观点是，追求生产中变化最小化和人与人之间合作的最大化是向前发展最有效的途径。温斯顿·丘吉尔的战时科学顾问说，谢沃尔德的质量哲学是美国对盟军战时生产工作所做的最大单项贡献。

美国人在管理方面的成就帮助战败国日本高效地进行经济重建。"二战"后，美国工程师小组为日本产业界人士开展了工业管理培训，质量控制在日本得到了确立。到 1950 年统计专家爱德华兹·戴明在东京做讲座时，日本的质量控制工作又进了一步。

日本引人注目的复兴不是简单地运用质量控制实现的，其基础是坚强的企业家活力，以及融合了管理、社会及人的道德良心的企业。

日本复兴的典型是索尼和松下。索尼的才能是创造新市场，而松下注重销售对顾客有用的商品，通过优秀的售后服务获得长期客户，它管理的另一个支柱是冒险精神和家长式管理。

同时，松下提倡做有道德良心的企业。19 世纪就有日本银行家将资本定义为"社会财产"，认为资本应该为公众的利益流通，而不是集聚为个人所有。

松下幸之助说："企业的使命是克服贫穷，把整个社会从穷困中解脱出来，并给社会带来财富。"当美国人和他们的盟友沉浸在战争的胜利中时，只有日本人才有这样的情操和洞察力。

表 A-5 是 1941～1950 年管理大事件。

表　A-5

时间	事件
1941	亨利·福特勉强同意在福特公司出现工会，玛丽·帕克·福列特著作《动态的行政管理》出版
1944	IBM 公司生产出第一台大型计算机，世界银行成立
1945	第一家沃尔玛商店成立，高级管理人员培训项目成为哈佛商学院日常安排
1946	第一台电子管的数字计算机研制成功，井深大和盛田昭夫投资 530 美元创办了索尼公司
1947	美国国会通过《劳工管理关系法案》限制工会活动，马克斯·韦伯著作《社会组织与经济组织理论》出版
1950	彼得·德鲁克成为世界上首位管理学教授

1951～1960：在梦想中生活

IBM 公司是 20 世纪 50 年代公司的典范，它发展出以服务为中心的品牌和强有力的企业文化。IBM 管理者认为：任何组织应准备改变所有的一切，但已经融合在公司生命中的信念永不改变。像 IBM 这样有影响力的公司形成了强有力的企业文化，这在管理史上是一个重大发展，具有非凡的意义和重要性。这意味着公司对人类生活的影响已经超越了法律规定的范围。

20 世纪 50 年代也是一个充满机会的时代，在市场的渴望中，现代营销理念诞生了。

1954 年，彼得·德鲁克的著作《管理的实践》⊖出版，这本"管理圣经"对管理的基本原则进行了精湛评述。德鲁克把顾客放在前所未有的中心位置，他对企业的含义做了一针见血的解释：

关于企业的目的，只有一个有效定义：消费者市场不是由上帝、自然或经济力量创造的，而是由商人创造的。他们满足的需求可能在消费者获得满足之前已经被消费者感觉到。也许事实上，人的需求支配着消费者的生活并充斥着他清醒的每时每刻。但这只是理论上的需求；只有当商人的行为使之成为有效的需求时，消费者和市场才真正存在。

另一些学者阐明了营销的确切性质和范围的真实本质。1960 年，E. 杰罗姆·麦卡锡提出了非常著名的营销"4P 组合"的概念。4P 理论实质上是销售方的组合而不是购买方的组合，市场营销学权威菲利浦·科特勒等人建议应更多关注购买者的营销组 4C：消费者需求、消费者的成本、方便和沟通。

1960 年，特德·列维特发表了《营销短视症》，将营销理论进一步发展。他主张，企业的核心问题应该是满足消费者而不是简单地生产商品，公司应该是市场导向而不是生产导向。

20 世纪 50 年代沉浸在消费者导向满意的海洋中，但领先的学术派开始研究和质疑的问题却是激励。这些考虑激励问题的人被称为"人际关系学派"，其中的杰出人物分别是亚伯拉罕·马斯洛、弗雷德里克·赫茨伯格和道格拉斯·麦格雷戈。

马斯洛在著作《激励与个性》中提出了需求层次论，为激励提供了理性框架，但暴露出人的本性是欲壑难填。

赫茨伯格把工作的激励因素分为两类：一类是服务于人的动物需要（保健因素）；另一类是能满足人的需要（激励因素）。他的结论是：保健因素是引起工作不愉快的重要制造者，激励因素则是实现满意的途径。他的代表作是《工作的激励因素》。

麦格雷戈是人际关系学派中最有影响力、观点被引用次数最多的思想家之一，他以自己的激励模型而著称。X 理论、Y 理论是麦格雷戈经典著作《企业的人事方面》一书的核心部分。X 理论的思维方式是人要在"胡萝卜加大棒"下才会好好工作；而 Y 理论的基础是人希望并且需要工作。这两种理论可以简单地看作人力导向的宣言。

表 A-6 是 1951 ~ 1960 年管理大事件。

表　A-6

时间	事件
1951	戴明质量管理奖开始评比
1954	彼得·德鲁克著作《管理的实践》出版，亚伯拉罕·马斯洛的著作《激励与个性》出版
1955	第一家特许经营企业麦当劳公司成立
1957	惠普公司提出第一套公司目标，称为"惠普之道"
1958	美国出现严重经济衰退，导致 7.7% 的失业率
1959	卡内基基金会和福特基金会发表报告批评商学院，弗雷德里克·赫茨伯格著作《工作的激励因素》出版
1960	道格拉斯·麦格雷戈著作《企业的人事方面》出版

⊖　本书中文版已由机械工业出版社出版。

1961 ~ 1970：了解战略

在德鲁克两部同等重要的著作《管理的实践》和《管理：使命、责任、实务》[⊖]中，他确立了管理责任的 5 大基础：制定目标、组织、激励和沟通、评估和开发人才。

德鲁克认为目标管理是未来管理者"七项新任务"中的首要任务。这些新任务提出了 40 多年，但其预见性却依然使人震惊。

目标管理的鼻祖是军事战略，最佳的军事战略实践常被现代管理思想家借用过来。从战略的巅峰著作《孙子兵法》，到卡尔·冯·克劳塞威茨的《战争论》、利德尔·哈特的《战略》以及宫本武藏的《五轮书》，都能探究出军事与管理的联系。

20 世纪 60 年代是研究战略的全盛时期，代表人物与著作分别有彼得·德鲁克的《成果管理》和阿尔弗雷德·钱德勒的《战略与结构》。钱德勒把战略定义为"制定企业宗旨和长期目标，为实现目标选择行动方案，调配必要资源"。他认为企业应先制定最佳可能的战略，然后选择最合适的组织结构来实现该战略。

在战略管理上，还有一个重要人物叫伊戈尔·安索夫。安索夫把决策分为"战略的"（关于产品和市场）、"行政的"（关于结构和资源调配）和"日常运作上的"（关于预算、监督和控制）。他的观点在钱德勒的战略—结构联系的观点之上，增加了系统，结果形成了可以制定战略计划的理性模型。

加拿大人亨利·明茨伯格写的《战略历程》（1994 年）。明茨伯格认为战略是不能被计划的。计划关心的是分析，而战略则侧重综合。

然而，在 20 世纪 60 年代，安索夫精心设计的战略管理由谁来实现呢，谁能进行分析，做出最佳的企业决策，答案是：职业经理人。当时，管理逐渐成为一种职业。新一代职业经理人的主要提供者是队伍日益壮大的商学院。

表 A-7 是 1961 ~ 1970 年管理大事件。

表　A-7

时间	事件
1961	美国法定最低工资为 1.25 美元
1962	钱德勒著作《战略与结构》唤醒了对战略的关注，西奥多·莱维特著作《营销创新》出版
1963	小托马斯·沃森著作《一个企业和它的信条》出版
1965	伊戈尔·安索夫著作《公司战略》出版
1967	菲利普·科特勒著作《营销管理》出版
1968	英特尔公司成立
1969	彼得·德鲁克在《动荡时代的管理》中提出知识工作概念
1970	罗伯特·汤赛德的著作《提升组织》以幽默的笔调叙述了公司制度所面临的严峻形势

1971 ~ 1980：组织瘫痪

20 世纪 70 年代初期。公司化的美国正处于鼎盛之中。企业受到所有人的关注，管理者的权力不断扩大，空气中弥漫着自负的气息。

⊖　本书中文版已由机械工业出版社出版。

未来学家阿尔文·托夫勒没有被当时出现的过度自信所蒙骗。1970 年，他在著作《未来的冲击》中指出，不断加剧的变化和不确定性将成为未来的特征。而且他认为未来将受到技术和知识的推动。托夫勒的观点很难被习惯于确定性的经理们接受，然而他是正确的。

第二个戳破管理自负泡沫的是亨利·明茨伯格。明茨伯格界定了管理者的工作角色：人际关系方面的角色、信息方面的角色、决策方面的角色。

由 50 年代的公司人和 60 年代大公司创造的管理极乐世界在 70 年代发生内爆，快乐成为神话。1974 年的一项研究显示，75% 的工人不喜欢他们的工作。西方各国的失业率也在上升。心力交瘁且倍感痛苦的管理者们开始问：还存在更好的方式吗？

年轻的管理咨询顾问汤姆·彼得斯来到了北欧，在瑞典，他参观了由技术员控制作业速度的沃尔沃汽车厂，以及采用新的社会技术设计的斯堪尼亚工厂。这些大企业与美国的大企业很不一样。

基于面向英国煤矿工人的管理理论也拨动了世界各地执行官们的心弦。英国杰出的思想家里格·莱万斯提出了行动学习理论。他认为：一个成功团队的最终力量不在于个别成员的杰出，而在于集体能力的相得益彰。当问题暴露出来并且在"患难与共"的小团体内共同分享时，学习就产生了。而试用莱万斯方法的煤矿生产效率提高了 30%。

团队工作和工业民主思想在北欧盛行，接踵而至的是许多对团队工作性质的研究。梅内迪斯·贝尔宾对团队成员的类型与团队绩效之间的影响感兴趣，通过研究，他界定了组成一个理想团队的 10 种典型人员：尖子人物、协调者、影响者、团队成员、完成者、执行者、资源调查者、专家、控制者和评估者。

通用汽车公司试验了沃尔沃的团队管理方式，取得了不错的成果，可惜的是通用汽车公司没有推广这种做法。

表 A-8 是 1971~1980 年管理大事件。

表　A-8

时间	事件
1971	纳斯达克市场出现
1972	道琼斯指数第一次超过 1000 点，但很快衰退，亨利·明茨伯格在《管理工作的本质》中描述了经理人员的实际工作
1973	家用电脑面世
1975	苹果公司推出第一种完全组装的个人电脑
1977	克里斯·阿基里斯和唐纳德·舍恩合著的《组织学习》出版
1978	迈克尔·波特的著作《竞争战略》出版
1980	阿尔文·托夫勒在《第三次浪潮》中对世界的未来进行了预言

1981~1990：追求卓越的冒险

20 世纪 80 年代，NBC 节目组意外地发现了对日本崛起影响巨大的质量管理之父戴明隐居在华盛顿特区。对戴明的专访震撼了美国人——如果美国再不提高生产率，他们的孩子将成为第一代比父辈生活得更差的美国人。

1981 年，X 理论和 Y 理论创造者麦格雷戈的传人威廉·大内出版了《Z 理论》，对日本的雇用制度和管理实践大为推崇。理查德·帕斯卡尔和安东尼·阿索斯出版了畅销的《日本企业管理艺术》。他们确认远见是日本管理的关键组成部分之一，而这是西方特别缺乏的东西。

日本咨询顾问大前研一在著作《战略家的思想》中向西方读者揭示了日本战略制定背后的真相。日本企业在制定任何战略的时候，都必须考虑企业自身、顾客和竞争这 3 个主要因素。其中顾客是日本企业制定战略过程的核心和实现企业价值的关键。

大前最突出论点是：按日本方式制定的战略是非理性和非线性的。因为真实世界中的现象和事件，并不总能满足线性模型。不幸的是，西方管理者对线性思维模式仍然很信任。

好在他们还有戴明，西方管理者不顾一切地抓住了"质量"，在被同胞忽视了多年后，戴明成为了管理的圣人和奇迹的创造者。与戴明齐名的还有质量大师约瑟夫·朱兰，他在著作《质量控制手册》中主张，质量计划、质量控制和质量改善三位一体。并提出了实现质量管理的 9 步骤的"质量计划路径图"。

当一些西方企业不顾一切地接受日本企业的管理方法时，另一些企业则重新思考了更基本的问题。它们回归基本规律，主要改变集中在 4 个关键领域：竞争优势、顾客服务、人力资源管理和领导。

迈克尔·波特在《竞争战略》中提出了竞争的"五力框架"模型：新竞争者的进入、替代品的威胁、买方的讨价还价能力、供应商的讨价还价能力、现有竞争者之间的竞争。

波特认为，如果组织想在特定市场内形成影响力，就必须改变和挑战游戏规则。"五力框架"一度被认为可以提供所有的解决方法，但现在人们更多地把它看作一种发现问题的方法。

在回归基本规律的另一个领域，学者呼吁把人性重新注入管理中。汤姆·彼得斯和罗伯特·沃特曼拾起了 20 世纪 50 年代的人本主义，他们在《追求卓越》中提醒管理者们：成功通常来自于把寻常事做得非同寻常地出色。这本书让美国人又充满了自信。

在对领导这个领域进行研究时，人们把 20 世纪 50 年代的人际关系学派和 80 年代的现实结合起来。华伦·贝尼斯是这个领域的学术领袖。他认为领导能力不是罕见的才能；领导者也不是天生的。

贝尼斯研究了 90 位美国著名领导者，他发现他们具有 4 种共同的能力：引导注意力的能力、把握含义的能力、赢得信任的能力和自我管理的能力。

人们这才发现，领导者采取的是人的方式，而不是什么框架或矩阵形式的方式。

表 A-9 是 1981～1990 年管理大事件。

表　A-9

时间	事件
1981	理查德·帕斯卡尔和安东尼·阿索斯用《日本企业管理艺术》揭示了日本企业成功背后的秘密
1982	汤姆·彼得斯和罗伯特·沃特曼的著作《追求卓越》使得整个市场为之狂热，大前研一 1975 年的作品《战略家的思想》在西方出版
1983	罗莎贝尔·坎特著作《变革大师》出版
1984	梅内迪斯·贝尔宾著作《团队管理》重新将团队工作引入管理学，埃德加·沙因著作《组织文化与领导》出版
1987	道琼斯指数首次逼近 2000 点
1988	约瑟夫·朱兰完成他的质量管理福音书《质量控制手册》
1989	《非理性的时代》和《超越界限的管理》揭示了正在出现的公司的现实
1990	迈克尔·波特的《国家竞争优势》风行全球，理查德·帕斯卡尔著作《刀口上的管理》出版

1991～2000：权力的新平衡

20 世纪 90 年代，组织问题成为最重要的问题。

90 年代初期，詹姆斯·钱皮和迈克尔·哈默写的《企业再造》成为最畅销的管理著作。这个理论的基本思想是：组织必须明确自己的关键生产过程，并使之尽量简捷有效，而且必须扬弃枝节（包括无足轻重的人员）。

这个概念很简单也很吸引人，但事实证明，把再造变成现实远比倡导者所想象的要难，如果企业没有首先处理好再造管理的问题，企业再造很难取得成功。只是以一种组织刚性代替另一种组织刚性。

于是，各种新组织形式被倡导。其中，汤姆·彼得斯在《管理的解放》中，构想了新型公司的结构，其关键是建立一个联系顾客、供应商以及任何能帮助企业实现目标的人的网络。

英国思想家查尔斯·汉迪也提出了几种组织类型。

第一类，"三叶草组织"，以关键管理人员和工人为核心建立起来的组织形式，其外围是外部承包商和兼职人员。

第二类，邦联式结构，中央部门行使协调、影响、指示和建议的功能，而不制定条款和短期决策。

第三类，"3I"，组织，3I 指信息、情报和思想。这类组织中员工被定位为个人、专家、专业人员或管理人员，以及领导者。"3I"组织对人事管理提出了很高要求。

在实践中，20 世纪 90 年代已经出现了明显的新公司类型的萌芽，典型代表包括 ABB、GE、丰田和戴尔。

GE 一直保持简单的管理模式，它的掌舵人都是从公司内部选拔。GE 的习惯是先评估事情的重要程度，然后采取措施，将风险减到最小，有步骤地前进。1980 年杰克·韦尔奇出任 CEO 后，用了接近 10 年，将 GE 的"硬件"变得更简洁、更健康。20 世纪 80 年代末，韦尔奇开始了"软件"方面的改革。这一阶段之后，韦尔奇推行大范围的"六西格玛"质量运动。通过破坏、创造和质量三大阶段，韦尔奇重塑了 GE。

丰田的骄傲是精益生产模式。20 世纪 70 年代，当西方汽车公司还为成本居高不下、员工积极性不高且产品油耗大苦恼的时候，丰田因实施了戴明的质量管理理念而稳步前进。到 80 年代西方公司醒悟过来的时候，丰田已经进入精益生产的阶段。

丰田的精益生产建立在 3 个简单原则的基础之上：①及时生产；②每个人都对质量负责；③ 企业是一个连续的统一整体，一个包括供应商和顾客的"价值流"。

表 A-10 是 1991 ~ 2000 年管理大事件。

表   A-10

时间	事件
1991	道琼斯指数第一次逼近 3 000 点
1992	汤姆·彼得斯著作《解放型管理》为这 10 年建立了一个高度灵活的组织体系，詹姆斯·钱皮和迈克尔·哈默著作《企业再造》出版，成为缩减企业规模的圣经
1993	亨利·明茨伯格在《战略历程》中宣布了传统战略的"死穴"
1994	加里·哈默尔和普拉哈拉德的著作《竞争大未来》标志战略管理新生代的产生
1995	道琼斯指数第一次突破 4 000 点
1996	道琼斯指数突破 6 000 点，道琼斯指数突破 7 000 点
1997	道琼斯指数突破 9 000 点
1998	微软以 2 620 亿美元的市值成为美国最大的公司
1999	道琼斯指数第一次突破 10 000 点大关

21 世纪管理新理论

1. 长尾理论

长尾（long tail）这一概念是由《连线》杂志主编克里斯·安德森（Chris Anderson）在 2004 年 10 月的《长尾》一文中最早提出，用来描述诸如亚马逊和 Netflix 之类网站的商业和经济模式。

长尾理论是网络时代兴起的一种新理论。长尾理论认为，由于成本和效率的因素，当商品储存流通展示的场地和渠道足够宽广，商品生产成本急剧下降以至于个人都可以进行生产，并且商品的销售成本急剧降低时，几乎任何以前看似需求极低的产品，只要有卖，都会有人买。这些需求和销量不高的产品所占据的共同市场份额，可以和主流产品的市场份额相比，甚至更大。

2. 蓝海战略

蓝海以战略行动（strategic move）作为分析单位，战略行动包含开辟市场的主要业务项目所涉及的一整套管理动作和决定，在研究 1880 ~ 2000 年 30 多个产业 150 次战略行动的基础上，指出价值创新（value innovation）是蓝海战略的基石。价值创新挑战了基于竞争的传统教条即价值和成本的权衡取舍关系，让企业将创新与效用、价格与成本整合一体，不是比照现有产业最佳实践去赶超对手，而是改变产业境况重新设定游戏规则；不是瞄准现有市场"高端"或"低端"顾客，而是面向潜在需求的买方大众；不是一味细分市场满足顾客偏好，而是合并细分市场整合需求。

3. 全球运筹管理

在全球经贸体系下，企业为在国际化市场生存发展，必须建构全球运筹管理（global logistics management）系统，其定义为，在全球化的环境下，企业如何把组织后勤支持活动做最佳的、适当的管理与配置。

全球运筹管理的运筹范围为全世界，企业应将组织的财务、制造、配送、行销、管理等各方面的活动，进行全球化的整合，结合现金流、信息流、商流与物流等环结，消极面上降低营运成本，积极面上能促进提升企业竞争力。

企业导入全球运筹管理的目标，在于企业产品与服务的提供、下单、运输与销售等涉及跨国经贸的活动，都能在企业营运总部迅速与方便的运作。

4. 顾客关系管理

顾客关系管理（CRM）是企业电子化工作中很重要的一环，其宗旨是企业以满足顾客满意为目标，在市场上维持竞争力。

CRM 的定义，就是导入信息系统，以规范企业与顾客来往的一切互动行为与信息，为有效管理企业的顾客关系，应针对所有顾客进行分层化区隔与差异化服务，并建立信息架构，企业等级的 CRM 软件，通常包括"行销管理"、"销售管理"、"顾客管理"三大功能。

CRM 能够有效地解决企业面对顾客的复杂烦琐事务，为企业提供迅速反应顾客需求、弹性响应市场变化、缩短顾客服务时间与流程、增加顾客服务满意度等效益。

CRM 的三大功能为：行销管理的功能，在分析市场价格变化、预测市场趋势以及妥善规划市场活动管理；销售管理的功能，在整合企业的行销资源，统合一切的行销信息；顾客管理的功能，在提升顾客满意度，抓住核心顾客的需求，开发潜在顾客市场，同时提供线上平台查询接口与透过线上记录，随时响应顾客的问题和抱怨，且实时检讨服务流程和进度。

附录B

如何撰写创业计划书

从 1998 年清华园的创业启蒙开始，过去十几年中，创业计划大赛承载着众多学子的激情和梦想，在全国各大高校风行展开，省级和国家级的比赛定期举行。创业计划书是用以向投资人介绍项目的融资文件，向投资人发出融资信息，也是企业执行该创业计划的一个指导性文件。

从以前多年指导学生创业计划大赛的经验来看，多数团队初步写作的计划书缺乏基本的管理常识，而掌握本教材中各章节的企业管理知识是写好一个创业计划书的重要基础。除此之外，还需要创业团队的成员对宏观环境、市场和产品有个清晰而明确的定位，写好一个创业计划书需要你的团队对核心问题进行过系统的思考，按照给出的模板进行写作。

从专业评审要素来看，创业计划书要注意以下几个方面。①报告完整全面。创业计划一般包括：执行总结、产业背景和公司概述、市场调查和分析、公司战略、总体进度安排、关键的风险、问题和假定、管理团队、企业经济状况、风险预测、假定公司能够提供的利益等 11 个方面。②方案可行。③技术含量高或具备创新性。④效益评价好。⑤资金筹措方案合理。⑥市场前景广阔。一份成功的创业计划应该：①清楚、简洁；②展示市场调查和市场容量；③了解顾客的需要并引导顾客；④解释顾客为什么会掏钱买你的产品/服务；⑤在头脑中要有一个投资退出策略。不应该：①过分乐观；②拿出一些与产业标准相去甚远的数据；③面向产品；④忽视竞争威胁。

下面按照国内主要评审标准谈一谈对创业计划书内容的要求。

（1）概要（10%） 也称为执行总结，是创业计划的引信、浓缩精华。包括公司简介、管理团队、未来发展目标、公司产品和经营概况、市场调查及预测（市场情况）、投资数额和使用计划、竞争优势与特点、联系方式等，要力求清晰、简洁、重点突出、具备吸引力。创业计划书中，应清晰地描述公司的战略方向与战略目标。包括企业使命与愿景是什么？你要解决什么问题？对象是谁？——是实体产品还是服务？核心盈利模式是什么？最大的卖点体现在哪里？企业发展目标是什么？你想把企业打造成什么样的公司？

（2）公司（5%） 介绍的是公司发展历史与未来。内容包括公司基本情况，公司名称、业务性质、注册地点、经营场所、经营范围、注册资金、法定代表人；公司宗旨和目标，股东简介、成立背景、主导产品及现状、重要事件、公司发展历史与现状、公司发展展望、法律协议与诉讼、专利与商标、公司与社会关系、主要业务合作伙伴等。注意要突出公司经营的商业目的、公司性质、公司背景及现状、创业理念、全盘战略目标（近期、中期和远期）。

（3）产品/服务（10%）是关于产品（服务）的描述。内容包括：产品的名称、性能及特点、市场竞争力，突出产品的创新性、独特性、价格优势及对市场或行业的引导作用。应注意的事项：要站在客户的立场进行说明，说明主要产品，避免过多的技术细节，引用成功的例子来说明；介绍公司研发力量、行业技术发展趋势、现有的技术储备、新产品研究计划、研发费用预算、进度及是否与市场发展一致；要对产品（服务）进行清晰的特征描述，凸显商业价值、需求和技术含量（适度介绍技术方面，注意保密），描述发展阶段和所有权状况。创业计划书中，要准确地介绍你的产品或服务。你的产品或服务是什么？你的产品或服务是生产资料还是消费品？是奢侈品还是必需品？你的产品解决了用户的什么问题？产品或服务的使用价值如何？比较而言，你的产品或服务有什么特别之处，是专利产品吗？是单一产品还是解决方案？产品线的弹性（更替能力）如何？产品或服务的特点及差异性是否明显，性价比是否具有显著优势，不可替代的优势和技术壁垒体现在哪里？你的产品或服务解决了本行业的哪些关键问题？

（4）市场及营销策略（10%），要调查与分析公司所处行业及行业发展预测（要调查）；驱动因素分析和其他影响行业发展的因素（包含国家政策的影响和科技发展的影响）；通过人口统计因素、地理因素、心理因素、与产品使用的相关因素、时间因素、产品应用或特殊使用目的进行市场细分与定位；细分市场要考虑差异性、可衡量性、可进入性和效益性；目标市场的确定，分析产品或服务的竞争优势；竞争对手的产品特点、市场状况及发展趋势；描述竞争对手，清楚地知道你的竞争对手的市场定位和比较优势、核心竞争能力，目前竞争阶段和竞争程度，如何抑制竞争，SWOT分析等。主要凸显市场描述、竞争分析、市场细分和市场定位，在产品策略、定价策略、营销渠道和促销方式等也要细致刻画和描述，要有组合式的安排。创业计划书中，对市场要有充分的认识和理解。没有调查研究就没有发言权，我们很多同学停留在想象和假设阶段，你有必要了解：你的目标市场是一个不成熟的全新市场还是已经存在多年的成熟市场？市场特征/趋势与发展成熟度如何？这个市场容量有多大？满足的是大众需求还是小众需求？市场增长率如何？你的市场机会是什么？你是否有资本、资源和条件在未来 3 ~ 5 年内成为这个行业市场（份额）的前几位排名？你的市场发展目标及自己的发展条件与机会如何？你还要分析你的现实的客户群体和潜在的目标群体是谁，最需要本产品或服务的用户是谁？创业计划书中，你的营销策略与销售计划很关键。你是否确定了销售业务流程或程序？回款周期有多长？销售战略与模式如何？销售网络如何铺展？构建怎样的渠道？是自建渠道还是依托代理渠道？销售的范围是面向区域市场还是全国、全球市场？现有的资源支持是否足够匹配。按照4PS理论，明确公司的产品策略、价格策略、渠道策略以及促销策略。分析今后市场发展或季节变化对产品或服务定价的影响？

（5）经营（10%）上要表述生产的安排，不同阶段的生产策略，如生产外包策略的OEM贴牌生产或者租赁设备，产品生产/服务计划、生产组合、必要的量本利分析、经营难度和资源要求、合作伙伴的选择等。没有哪一个企业、哪一个产品是不需要起伏就能成功的。创业计划书中，要体现你的收入模式是什么？主要收入项是什么？主要收入是什么？需要怎样才能盈利？——实现收入盈利的关键。创业计划书中，你有什么合作伙伴？谁是你当前/未来的（销售或技术或管理）合作伙伴？市场与技术方面的战略合作伙伴如何？这些合作伙伴的可靠程度如何？与这些当前/未来合作伙伴的利益关系或紧密度如何？创业计划书中，你有什么合作伙伴？谁是你当前/未来的（销售或技术或管理）合作伙伴？市场与技术方面的战略合作伙伴如何？这些合作伙伴的可靠程度如何？与这些当前/未来合作伙伴的利益关系或紧密度如何？

（6）管理（10%）主要是说谁来完成执行这样的创业计划？管理团队。对管理团队的要求是：有才能、有经验、有热情、有理想、互补性。要描述关键人物背景、组织结构的设计、人力需求、角色分配、实施战略能力公司管理模式；激励制度与考核。创业计划书中，你的管理团队是核心。你的管理团队已经有谁？未来如何组建完善？分工是怎样的？介绍关键人员的经验和特长；目前管理团队的不足之处及以后的弥补办法是什么？

（7）财务分析（10%）。（财务报表清晰明了；与计划实施同步：第1年月报、第2～3年季报、4～5年年报）其中包括四个主要表：表7-1资产负债表（2.5%），表7-2损益表（2.5%）；表7-3现金流量表（2.5%）；表7-4资金需求与运用（2.5%）。一般由会计专业的高年级本科生或研究生来完成，而且每个高管人员都应清楚地理解财务报表内容。要体现融资说明、财务预测、损益预测、资产负债预测、现金流量预测、财务比率分析和盈亏平衡分析。财务分析包括：产品的成本结构、市场定价、销售预测、利润预测、对资金使用的预测、投资退出方式的初步判断。要确定好何时生产，何时需要资金，何时组织生产产能阶段性目标和阶段性资金需要。可以根据经营目标是否合理判断出团队的经验。

创业计划书中，还要体现你的融资计划是什么？目前已经得到了什么（入股）投资或贷款？未来希望得到多少投资？比例如何？还需要筹措投入的资金额度与比例是多少？资金打算用在什么地方？资金使用计划如何？假如需求资金可以支持多久？届时公司是否能够发展到一个重要的里程碑？除以上资金需求外，你还打算吸引多少资金？什么时候？后续再投资资金需求多少与需求时间如何？

（8）回报（10%）是以条款方式提供所需投资、利益分配方式、可能的退出战略，如公开上市、兼并收购、回购协议，IPO为多数风险投资者的主要退出路径。

（9）可行性评价（20%）主要评价产品的市场机会和竞争优势，公司管理能力和投资潜力。其中：市场机会（4%）是指明确的市场需求及其合适的满足方式竞争能力（4%）在市场上独有的，具有独特的核心能力以获取持续的竞争优势；管理能力（4%）是指团队能够有效地发展企业，并合理规避投资风险，要关注有什么不确定因素有可能一夜之间改变你的公司？风险因素有哪些？财务预算（4%）指团队在发展业务上有明确的财务需求；投资潜力（4%）指真正具有实际投资价值。

（10）简洁/清晰（5%）强调计划书力求全面覆盖，重点突出，有很多比赛都限定页码为25～30页。

创业计划书的写作不会一蹴而就，它是一个不断反思、深化、渐进提升的过程。计划书的内容应经得住推敲，力求字斟句酌；它展现的是创业团队的整体智慧和对公司运营的全面思考。希望关于如何写好商业计划书的内容能为大家带来有益的启发和积极的思考。

参 考 文 献

[1] 高其勋，周荣辅，王玖河．新编现代企业管理[M]．北京：经济科学出版社，2005.

[2] 吴何．现代企业管理：激励、绩效与价值创造[M]．北京：中国市场出版社，2010.

[3] 斯蒂芬 P 罗宾斯，玛丽·库尔特．管理学[M]．孙健敏，等译．北京：中国人民大学出版社，2012.

[4] 梅爱冰，管灵芳．现代企业管理[M]．北京：对外经济贸易大学出版社，2009.

[5] 周三多．管理学[M]．3 版．北京：高等教育出版社，2010.

[6] 里基 W 格里芬．管理学[M]．刘伟，译．北京：中国市场出版社，2010.

[7] 海因茨·韦立克，马春光，哈罗德·孔茨．管理学精要：国际化视角[M]．北京：机械工业出版社，2009.

[8] 理查德 L 达芙特，多萝西·马西克．管理学原理[M]．高增安，马永红，等译．北京：机械工业出版社，2005.

[9] 查克·威廉姆斯．管理学[M]．谢永珍，于伟，等译．北京：机械工业出版社，2011.

[10] 李杰，等．管理学原理[M]．北京：清华大学出版社，2011.

[11] 王凤彬，李东．管理学[M]．北京：中国人民大学出版社，2007.

[12] 查尔斯 W L 希尔，史蒂文 L 麦克沙恩．管理学[M]．李维安，周建，译．北京：机械工业出版社，2009.

[13] 王凤彬，刘松博，朱克强．管理学教学案例精选[M]．上海：复旦大学出版社，2009.

[14] 王红波，卢润德．管理学[M]．北京：机械工业出版社，2010.

[15] 廖全文．人力资源管理[M]．北京：高等教育出版，2003.

[16] 李剑锋．人力资源管理：原理与技术[M]．北京：电子工业出版社，2002.

[17] 张德．人力资源开发与管理[M]．3 版．北京：清华大学出版社，2007.

[18] 劳伦斯 S 克雷曼．人力资源管理：获取竞争优势的工具[M]．吴培冠，译．北京：机械工业出版社，2009.

[19] 加里·德斯勒．人力资源管理[M]．刘昕，译．北京：中国人民大学出版社，2012.

[20] 查尔斯 R 格里尔．战略人力资源管理[M]．孙非，译．北京：机械工业出版社，2004.

[21] 彭剑锋．人力资源管理概论[M]．北京：中国人民大学出版社，2005.

[22] 彭剑锋．基于能力的人力资源管理[M]．北京：中国人民大学出版社，2003.

[23] 陈荣秋，马士华．生产运作管理[M]．3 版．北京：机械工业出版社，2009.

[24] 王晶．生产运作管理[M]．北京：清华大学出版社，2011.

[25] 潘家轺，曹德弼．现代生产管理学[M]．2 版．北京：清华大学出版社，2003.

[26] 靳志宏．生产与运作管理[M]．北京：清华大学出版社，2009.

[27] 吴健安，郭国庆，等．市场营销学[M]．3 版．北京：高等教育出版社，2007.

[28] 菲利普·科特勒, 加里·阿姆斯特朗. 市场营销原理[M]. 楼尊, 译. 北京: 清华大学出版社, 2010.

[29] 简明, 金勇进. 市场调查方法与技术[M]. 2 版. 北京: 中国人民大学出版社, 2009.

[30] 菲利普·科特勒. 市场营销原理[M]. 何志毅, 等译. 北京: 机械工业出版社, 2006.

[31] 罗纳德 B 马克斯. 人员推销[M]. 郭毅, 江林, 等译. 北京: 中国人民大学出版社, 2002.

[32] 吕进. 老经理侃营销[M]. 北京: 中国工人出版社, 2004.

[33] 程绍珊. 深度营销战法[M]. 北京: 北京大学出版社, 2007.

[34] 伍爱. 质量管理学[M]. 3 版. 广州: 暨南大学出版社, 2006.

[35] 梁工谦. 质量管理学[M]. 北京: 中国人民大学出版社, 2010.

[36] 刘书庆. 杨水利. 质量管理学[M]. 北京: 机械工业出版社, 2004.

[37] 黄文, 成波, 柴宝亭. 丰田管理模式全集[M]. 武汉: 武汉大学出版社, 2007.

[38] 斯图尔特·克雷纳. 管理百年: 20 世纪管理思想与实践的批判性回顾[M]. 邱琼, 钟秀斌, 译. 海口: 海南出版社, 2003.

[39] 秦皇岛首秦金属材料公司. 秦皇岛首秦金属材料公司六西格玛推进方案, 2009.

[40] 马士华. 供应链管理[M]. 北京: 机械工业出版社, 2005.

[41] 魏修建. 现代物流与供应链管理[M]. 西安: 西安交通大学出版社, 2010.

[42] 马丁·克里斯多夫. 物流与供应链管理[M]. 何明珂, 译. 北京: 电子工业出版社, 2011.

[43] 唐纳德·沃特斯著. 物流管理概论[M]. 刘秉镰, 译. 北京: 电子工业出版社, 2003.

[44] 罗纳德 H 巴罗. 企业物流管理——供应链的规划、组织与控制[M]. 王晓东, 等译. 北京: 机械工业出版社, 2002.

[45] 詹姆斯 R 斯托克. 战略物流管理[M]. 邵晓东, 等译. 北京: 中国财政出版社, 2003.

[46] 米歇尔 R 利恩德斯. 采购与供应管理[M]. 张杰, 张群, 译. 北京: 机械工业出版社, 2001.

[47] 邓风祥. 现代物流成本管理[M]. 北京: 经济管理出版社, 2003.

[48] 王玖河. 港口企业供应链结构分析与优化[M]. 北京: 现代教育出版社, 2009.

[49] 王玖河, 靖鲲鹏, 王平. 连锁企业物流管理[M]. 上海: 上海交通大学出版社 2009.

[50] 斯蒂芬 A 罗斯, 伦道夫 W 威斯特菲尔德, 杰弗利 F 杰富. 公司理财[M]. 吴世农, 沈艺峰, 王志强, 等译. 北京: 机械工业出版社, 2012.

[51] 刘曼红, 等. 公司理财[M]. 3 版. 北京: 中国人民大学出版社, 2011.

[52] 荆新. 财务管理学[M]. 6 版. 北京: 中国人民大学出版社, 2012.

[53] 刘淑莲. 高级财务管理理论与实务[M]. 2 版. 大连: 东北财经大学出版社, 2012.